U0816016

石家庄市

裕华区人大志

（2001—2024）

石家庄市裕华区人大志编纂委员会　编

方志出版社
Publishing House of Local Records

图书在版编目（CIP）数据

石家庄市裕华区人大志 ： 2001—2024 / 石家庄市裕华区人大志编纂委员会编. -- 北京 ： 方志出版社，2024. 10. -- ISBN 978-7-5144-6368-2

Ⅰ. D624.224

中国国家版本馆 CIP 数据核字第 2024KX1713 号

责任编辑：程倩
责任校对：张玉霞
责任印制：梅中英
出 版 者：方志出版社
地　　址：北京市朝阳区潘家园东里 9 号（国家方志馆 4 层）
邮　　编：100021
网　　址：http://www.zgfzcb.cn
发　　行：方志出版社图书营销中心（010-67110500）
印　　刷：山东黄氏印务有限公司
开　　本：889 毫米×1194 毫米　1/16
印　　张：29.5
字　　数：664 千字
版　　次：2024 年 10 月第 1 版
印　　次：2024 年 10 月第 1 次印刷
定　　价：368.00 元

· 版权所有　侵权必究 ·

（如有印装质量问题，请与我社图书营销中心联系）

《石家庄市裕华区人大志》编纂委员会

主　　任：刘凤清

副 主 任：狄增建　刘建新　栾新华　任　颢

顾　　问：高香魁　李成虎　张金海　韩志芳

委　　员：郭忠杰　刘　强　梁　英　李彦芳　赵永强

马　显　韩慧娟　韩利涛　任国志

《石家庄市裕华区人大志》编辑部

主　　编：郭忠杰

执行主编：刘　强

编　　辑：魏　巍　王佳琪　宋林萱　苑依彤　张　磊

孙亚静　宋士昭　刘　威

2002年3月21日，石家庄市裕华区第一届人民代表大会第二次会议召开

2003年4月25日，石家庄市裕华区第二届人民代表大会第一次会议召开

2007年4月17日，石家庄市裕华区第三届人民代表大会第一次会议召开

2015 年 3 月 16 日，石家庄市裕华区第四届人民代表大会第四次会议召开

2017 年 2 月 26 日，石家庄市裕华区第五届人民代表大会第一次会议召开

2021 年 7 月 24 日，石家庄市裕华区第六届人民代表大会第一次会议召开

2021年7月25日，石家庄市裕华区第六届人民代表大会当选人员向宪法宣誓仪式举行

2001年12月29日，石家庄市裕华区省、市驻区单位人大代表座谈会召开

2002年7月10日，石家庄市裕华区人大常委会对“一府两院”开展工作评议办法实施大会召开

2002 年 8 月 6 日，石家庄市裕华区人大常委会评议区工商、公安、技术监督分局工作大会召开

2019 年 6 月 11 日，石家庄市裕华区人大常委会贯彻落实“河北发展、人大尽责”主题实践活动暨代表履职培训会召开

2023 年 5 月 31 日，石家庄市裕华区人大党的二十大精神暨代表履职能力提升专题学习会召开

2024 年 5 月 29 日，石家庄市裕华区人大常委会区人大代表履职能力提升专题培训班举行

2024 年 5 月 9 日，石家庄市裕华区第六届人大常委会第二十八次会议召开

2019 年 6 月 25 日，石家庄市裕华区第五届人大常委会第二十次会议开展生态环境治理专题询问

2022 年 5 月 26 日，区六届人大常委会第七次会议优化营商环境联动监督专题询问会举行

2023 年 6 月 28 日，石家庄市裕华区第六届人大常委会第十八次会议开展科技成果转化专题询问

2024 年 6 月 27 日，石家庄市裕华区第六届人大常委会第二十九次会议开展食品安全专题询问

2024年5月11日，中共石家庄市裕华区委书记、区人大代表张东凯（后排中）视察民生实事项目

2024年4月23日，石家庄市裕华区政府区长、区人大代表刘禹（前排中）围绕联动监督城建工作进行视察

2024年8月21日，石家庄市裕华区人大常委会主任刘凤清、副主任狄增建、刘建新、栾新华、任颢对民生实事进展情况进行视察

2024 年 6 月 14 日，裕华区人民代表大会制度研究会成立

2024 年 6 月 26 日，全区人大第二季度工作例会召开

2017 年 4 月 26 日，石家庄市裕华区人大常委会颁发任命书大会召开，被任命人员向宪法宣誓

代表选举工作

2001年3月30日，石家庄市裕华区第一届人大代表选举工作动员大会召开

2001年5月23日，石家庄市裕华区第一届人大代表选举第52选区选举大会举行

2001年5月23日，石家庄市裕华区第一届人大代表选举河北日报（社）选区投票站

2016 年 12 月，石家庄市裕华区第五届人大代表选举期间，新天地联合选区正式候选人与选民见面

2016 年 12 月 27 日，石家庄市裕华区第五届人大代表选举期间选民写票

2016 年 12 月 27 日，石家庄市裕华区第五届人大间代表选举期间地税局选区选民投票

2019 年 1 月 18 日，石家庄市裕华区五届人大三次会议期间代表选举投票

2020 年 1 月 21 日，石家庄市裕华区五届人大四次会议期间代表选举投票

2018 年 6 月 15 日，石家庄市裕华区人大代表开展选举法、代表法宣传普法活动

2021 年 12 月 3 日，石家庄市裕华区人大代表向群众普及宪法知识

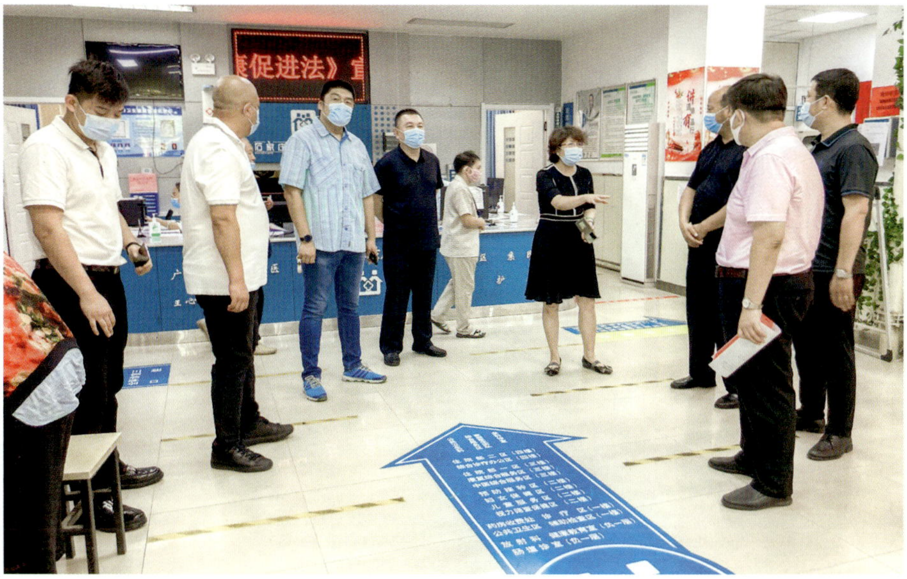

2021 年 9 月 2 日，石家庄市裕华区人大代表调研公共医疗卫生服务情况

2021 年 9 月 3 日，石家庄市裕华区人大代表围绕推进四项联动监督和“6+1”联动监督“回头看”活动进行视察

2022 年 4 月 13 日，石家庄市裕华区人大代表视察重点项目

代表活动

2022年6月14日，石家庄市裕华区人大代表开展五项联动监督工作，视察重点项目建设工地

2023年2月24日，石家庄市裕华区人大代表到河钢集团视察观摩活动

2023年4月23日，石家庄市裕华区人大代表调研现代商贸物流发展情况

2023 年 12 月 4 日，石家庄市裕华区人大代表到东信数字经济产业园调研

2024 年 5 月 15 日，石家庄市裕华区人大代表参加“石遇见·共赢”科创服务中心座谈会

2024 年 8 月 7 日，石家庄市裕华区人大代表开展绿色建筑发展联动监督视察调研活动

代表活动

区人大代表向选民述职

区人大代表在代表家（站）接待选民

石家庄市裕华区历届人大常委会主任

石家庄市裕华区第一届人大常委会主任吴振江

石家庄市裕华区第二届人大常委会主任李成虎

石家庄市裕华区第三届人大常委会主任张金海

石家庄市裕华区第四届人大常委会主任韩志芳

石家庄市裕华区第五届、第六届人大常委会主任刘凤清

石家庄市郊区第十届人民代表大会第三次会议召开

石家庄市郊区第十一届人民代表大会第二次会议召开

石家庄市郊区第十二届人民代表大会第一次会议召开

石家庄市郊区历届人大常委会主任

石家庄市郊区第七届、第八届人大常委会主任武国顺

石家庄市郊区第八届、第九届、第十届人大常委会主任高香魁

石家庄市郊区第十一届人大常委会主任李华荣

石家庄市郊区第十二届人大常委会主任吴振江

序

斗转星移，光阴荏苒。人民代表大会制度作为我国的根本政治制度，已经走过了光辉的70年。在大家的共同努力下，《石家庄市裕华区人大志（2001—2024）》付梓问世了，这既是献给“五四宪法”颁布和全国人民代表大会成立70周年的最好礼物，也是对石家庄市首届人民代表大会召开75周年最好的纪念。

盛世修志，志载盛世。修志是中华民族的优良传统，对于记载历史、传承文明、服务社会具有重要作用。编纂人大志，是铭记人大历史、坚守初心使命的必然要求，是总结人大实践经验、探索人大工作规律的重要途径，是传承人大薪火、踔厉奋发前行的现实需要，对于推动新时代人大工作在继承中创新、在创新中发展具有重要意义。为此，经区人大常委会党组会议研究，报请区委批准，区人大常委会于2024年4月正式启动《石家庄市裕华区人民代表大会志》编纂工作。

《石家庄市裕华区人大志（2001—2024）》坚持以马克思列宁主义、毛泽东思想、邓小平理论、“三个代表”重要思想、科学发展观、习近平新时代中国特色社会主义思想为指导，坚持辩证唯物主义和历史唯物主义的立场、观点、方法，坚持实事求是、述而不作，以时间为轴、以届次为区分，系统、全面、客观地记述裕华区人民代表大会及其常务委员会依法履行职责的历史和现状，并涵盖了郊区以及方村、宋营两镇人民代表大会概况。

志以存史，资政育人。期望这本志书能在存史、资政、育人方面发挥积极作用，为推动裕华区民主法治建设和经济社会高质量发展提供有益借鉴。我们坚信，《石家庄市裕华区人民代表大会志（2001—2024）》的出版发行，必将推动更好地坚持和完善人民代表大会制度，更好地继承和发扬人大工作的优良传统和作风，更好地探索人大工作规律，进而提高依法履职的能力和水平，激励全区各级人大代表和人大工作者，深入践行和发展全过程人民民主，为加快建设现代化、国际化美丽省会示范区作出新的更大贡献。

石家庄市裕华区人大常委会主任　刘凤清

2024年11月

凡　例

一、本志以马克思列宁主义、毛泽东思想、邓小平理论、“三个代表”重要思想、科学发展观、习近平新时代中国特色社会主义思想为指导，坚持辩证唯物主义和历史唯物主义的立场、观点和方法，系统、全面、客观地记述石家庄市裕华区人民代表大会及其常务委员会在中共石家庄裕华区委领导下，坚持和完善人民代表大会制度、依法履行职责的历史与现状力求做到政治性、纪实性、可读性、创新性相统一，以达到存史、资政、育人的目的。

二、本志上限为2001年7月裕华区首届人民代表大会召开，下限至2024年8月。根据事件叙述完整性的需要，个别事件适当上溯或下延。

三、记述范围以裕华区本级人大为主体，兼顾方村、宋营两镇人大。

四、采用述、记、志、图、表、录等形式，以志为主，以事系人，不设人物传。采用记述体、语体文和第三人称。

五、采用章节体，为体现人大工作特点，原则上以届立篇，逐届记述。各篇内，以人大各项职责和重要工作为章节横向展开。

六、机构、职务、地名、文件、会议、事件名称，均以历史原貌呈现，必要时加注。

七、数字用法、标点用法分别采用国家标准《出版物上数字用法》（GB/T 15835—2011）、《标点符号用法》（GB/T 15834—2011），计量单位采用国家技术监督局1993年12月发布的《量和单位》系列国家标准。

八、本志采用公元纪年，一般都记实际年、月、日。

九、资料来源于裕华区人大常委会机关档案，裕华区档案馆、中共裕华区委组织部、中共裕华区委宣传部，中共石家庄市裕华区组织史资料、石家庄日报社档案，裕华区志，方村、宋营镇人大主席团，均经核实后载入，一般不注明出处。

目　　录

第三篇　石家庄市裕华区第三届人民代表大会

第四篇　石家庄市裕华区第四届人民代表大会

第五篇　石家庄市裕华区第五届人民代表大会

第六篇　石家庄市裕华区第六届人民代表大会

第七篇　镇（乡）人大

附　录

概　述

一

1947年12月26日，石门市更名为石家庄市，将原第三、第四、第五、第六区依次改为第五、第六、第七、第八区。1950年8月，将第五、第六、第七、第八区合并为第五区、第六区。1954年2月，第五、第六区合并为石家庄市郊区。1955年7月，将郊区改称为石家庄市振头区。1958年9月，撤销振头区建制，成立卫星、红星、东风3个人民公社，直接归属石家庄市领导。1960年，各公社按地域位置分别划归桥西、桥东、长安三区管辖。1962年1月成立石家庄市东郊区、西郊区。1965年1月，东、西郊区合并为石家庄市郊区。2001年3月，石家庄市郊区撤销，设立石家庄市裕华区。

石家庄市裕华区位于河北省省会石家庄市东南部，西邻建设大街、汇通路与桥西区接壤，东与藁城区为邻。北以裕华路、京深高速和石太铁路为界与长安区相接，南与栾城区交界，总面积130平方千米，2010年1月，裕华区宋营镇由石家庄高新技术开发区托管后，总面积为60.8平方千米，是国务院批准的省会城市发展的主导方向和重点区域。全区下辖1个镇、9个街道。

建区以来，裕华区确立了“商贸服务发达、科技工业领先、文化教育繁荣、绿色社区怡人”的功能定位和“商贸立区、工业强区、科教兴区、文化靓区”的发展思路，聚精会神搞建设，一心一意谋发展，经济和社会各项事业快速发展。特别是党的十八大以来，经济实力不断增强，城区面貌日新月异，人民生活持续改善，呈现出高质量发展的良好势头。2021年7月，裕华区第五次党代会提出“建设现代化、国际化美丽省会示范区”，实现综合经济实力、改革创新动力、城区环境品质、公共服务保障能力等“四个重大突破”的奋斗目标。经过努力，全区经济保持稳快增长、综合实力显著提升，产业发展、城区建设、民生福祉、营商环境等各项事业发展呈现良好态势。

二

郊区人民代表大会始于1950年5月，分为两个阶段。

（一）各界人民代表会议阶段

1949年8月26日，中共中央发出三万以上人口的城市及各县一律召开各界人民代表会议的指示。9月4日，中共中央再次发出关于召开各界人民代表会议的指示。9月7日，中共中央又发出关于召开县的各界人民代表会议问题的指示。在这些指示中，一再强调要把召开各界人民代表会议“当作一件大事去办，否则将损害党的政治威信”。1950 年 5 月，石家庄市第五、第六、第七、第八区先后召开首届人民代表会议。会议听取和审议了各区的 1949 年政府工作报告和 1950 年的工作方针计划，并选举产生了区人民政府委员会和区长。各界人民代表会议是人民民主统一战线的组织形式，它是人民政府联系群众和传达政策的协议机关和咨询机构，还不是政权机关，只有在它代行了人民代表大会职权时才成为过渡性的权力机关。1950 年 5 月至 1954 年 3 月，第五、第六、第七、第八区各界人民代表会议共 2 届。

（二）郊区（振头区）（东、西郊区）人民代表大会时期

1954 年 3 月至 2001 年 3 月，为郊区（振头区）（东、西郊区）人民代表大会，共 12 届。根据《中央人民政府委员会关于召开全国人民代表大会及地方各级人民代表大会的决议》和《中华人民共和国全国人民代表大会及地方各级人民代表大会选举法》的规定，1954 年 3 月，召开郊区人民代表大会第一次会议。自此开始，郊区人民代表大会届次重新编序。这一时期，根据宪法和法律规定，区人民代表大会在本行政区域内统一行使国家权力。1981 年 5 月，根据宪法和地方组织法规定，郊区第七届人民代表大会第一次会议成立人大常委会，作为人民代表大会的常设机关。注：郊区历次人民代表大会概况见“附录一”

三

2001 年 3 月，成立石家庄市裕华区，随之成立石家庄市裕华区人大常委会筹备组，吴振江为组长，聂怀玉、于振滦、白文武、白梅芳、陈均华为副组长。经过认真准备，2001 年 7 月，召开裕华区第一届人民代表大会，自此裕华区人民代表大会重新编序，至 2023 年 12 月，共 6 届（第六届尚在届中）。历届人大及其常委会坚持以马克思列宁主义、毛泽东思想、邓小平理论、“三个代表”重要思想、科学发展观、习近平新时代中国特色社会主义思想为指导，在区委的坚强领导下，坚持解放思想、开拓奋进，在创新中发展，在探索中完善，逐步建立健全人大及其常委会规章制度，依法履行各项职责，稳步推进人大工作，人民代表大会制度在裕华区焕发出勃勃生机与活力。

2012 年 11 月，中国共产党第十八次全国代表大会召开，中国特色社会主义进入新时代。在新时代、新征程上，裕华区历届人大及其常委会坚持以习近平新时代中国特色社会主义思想为指导，坚持党的领导、人民当家作主、依法治国有机统一，不忘初心、牢记使命，紧紧围绕中央和省市区委决策部署，认真履行宪法和法律赋予的职责，人大工作取得新的重大进展。特别是中央人大工作会议后，裕华区六届人大及其常委会认真学习宣传贯彻党的十九大、二十大精神和中央人大工作会议精神，忠诚捍卫“两个确立”，坚决做到“两个维护”。坚持“政治坚定、服务人民、尊崇法治、发扬民主、勤勉尽责”，自觉把人大工作置于区委领导之下，做到区委有部署、人大有响应、工作有落实；把服务高质量发展作为工作重点，依法行使各项职权，使每一次监督都推动工作落实，每一个决定都广泛凝聚共识，每一

项选举都符合党心民意；把更好地满足人民对美好生活的向往，作为人大工作的出发点和落脚点，助力解决群众急难愁盼问题，让改革发展成果更多更公平惠及人民群众。认真履行宪法和法律赋予的职责，积极践行全过程人民民主，全力打造“四个机关”，努力开创新时代人大工作新局面，为建设现代化、国际化美丽省会示范区作出积极贡献。

四

纵观裕华区人民代表大会的发展历史，裕华区历届人大及其常委会在履职实践中注重把握了以下几个方面：

（一）始终坚持党的领导，牢牢把握正确政治方向。历届人大及其常委会把加强党的领导作为做好人大工作的政治原则和根本保证，坚持在党中央和省市区委领导下开展人大工作，认真贯彻落实向区委请示报告制度，主动将人大工作纳入区委总体工作布局，自觉把党的领导贯穿人大工作全过程、各方面。

（二）始终坚持法治思维，依法履行各项职责。历届人大及其常委会牢固树立社会主义法治理念，深入贯彻落实依法治国基本方略，忠于宪法、尊崇宪法、学习宪法、践行宪法，切实维护宪法和法律权威。在履职实践中，严格做到“依照法定职责、限于法定范围、遵守法定程序”，保证人大工作始终在法律框架内有效开展。

（三）始终坚持人民至上，切实维护人民群众的根本利益。历届人大及其常委会时刻把人民放在心中最高位置，把实现好、维护好、发展好最广大人民群众的根本利益，作为人大工作的出发点和落脚点，紧紧抓住人民群众普遍关心的热点、难点问题，加强监督，持续发力，不断提高人民群众的获得感、幸福感、安全感。坚持牢牢根植人民，紧紧依靠人民，不断扩大公民有序政治参与，切实保障人民当家做主。

（四）始终坚持服务大局，持续推动经济社会发展。历届人大及其常委会坚持在全局中定位、在大局下行动，找准人大工作和全区工作大局的切入点和结合点，认真研究谋划，高效组织推进，使人大工作与全区中心工作同心同向、同频共振、合力合拍。紧跟时代发展、实践要求、人民期待，树立系统观念、全局观念，依法充分行使各项职权，在推动经济社会发展中发挥人大作用、贡献人大力量。

（五）始终坚持代表主体地位，充分发挥代表作用。历届人大及其常委会牢固树立尊重代表权利就是尊重人民权利，保障代表依法履职就是保障人民当家作主的意识，以提高代表履职能力、服务保障代表依法履职为重点，着力加强代表工作。创建平台，拓宽渠道，完善制度，为代表履职提供坚强保障。加强学习培训，建立激励机制，强化教育管理，不断提高代表的履职能力，充分激发代表的履职热情。

（六）始终坚持与时俱进，推进人大工作创新发展。历届人大及其常委会面对不同时代的形势和任务，坚持解放思想，积极改革创新，在实践中探索，在创新中前进，不断完善工作思路、健全工作机制、提升工作实效，找准上级精神、外地经验和本地人大工作的契合点、突破点，把各项工作做实做细做精，着力打造人大工作亮点和品牌，使人大工作有声有色、充满活力。

回眸过去，一代又一代人大代表及人大工作者，与时俱进、开拓创新，创造了裕华区人大的光辉历史。面向未来，中央人大工作会议对新时代坚持和完善人民代表大会制度、做好人大工作，作出重要部署，指明前进方向。在新的历史征程上，裕华区人大及其常委会将高举习近平新时代中国特色社会主义思想伟大旗帜，全面贯彻党的二十大精神和中央人大工作会议精神，在中共裕华区委的坚强领导下，坚持党的领导、人民当家作主、依法治国有机统一，坚持和发展全过程人民民主，依法履行宪法和法律赋予的各项职责，坚持与时俱进、踔厉奋发前行，奋力谱写裕华区人大工作崭新篇章。

大 事 记

2001 年

7 月 23 日至 24 日　裕华区第一届人民代表大会召开第一次会议。

8 月 10 日　裕华区第一届人大常委会召开第一次会议。

9 月 26 日　裕华区人大常委会举办区人大代表初任培训。

9 月下旬　裕华区人大常委会召开关于代表法律法规和制度落实情况汇报座谈会。

10 月 26 日　裕华区第一届人大常委会召开第二次会议。

10 月 26 日　裕华区第一届人大常委会召开第二次会议通过了《关于建立重大事项和重大案件报告制度的决定》。

11 月 13 日　裕华区第一届人大常委会召开第三次会议。

12 月 17 日　裕华区第一届人大常委会召开第四次会议。

12 月 17 日　裕华区第一届人大常委会召开第四次会议通过了《关于在区“一府两院”推行执法责任制的决议》。

12 月 29 日　裕华区人大常委会召开省、市驻区单位区人大代表座谈会。

2002 年

3 月 21 日至 22 日　裕华区第一届人民代表大会召开第二次会议。

2 月 6 日　裕华区第一届人大常委会召开第五次会议。

4 月 28 日　裕华区第一届人大常委会召开第六次会议。

5 月 2 日　裕华区第一届人大常委会召开第七次会议。

6 月 27 日　裕华区第一届人大常委会召开第八次会议。

6 月 27 日　裕华区第一届人大常委会召开第八次会议通过《关于深入推进“四五”普法工作的决议》。

7 月 26 日　裕华区第一届人大常委会召开第九次会议。

8 月 30 日　裕华区第一届人大常委会召开第十次会议。

9 月 5 日　裕华区人大常委会组织开展市人大代表裕华区中心组活动。

10 月 18 日　裕华区第一届人大常委会召开第十一次会议。

12 月 23 日　裕华区第一届人大常委会召开第十二次会议。

2003 年

1 月 22 日至 23 日　裕华区第一届人民代表大会召开第三次会议。

4 月 18 日　裕华区第一届人大常委会召开第十三次会议。

4 月 25 日至 28 日　裕华区第二届人民代表大会召开第一次会议。

6 月 3 日　裕华区第二届人大常委会召开第一次会议。

6 月 23 日　裕华区第二届人大常委会召开第二次会议。

7 月 31 日　裕华区第二届人大常委会召开第三次会议。

9 月 26 日　裕华区第二届人大常委会召开第四次会议。

11 月 20 日　裕华区第二届人大常委会召开第五次会议。

11 月 20 日　裕华区第二届人大常委会召开第五次会议通过《区人大常委会关于提高常委会会议审议质量的决定》。

12 月 18 日　裕华区第二届人大常委会召开第六次会议。

12 月 23 日　裕华区第二届人大常委会召开第七次会议。

2004 年

1 月 8 日至 10 日　裕华区第二届人民代表大会召开第二次会议。

2 月 27 日　裕华区第二届人大常委会召开第八次会议。

3 月 8 日至 9 日　裕华区第二届人民代表大会召开第三次会议。

4 月 29 日　裕华区第二届人大常委会召开第九次会议。

5 月 28 日　裕华区第二届人大常委会召开第十次会议。

6 月 29 日　裕华区第二届人大常委会召开第十一次会议。

8 月 26 日　裕华区第二届人大常委会召开第十二次会议。

10 月 19 日　裕华区第二届人大常委会召开第十三次会议。

12 月 29 日　裕华区第二届人大常委会召开第十四次会议。

2005 年

1 月 13 日至 15 日　裕华区第二届人民代表大会召开第四次会议。

2 月 25 日　裕华区第二届人大常委会召开第十五次会议。

4 月 18 日　裕华区第二届人大常委会召开第十六次会议。

5 月 25 日　裕华区第二届人大常委会召开第十七次会议。

6 月 18 日　裕华区第二届人民代表大会召开第五次会议。

6 月 23 日　裕华区第二届人大常委会召开第十八次会议。

7 月 19 日　裕华区第二届人大常委会召开第十九次会议。

9 月 13 日　裕华区第二届人大常委会召开第二十次会议。

11月18日　裕华区第二届人大常委会召开第二十一次会议。

2006年

1月11日　裕华区第二届人大常委会召开第二十二次会议。

2月21日　裕华区第二届人大常委会召开第二十三次会议。

3月1日至3日　裕华区第二届人民代表大会召开第六次会议。

4月6日　裕华区第二届人大常委会召开第二十四次会议。

6月14日　裕华区第二届人大常委会召开第二十五次会议。

7月24日　裕华区第二届人大常委会召开第二十六次会议。

8月15日　裕华区第二届人大常委会召开第二十七次会议。

10月27日　裕华区第二届人大常委会召开第二十八次会议。

12月28日　裕华区第二届人大常委会召开第二十九次会议。

2007年

1月19日　裕华区第二届人大常委会召开第三十次会议。

4月14日　裕华区第二届人大常委会召开第三十一次会议。

4月17日至20日　裕华区第三届人民代表大会召开第一次会议。

6月19日　裕华区第三届人大常委会召开第一次会议。

8月17日　裕华区第三届人大常委会召开第二次会议。

10月23日　裕华区第三届人大常委会召开第三次会议。

11月5日　区人大探索代表联系选民“绿色通道”，在第64选区（青南社区选区）组织召开代表联系选民座谈会。

12月11日　裕华区第三届人大常委会召开第四次会议。

2008年

1月22日至23日　裕华区第三届人民代表大会召开第二次会议。

1月15日　裕华区第三届人大常委会召开第五次会议。

3月10日　裕华区第三届人大常委会召开第六次会议。

3月26日　裕华区第三届人大常委会召开第七次会议。

5月29日　裕华区第三届人大常委会召开第八次会议。

6月17日　区人大常委会组织召开加强道路交通安全管理工作座谈会。

7月11日　裕华区第三届人大常委会召开第九次会议。

7月17日至18日　裕华区第三届人民代表大会召开第三次会议。

8月29日　裕华区第三届人大常委会召开第十次会议。

10月7日　裕华区第三届人大常委会召开第十一次会议。

11月28日　裕华区第三届人大常委会召开第十二次会议。

2009年

1月10日　裕华区第三届人大常委会召开第十三次会议。
2月13日　裕华区第三届人大常委会召开第十四次会议。
2月17日至18日　裕华区第三届人民代表大会召开第四次会议。
4月16日　裕华区第三届人大常委会召开第十五次会议。
6月30日　裕华区第三届人大常委会召开第十六次会议。
7月28日　裕华区第三届人大常委会召开第十七次会议。
8月11日　裕华区第三届人大常委会召开第十八次会议。
10月29日　裕华区第三届人大常委会召开第十九次会议。
12月10日　区人大常委会组织召开座谈会研讨道路交通安全管理工作。
12月30日　裕华区第三届人大常委会召开第二十次会议。

2010年

2月23日　裕华区第三届人大常委会召开第二十一次会议。
3月1日　裕华区第三届人大常委会召开第二十二次会议。
3月3日至4日　裕华区第三届人民代表大会召开第五次会议。
4月8日　裕华区第三届人大常委会召开第二十三次会议。
6月29日　裕华区第三届人大常委会召开第二十四次会议。
8月12日　裕华区第三届人大常委会召开第二十五次会议。
10月13日　裕华区第三届人大常委会召开第二十六次会议。
12月29日　裕华区第三届人大常委会召开第二十七次会议。

2011年

1月11日　裕华区第三届人大常委会召开第二十八次会议。
2月17日　裕华区第三届人大常委会召开第二十九次会议。
2月24日至25日　裕华区第三届人民代表大会召开第六次会议。
3月4日　裕华区第三届人大常委会召开第三十次会议。
3月30日　裕华区第三届人大常委会召开第三十一次会议。
4月14日　裕华区第三届人大常委会召开第三十二次会议。
5月31日　裕华区第三届人大常委会召开第三十三次会议。
6月14日　裕华区第三届人大常委会召开第三十四次会议。
7月26日　裕华区第三届人大常委会召开第三十五次会议。
9月6日　裕华区第三届人大常委会召开第三十六次会议。

9月28日　裕华区第三届人大常委会召开第三十七次会议。

10月28日　裕华区第三届人大常委会召开第三十八次会议。

11月30日　裕华区第三届人大常委会召开第三十九次会议。

2012年

1月10日　裕华区第三届人大常委会召开第四十次会议。

2月　裕华区人大常委会举办代表培训。

2月9日　裕华区第三届人大常委会召开第四十一次会议。

2月14日至17日　裕华区第四届人民代表大会召开第一次会议。

2月24日　裕华区第四届人大常委会召开第一次会议。

3月1日　裕华区第四届人大常委会召开第二次会议。

4月26日　裕华区第四届人大常委会召开第三次会议。

6月26日　裕华区第四届人大常委会召开第四次会议。

8月10日　裕华区第四届人大常委会召开第五次会议。

10月25日　裕华区第四届人大常委会召开第六次会议。

12月28日　裕华区第四届人大常委会召开第七次会议。

2013年

1月7日　裕华区第四届人大常委会召开第八次会议。

2月5日　裕华区第四届人大常委会召开第九次会议。

2月26日至28日　裕华区第四届人民代表大会召开第二次会议。

3月30日　裕华区第四届人大常委会召开第十次会议。

4月18日　裕华区第四届人大常委会召开第十一次会议。

5月15日至17日　全国十省（市、区）十二（县、市、区）人大工作研讨会在裕华区举行。

6月　区人大常委会决定在驻区省、市人大代表中开展“我为裕华科学发展献良策”建议征集活动。

6月26日　裕华区第四届人大常委会召开第十二次会议。

8月9日　裕华区第四届人大常委会召开第十三次会议。

10月　区人大常委会在代表中组织开展以“为经济发展献一言良策、在大气污染防治做一份贡献、为最绿城区建设添一份力量、为民生改善提一条建议、为社区居民办一件实事、向选区的居民做一次述职”为主题的“六个一”活动。

10月29日　裕华区第四届人大常委会召开第十四次会议。

11月　集中开展以“见代表面、知代表情、解代表困、集代表智”为主题常委会组成人员“人大代表走访月”活动。

12 月 27 日　裕华区第四届人大常委会召开第十五次会议。

2014 年

1 月 22 日至 23 日　裕华区第四届人民代表大会召开第三次会议。

2 月 28 日　裕华区第四届人大常委会召开第十六次会议。

4 月 29 日　裕华区第四届人大常委会召开第十七次会议。

5 月 22 日　裕华区第四届人大常委会召开第十八次会议。

6 月 26 日　裕华区第四届人大常委会召开第十九次会议。

7 月　区人大常委会组织开展“代表之家”创建试点工作。

7 月 8 日　裕华区第四届人大常委会召开第二十次会议。

8 月 29 日　裕华区第四届人大常委会召开第二十一次会议。

10 月 8 日　裕华区第四届人大常委会召开第二十二次会议。

10 月 30 日　裕华区第四届人大常委会召开第二十三次会议。

12 月 29 日　裕华区第四届人大常委会召开第二十四次会议。

2015 年

1 月 19 日　裕华区第四届人大常委会召开第二十五次会议。

2 月 6 日　裕华区第四届人大常委会召开第二十六次会议。

3 月 4 日　裕华区第四届人大常委会召开第二十七次会议。

3 月 10 日　裕华区第四届人大常委会召开第二十八次会议。

3 月 16 日至 18 日　裕华区第四届人民代表大会召开第四次会议。

4 月 15 日　裕华区第四届人大常委会召开第二十九次会议。

6 月 26 日　裕华区第四届人大常委会召开第三十次会议。

6 月 30 日　裕华区第四届人大常委会召开第三十一次会议。

8 月 18 日　裕华区第四届人大常委会召开第三十二次会议。

9 月 8 日　裕华区第四届人大常委会召开第三十三次会议。

9 月 9 日　裕华区第四届人大常委会召开第三十四次会议。

10 月 30 日　裕华区第四届人大常委会召开第三十五次会议。

12 月 23 日　裕华区第四届人大常委会召开第三十六次会议。

2016 年

1 月 14 日　裕华区第四届人大常委会召开第三十七次会议。

2 月 19 日　裕华区第四届人大常委会召开第三十八次会议。

2 月 29 日至 3 月 2 日　裕华区第四届人民代表大会召开第五次会议。

4 月 4 日　裕华区第四届人大常委会召开第三十九次会议。

6月28日　裕华区第四届人大常委会召开第四十次会议。

8月　裕华区的各级人大代表对口帮扶平山县抗洪救灾和灾后重建工作。

8月30日　裕华区第四届人大常委会召开第四十一次会议。

10月28日　裕华区第四届人大常委会召开第四十二次会议。

11月14日　裕华区第四届人大常委会召开第四十三次会议。

12月30日　裕华区第四届人大常委会召开第四十四次会议。

2017年

1月17日　裕华区第四届人大常委会召开第四十五次会议。

1月25日　裕华区第四届人大常委会召开第四十六次会议。

2月8日　裕华区第四届人大常委会召开第四十七次会议。

2月15日　裕华区第四届人大常委会召开第四十八次会议。

2月24日　裕华区第四届人大常委会召开第四十九次会议。

2月26日至28日　裕华区第五届人民代表大会召开第一次会议。

3月23日　裕华区第五届人大常委会召开第一次会议。

3月31日　裕华区第五届人大常委会召开第二次会议。

4月26日　裕华区第五届人大常委会召开第三次会议。

5月17日　组织市、区两级人大代表参观学习。参加石家庄市人大机关开放日活动；参观石家庄市首届人民代表大会历史陈列展。

6月27日　裕华区第五届人大常委会召开第四次会议。

7月6日　裕华区第五届人大常委会召开第五次会议。

8月29日　裕华区第五届人大常委会召开第六次会议。

10月27日　裕华区第五届人大常委会召开第七次会议。

12月20日　裕华区第五届人大常委会召开第八次会议。

2018年

1月24日　裕华区第五届人大常委会召开第九次会议。

2月1日至3日　裕华区第五届人民代表大会召开第二次会议。

2月3日　裕华区第五届人大常委会召开第十次会议。

4月25日　裕华区第五届人大常委会召开第十一次会议。

6月27日　裕华区第五届人大常委会召开第十二次会议。

8月9日　裕华区第五届人大常委会召开第十三次会议。

9月11日　裕华区第五届人大常委会召开第十四次会议。

10月26日　裕华区第五届人大常委会召开第十五次会议。

12月27日　裕华区第五届人大常委会召开第十六次会议。

12 月 27 日　裕华区第五届人大常委会召开第十六次会议，通过了《区人大常委会关于区人大代表对区人民政府利民惠民实施项目票决的决定》。

2019 年

1 月 9 日　裕华区第五届人大常委会召开第十七次会议。

1 月 16 日至 18 日　裕华区第五届人民代表大会召开第三次会议。

1 月 18 日　裕华区第五届人大常委会召开第十八次会议。

4 月 23 日　裕华区第五届人大常委会召开第十九次会议。

5 月　区人大常委会结合“河北发展、人大尽责”主题实践活动，组织区级以上人大代表对基层站所和窗口单位开展视察监督工作。

6 月　各代表家（站）集中开展“提升建设管理水平、打造现代省会城市”专题问计活动。

6 月 15 日　裕华区人大常委会办公室组织区代表参加“石家庄·裕华城市发展峰会”。

6 月 25 日　裕华区第五届人大常委会召开第二十次会议。

8 月 29 日　裕华区第五届人大常委会召开第二十一次会议。

9 月 26 日　裕华区第五届人大常委会召开第二十二次会议。

10 月 28 日　裕华区第五届人大常委会召开第二十三次会议。

12 月 27 日　裕华区第五届人大常委会召开第二十四次会议。

12 月 31 日　裕华区第五届人大常委会召开第二十五次会议。

2020 年

1 月　疫情突发，区人大常委会发起《致全区各级人大代表倡议书》，全区各级人大代表同心协力、自觉行动、迎难而上、共克时艰，认真履职尽责，积极捐款捐物，在各自岗位上默默奉献，勇当疫情防控排头兵，充分发挥了表率作用，以实际行动践行“人民选我当代表、我当代表为人民”的初心使命。

1 月 19 日至 21 日　裕华区第五届人民代表大会召开第四次会议。

2 月 27 日　裕华区第五届人大常委会召开第二十六次会议。

4 月 28 日　裕华区第五届人大常委会召开第二十七次会议。

5 月　裕华区人大常委会谋划建设“网上代表之家”。

6 月 29 日　裕华区第五届人大常委会召开第二十八次会议。

8 月 27 日　裕华区第五届人大常委会召开第二十九次会议。

10 月 29 日　裕华区第五届人大常委会召开第三十次会议。

12 月 30 日　裕华区第五届人大常委会召开第三十一次会议。

12 月 30 日　裕华区第五届人大常委会召开第三十一次会议通过了《区人大常委会关于深入学习宣传和贯彻实施〈中华人民共和国民法典〉的决定》。

2021 年

2 月 14 日　裕华区第五届人大常委会召开第三十二次会议。

3 月 4 日　裕华区第五届人大常委会召开第三十三次会议。

3 月 9 日至 10 日　裕华区第五届人民代表大会召开第五次会议。

3 月 17 日　裕华区第五届人大常委会召开第三十四次会议。

4 月 25 日　裕华区第五届人大常委会召开第三十五次会议。

5 月 25 日　裕华区第五届人大常委会召开第三十六次会议。

6 月 4 日　裕华区第五届人大常委会召开第三十七次会议。

7 月 16 日　裕华区第五届人大常委会召开第三十八次会议。

7 月 24 日至 25 日　裕华区第六届人民代表大会召开第一次会议。

8 月 30 日　裕华区第六届人大常委会召开第一次会议。

11 月 16 日　裕华区第六届人大常委会召开第二次会议。

12 月 30 日　裕华区第六届人大常委会召开第三次会议。

2022 年

1 月 19 日　裕华区第六届人大常委会召开第四次会议。

1 月 27 日至 28 日　裕华区第六届人民代表大会召开第二次会议。

3 月 8 日　裕华区第六届人大常委会召开第五次会议。

4 月 22 日　裕华区第六届人大常委会召开第六次会议。

5 月 26 日　裕华区第六届人大常委会召开第七次会议。

6 月 30 日　裕华区第六届人大常委会召开第八次会议。

8 月 25 日　裕华区第六届人大常委会召开第九次会议。

9 月 28 日　裕华区第六届人大常委会召开第十次会议。

10 月 26 日　裕华区第六届人大常委会召开第十一次会议。

12 月 29 日　裕华区第六届人大常委会召开第十二次会议。

2023 年

1 月 9 日　裕华区第六届人大常委会召开第十三次会议。

1 月 12 日至 13 日　裕华区第六届人民代表大会召开第三次会议。

1 月 17 日　裕华区第六届人大常委会召开第十四次会议。

1 月 28 日　裕华区第六届人大常委会召开第十五次会议。

3 月 7 日　裕华区第六届人大常委会召开第十六次会议。

4 月 24 日　裕华区第六届人大常委会召开第十七次会议。

6 月 28 日　裕华区第六届人大常委会召开第十八次会议。

7 月 26 日　裕华区第六届人大常委会召开第十九次会议。

8 月 24 日　裕华区第六届人大常委会召开第二十次会议。

9 月 26 日　裕华区第六届人大常委会召开第二十一次会议。

10 月 26 日　裕华区第六届人大常委会召开第二十二次会议。

10 月 30 日　裕华区第六届人大常委会召开第二十三次会议。

12 月 27 日　裕华区第六届人大常委会召开第二十四次会议。

2024 年

1 月 18 日　裕华区第六届人大常委会召开第二十五次会议。

1 月 22 日至 24 日　裕华区第六届人民代表大会召开第四次会议。

2 月 28 日　裕华区第六届人大常委会召开第二十六次会议。

4 月 12 日　裕华区第六届人大常委会召开第二十七次会议。

5 月 8 日　裕华区第六届人大常委会召开第二十八次会议。

6 月 27 日　裕华区第六届人大常委会召开第二十九次会议。

8 月 29 日　裕华区第六届人大常委会召开第三十次会议。

第 一 篇

石家庄市裕华区第一届
人民代表大会

（2001 年 7 月至 2003 年 4 月）

第一章　人大代表

裕华区第一届人民代表大会代表名额185名。2001年7月，召开区一届人大一次会议时实有代表176名。

第一节　选举产生

区第一届人大代表名额为185名。经区委研究，分配到各选区名额184名，留机动名额1名。

根据有关法律规定，按照区委统一部署，各选区依法选举产生区人大代表176名。

在176名代表中，妇女代表38名，占代表总数的21.6%；非中共党员代表25名，占代表总数的14.2%；少数民族代表3名，占1.7%；大专以上学历代表119名，占代表总数的67.6%；企业家代表10名，占5.7%；科教文卫代表26名，占14.8%；一般群众代表113名，占64.2%。

第二节　代表名单

一、裕华区第一届人民代表大会代表名单

裕华路街道（30名）

刘超颖	邱元培	王德松	陈　静
吴万柱	乔士福	修明刚	王俊岭
王建斌	叶继仁	孟庆芬	任淑芳
马桂兰	李成虎	赵桂芝	吴振江
胡顺生	任延红	张惠芬	李玉岭
何建业	崔彩娟	甄宽志	高振宇
吴春燕	刘书辰	郭克清	吕中明
李位忠	张国亮		

东大街街道（31名）

毕德祥	郎秋洪	杨争平	董庆双
孙广兴	赵冠卿	陈　萍	吕凌云
赵欣彦	焦玉贞	耿玲玲	郭　晓
薛　峰	聂怀玉	刘明云	张占华
马映光	刘朝江	苑立国	王英捷
杨俊英	霍金恒	施荣富	尚建斌
李云章	刘志勇	徐建芳	王海荣
李宏银	郑秀荣	刁桂苓	

裕东街道（20名）

王书长	张大彪	杨　鑫	刘建荣
田邦兴	王庆山	郝东恒	张瑞恒
王丽华	陈小平	韩英芬	郑彦平
牛俊谦	张　爱	陈小凤	白麻绽
甘国云	梁计生	齐喜全	赵　祥

槐底街道（11名）

陈玉信	张庭福	杨秀芝	刘小云
蒋中民	孙双岐	任永杰	张金珠
王凤江	白梅芳	赵宏魁	

孙村街道（16名）

侯锁柱	肖　威	党惠建	蔡保安
李庚伟	梁永堂	冯小花	杜文祥
杨　成	李和庆	曲继广	李魁山
和　健	赵锡森	陈均华	李计忠

方村镇（23名）

范景林	张长青	孙芝素	张金海
张彦国	崔国新	党书海	李兴国
李同合	邢　森	张立国	白文武
王计山	刘顺增	郝志兴	王月良
张秀娥	蒋文红	李玉芳	穆文娟

于俊国	牟道中	李来福	

二十里铺镇（25名）

赵新海	韩彦岭	李　正	马国兴
康玉坤	任计兵	周中荣	赵新惠
韩俊江	王老偏	梁瑞琴	李月雷
任芝俊	王普增	张福禄	郎玉环
任振海	闫来小	闫国星	张文惠
李文秀	郝朝文	肖香宝	于振滦
闫福顺			

留村乡（9名）

吴培堂	吴振山	王成君	任志和
张景子	杨玉朝	王素坤	郝树德
张学仁			

区直及有关系统（11名）

李　谦	王华平	姜如君	赵拴文
高日景	郭玉华	刘书旁	张　燕
高振华	丁德良	刘建刚	

二、届中变动情况

届内，共有2名代表辞去代表职务。

肖香宝、王凤江。

共有7名代表调离裕华区：李谦、李玉芳、赵新惠、和健、杨争平、肖威、杜文祥。

相关选区依法补选代表5名：

2002年1月，补选区直李义增、宋营镇边庆敏为区一届人大代表。

2002年2月，补选裕东街道张杰、裕兴街道张贵秋、裕强街道韩国平为区一届人大代表。

第三节　代表工作

一、重点代表工作

2001年9月26日，为充分发挥区人大代表在依法治区、经济建设和社会稳定中的作用，提高履行职责的能力，发挥桥梁纽带作用。在区政府招待所，举办区人大代表培训，邀请市人大常委会副秘书长王志勇、选举任免代表工委主任赵炳志分别就人民代表大会制度的几个问题以及人民代表如何履行代表职责进行讲解。

2001 年 9 月下旬，根据市人大常委会办公厅《关于组织开展有关代表法律、法规和制度落实情况的检查及开展乡镇人大换届选举工作调研的通知》（石人常办〔2001〕29 号）精神，9 月下旬召开关于代表法律法规和制度落实情况汇报座谈会。

2001 年 12 月 5 日至 20 日，区人大常委会决定，委托各镇（乡）人大、街道人大工作室在区一届人大二次会议召开前，组织区人大代表进行第四季度活动。

2001 年 12 月 29 日，召开省、市驻区单位区人大代表座谈会，与驻区单位有工作联系的区直有关部门负责人列席。

2002 年 9 月 5 日，组织召开市人大代表裕华区中心组活动。

二、代表议案、建议办理

截至 2002 年 8 月 31 日，区人民政府系统承办区人大常委会交办的一届二次会议代表 51 件建议（含 2 件议案）全部办理并答复代表。其中，2 件议案已落实；49 件建议中，已经解决和基本解决或者所提建议得到采纳的 26 件，占总数的 53%；列入计划和正在创造条件解决的 12 件，占总数的 24%；由于超出权限范围或其他情况不能解决并已向代表做出解释说明的 11 件，占总数的 22%。

第二章　人民代表大会

裕华区第一届人民代表大会任期，自 2001 年 7 月至 2003 年 4 月，共召开 3 次会议。

第一节　会议概况

一、裕华区第一届人民代表大会

第一次会议　2001 年 7 月 23 日至 24 日召开，出席代表 169 人（应到 176 人）。会议通过了《关于授权区第一届人大常委会审查批准裕华区 2001 年国民经济与社会发展计划和财政预算的决议》。会议选举产生了区第一届人大常委会组成人员，吴振江为主任，聂怀玉、于振滦、白文武、白梅芳、陈均华为副主任，12 人为委员。选举李义增为区人民政府区长，王普增、周亦兵、毕晨光、杜东宏、张大龙、王石佩、韩志芳、龚长、兰国良为副区长。选举郭晓为区人民法院院长，梁瑞琴为区人民检察院检察长。

第二次会议　2002 年 3 月 21 日至 22 日召开，出席代表 161 人（应到 171 人）。会议听取和审议了区长李义增作的《关于裕华区国民经济和社会发展第十个五年计划纲要的报告》、区计划局局长张景生作的《关于裕华区 2001 年国民经济与社会发展计划执行情况和 2002 年国民经济与社会发展计划（草案）的报告》、区财政局局长王华平作的《关于裕华区 2001 年区本级财政预算及区总预算执行情况和 2002 年区本级财政预算及区总预算（草案）的报告》、区人大常委会主任吴振江作的《裕华区人大常委会工作报告》、区人民法院院长郭晓作的《裕华区人民法院工作报告》、区人民检察院检察长梁瑞琴作的《裕华区人民检察院工作报告》，并作出了相应决议。会议将《解决修通珠峰大街部分资金案》《建立无公害蔬菜基地案》两项代表议案列入会议议程，并通过相应决议。

第三次会议　2003 年 1 月 22 日至 23 日召开，出席代表 158 人（应到 171 人）。会议选举产生裕华区出席石家庄市第十一届人民代表大会代表 37 名。

第二节　会议组织

一、区一届人大一次会议

（一）大会临时党委

书　记：赵拴文

副书记：李成虎　吴振江

委　员：孙广兴　蒋文红　聂怀玉

（二）大会主席团和秘书长

主席团：

于振滦	王凤江	王普增	甘国云
白文武	白梅芳	孙广兴	刘明云
闫福顺	李计忠	李成虎	吴振江
肖香宝	张长青	张学仁	张金海
陈小凤	陈小平	陈玉信	陈均华
范景林	赵宏魁	赵拴文	赵新惠
赵锡森	郭玉华（女）	聂怀玉	党惠建
蒋文红	韩英芬（女）	甄宽志	

秘书长：聂怀玉（兼）

（三）大会常务主席

吴振江	聂怀玉	于振滦	白文武
白梅芳	陈均华		

二、区一届人大二次会议

（一）大会临时党委

书　记：赵拴文

副书记：李义增　李成虎　吴振江

委　员：孙广兴　蒋文红　聂怀玉

（二）大会主席团和秘书长

主席团：

于振滦	甘国云	白文武	白梅芳
边庆敏	孙广兴	刘明云	李成虎
吴振江	张　杰	张学仁	张金海
张贵秋	陈小凤（女）	陈小平	陈玉信

陈均华　　和　健　　范景林　　赵宏魁
赵拴文　　赵新惠　　赵锡森　　郝东恒
郭玉华（女）　　聂怀玉　　党惠建　　蒋文红
韩英芬（女）　　韩国平　　甄宽志
秘书长：聂怀玉（兼）

（三）大会常务主席

吴振江　　聂怀玉　　于振滦　　白文武
白梅芳　　陈均华

（四）大会财政预决算审查委员会

主 任 委 员：白文武
副主任委员：孟庆芬（女）
委　　员：
丁德良　　邱元培　　高振华　　韩英芬（女）

（五）大会议案审查委员会

主 任 委 员：于振滦
副主任委员：党树海
委　　员：尚建斌　范景林　陈玉信

（六）大会国民经济审查委员会

主 任 委 员：聂怀玉
副主任委员：任淑芳（女）
委　　员：
边庆敏　　刘明云　　杨　成　　郝东恒
党惠建

三、区一届人大三次会议

（一）大会临时党委

书　记：赵拴文
副书记：李义增　李成虎　吴振江
委　员：
孙广兴　　蒋文红　　张金海　　赵宏魁
聂怀玉

（二）大会主席团和秘书长

主席团：
于振滦　　甘国云　　白文武　　白梅芳
边庆敏　　孙广兴　　刘明云　　杨玉朝

李成虎	吴振江	张　杰	张金海
张贵秋	陈小凤（女）	陈小平	陈玉信
陈均华	范景林	尚建斌	郝东恒
赵宏魁	赵拴文	赵锡森	聂怀玉
党惠建	郭玉华（女）	蒋文红	韩英芬（女）
韩国平	甄宽志		

秘书长：聂怀玉（兼）

（三）大会常务主席

赵拴文	吴振江	李成虎	孙广兴
蒋文红	张金海	聂怀玉	于振滦
白文武	白梅芳	陈均华	

第三节　会议选举

区一届人大历次会议，共选举产生区级国家机关工作人员 31 人。

区人大常委会

主　任：吴振江

副主任：聂怀玉　　于振滦　　白文武　　白梅芳
陈均华

委　员：吕凌云（女）　　任淑芳（女）　　刘小云（女）　　李计忠
张长青　　陈玉信　　孟庆芬（女）　　姜如君
党树海　　郭玉华（女）　　闫福顺　　甄宽志

区人民政府

区　长：李义增

副区长：王普增　　周亦兵　　毕晨光　　杜东宏
张大龙　　王石佩　　韩志芳（女）　　龚　长
兰国良

区人民法院

院　长：郭　晓

区人民检察院

检察长：梁瑞琴（女）

届中调整情况：

毕晨光、张大龙、兰国良，2002年7月26日，在区一届人大常委会第九次会议上辞去区人民政府副区长职务。

孟庆芬（女），2002年7月26日，在区一届人大常委会第九次会议上辞去区人大常委会委员职务。

郝菊亭，2002年7月26日，在区一届人大常委会第九次会议上决定任命其为区人民政府副区长。

郭　晓，2003年4月18日，在区一届人大常委会第十三次会议上辞去区人民法院院长职务。

梁瑞琴（女），2003年4月18日，在区一届人大常委会第十三次会议上辞去区人民检察院检察长职务。

第三章　人民代表大会常务委员会

区一届人大一次会议选举产生区人大常委会组成人员 18 人。

第一节　常委会会议概况

区一届人大常委会共召开会议 13 次。

第一次会议　2001 年 8 月 10 日召开。区人大常委会主任吴振江，副主任聂怀玉、于振滦、白文武、白梅芳、陈均华和部分委员出席会议。区人民政府区长李义增、区人民法院院长郭晓、区人民检察院检察长梁瑞琴列席会议。会议审议通过《区人大常委会议事规则》《区人大常委会组成人员守则》《区人大常委会 2001 年工作要点》《区人大常委会会议 2001 年议题安排》。会议通过人事任免事项（名单见本章《选举任免》）。

第二次会议　2001 年 10 月 26 日召开。区人大常委会主任吴振江，副主任聂怀玉、于振滦、白文武、白梅芳、陈均华和部分委员出席会议。区人民政府区长李义增、区人民法院院长郭晓、区人民检察院检察长梁瑞琴列席会议。会议听取和审议区规划分局局长赵建民作的《关于城市规划法执法检查总结情况的报告》、区人民政府《关于打击制售假冒伪劣商品情况的报告》，审议通过《关于设立区人大常委会代表资格审查委员会的决定》《区人大常委会人事任免和监督办法》《区人大常委会个案监督办法》《关于建立重大事项和重大案件报告制度的决定》。会议通过人事任免事项（名单见本章《选举任免》）。

裕华区第一届人大常委会代表资格审查委员会组成人员

主 任 委 员：聂怀玉（2001 年 10 月—2003 年 4 月）

副主任委员：吕凌云（女，2001 年 10 月—2003 年 4 月）

委　　　员：张长青（2001 年 10 月—2003 年 4 月）

郭玉华（女，2001 年 10 月—2003 年 4 月）

甄宽志（2001 年 10 月—2003 年 4 月）

第三次会议　2001 年 11 月 13 日召开。区人大常委会主任吴振江，副主任聂怀玉、于振滦、白文武、白梅芳、陈均华和部分委员出席会议。区人民政府副区长兰国良、区人民法院院长郭晓、区人民检察院检察长梁瑞琴列席会议。会议听取和审议区计划局局长张景生作的《关于 2001 年国民经济和社会发展计划（草案）的报告》、区财政局局长王华平作的《关于2001年区本级预算及区总预算（草案）的报告》，并通过相应决议。

第四次会议　2001年12月17日召开。区人大常委会主任吴振江，副主任聂怀玉、于振滦、白文武、白梅芳、陈均华和部分委员出席会议。会议审议通过《关于在区"一府两院"推行执法责任制的决议》《区级国家机关联系区人大代表办法》《关于补选区人大代表的决定》《关于召开区一届人大二次会议的决定》。补选吴振华为裕华区出席市第十届人民代表大会代表。会议通过人事任免事项（名单见本章《选举任免》）。

第五次会议　2002年2月6日召开。区人大常委会主任吴振江，副主任聂怀玉、于振滦、白文武、白梅芳、陈均华和部分委员出席会议。会议审议通过《关于确定各乡镇代表名额的决定》《代表资格审查委员会关于补选代表的代表资格的审查报告》《区一届人大二次会议列席人员名单》《区人大常委会工作报告》。讨论提出《区一届人大二次会议建议议程》《区一届人大二次会议主席团和秘书长建议名单》《区一届人大二次会议国民经济审查委员会建议名单》《区一届人大二次会议财政预算审查委员会建议名单》《区一届人大二次会议议案审查委员会建议名单》。会议通过人事任免事项（名单见本章《选举任免》）。

第六次会议　2002年4月28日召开。区人大常委会主任吴振江，副主任聂怀玉、于振滦、白文武、白梅芳、陈均华和部分委员出席会议。会议审议通过《区人大常委会2002年工作要点》《区人大常委会2002年议题安排》《关于区人民政府、区人民法院、区人民检察院向区人大代表通报重要工作和重大事项的规定》《公民旁听区人大常委会会议的规定》《区人大常委会街道工作室工作制度（试行）》《区人大常委会对"一府两院"开展工作评议办法》。会议通过人事任免事项（名单见本章《选举任免》）。

第七次会议　2002年5月2日召开。区人大常委会主任吴振江，副主任聂怀玉、于振滦、白文武、陈均华和8名委员出席会议。审议通过《关于批准对区人大代表冯某某采取强制措施的决定》。

第八次会议　2002年6月27日召开。区人大常委会主任吴振江，副主任聂怀玉、于振滦、白文武、白梅芳、陈均华和部分委员出席会议。会议听取和审议区人民政府《关于"四五"普法工作规划和前期工作情况的报告》。审议通过《关于深入推进"四五"普法工作的决议》。会议通过人事任免事项（名单见本章《选举任免》）。

第九次会议　2002年7月26日召开。区人大常委会主任吴振江，副主任聂怀玉、于振滦、白文武、白梅芳、陈均华和部分委员出席会议。会议审议通过《关于接受孟庆芬同志辞去区一届人大常委会委员职务请求的决定》《关于接受毕晨光同志辞去区人民政府副区长职务请求的决定》《关于接受张大龙同志辞去区人民政府副区长职务请求的决定》《关于接受兰国良同志辞去区人民政府副区长职务请求的决定》。会议通过人事任免事项（名单见本章《选举任免》）。

第十次会议　2002年8月30日召开。区人大常委会主任吴振江，副主任聂怀玉、于振滦、白文武、白梅芳、陈均华和部分委员出席会议。会议听取和审议区人民政府《关于贯彻执行〈中华人民共和国食品卫生法〉情况的报告》《贯彻落实〈河北省支持和鼓励个体工商户私营企业发展条例〉情况的报告》。会议通过人事任免事项（名单见本章《选举任免》）。

第十一次会议 2002年10月18日召开。区人大常委会主任吴振江，副主任聂怀玉、于振滦、白文武、白梅芳、陈均华和部分委员出席会议。会议听取和审议区人民政府《关于2002年上半年国民经济和社会发展计划执行情况的报告》《关于2002年上半年预算执行情况的报告》《关于2001年区本级预算执行及其他财政收支情况审计工作的报告》。会议上，还通报了裕华区行政和生活中心建设进展情况。

第十二次会议 2002年12月23日召开。区人大常委会主任吴振江，副主任聂怀玉、于振滦、白文武、白梅芳、陈均华和部分委员出席会议。会议听取和审议区人民政府《关于贯彻执行〈职业病防治法〉情况的报告》《关于预算外和专项资金使用及管理情况的报告》《关于2001年区本级决算及区总决算的报告》《关于办理区一届人大二次会议议案情况的报告》《关于办理区人大代表建议、批评和意见情况的报告》。审议通过《关于批准2001年区本级决算的决议》《关于召开区一届人大三次会议的决定》《关于区人民代表大会换届选举时间的决定》《区选举委员会组成人员名单》《区一届人大三次会议列席人员名单》《代表资格审查委员会关于代表变动情况的报告》。讨论提出《区一届人大三次会议建议议程》《区一届人大三次会议主席团和秘书长建议名单》。

第十三次会议 2003年4月18日召开。区人大常委会主任吴振江，副主任聂怀玉、于振滦、白文武、白梅芳、陈均华和部分委员出席会议。审议通过《关于接受郭晓辞去区人民法院院长职务请求的决定》《关于接受梁瑞琴辞去区人民检察院检察长职务请求的决定》。会议通过人事任免事项（名单见本章《选举任免》）。

第二节 办事机构

区一届人大常委会设办公室、人事代表联络工作委员会、财政经济工作委员会、政法工作委员会、教科文卫工作委员会。

表1　　石家庄市裕华区第一届人大常委会机构一览表

机构名称	职　务	姓　名	任职时间
办公室	主　任	刘小云	2001年8月—2003年4月
	副主任	刘　强	2002年8月—2003年4月
人事代表联络工作委员会	主　任	吕凌云	2001年8月—2003年4月
	副主任	何兰珍	2001年8月—2002年7月
财政经济工作委员会	副主任	孟庆芬	2001年8月—2002年7月
政法工作委员会	主　任	党树海	2002年8月—2003年4月
	副主任	党树海	2001年8月—2002年8月

续表 1

机构名称	职　务	姓　名	任职时间
教科文卫工作委员会	主　任	任淑芳	2002 年 8 月—2003 年 4 月
	副主任	任淑芳	2001 年 8 月—2002 年 8 月

在各街道设立人大工作室。2001 年 3 月区划调整后，裕华区人大常委会下设 5 个街道工作室：孙村街道人大工作室、槐底街道人大工作室、裕东街道人大工作室、裕华路街道人大工作室、东大街街道人大工作室。2001 年 9 月，东大街街道人大工作室更名为东苑街道人大工作室，同时设立裕兴街道人大工作室、裕强街道人大工作室。

表 2　　石家庄市裕华区派出机构一览表

机构名称	职　务	姓　名	任职时间
孙村街道人大工作室	主　任	侯锁柱	2001 年 8 月—2002 年 7 月
		苏淑敏	2002 年 7 月—2003 年 4 月
	副主任	李金兰	2001 年 8 月—2003 年 4 月
槐底街道人大工作室	主　任	张庭福	2001 年 8 月—2002 年 7 月
		李一德	2002 年 7 月—2003 年 4 月
	副主任	康秀珍	2001 年 8 月—2002 年 7 月
		季云茶	2002 年 7 月—2003 年 4 月
裕华路街道人大工作室	主　任	何建业	2001 年 8 月—2002 年 6 月
		赵文兴	2002 年 7 月—2003 年 4 月
	副主任	李新学	2002 年 7 月—2003 年 4 月
裕东街道人大工作室	主　任	牛俊谦	2001 年 8 月—2003 年 4 月
东苑街道人大工作室（东大街街道人大工作室）	主　任	霍金恒	2001 年 8 月—2003 年 4 月
	副主任	闫珍珍	2002 年 7 月—2003 年 4 月
裕兴街道人大工作室	主　任	付东祥	2002 年 7 月—2003 年 4 月
裕强街道人大工作室	主　任	何隆盛	2002 年 7 月—2003 年 4 月
	副主任	张建庭	2002 年 8 月—2003 年 4 月

第三节　决议决定

区一届人大常委会共作出决议决定 19 项。

表 3　　石家庄市裕华区第一届人大常委会决议决定一览表

时　间	会　议	名　称
2001 年 10 月 26 日	一届二次会议	《关于设立区人大常委会代表资格审查委员会的决定》《关于建立重大事项和重大案件报告制度的决定》
2001 年 11 月 13 日	一届三次会议	《关于石家庄市裕华区 2001 年国民经济和社会发展计划的决议》《关于石家庄市裕华区 2001 年区本级预算及区总预算的决议》
2001 年 12 月 17 日	一届四次会议	《关于在区“一府两院”推行执法责任制的决议》《关于补选区人大代表的决定》《关于召开区一届人大二次会议的决定》
2002 年 2 月 6 日	一届五次会议	《关于确定各乡镇代表名额的决定》
2002 年 5 月 2 日	一届七次会议	《关于批准对区人大代表冯某某采取强制措施的决定》
2002 年 6 月 27 日	一届八次会议	《关于深入推进“四五”普法工作的决议》
2002 年 7 月 26 日	一届九次会议	《关于接受孟庆芬同志辞去区一届人大常委会委员职务请求的决定》《关于接受毕晨光同志辞去区人民政府副区长职务请求的决定》《关于接受张大龙同志辞去区人民政府副区长职务请求的决定》《关于接受兰国良同志辞去区人民政府副区长职务请求的决定》
2002 年 12 月 23 日	一届十二次会议	《关于批准 2001 年区本级决算的决议》《关于召开区一届人大三次会议的决定》《关于区人民代表大会换届选举时间的决定》
2003 年 4 月 18 日	一届十三次会议	《关于接受郭晓辞去区人民法院院长职务请求的决定》《关于接受梁瑞琴辞去区人民检察院检察长职务请求的决定》

第四节　选 举 任 免

2001 年 8 月 10 日，区一届人大常委会第一次会议，通过区人大常委会相关人事任免事项。

任命：

刘小云同志为区人大常委会办公室主任；

吕凌云同志为区人大常委会人事代联工委主任；

孟庆芬同志为区人大常委会财经工委副主任；

党树海同志为区人大常委会政法工委副主任；

任淑芳同志为区人大常委会教科文卫工委副主任；

何兰珍同志为区人大常委会人事代联工委副主任；

侯锁柱同志为孙村街道人大工作室主任；

张庭福同志为槐底街道人大工作室主任；

何建业同志为裕华路街道人大工作室主任；
牛俊谦同志为裕东街道人大工作室主任；
霍金恒同志为东大街街道人大工作室主任；
李金兰同志为孙村街道人大工作室副主任；
康秀珍同志为槐底街道人大工作室副主任。

2001 年 8 月 10 日，区一届人大常委会第一次会议，通过区人民政府相关人事任免事项。决定任命：

张福建同志为区人民政府办公室主任；
王华平同志为区财政局局长；
柴伟民同志为区劳动人事局局长；
张景生同志为区计划局局长；
张建新同志为区对外贸易经济合作局局长；
白艳同志为区民政局局长；
张贵秋同志为区城区建设市容管理局局长；
马贵元同志为区统计局局长；
李兰萍同志为区审计局局长；
张延龄同志为区司法局局长；
李凤娟同志为区物价局局长；
陈建坤同志为区计划生育局局长；
李爱兰同志为区卫生局局长；
刘玉深同志为区科学技术局局长；
高振华同志为区文化教育局局长；
任素山同志为区监察局局长；
解胜波同志为区经贸局局长；
董桂林同志为区环保局局长；
李东亭同志为区交通局局长；
冯军海同志为区农业局局长；
陈金城同志为区土地管理局局长；
李建国同志为区商贸局局长。

2001 年 8 月 10 日，区一届人大常委会第一次会议，通过区人民法院相关人事任免事项。任命：

王三偶、张希华、李成林同志为区人民法院副院长、审判委员会委员；
王静敏同志为区人民法院审判委员会委员、刑事审判庭庭长；

胡丙戌同志为区人民法院审判委员会委员、民事审判庭庭长；

王俊德同志为区人民法院审判委员会委员、告诉申诉庭庭长；

康吉祥同志为区人民法院审判委员会委员；

霍建华同志为区人民法院执行庭庭长；

安建军同志为区人民法院槐底法庭庭长；

韩志国同志为区人民法院方村法庭庭长；

王美玲同志为区人民法院河东法庭庭长；

孙建华同志为区人民法院经济审判庭庭长；

董成来、梁春芳、黄林、赵卫东、梁庆臣、周杰、邓震宏、尹秀芬、苏文涛、许陆、仵强、霍辉华、韩秀忠、张学忠、孙全鱼、张秀茹、王新英、王辉、杨雪莉、杨勇、杨建科、卢拥军、陈武兴、杨平、刘秀娟、张福建、刘建斌、左书旺、赵强同志为区人民法院审判员。

2001 年 8 月 10 日，区一届人大常委会第一次会议，通过区人民检察院相关人事任免事项。

任命：

任宝贵、张爱国同志为区人民检察院副检察长、检察委员会委员；

白晓刚、窦有旺、陈喜忠同志为区人民检察院检察委员会委员；

张清对、周岚河、张银虎、李炳广、陈老圈、付文奎、高寅平、王士杰、庞晓志、赵文彬、杨秀景、张拴力、刘建明、米占军、王秀文、许志国、李绍军、杨志波、张增瑞、董满枝、师俊歧、何春阳同志为区人民检察院检察员。

2002 年 2 月 6 日，区一届人大常委会第五次会议，通过了区人民政府相关人事任免事项。

决定免去：

李建国同志的区商贸局局长职务。

2002 年 2 月 6 日，区一届人大常委会第五次会议，通过了区人民法院相关人事任免事项。

任命：

黄林同志为立案庭副庭长；

苏文涛同志为行政审判庭副庭长；

孙全鱼同志为刑事审判庭副庭长；

梁春芳、王新英同志为经济审判庭副庭长；

杨雪莉同志为民事审判庭副庭长；

杨勇同志为执行庭副庭长；

左书旺同志为槐底法庭副庭长；

陈武兴同志为方村法庭副庭长；

郭爱民、刘爱丽、高双志、张书辰、李薇、陈琪、杜建强、冯丽娟同志为区人民法院审判员。

2002年2月6日，区一届人大常委会第五次会议，通过了区人民检察院相关人事任免事项。

任命：

付文奎同志为区人民检察院副检察长、检察委员会委员；

文建武、张华、张顺泽、李炜、李保民、曹向荣、何浩、郭明光同志为区人民检察院检察员。

2002年7月26日，区一届人大常委会第九次会议，通过区人大常委会相关人事任免事项。

免去：

何兰珍同志的区人大常委会人事代联工委副主任职务；

孟庆芬同志的区人大常委会财经工委副主任职务；

张庭福同志的槐底街道人大工作室主任职务；

康秀珍同志的槐底街道人大工作室副主任职务；

侯锁柱同志的孙村街道人大工作室主任职务。

任命：

苏淑敏同志为孙村街道人大工作室主任；

李一德同志为槐底街道人大工作室主任；

季云茶同志为槐底街道人大工作室副主任；

付东祥同志为裕兴街道人大工作室主任；

何隆盛同志为裕强街道人大工作室主任；

赵文兴同志为裕华路街道人大工作室主任；

李新学同志为裕华路街道人大工作室副主任；

闫珍珍同志为东苑街道人大工作室副主任。

2002年7月26日，区一届人大常委会第九次会议，通过区人民政府相关人事任免事项。

决定免去：

马贵元同志的区统计局局长职务；

解胜波同志的区经济贸易局局长职务；

李爱兰同志的区卫生局局长职务；

张景生同志的区计划局局长职务；

李东亭同志的区交通局局长职务。

决定任命：

郝菊亭同志为区人民政府副区长；

冯军海同志为区农业办公室主任；

张健新同志为区统计局局长；

高振华同志为区教育局局长；

于俊国同志为区城区建设管理局局长；

柴伟民同志为区人事劳动和社会保障局局长；

王凤江同志为区发展计划局局长；

陈兆同志为区经济贸易局局长；

李东海同志为区文化体育局局长。

2002 年 7 月 26 日，区一届人大常委会第九次会议，通过区人民法院相关人事任免事项。

免去：

康吉祥同志的区人民法院审判委员会委员、审判员职务；

王俊德同志的区人民法院审判委员会委员、审判员、告诉申诉庭庭长职务；

胡丙戌同志的区人民法院审判委员会委员、审判员、民事审判庭庭长职务；

尹秀芬、许陆、赵卫东、梁庆晨同志的区人民法院审判员职务。

2002 年 7 月 26 日，区一届人大常委会第九次会议，通过区人民检察院相关人事任免事项。

免去：

白晓刚、窦有旺、陈喜忠同志的区人民检察院检察委员会委员、检察员职务；

周岚河、张清对、陈老圈、李炳广、赵文斌、何春阳同志的区人民检察院检察员职务。

2002 年 8 月 30 日，区一届人大常委会第十次会议，通过了区人大常委会相关人事任免事项。

免去：

党树海同志的区人大常委会政法工委副主任职务；

任淑芳同志的区人大常委会教科文卫工委副主任职务。

任命：

党树海同志为区人大常委会政法工委主任；

任淑芳同志为区人大常委会教科文卫工委主任；

刘强同志为区人大常委会办公室副主任；

张建庭同志为裕强街道人大工作室副主任。

2002 年 8 月 30 日，区一届人大常委会第十次会议，通过区人民检察院相关人事任免事项。

免去：

张顺泽同志的区人民检察院检察员职务。

2003 年 4 月 18 日，区一届人大常委会第十三次会议，通过区人民法院相关人事任免事项。

免去：

郭晓同志的区人民法院院长职务。

2003 年 4 月 18 日，区一届人大常委会第十三次会议，通过区人民检察院相关人事任免事项。

免去：

梁瑞琴同志的区人民检察院检察长职务。

第五节　监督工作

一、听取和审议专项工作报告与计划预算报告

区一届人大常委会会议听取和审议区“一府两院”专项工作报告 10 项、财政预算执行情况报告 5 项。

表 4　　石家庄市裕华区第一届人大常委会听取和审议报告一览表

时间		常委会会议	报告内容
2001 年	10 月 26 日	第二次	区人民政府关于城市规划法执法检查总结情况的报告；区人民政府关于打击制售假冒伪劣商品情况的报告
	11 月 13 日	第三次	区人民政府关于 2001 年国民经济和社会发展计划（草案）的报告；区人民政府关于 2001 年区本级预算及区总预算（草案）的报告
2002 年	6 月 27 日	第八次	区人民政府关于“四五”普法工作规划和前期工作情况的报告
	8 月 30 日	第十次	区人民政府关于贯彻执行《中华人民共和国食品卫生法》情况的报告；区人民政府贯彻落实《河北省支持和鼓励个体工商户私营企业发展条例》情况的报告
	10 月 18 日	第十一次	区人民政府关于 2002 年上半年国民经济和社会发展计划执行情况的报告；区人民政府关于 2002 年上半年预算执行情况的报告；区人民政府关于 2001 年区本级预算执行及其他财政收支情况审计工作的报告

续表 4

时间		常委会会议	报告内容
2002 年	12 月 23 日	第十二次	区人民政府关于贯彻执行《中华人民共和国职业病防治法》情况的报告；区人民政府关于预算外和专项资金使用及管理情况的报告；区人民政府关于 2001 年区本级决算及区总决算情况的报告；区人民政府关于办理区一届人大二次会议议案情况的报告；区人民政府关于办理区人大代表建议、批评和意见情况的报告

二、法律法规实施情况的检查

区一届人大常委会共组织开展法律监督 2 次。

表 5　　石家庄市裕华区第一届人大常委会法律监督一览表

时间		常委会会议	报告内容
2001 年	10 月	第二次	关于区人民政府落实《城市规划法》情况开展执法检查
2002 年	8 月 30 日	第十次	关于对区人民政府贯彻落实《河北省支持和鼓励个体工商户私营企业发展条例》开展执法检查

三、视察调查

区一届人大常委会共组织开展视察调查活动 7 次。

表 6　　石家庄市裕华区第一届人大常委会视察调查一览表

时间		视察内容	牵头单位
2001 年	10 月	关于区人民政府打击制售假冒伪劣商品情况	财经工委
2002 年	6 月	关于区人民政府“四五”普法规划实施情况	政法工委
	8 月	关于区人民政府贯彻执行《中华人民共和国食品卫生法》情况	教科文卫工委
	9 月	关于 2002 年上半年国民经济和社会发展计划执行情况	财经工委
		关于 2002 年上半年预算执行情况	财经工委
	12 月	关于区人民政府贯彻落实《中华人民共和国职业病防治法》情况	教科文卫工委
		关于区人民政府预算外和专项资金管理使用情况	财经工委

第 二 篇

石家庄市裕华区第二届
人民代表大会

（2003 年 4 月至 2007 年 4 月）

第一章　人大代表

裕华区第二届人民代表大会代表名额185名。2003年4月，召开区二届人大一次会议时实有代表175名。

第一节　选举产生

区第二届人大代表名额为185名。经区委研究，分配到各选区名额181名，留机动名额4名。

根据有关法律规定，按照区委统一部署，各选区依法选举产生区人大代表175名。

在175名代表中，工农代表（含金融、商贸、城建）57名，占32.6%；干部代表45名，占25.7%；民主党派2名，占1.1%；解放军1名，占0.6%。在代表总数中非共产党员28名，占16%；妇女46名，占26.3%；少数民族代表2名，占1.1%。区一届人大代表继续当选的67名，占38.3%。代表的知识结构有了较大改善，具有大专以上文化程度的132名，占75.4%。

第二节　代表名单

一、裕华区第二届人民代表大会代表名单

裕华路街道代表团（25名）

于连增	王俊岭	王菊芬（女）	吕俊英（女）
乔士福	刘小云（女）	刘随印	刘超颖（女）
杜满舵	李万义	李玉玲（女）	李成虎
李宏义	吴振江	张国友	张国亮
陈　静（女）	胡　翌	赵文兴	赵桂芝（女）
聂新永	郭克清	郭银春	高振华
韩英芬（女）			

东苑（东大街）街道代表团（26名）

王丽华（女）	尤凤春（女）	付玉良	吕凌云（女）
任淑芳（女）	刘明云	刘建刚	孙金升
李志国	李秀婷（女）	张春喜	张惠娣（女）
陈　萍（女）	苗润敏（女）	金　森	郑秀荣（女）
赵彦国	施荣富	聂怀玉	郭福田
梁计生	梁建国	蒋文红	楚昌红
潘新才	霍金恒		

裕东街道代表团（19名）

马贵元	王志民	牛俊谦	田邦兴
邢文化	闫明智	闫福顺	安　静（女）
吴四虎	张月华	张　杰	张福玉
张福禄	陈小凤（女）	陈晓云（女）	孟文喜
郝永志	秦红玉	耿保安	

槐底街道代表团（26名）

王林书（女）	王爱平（女）	吕　锋（女）	任小翠（女）
刘志勇	刘敬钗（女）	孙玉芝（女）	杨兰芳
李一德	张万生	张文惠（女）	张任武
张瑞恒	苑立国	郎秋洪（女）	赵宏魁
赵欣彦（女）	赵晓明	侯丽艳（女）	党树海
徐建芳	郭玉华（女）	蒋中民	焦玉贞（女）
甄宽志	薛　峰（女）		

孙村街道代表团（12名）

丁德良	王景存	杜东红	杨　成
苏振芳	苏淑敏（女）	李文昌	李和庆
张建海	郑保华	高福菊	梁永堂

裕兴街道代表团（7名）

马映光（满）	王月良	付东祥	任素山
张贵秋	陈均华	周爱国	

裕强街道代表团（12 名）

马长江	任兴阳	刘建芳	李文秀
李建中	何隆盛	陈小平	赵　祥
高　波	康伯平	盖振刚	韩国平

方村镇代表团（18 名）

王　荣（女）	白文武	任永昌	刘书旁
刘顺增	孙芝素（女）	孙宗山	张立国
张扩建	张金海	陈全福	范景林
郝志兴	赵拴文	赵银芝（女）	姜如君
翟双录	穆文娟（女）		

宋营镇代表团（17 名）

于凤玲（女）	于振滦	王凤岐	边庆敏
任计兵	任芝俊（女）	闫玉峰	李　正
李义增	李增聚	周中荣（女）	郎玉环
郝朝文	赵新海	郭新永	康玉坤
韩志芳（女）			

开发区代表团
（留村乡 9 名＋开发区 4 名）

王素坤（女）	王　静（女）	任素君（女）	杨玉朝
杨建立	杨瑞星	李　海	吴培堂
张新宅	金珂锐	赵军法	郝树德
侯召宇			

二、届中变动情况

届内，共有 10 名代表辞去代表职务：

白文武、范景林、张杰、牛俊谦、霍金恒、党树海、何隆胜（2004 年 12 月）；赵拴文、韩英芬、陈全福（2006 年 1 月）。

共有 8 名代表调离裕华区：

李义增、蒋文红、梁计生、赵祥、梁建国、刘超颖、张瑞恒、侯召宇。

相关选区依法补选代表 17 名：

2003 年 12 月，补选第 60 选区李梦华为区二届人大代表。

2004 年 4 月，补选区直选区武卫东、赵昕民、李新乐，宋营镇杨光为区二届人大代表。

2004 年 12 月，补选东苑街道翟思成、贾福春，方村镇李占省、李玉明，槐底街道刘强，裕东街道隋玉林，裕兴街道梁兰深，裕强街道王日贵为区二届人大代表。

2006 年 1 月，补选东苑街道王丽君、王耀珍，裕兴街道李跃军，裕强街道崔海林为区二届人大代表。

第三节　代 表 工 作

一、代表议案、建议办理

区二届人大一次会议以来，区人民政府共承办区人大常委会交办的人大代表建议 39 件（含闭会期间代表建议 5 件）。其中，土地、城建方面的 19 件，文教卫生方面的 9 件，环境保护的 2 件，社区服务等方面的 7 件，财经方面的建议 2 件。截至 2003 年底，39 件建议已全部办理并答复代表。在办结的建议中，已经解决和基本解决的 22 件，占总数的 56.4%；列入计划和正在创造条件解决的 13 件，占总数的 33.3%；由于超出权限范围或其他原因不能解决并已向代表做出解释说明的 4 件，占总数的 10.3%。

区二届人大二次会议以来，区人民政府共承办区人大常委会交办的人大代表建议 38 件（含闭会期间代表建议 14 件），主要涉及法制建设、经济技术、城市建设与管理、文教卫生、社区服务、社会治安等方面。截至 2004 年底，38 件建议已全部办理并答复代表。在办结的建议中，所提意见和建议被采纳后，有关问题得到解决或列入计划解决的 33 件，占 87%；因条件限制等原因一时难以解决的，承办单位已向代表做出了解释说明。

区二届人大四次会议，区人民政府共承办区人大常委会交办的人大代表建议、批评和意见 34 件。主要涉及经济技术、城市建设与管理、文教卫生、社区服务等方面，34 件建议已全部办理并答复代表。在办结的建议中，所提意见和建议被采纳后，有关问题得到解决或列入计划解决的 25 件，占 74%；因条件限制等一时难以解决的，承办单位已向代表做出了解释说明，代表对办理结果的满意率达 100%。

区二届人大六次会议，区人民政府共承办区人大常委会交办的人大代表建议、批评和意见 21 件。主要涉及经济建设、城市管理、文教卫生、社区服务等方面。在区人大常委会的支持和帮助下，经过各承办单位的共同努力，较好地完成了区二届人大六次会议确定的承办工作任务。21 件建议已全部办理并答复代表，代表对办理结果的满意率达 100%。

二、评选优秀人大代表

2003 年度优秀区人大代表

槐　　　　底：赵欣彦　苑立国

东苑（东大街）：金　森　付玉良
裕　　　　东：张福禄　王志民
裕　华　路：乔士福　杜满舵
裕　　　　强：李文秀
孙　　　　村：王景存
裕　　　　兴：周爱国
宋　　　　营：任计兵
方　　　　村：孙宗山
开　发　区：吴培堂

2006 年度优秀区人大代表

裕华路：李玉玲　赵桂芝
裕　东：田邦兴　王志民
东　苑：张春喜　陈　萍
槐　底：徐建芳　孙玉芝
建　通：郑保华　梁永堂
裕　兴：周爱国
裕　强：盖振刚
宋　营：任计兵
方　村：张立国　张扩建
留　村：张新宅

2006 年度优秀市人大代表

强新志　蒋国庆　任永杰　任振海
孙双岐　翟志海

第二章 人民代表大会

裕华区市第二届人民代表大会任期，自2003年4月至2007年4月，共召开6次会议。

第一节 会议概况

第一次会议 2003年4月25日至28日召开，出席代表168人（应到175人）。会议听取和审议了区长李义增作的《政府工作报告》、区发展计划局局长王凤江作的《关于裕华区2002年国民经济与社会发展计划执行情况和2003年国民经济与社会发展计划（草案）的报告》、区财政局局长王华平作的《关于裕华区2002年区本级财政预算及区总预算执行情况和2003年区本级财政预算及区总预算（草案）的报告》、区人大常委会主任吴振江作的《裕华区人大常委会工作报告》、区人民法院院长郭晓作的《裕华区人民法院工作报告》、区人民检察院检察长梁瑞琴作的《裕华区人民检察院工作报告》，并作出了相应决议。会议选举产生了区第二届人大常委会组成人员，李成虎为主任，张金海、于振滦、杜东红、陈均华为副主任，13人为委员。选举李义增为区人民政府区长，韩志芳、王石佩、龚长、张维德、肖香宝、王东刚为副区长。选举赵昕民为区人民法院院长，杨光为区人民检察院检察长。

第二次会议 2004年1月8日至10日召开，出席代表169人（应到176人）。会议听取和审议区长李义增作的《政府工作报告》、区发展计划局局长王凤江作的《关于裕华区2003年国民经济与社会发展计划执行情况和2004年国民经济与社会发展计划（草案）的报告》、区财政局局长王建民作的《关于裕华区2003年区本级财政预算及区总预算执行情况和2004年区本级财政预算及区总预算（草案）的报告》、区人大常委会主任李成虎作的《裕华区人大常委会工作报告》、区人民法院院长赵昕民作的《裕华区人民法院工作报告》、区人民检察院检察长杨光作的《裕华区人民检察院工作报告》，并作出了相应决议。

第三次会议 2004年3月8日至9日召开，出席代表167人（应到175人）。会议选举武卫东为区人民政府区长。

第四次会议 2005年1月13日至15日召开，出席代表168人（应到175人）。会议听取和审议了区长武卫东作的《政府工作报告》、区发展计划局局长王凤江作的《关于裕华区2004年国民经济与社会发展计划执行情况和2005年国民经济与社会发展计划（草案）的报告》、区财政局局长王建民作的《关于裕华区2004年区本级财政预算及区总预算执行情况和

2005 年区本级财政预算及区总预算（草案）的报告》、区人大常委会主任李成虎作的《裕华区人大常委会工作报告》、区人民法院院长赵昕民作的《裕华区人民法院工作报告》、区人民检察院检察长杨光作的《裕华区人民检察院工作报告》，并作出了相应决议。会议选举耿保安为区人大常委会副主任，区人大常委会委员 2 名。

第五次会议　2005 年 6 月 18 日召开，出席代表 164 人（应到 175 人）。会议选举赵宏魁为区人民政府区长。

第六次会议　2006 年 3 月 1 日至 3 日召开，出席代表 164 人（应到 175 人）。会议听取和审议了区长赵宏魁作的《政府工作报告》、区发展改革局局长王凤江作的《关于裕华区 2005 年国民经济与社会发展计划执行情况和 2006 年国民经济与社会发展计划（草案）的报告》、区财政局局长王建民作的《关于裕华区 2005 年区本级财政预算及区总预算执行情况和 2006 年区本级财政预算及区总预算（草案）的报告》、区人大常委会主任李成虎作的《裕华区人大常委会工作报告》、区人民法院院长赵昕民作的《裕华区人民法院工作报告》、区人民检察院检察长杨光作的《裕华区人民检察院工作报告》，并作出了相应决议。会议审议了代表联名提出的《关于加强二环路以东区域基础设施建设方案》，并作出了相应决议。

第二节　会议组织

一、区二届人大一次会议

（一）大会临时党委

书　记：赵拴文

副书记：李义增　李成虎

委　员：

蒋文红	赵宏魁	陈小平	于凤玲
张金海			

（二）大会主席团和秘书长

主席团：

于凤玲	于振滦	马贵元	白文武
边庆敏	刘明云	刘建芳	杜东红
杨玉朝	苏淑敏	李义增	李文昌
李成虎	吴振江	张　杰	张金海
张贵秋	陈小凤	陈小平	陈均华
范景林	赵宏魁	赵拴文	耿保安
聂怀玉	郭玉华	康伯平	韩志芳
韩英芬	韩国平	蒋文红	甄宽志

秘书长：张金海（兼）

（三）大会常务主席

赵拴文	李义增	蒋文红	赵宏魁
陈小平	李成虎	张金海	于振滦
杜东红	陈均华		

二、区二届人大二次会议

（一）大会临时党委

书　记：赵拴文

副书记：李义增　蒋文红　李成虎

委　员：赵宏魁　陈小平　张金海

（二）大会主席团和秘书长

主席团：

于凤玲	于振滦	马贵元	边庆敏
刘明云	刘建芳	杜东红	杨玉朝
李文昌	李成虎	李梦华	张　杰
张金海	张贵秋	陈小凤	陈小平
陈均华	范景林	赵宏魁	赵拴文
耿保安	阎福顺	郭玉华	康伯平
梁建国	韩英芬	韩国平	蒋文红
甄宽志			

秘书长：张金海（兼）

（三）大会常务主席

赵拴文	李成虎	蒋文红	赵宏魁
陈小平	张金海	于振滦	杜东红
陈均华			

（四）大会财政预算审查委员会

主 任 委 员：杜东红

副主任委员：刘小云

委　　　员：

丁德良	马映光	高振华	韩英芬

（五）大会议案审查委员会

主 任 委 员：于振滦

副主任委员：党树海

委　　员：

马贵元	张福禄	王景存	郑保华
赵彦国			

（六）大会国民经济和社会发展计划审查委员会

主 任 委 员：张金海

副主任委员：任淑芳

委　　员：

边庆敏	刘明云	杨　成	秦洪玉
张瑞恒			

三、区二届人大三次会议

（一）大会临时党委

书　记：赵拴文

副书记：蒋文红　李成虎

委　员：赵宏魁　陈小平　张金海

（二）大会主席团和秘书长

主席团：

于凤玲	于振滦	马贵元	边庆敏
刘明云	刘建芳	杜东红	李文昌
李成虎	李梦华	张　杰	张金海
张贵秋	陈小凤	陈小平	陈均华
范景林	赵军法	赵宏魁	赵拴文
耿保安	阎福顺	郭玉华	康伯平
梁建国	韩英芬	韩国平	蒋文红
甄宽志			

秘书长：张金海（兼）

（三）大会常务主席

赵拴文	李成虎	蒋文红	赵宏魁
陈小平	张金海	于振滦	杜东红
陈均华			

四、区二届人大四次会议

（一）大会临时党委

书　记：赵拴文

副书记：李成虎　赵宏魁

委　员：陈小平　于凤玲　张金海

（二）大会主席团和秘书长

主席团：

于凤玲	于振滦	马贵元	边庆敏
刘明云	刘建芳	杜东红	杨建立
李文昌	李玉明	李占省	李成虎
李梦华	张金海	张贵秋	陈小凤
陈小平	陈均华	赵军法	赵宏魁
赵拴文	耿保安	郭玉华	康伯平
阎福顺	隋玉林	韩英芬	韩国平
甄宽志			

秘书长：张金海（兼）

（三）大会常务主席

赵拴文	赵宏魁	陈小平	李成虎
张金海	耿保安	于振滦	杜东红
陈均华			

（四）大会财政预算审查委员会

主 任 委 员：杜东红

副主任委员：刘小云

委　　　员：

丁德良	马映光	高振华	韩英芬
杜满舵			

（五）大会议案审查委员会

主 任 委 员：于振滦

副主任委员：马贵元

委　　　员：

王景存	张福禄	王志民	马长江
赵新海			

（六）大会国民经济和社会发展计划审查委员会

主 任 委 员：张金海

副主任委员：任淑芳

委　　　员：

边庆敏	刘明云	杨　成	秦红玉
李和庆			

五、区二届人大五次会议

（一）大会临时党委

书　记：武卫东

副书记：

李成虎	赵宏魁	陈小平	李文昌

委　员：于凤玲　张金海

（二）大会主席团和秘书长

主席团：

于凤玲	于振滦	马贵元	边庆敏
刘明云	刘建芳	杜东红	李文昌
李玉明	李占省	李成虎	李梦华
张金海	张贵秋	陈小凤	陈小平
陈均华	赵军法	武卫东	耿保安
阎福顺	郭玉华	康伯平	韩英芬
韩国平	隋玉林	甄宽志	

秘书长：张金海（兼）

（三）大会常务主席

武卫东	李成虎	陈小平	李文昌
张金海	耿保安	于振滦	杜东红
陈均华			

六、区二届人大六次会议

（一）大会临时党委

书　记：武卫东

副书记：赵宏魁　李成虎

委　员：

陈小平	李文昌	王丽君	于凤玲
张金海			

（二）大会主席团和秘书长

主席团：

于凤玲	于振滦	马贵元	王丽君
边庆敏	刘明云	刘建芳	杜东红
李文昌	李玉明	李占省	李成虎
李梦华	李跃军	张金海	张贵秋

陈小凤	陈小平	陈均华	赵军法
武卫东	耿保安	郭玉华	康伯平
阎福顺	隋玉林	韩国平	甄宽志

秘书长：张金海（兼）

（三）大会常务主席

武卫东	李成虎	陈小平	李文昌
王丽君	张金海	耿保安	于振滦
杜东红	陈均华		

（四）大会财政预算审查委员会

主 任 委 员：杜东红

副主任委员：刘小云

委　　员：

丁德良	高振华	马映光	闫玉峰
郭银春	杜满舵		

（五）大会议案审查委员会

主 任 委 员：于振滦

副主任委员：马贵元

委　　员：

苏振芳	王景存	张福禄	王志民
马长江	赵新海	刘书旁	

（六）大会国民经济和社会发展计划审查委员会

主 任 委 员：张金海

副主任委员：任淑芳

委　　员：

边庆敏	刘明云	杨　成	李和庆
郝永志			

第三节　会议选举

区二届人大历次会议，共选举产生区级国家机关工作人员 33 人。

区人大常委会

主　任：李成虎

副主任：

张金海	于振滦	杜东红	陈均华

委　员：

马贵元　　吕凌云　　任淑芳　　刘小云
杨建立　　苏振芳　　张文惠　　姜如君
党树海　　梁建国　　郭玉华　　阎福顺
甄宽志

区人民政府

区　长：李义增

副区长：

韩志芳　　王石佩　　龚　长　　张维德
肖香宝　　王东刚

区人民法院

院　长：赵昕民

区人民检察院

检察长：杨　光

届中调整情况：

李义增，2004 年 2 月 27 日，在区二届人大常委会第八次会议上辞去区人民政府区长职务。

肖香宝，2004 年 8 月 26 日，在区二届人大常委会第十二次会议上辞去区人民政府副区长职务。

吕凌云，2004 年 12 月 29 日，在区二届人大常委会第十四次会议上辞去区人大常委会委员职务。

党树海，2004 年 12 月 29 日，在区二届人大常委会第十四次会议上辞去区二届人大代表职务，其常委会委员职务自行终止。

武卫东，2005 年 5 月 25 日，在区二届人大常委会第十七次会议上辞去区人民政府区长职务。

赵昕民，2007 年 4 月 13 日在区二届人大常委会第三十一次会议上辞去区人民法院院长职务。

杨　光，2007 年 4 月 13 日在区二届人大常委会第三十一次会议上辞去区人民检察院检察长职务。

武卫东，2004 年 2 月 27 日，在区二届人大常委会第八次会议上决定任命其为区人民政府副区长、代理区长。

周自强，2004 年 8 月 26 日，在区二届人大常委会第十二次会议上决定任命其为区人民政府副区长。

赵宏魁，2005 年 5 月 25 日，在区二届人大常委会第十七次会议上决定任命其为区人民政府副区长、代理区长。

武卫东，2004 年 3 月，在区二届人大第三次会议上当选为区人民政府区长。

耿保安，2005 年 1 月，在区二届人大第四次会议上当选为区人大常委会副主任。

贾福春、刘强，2005 年 1 月，在区二届人大第四次会议上补选其为区人大常委会委员。

赵宏魁，2005 年 6 月，在区二届人大第五次会议上当选为区人民政府区长。

第三章　人民代表大会常务委员会

区二届人大一次会议选举产生区人大常委会组成人员 18 人。

第一节　常委会会议概况

区二届人大常委会共召开会议 31 次。

第一次会议　2003 年 6 月 3 日召开。区人大常委会主任李成虎，副主任张金海、于振滦、杜东红、陈均华和 11 名委员出席会议。区人民政府副区长韩志芳、张维德、区人民法院院长赵昕民、区人民检察院检察长杨光列席会议。会议听取和审议区人民政府副区长张维德作的《关于防治“非典”工作情况汇报》。审议通过《区人大常委会 2003 年工作要点及议题安排》《区人大常委会代表资格审查委员会成员名单》。会议通过人事任免事项（名单见本章《选举任免》）。

注：裕华区第二届人大常委会代表资格审查委员会组成人员

主 任 委 员：张金海（2003 年 6 月—2005 年 2 月）
　　　　　　耿保安（2005 年 2 月—2007 年 4 月）
副主任委员：吕凌云（女，2003 年 6 月—2004 年 12 月）
　　　　　　刘　强（2005 年 2 月—2007 年 4 月）
委　　　员：郭玉华（女，2003 年 6 月—2007 年 4 月）
　　　　　　阎福顺（2003 年 6 月—2007 年 4 月）
　　　　　　甄宽志（2003 年 6 月—2007 年 4 月）

第二次会议　2003 年 6 月 23 日召开。区人大常委会主任李成虎，副主任张金海、于振滦、杜东红、陈均华和 12 名委员出席会议。会议补选李成虎为裕华区出席市第十一届人民代表大会代表。

第三次会议　2003 年 7 月 31 日召开。区人大常委会主任李成虎，副主任张金海、于振滦、杜东红、陈均华和 11 名委员出席会议。区人民政府副区长韩志芳、王石佩、龚长、区人民法院院长赵昕民、区人民检察院检察长杨光列席会议。会议听取和审议区财政局局长王建民作的《关于财政管理体制改革进展情况的报告》、区工商分局副局长李凤梅作的《关于我区民营经济发展情况的报告》、区教育局副局长杨英丽作的《关于贯彻执行〈中华人民共和国职业教育法〉情况的报告》、区人民检察院检察长杨光作的《关于预防职务犯罪情况的报告》，审议通过《关于补选区人大代表的决定》。

第四次会议 2003年9月26日召开。区人大常委会主任李成虎，副主任张金海、于振滦、杜东红、陈均华和部分委员出席会议。会议听取和审议区人民政府《关于2003年上半年国民经济和社会发展计划执行情况的报告》、区财政局局长王建民作的《关于2002年区本级决算和总决算的报告》《关于2003年上半年财政预算执行情况的报告》、区审计局局长李兰萍作的《关于2002年区本级预算执行及其他财政收支情况的审计工作报告》，审议通过《石家庄市裕华区人大常委会对"一府两院"开展工作评议办法》《石家庄市裕华区人大常委会信访案件办理工作规则》《关于批准2002年区本级决算的决议》。

第五次会议 2003年11月20日召开。区人大常委会主任李成虎，副主任张金海、于振滦、杜东红、陈均华和11名委员出席会议。会议听取和审议区人民政府《关于区重点项目建设进展情况的报告》《关于贯彻执行〈科技进步法〉情况的报告》《关于办理区二届人大一次会议代表建议、批评和意见情况的报告》、审议通过《区人大常委会关于提高常委会会议审议质量的决定》。

第六次会议 2003年12月18日召开。区人大常委会主任李成虎，副主任张金海、于振滦、杜东红、陈均华和12名委员出席会议。会议听取和审议区人民法院、区教育局、石家庄市国土资源局裕华分局的《工作报告》，区人大评议组《关于对区人民法院开展工作评议情况的报告》《关于对区教育局开展工作评议情况的报告》《关于对区国土分局开展工作评议情况的报告》。审议通过《关于召开区二届人大二次会议的决定》《区二届人大二次会议主席团秘书长名单》《区二届人大二次会议国民经济和社会发展计划审查委员会名单》《区二届人大二次会议财政预算审查委员会名单》《区二届人大二次会议议案审查委员会名单》《代表资格审查委员会关于代表资格的审查报告》。

第七次会议 2003年12月23日召开。区人大常委会主任李成虎，副主任张金海、于振滦、杜东红、陈均华和12名委员出席会议。会议补选了刘云峰为裕华区出席市第十一届人民代表大会代表。

第八次会议 2004年2月27日召开。区人大常委会主任李成虎，副主任张金海、于振滦、杜东红、陈均华和12名委员出席会议。会议听取和审议《区人大代表守则》《区人民法院关于整改工作情况的报告》《区教育局关于整改工作情况的报告》《区国土资源分局关于整改工作情况的报告》。审议通过《区人大常委会2004年工作要点及议题安排》《关于聘任工委委员的决定》《关于补选区人大代表的决定》《关于召开区二届人大三次会议的决定》《区二届人大三次会议主席团秘书长建议名单》《代表资格审查委员会关于代表变动情况的报告》《区二届人大三次会议列席人员名单》《关于接受李义增同志辞职请求的决定》。会议通过人事任免事项（名单见本章《选举任免》）。

第九次会议 2004年4月29日召开。区人大常委会主任李成虎，副主任张金海、于振滦、杜东红、陈均华和12名委员出席会议。区人民政府常务副区长韩志芳、区人民政府副区长张维德、区人民法院院长赵昕民、区人民检察院检察长杨光列席会议。会议听取和审议区卫生局局长丁德良作的《裕华区人民政府关于社区医疗卫生体系建设工作情况的汇报》。审议通过区人大常委会《关于区人民政府向人大常委会报告重大事项的规定》。会议通过人事任免事项（名单见本章《选举任免》）。

第十次会议　2004 年 5 月 28 日召开。区人大常委会主任李成虎，副主任张金海、于振滦、杜东红、陈均华和 10 名委员出席会议。会议通过《关于批准对区人大代表陈某某采取强制措施的决定》。

第十一次会议　2004 年 6 月 29 日召开。区人大常委会主任李成虎，副主任张金海、于振滦、杜东红、陈均华和 11 名委员出席会议。区人民政府副区长王东刚、区人民法院院长赵昕民、区人民检察院检察长杨光列席会议。会议听取和审议区司法局局长张延龄作的《关于我区基层人民调解工作情况的报告》。审议通过区人民检察院《关于建议在裕华区实施〈预防职务犯罪工作办法〉的议案》。会议通过人事任免事项（名单见本章《选举任免》）。

第十二次会议　2004 年 8 月 26 日召开。区人大常委会主任李成虎，副主任张金海、于振滦、杜东红、陈均华和 12 名委员出席会议。区人民政府副区长韩志芳、王东刚、区人民法院院长赵昕民、区人民检察院检察长杨光列席会议。会议听取和审议区卫生局局长陈建坤作的《关于人口与计划生育工作情况的报告》。审议通过《关于接受肖香宝同志请求辞去裕华区人民政府副区长职务的决定》。表决确定被评议对象。会议通过人事任免事项（名单见本章《选举任免》）。

第十三次会议　2004 年 10 月 19 日召开。区人大常委会主任李成虎，副主任张金海、于振滦、杜东红、陈均华和部分委员出席会议。会议听取和审议区发展计划局局长王凤江作的《关于 2004 年上半年国民经济和社会发展计划执行情况的汇报》、区财政局局长王建民作的《关于调整 2004 年财政收入预算的报告》《关于 2003 年区本级决算及区总决算的报告》《关于 2004 年上半年财政预算执行情况的报告》、区审计局局长李兰萍作的《关于 2003 年区本级财政预算执行及其他财政收支情况的审计工作报告》，审议通过《关于批准 2003 年区本级决算的决议》《关于批准区人民政府调整 2004 年财政收入预算的决议》、石家庄市裕华区人大常委会评议领导小组办公室《关于区城管局、规划分局综合评议报告》。

第十四次会议　2004 年 12 月 29 日召开。区人大常委会主任李成虎，副主任张金海、于振滦、杜东红、陈均华和部分委员出席会议。区人民政府副区长韩志芳、区人民法院院长赵昕民、区人民检察院检察长杨光列席会议。会议听取和审议区计划局副局长吕建忠作的《关于 2004 年区级重点项目建设情况的报告》、区财政局局长王建民作的《关于调整 2004 年区本级财政支出预算方案的报告》、区政府办公室主任吕建华作的《关于办理区二届人大二次会议代表建议、批评和意见的情况报告》，审议通过《关于批准区人民政府调整区本级财政支出预算方案的决议》《关于评议工作开展情况的总结报告》、区民政局局长白艳、区人事劳动和社会保障局局长柴伟民的《述职报告》。会议通过了《关于接受吕凌云同志辞去区人大常委会委员职务请求的决定》《关于接受白文武同志辞去区人大代表职务请求的决定》

《关于接受张杰同志辞去区人大代表职务请求的决定》《关于接受范景林同志辞去区人大代表职务请求的决定》《关于接受党树海同志辞去区人大代表职务请求的决定》《关于接受何隆盛同志辞去区人大代表职务请求的决定》《关于接受霍金恒同志辞去区人大代表职务请求的决定》《关于接受牛俊谦同志辞去区人大代表职务请求的决定》《关于补选区人大代表的决定》《区人大常委会关于接受王海洋同志辞去石家庄市第十一届人民代表大会代表请求的决定》《关于在全区建立“代表梯级联系网络”的意见》《关于召开石家庄市裕华区二届人大四次会议的决定》《区二届人大四次会议主席团和秘书长名单》《区二届人大四次会议国民经济和社会发展计划审查委员会名单》《区二届人大四次会议财政预算审查委员会名单》《区二届人大四次会议议案审查委员会名单》。

第十五次会议　2005 年 2 月 25 日召开。区人大常委会主任李成虎，副主任张金海、耿保安、于振滦、杜东红、陈均华和 13 名委员出席会议。区人民政府副区长韩志芳、区人民法院院长赵昕民、区人民检察院检察长杨光列席会议。会议审议通过《区人大常委会 2005 年工作要点和议题安排》《关于调整代表资格审查委员会成员的决定》。会议通过人事任免事项（名单见本章《选举任免》）。

第十六次会议　2005 年 4 月 28 日召开。区人大常委会主任李成虎，副主任张金海、耿保安、于振滦、杜东红、陈均华和 11 名委员出席会议。区人民政府副区长王东刚、区人民法院院长赵昕民、区人民检察院检察长杨光列席会议。会议听取和审议区民政局局长白艳作的《关于社区建设及运行情况的报告》。审议通过《区人大常委会关于改革常委会会议方式提高常委会会议质量的办法》《区人大常委会关于调整 2005 年度工委委员的决定》。会议通过人事任免事项（名单见本章《选举任免》）。

第十七次会议　2005 年 5 月 25 日召开。区人大常委会主任李成虎，副主任张金海、耿保安、杜东红、陈均华和 12 名委员出席会议。区委书记、区人民政府区长武卫东、区人民法院院长赵昕民、区人民检察院检察长杨光列席会议。会议审议通过《关于接受武卫东同志辞去区人民政府区长职务请求的决定》。表决通过区二届人大五次会议有关事宜。会议通过人事任免事项（名单见本章《选举任免》）。

第十八次会议　2005 年 6 月 23 日召开。区人大常委会主任李成虎，副主任张金海、耿保安、杜东红、陈均华和部分委员出席会议。会议审议通过《关于许可对区人大代表杨某某采取强制措施的决定》。

第十九次会议　2005 年 7 月 19 日召开。区人大常委会主任李成虎，副主任张金海、耿保安、于振滦、杜东红、陈均华和 11 名委员出席会议。会议审议通过《区人大常委会关于对区“一府两院”落实重大事项、重大案件报告制度及常委会审议意见的办法（试行）》，听取市人大代表马国兴、吴维海、张总镛、高文亮、韩玉梅的《述职报告》。

第二十次会议　2005 年 9 月 13 日召开。区人大常委会主任李成虎，副主任张金海、耿保安、于振滦、杜东红、陈均华和 10 名委员出席会议。区人民政府副区长韩志芳、区人民法院院长赵昕民、区人民检察院副检察长任宝贵列席会议。会议听取和审议区发展计划局局长王凤江作的《关于2005年上半年国民经济和社会发展计划执行情况的报告》、区财政局局长王建民作的《关于2005年上半年财政预算执行情况的报告》、区教育开发建设中心主任冯军海作的《关于44中建设进展情况的报告》。审议通过《区人大常委会2005年度评议工作实施方案》、区人民检察院《关于通过依法办案公正执法促进我区社会稳定情况的报告》、区人民法院《关于充分发挥审判职能作用全力维护社会稳定的报告》、区司法局《关于发挥职能作用，全力维护社会稳定、促进经济发展的报告》、区公安分局《关于严格规范执法行为全力维护社会稳定的报告》。会议通过人事任免事项（名单见本章《选举任免》）。

第二十一次会议　2005年11月18日召开。区人大常委会主任李成虎，副主任张金海、耿保安、于振滦、杜东红、陈均华和8名委员出席会议。区人民政府常务副区长韩志芳、区人民法院院长赵昕民、区人民检察院检察长杨光列席会议。会议听取和审议区审计局局长李兰萍作的《关于2004年区本级财政预算执行情况及其他财政收支情况的审计工作报告》、区财政局局长王建民作的《关于2004年区本级决算及区总决算的报告》。会议审议通过《关于批准2004年区本级决算的决议》《关于对区国税分局、区公安分局、区卫生局工作的评议意见》。会议通过人事任免事项（名单见本章《选举任免》）。

第二十二次会议　2006年1月11日召开。区人大常委会主任李成虎，副主任张金海、耿保安、于振滦、杜东红、陈均华和部分委员出席会议。区人民政府常务副区长韩志芳、区人民法院院长赵昕民、区人民检察院检察长杨光列席会议。会议听取和审议区政府办公室主任吕建华作的《关于办理区人大代表建议、批评和意见的情况报告》、区发展计划局局长王凤江作的《关于2005年重点项目建设情况的报告》、区财政局局长王建民作的《关于调整2005年区本级预算及全区总预算方案的报告》。审议通过《区人大常委会预算审查监督工作试行办法》《区人大常委会关于批准区人民政府调整2005年财政预算的决定》《关于接受赵拴文同志辞去区人大代表职务请求的决定》《关于接受韩英芬同志辞去区人大代表职务请求的决定》《关于接受陈全福同志辞去区人大代表职务请求的决定》。

第二十三次会议　2006年2月21日召开。区人大常委会主任李成虎，副主任张金海、耿保安、于振滦、杜东红、陈均华和部分委员出席会议。区人民政府常务副区长韩志芳、区人民法院院长赵昕民、区人民检察院检察长杨光列席会议。会议审议通过《关于召开石家庄市裕华区第二届人民代表大会第六次会议的决定》《石家庄市裕华区第二届人民代表大会第六次会议建议议程》《石家庄市裕华区第二届人民代表大会第六次会议主席团和秘书长建议名单》《石家庄市裕华区第二届人民代表大会第六次会议国民经济和社会发展计划审查委员会建议名单》《石家庄市裕华区第二届人民代表大会第六次会议财政预算审查委员会建议名单》《石家庄市裕华区第二届人民代表大会第六次会议议案审查委员会建议名单》《石家庄市裕华区第二届人民代表大会常务委员会代表资格审查委员会关于补选代表的代表资格的审查报告》《石家庄市裕华区第二届人民代表大会第六次会议列席人员名单》。

第二十四次会议　2006年4月6日召开。区人大常委会主任李成虎，副主任张金海、耿保安、杜东红、陈均华和10名委员出席会议。区人民政府常务副区长韩志芳、区人民法院院长赵昕民、区人民检察院检察长杨光列席会议。会议审议通过《区人大常委会2006年工作要点》《裕华区人大常委会关于调整工委委员的决定》。会议通过人事任免事项（名单见本章《选举任免》）。

第二十五次会议 2006年6月14日召开。区人大常委会主任李成虎，副主任张金海、耿保安、于振滦、杜东红、陈均华和11名委员出席会议。区人民政府常务副区长韩志芳、区人民政府副区长张维德、区人民法院院长赵昕民、区人民检察院检察长杨光列席会议。会议听取和审议区城管局局长于俊国作的《关于贯彻落实〈石家庄市物业管理条例〉情况的汇报》。审议通过《区人大常委会2006年度评议工作实施方案》《区人大常委会关于代表议案的处理办法》《区人大常委会关于代表建议、批评和意见的处理办法》。会议通过人事任免事项（名单见本章《选举任免》）。

第二十六次会议 2006年7月24日召开。区人大常委会主任李成虎，副主任张金海、耿保安、杜东红、陈均华和部分委员出席会议。会议审议通过《关于许可对区人大代表张某某采取强制措施的决定》。

第二十七次会议 2006年8月15日召开。区人大常委会主任李成虎，副主任耿保安、于振滦、杜东红、陈均华和10名委员出席会议。区人民政府常务副区长韩志芳、区人民政府副区长王东刚、区人民法院院长赵昕民、区人民检察院副检察长任宝贵列席会议。会议听取和审议区发展计划局局长王凤江作的《关于2006年上半年国民经济和社会发展计划执行情况的汇报》、区财政局局长王建民作的《关于2006年上半年财政预算执行情况的报告》、区民政局局长白艳作的《关于第七届村委会换届选举工作的报告》。会议通过人事任免事项（名单见本章《选举任免》）。

第二十八次会议 2006年10月27日召开。区人大常委会主任李成虎，副主任张金海、耿保安、于振滦、杜东红、陈均华和部分委员出席会议。区人民政府常务副区长韩志芳、区人民法院院长赵昕民、区人民检察院检察长杨光列席会议。会议听取和审议区财政局局长王建民作的《关于2005年区本级决算及区总决算的报告》、区审计局局长李兰萍作的《关于2005年区本级财政预算执行及其他财政收支情况的审计工作报告》。审议通过《区人大常委会关于裕华区2005年区本级决算及区总决算的决议》《区人大常委会关于加强和规范区人大代表在闭会期间活动的意见》。

第二十九次会议 2006年12月28日召开。区人大常委会主任李成虎，副主任张金海、耿保安、于振滦、杜东红、陈均华和7名委员出席会议。区人民政府常务副区长韩志芳、区人民法院院长赵昕民、区人民检察院检察长杨光列席会议。会议听取和审议区政府办公室主任吕建华作的《关于区二届人大六次会议代表建议的情况报告》、区财政局局长王建民作的《关于调整2006年区本级预算及全区总预算方案的报告》。审议通过《区人大常委会关于对区环保分局、区物价局、区人民检察院工作的评议意见》《区人大常委会关于表彰优秀区人大代表的决定》《区人大常委会关于批准区人民政府调整2006年财政预算的决议》。会议通过人事任免事项（名单见本章《选举任免》）。

第三十次会议　2007年1月19日召开。区人大常委会主任李成虎，副主任张金海、耿保安、杜东红、陈均华和部分委员出席会议。会议审议通过《关于任命各镇（乡）选举委员会组成人员的决定》《关于区、镇（乡）两级人民代表大会同步换届选举的决定》。

第三十一次会议　2007年4月14日召开。区人大常委会主任李成虎，副主任张金海、耿保安、于振滦、杜东红、陈均华和10名委员出席会议。区人民政府常务副区长韩志芳、区人民法院院长赵昕民、区人民检察院检察长杨光列席会议。会议审议通过《关于接受赵昕民同志辞去区人民法院院长职务请求的决定》《关于接受杨光同志辞去区人民检察院检察长职务请求的决定》《关于接受赵昕民同志辞去区人大代表职务请求的决定》《关于接受李玉明同志辞去区人大代表职务请求的决定》《代表资格审查委员会关于区第三届人民代表大会代表资格的审查报告》《关于召开区三届人大一次会议的决定》《区三届人大一次会议建议议程》《区三届人大一次会议主席团和秘书长建议名单》《区三届人大一次会议国民经济审查委员会建议名单》《区三届人大一次会议财政预算审查委员会建议名单》《区三届人大一次会议议案审查委员会建议名单》《区三届人大一次会议列席人员名单》《区三届人大一次会议邀请人员名单》《区人大常委会工作报告》。

第二节　办事机构

区二届人大常委会设办公室、人事代表联络选举工作委员会、政法工作委员会、财政经济工作委员会、科教文卫工作委员会。2005年人事代表联络工作委员会更名为选举任免代表工作委员会。

表7　　石家庄市裕华区第二届人大常委会机构一览表

机构名称	职　务	姓　名	任职时间
办公室	主任	刘小云	2003年4月—2007年4月
	副主任	刘　强	2003年4月—2004年4月
		康振清	2004年4月—2007年4月
		许振英	2005年2月—2007年4月
人事代表联络工作委员会	主任	吕凌云	2003年4月—2004年4月
		刘　强	2005年2月—2006年8月
	副主任	刘　强	2004年4月—2005年2月
财政经济工作委员会	主　任	贾福春	2004年4月—2006年8月
		刘　强	2006年8月—2007年4月
政法工作委员会	副主任	党树海	2003年4月—2004年4月
		赵雄伟	2005年2月—2007年4月

续表 7

机构名称	职　务	姓　名	任职时间
科教文卫工作委员会	主　任	任淑芳	2003 年 4 月—2007 年 4 月

在各街道设立人大工作室。2003 年 4 月，裕华区人大常委会下设 7 个街道工作室：孙村街道人大工作室、槐底街道人大工作室、裕东街道人大工作室、裕华路街道人大工作室、东苑街道人大工作室、裕兴街道人大工作室、裕强街道人大工作室。2003 年 9 月孙村街道人大工作室更名为建通街道人大工作室。

表 8　　石家庄市裕华区第二届人大常委会派出机构一览表

机构名称	职　务	姓　名	任职时间
建通街道人大工作室（孙村街道人大工作室）	主　任	苏淑敏	2003 年 4 月—2007 年 4 月
	副主任	李金兰	2003 年 4 月—2007 年 4 月
槐底街道人大工作室	主　任	李一德	2003 年 4 月—2007 年 4 月
	副主任	季云茶	2003 年 4 月—2007 年 4 月
裕华路街道人大工作室	主　任	赵文兴	2003 年 4 月—2007 年 4 月
	副主任	李新学	2003 年 4 月—2007 年 4 月
裕东街道人大工作室	主　任	牛俊谦	2003 年 4 月—2004 年 2 月
		付东祥	2004 年 8 月—2007 年 4 月
	副主任	高儒珍	2003 年 6 月—2007 年 4 月
东苑街道人大工作室	主　任	霍金恒	2003 年 4 月—2004 年 4 月
		吕凌云	2004 年 4 月—2007 年 4 月
	副主任	闫珍珍	2003 年 4 月—2006 年 4 月
裕兴街道人大工作室	主　任	付东祥	2003 年 4 月—2004 年 8 月
		梁兰深	2004 年 8 月—2007 年 4 月
	副主任	石生瑞	2006 年 6 月—2007 年 4 月
裕强街道人大工作室	主　任	何隆盛	2003 年 4 月—2004 年 4 月
		王日贵	2004 年 4 月—2007 年 4 月
	副主任	张建庭	2003 年 4 月—2007 年 4 月

第三节　决议决定

区二届人大常委会共作出决议决定 46 项。

表 9　　石家庄市裕华区第二届人大常委会决议决定一览表

时　间	会　议	名　称
2003 年 7 月 31 日	二届三次会议	《关于补选区人大代表的决定》
2003 年 9 月 26 日	二届四次会议	《关于批准 2002 年区本级决算的决议》
2003 年 11 月 20 日	二届五次会议	《关于提高常委会会议审议质量的决定》
2003 年 12 月 18 日	二届六次会议	《关于召开区二届人大二次会议的决定》
2004 年 2 月 27 日	二届八次会议	《关于聘任工委委员的决定》《关于补选区人大代表的决定》《关于召开区二届人大三次会议的决定》《关于接受李义增同志辞职请求的决定》
2004 年 5 月 28 日	二届十次会议	《关于批准对区人大代表陈某某采取强制措施的决定》
2004 年 8 月 26 日	二届十二次会议	《关于接受肖香宝同志请求辞去裕华区人民政府副区长职务的决定》
2004 年 10 月 19 日	二届十三次会议	《关于批准 2003 年区本级决算的决议》《关于批准区人民政府调整 2004 年财政收入预算的决议》
2004 年 12 月 29 日	二届十四次会议	《关于批准区人民政府调整区本级财政支出预算方案的决议》《关于接受吕凌云同志辞去区人大常委会委员职务请求的决定》《关于接受白文武同志辞去区人大代表职务请求的决定》《关于接受张杰同志辞去区人大代表职务请求的决定》《关于接受范景林同志辞去区人大代表职务请求的决定》《关于接受党树海同志辞去区人大代表职务请求的决定》《关于接受何隆盛同志辞去区人大代表职务请求的决定》《关于接受霍金恒同志辞去区人大代表职务请求的决定》《关于接受牛俊谦同志辞去区人大代表职务请求的决定》《关于补选区人大代表的决定》《区人大常委会关于接受王海洋同志辞去石家庄市第十一届人民代表大会代表请求的决定》《关于召开石家庄市裕华区二届人大四次会议的决定》
2005 年 2 月 25 日	二届十五次会议	《关于调整代表资格审查委员会成员的决定》
2005 年 4 月 18 日	二届十六次会议	《区人大常委会关于调整 2005 年度工委委员的决定》
2005 年 5 月 25 日	二届十七次会议	《关于接受武卫东同志辞去区人民政府区长职务请求的决定》
2005 年 6 月 23 日	二届十八次会议	《关于许可对区人大代表杨某某采取强制措施的决定》
2005 年 11 月 18 日	二届二十一次会议	《关于批准 2004 年区本级决算的决议》
2006 年 1 月 11 日	二届二十二次会议	《关于批准区人民政府调整 2005 年财政预算的决定》《关于接受赵拴文同志辞去区人大代表职务请求的决定》《关于接受韩英芬同志辞去区人大代表职务请求的决定》《关于接受陈全福同志辞去区人大代表职务请求的决定》

续表 9

时　间	会　议	名　称
2006 年 2 月 21 日	二届二十三次会议	《关于召开石家庄市裕华区第二届人民代表大会第六次会议的决定》
2006 年 4 月 6 日	二届二十四次会议	《关于调整工委委员的决定》
2006 年 7 月 24 日	二届二十六次会议	《关于许可对区人大代表张某某采取强制措施的决定》
2006 年 10 月 27 日	二届二十八次会议	《关于裕华区 2005 年区本级决算及区总决算的决议》
2006 年 12 月 28 日	二届二十九次会议	《关于表彰优秀区人大代表的决定》《区人大常委会关于批准区人民政府调整 2006 年财政预算的决议》
2007 年 1 月 19 日	二届三十次会议	《关于任命各镇（乡）选举委员会组成人员的决定》《关于区、镇（乡）两级人民代表大会同步换届选举的决定》
2007 年 4 月 14 日	二届三十一次会议	《关于接受赵昕民同志辞去区人民法院院长职务请求的决定》《关于接受杨光同志辞去区人民检察院检察长职务请求的决定》《关于接受赵昕民同志辞去区人大代表职务请求的决定》《关于接受李玉明同志辞去区人大代表职务请求的决定》《关于召开区三届人大一次会议的决定》

第四节　选 举 任 免

2003 年 6 月 3 日，区二届人大常委会第一次会议，通过了区人大常委会相关人事任免事项。任命：

高儒珍同志为区裕东街道人大工作室副主任。

2003 年 6 月 3 日，区二届人大常委会第一次会议，通过了区人民政府相关人事任免事项。决定任命：

吕建华同志为区人民政府办公室主任；

王建民同志为区财政局局长；

柴伟民同志为区人事劳动和社会保障局局长；

王凤江同志为区发展计划局局长；

李冬海同志为区文化体育局局长；

白艳同志为区民政局局长；

于俊国同志为区城区建设管理局局长；

张健新同志为区统计局局长；

李兰萍同志为区审计局局长：

张延龄同志为区司法局局长；

李凤娟同志为区物价局局长；

陈建坤同志为区计划生育局局长：

丁德良同志为区卫生局局长：

刘玉深同志为区科学技术局局长；

高振华同志为区教育局局长；

任素山同志为区监察局局长；

陈兆同志为区经济贸易局局长；

冯军海同志为区农业办公室主任。

2004年2月27日，区二届人大常委会第八次会议，通过了区人大常委会相关人事任免事项。

免去：

牛俊谦同志的裕东街道人大工作室主任职务。

2004年2月27日，区二届人大常委会第八次会议，通过了区人民政府相关人事任免事项。

决定任命：

武卫东同志为区人民政府副区长，决定其为代理区长。

2004年2月27日，区二届人大常委会第八次会议，通过了区人民法院相关人事任免事项。

任命：

何亚辉、孔丽华、高云、马永慧为区人民法院审判员。

2004年2月27日，区二届人大常委会第八次会议，通过了区人民检察院相关人事任免事项。

任命：

张月辉、吴清涛、王振怀、杜卫红、齐彦文、王荣进、王伟、刘爱玲、王元浩、宋艳辉为区人民检察院检察员。

2004年4月29日，区二届人大常委会第九次会议，通过了区人大常委会相关人事任免事项。

免去：

吕凌云同志的区人大常委会人事代表联络工委主任职务；

党树海同志的区人大常委会政法工委主任职务；

刘强同志的区人大常委会办公室副主任职务；

霍金恒同志的区东苑街道人大工作室主任职务；

何隆盛同志的裕强街道人大工作室主任职务。

任命：

贾福春同志为区人大常委会财经工委主任；

刘强同志为区人大常委会人事代表联络工委副主任；

康振清同志为区人大常委会办公室副主任；

吕凌云同志为东苑街道人大工作室主任；

王日贵同志为裕强街道人大工作室主任。

2004 年 4 月 29 日，区二届人大常委会第九次会议，通过了区人民政府相关人事任免事项。

决定免去：

冯军海同志的区农业办公室主任职务。

决定任命：

范景林同志为区农业办公室主任；

王建英同志为区安全生产监督管理局局长。

2004 年 4 月 29 日，区二届人大常委会第九次会议，通过了区人民法院相关人事任免事项。

免去：

刘彦林同志的区人民法院副院长职务（挂职）；

王静敏同志的区人民法院刑事审判庭庭长职务；

安建军同志的区人民法院槐底法庭庭长职务。

任命：

何春法同志为区人民法院副院长、审判委员会委员；

杨建科同志为区人民法院审判委员会委员；

安建军同志为区人民法院审判委员会委员。

2004 年 6 月 29 日，区二届人大常委会第十一次会议，通过了区人民法院相关人事任免事项。

免去：

陈武兴同志的区人民法院方村法庭副庭长职务；

韩志国同志的区人民法院方村法庭庭长职务；

黄林同志的区人民法院立案庭副庭长职务；

杨雪莉同志的区人民法院民事审判庭副庭长职务；

梁春芳同志的区人民法院经济审判庭副庭长职务；

苏文涛同志的区人民法院行政审判庭副庭长职务；

孙建华同志的区人民法院经济审判庭庭长职务；

杨勇同志的区人民法院执行庭副庭长职务；

王新英同志的区人民法院经济审判庭副庭长职务；

左书旺同志的区人民法院槐底法庭副庭长职务。

任命：

黄林同志为区人民法院立案庭庭长；

李薇同志为区人民法院立案庭副庭长；

邓震宏同志为区人民法院刑事审判庭庭长；

杨雪莉同志为区人民法院民事审判第一庭庭长；

何亚辉同志为区人民法院民事审判第一庭副庭长；

梁春芳同志为区人民法院民事审判第二庭庭长；

刘秀娟同志为区人民法院民事审判第二庭副庭长；

苏文涛同志为区人民法院行政审判庭庭长；

孙建华同志为区人民法院审判监督庭庭长；

卢拥军同志为区人民法院审判监督庭副庭长；

杨勇同志为区人民法院执行庭庭长；

刘建斌同志为区人民法院执行庭副庭长；

仵强同志为区人民法院河东法庭副庭长；

左书旺同志为区人民法院槐底法庭庭长；

周杰同志为区人民法院槐底法庭副庭长；

韩秀忠同志为区人民法院方村法庭庭长；

赵强同志为区人民法院方村法庭副庭长。

2004 年 6 月 29 日，区二届人大常委会第十一次会议，通过了区人民检察院相关人事任免事项。

免去：

孙延军同志的区人民检察院副检察长、检察委员会委员职务。

2004 年 8 月 26 日，区二届人大常委会第十二次会议，通过了区人大常委会相关人事任免事项。

免去：

付东祥同志的裕兴街道人大工作室主任职务。

任命：

付东祥同志为裕东街道人大工作室主任；

梁兰深同志为裕兴街道人大工作室主任。

2004 年 8 月 26 日，区二届人大常委会第十二次会议，通过了区人民政府相关人事任免事项。

决定免去：

陈兆同志的区经济贸易局局长职务。

决定任命：

周自强同志为区人民政府副区长；

王建川同志为区经济贸易局局长。

2005 年 2 月 25 日，区二届人大常委会第十五次会议，通过了区人大常委会相关人事任免事项。

免去：

刘强同志的区人大常委会选举任免代表工委副主任职务。

任命：

刘强同志为区人大常委会选举任免代表工委主任；

许振英同志为区人大常委会办公室副主任；

赵雄伟同志为区人大常委会政法工委副主任。

2005 年 4 月 28 日，区二届人大常委会第十六次会议，通过了区人民法院相关人事任免事项。

任命：

傅军梅为区人民法院陪审员；

靳博卷为区人民法院陪审员；

马建斌为区人民法院陪审员；

赵彦国为区人民法院陪审员；

付玉良为区人民法院陪审员；

朱志华为区人民法院陪审员；

李永华为区人民法院陪审员；

薛峰为区人民法院陪审员；

梁进超为区人民法院陪审员；

苏炜为区人民法院陪审员；

师瑞嘉为区人民法院陪审员；

张海红为区人民法院陪审员；

何永进为区人民法院陪审员；

贾净为区人民法院陪审员；

王勇丽为区人民法院陪审员；

崔采娟为区人民法院陪审员；
杜映雪为区人民法院陪审员；
张林合为区人民法院陪审员；
李瑞鑫为区人民法院陪审员。

2005年5月25日，区二届人大常委会第十七次会议，通过了区人民政府相关人事任免事项。

决定任命：

赵宏魁同志为区人民政府副区长，决定其为代理区长。

2005年9月13日，区二届人大常委会第二十次会议，通过了区人民政府相关人事任免事项。

决定免去：

张延龄同志的区司法局局长职务；
陈建坤同志的区计划生育局局长职务；
李东海同志的区文体局局长职务。

决定任命：

李东海同志为区计划生育局局长；
陈建坤同志为区司法局局长；
娄京慧同志为区文体局局长。

2005年9月13日，区二届人大常委会第二十次会议，通过了区人民法院相关人事任免事项。

免去：

李成林同志的区人民法院副院长、审判委员会委员职务。

任命：

王惠同志为区人民法院副院长、审判委员会委员。

2005年9月13日，区二届人大常委会第二十次会议，通过了区人民检察院相关人事任免事项。

任命：

徐立伟同志为区人民检察院副检察长、监察委员会委员。

2005年11月18日，区二届人大常委会第二十一次会议，通过了区人民法院相关人事任免事项。

任命：

张巧莲同志为区人民法院审判员。

2005 年 11 月 18 日，区二届人大常委会第二十一次会议，通过了区人民检察院相关人事任免事项。

任命：

王书军同志为区人民检察院副检察长、检察委员会委员；

王士杰同志为区人民检察院检察委员会委员；

李保民同志为区人民检察院检察委员会委员；

曹向荣同志为区人民检察院检察委员会委员。

2006 年 4 月 6 日，区二届人大常委会第二十四次会议，通过了区人大常委会相关人事任免事项。

免去：

闫珍珍同志的东苑街道人大工作室副主任职务。

2006 年 4 月 6 日，区二届人大常委会第二十四次会议，通过了区人民政府相关人事任免事项。

决定免去：

高振华同志的区教育局局长职务。

决定任命：

杜辉然同志为区教育局局长。

2006 年 6 月 14 日，区二届人大常委会第二十五次会议，通过了区人民政府相关人事任免事项。

决定免去：

任素山同志的区监察局局长职务。

决定任命：

张献刚同志为区监察局局长。

2006 年 6 月 14 日，区二届人大常委会第二十五次会议，通过了区人民法院相关人事任免事项。

免去：

王三偶同志的区人民法院副院长职务；

杜映雪同志的区人民法院人民陪审员职务。

2006年6月14日，区二届人大常委会第二十五次会议，通过了区人民检察院相关人事任免事项。

任命：

武小玲同志为区人民检察院检察员。

2006年8月15日，区二届人大常委会第二十七次会议，通过了区人大常委会相关人事任免事项。

免去：

贾福春同志的区人大常委会财经工委主任职务；

刘强同志的区人大常委会选举任免代表工委主任职务。

任命：

刘强同志为区人大常委会财经工委主任。

2006年8月15日，区二届人大常委会第二十七次会议，通过了区人民政府相关人事任免事项。

决定免去：

李东海同志的区计划生育局局长职务。

决定任命：

王建川同志为区商务局局长；

王凤江同志为区发展改革局局长；

李东海同志为区人口和计划生育局局长。

2006年8月15日，区二届人大常委会第二十七次会议，通过了区人民法院相关人事任免事项。

免去：

左书旺同志的区人民法院槐底法庭庭长职务；

王美玲同志的区人民法院河东法庭庭长职务；

孙建华同志的区人民法院审判监督庭庭长职务；

韩秀中同志的区人民法院方村法庭庭长职务；

周杰同志的区人民法院槐底法庭副庭长职务；

赵强同志的区人民法院方村法庭副庭长职务；

仵强同志的区人民法院河东法庭副庭长职务。

任命：

左书旺同志为区人民法院裕民法庭庭长；

王美玲同志为区人民法院槐底法庭庭长；

周杰同志为区人民法院裕民法庭副庭长；

赵强同志为区人民法院裕民法庭副庭长；

仵强同志为区人民法院槐底法庭副庭长；

杜建强同志为区人民法院行政审判庭副庭长；

陈武兴同志为区人民法院审判监督庭庭长。

2006 年 12 月 28 日，区二届人大常委会第二十九次会议，通过了区人民法院相关人事任免事项。

免去：

王三偶同志的区人民法院审判委员会委员职务。

2007 年 4 月 14 日，区二届人大常委会第三十一次会议，通过了区人民法院相关人事任免事项。

任命：

袁伟同志为区人民法院副院长、代理区人民法院院长。

2007 年 4 月 14 日，区二届人大常委会第三十一次会议，通过了区人民检察院相关人事任免事项。

任命：

臧玉平同志为区人民检察院副检察长、代理区人民检察院检察长。

第五节　监督工作

一、听取和审议专项工作报告与计划预算报告

区二届人大常委会会议听取和审议区“一府两院”专项工作报告 36 项、财政预算执行情况报告 16 项。

表 10　　石家庄市裕华区第二届人大常委会听取和审议报告一览表

时间		常委会会议	报告内容
2003 年	6 月 3 日	第一次	区人民政府关于防治“非典”工作情况汇报
2003 年	7 月 31 日	第三次	区人民政府关于财政管理体制改革进展情况的报告；区人民政府关于区民营经济发展情况的报告；区人民政府关于贯彻执行《中华人民共和国职业教育法》情况的报告；区人民检察院关于预防职务犯罪情况的报告

续表 10

时间		常委会会议	报告内容
2003 年	9 月 26 日	第四次	区人民政府关于 2003 年上半年国民经济和社会发展计划执行情况的报告；区人民政府关于 2002 年区本级决算和总决算的报告；区人民政府关于 2003 年上半年财政预算执行情况的报告；区人民政府关于 2002 年区本级预算执行及其他财政收支情况的审计工作报告
	11 月 20 日	第五次	区人民政府关于区重点项目建设进展情况的报告；区人民政府关于贯彻执行《中华人民共和国科技进步法》情况的报告；区人民政府关于办理区二届人大一次会议代表建议、批评和意见情况的报告
	12 月 18 日	第六次	区人民法院、区教育局、石家庄市国土资源局裕华分局的《工作报告》
2004 年	2 月 27 日	第八次	区人民法院关于整改工作情况的报告；区教育局关于整改工作情况的报告；区国土资源分局关于整改工作情况的报告
	4 月 29 日	第九次	区人民政府关于社区医疗卫生体系建设工作情况的汇报
	6 月 29 日	第十一次	区人民政府关于区基层人民调解工作情况的报告
	8 月 26 日	第十二次	区人民政府关于人口与计划生育工作情况的报告
	10 月 19 日	第十三次	区人民政府关于 2004 年上半年国民经济和社会发展计划执行情况的汇报；区人民政府关于调整 2004 年财政收入预算的报告；区人民政府关于 2003 年区本级财政预算执行及其他财政收支情况的审计工作报告；区人民政府关于 2003 年区本级决算及区总决算的报告；区人民政府关于 2004 年上半年财政预算执行情况的报告；区规划分局工作情况汇报；区城区建设管理局关于严格履行职能努力做出特色全力营造优美、整洁、秩序的城区环境的报告
	12 月 29 日	第十四次	区人民政府关于 2004 年区级重点项目建设情况的报告；区人民政府关于调整 2004 年区本级财政支出预算方案的报告；区人民政府关于办理区二届人大二次会议代表建议、批评和意见的情况报告
2005 年	4 月 28 日	第十六次	区人民政府关于社区建设及运行情况的报告
2005 年	9 月 13 日	第二十次	区人民政府关于 2005 年上半年国民经济和社会发展计划执行情况的报告；区人民政府关于 2005 年上半年财政预算执行情况的报告；区人民政府关于 44 中建设进展情况的报告；区人民政府关于严格规范执法行为全力维护社会稳定的报告；区人民政府关于发挥职能作用全力维护社会稳定、促进经济发展的报告；区人民法院关于充分发挥审判职能全力维护社会稳定的报告；区人民检察院关于通过依法办案公正执法促进社会稳定情况的报告
	11 月 18 日	第二十一次	区人民政府关于 2004 年区本级财政预算执行情况及其他财政收支情况的审计工作报告；区人民政府关于 2004 年区本级决算及区总决算的报告

续表 10

时间		常委会会议	报告内容
2006 年	1 月 11 日	第二十二次	区人民政府关于办理区人大代表建议、批评和意见的情况报告；区人民政府关于 2005 年重点项目建设情况的报告；区人民政府关于调整 2005 年区本级预算及全区总预算方案的报告
	6 月 14 日	第二十五次	区人民政府关于贯彻落实《石家庄市物业管理条例》情况的汇报
	8 月 15 日	第二十七次	区人民政府关于 2006 年上半年国民经济和社会发展计划执行情况的汇报；区人民政府关于 2006 年上半年财政预算执行情况的报告；区人民政府关于第七届村委会换届选举工作的报告
	10 月 27 日	第二十八次	区人民政府关于 2005 年区本级决算及区总决算的报告；区人民政府关于 2005 年区本级财政预算执行及其他财政收支情况的审计工作报告
	12 月 28 日	第二十九次	区人民政府关于区二届人大六次会议代表建议的情况报告；区人民政府关于调整 2006 年区本级预算及全区总预算方案的报告

二、视察调查

区二届人大常委会共组织开展视察调查活动 32 次。

表 11　　石家庄市裕华区第二届人大常委会视察调查一览表

时间		视察内容	牵头单位
2003 年	7 月	关于区财政管理体制改革进展情况	财经工委
		关于区民营经济发展情况	财经工委
		关于贯彻执行《中华人民共和国职业教育法》情况	科教文卫
		关于区人民检察院预防职务犯罪情况	政法工委
	9 月	关于区 2003 年上半年国民经济和社会发展计划执行情况	财经工委
		关于区 2003 年上半年财政预算执行情况	财经工委
2023 年	11 月	关于区重点项目建设进展情况	财经工委
		关于贯彻执行《中华人民共和国科技进步法》情况	科教文卫
	12 月	关于对区人民法院开展工作评议情况	评议组
		关于对区国土分局开展工作评议情况	评议组
		关于对区教育局开展工作评议情况	评议组
2004 年	2 月	关于对区教育局工作评议情况	评议组
		关于对区人民法院工作评议情况	评议组
		关于对区国土分局工作评议情况	评议组

续表 11

时间		视察内容	牵头单位
2004 年	4 月	关于区人民政府社区医疗卫生体系建设情况	教科文卫工委
	5 月	关于裕华区基层民调工作情况	政法工委
	8 月	关于区人民政府人口与计划生育的工作情况	教科文卫工委
	9 月	关于 2004 年上半年国民经济和社会发展计划执行情况	财经工委
		关于 2004 年上半年财政预算执行情况	财经工委
		关于对区城区建设管理局开展工作评议情况	评议组
		关于规划分局工作情况	评议组
		关于区城管局综合工作情况	评议领导小组
	12 月	关于区人民政府重点项目建设进展情况	财经工委
2005 年	4 月	关于社区建设及运行情况	政法工委
	9 月	关于 2005 年上半年国民经济和社会发展计划执行情况	财经工委
		关于 2005 年上半年财政预算执行情况	财经工委
		关于 44 中建设进展情况	教科文卫工委
		关于公、检、法、司依法履行职能 促进社会稳定的情况	政法工委
2006 年	6 月	关于区政府贯彻实施《石家庄市物业管理条例》情况	教科文卫工委
	8 月	关于 2006 年上半年国民经济和社会发展计划执行情况	财经工委
		关于 2006 年上半年财政预算执行情况	财经工委
		关于区第七届村委会换届选举工作情况	政法工委

第 三 篇

石家庄市裕华区第三届
人民代表大会

（2007 年 4 月至 2012 年 2 月）

第一章　人大代表

裕华区第三届人民代表大会代表名额185名。2007年4月，召开区三届人大一次会议，实有代表176名。

第一节　选举产生

区第三届人大代表名额为185名。经区委研究，分配到各选区名额180名，留机动名额5名。

根据有关法律规定，按照区委统一部署，各选区依法选举产生区人大代表181名。

在181名代表中，工农代表64名，占35.4%；干部代表53名，占29.3%；知识分子代表34名，占18.8%；民主党派和无党派人士代表27名，占14.9%；人民解放军代表2名，占1.1% 。在代表总数中，中共党员代表154名，占85.1%；妇女代表39名，占21.5%；少数民族代表5名，占2.8%。

第二节　代表名单

一、裕华区第三届人民代表大会代表名单

裕华路街道代表团（22名）

马士忠	王俊岭	王继荣	王菊芬（女）
白武志	邢金华	刘小云（女）	刘淑芬（女）
纪英超	杜满舵	李万义	李玉玲（女）
李印堂	李晓华（女）	张国亮	张贵秋
杨连喜	赵文兴	袁　伟	蒋　栋
郭银春	潘立凯		

东苑街道代表团（24 名）

王耀珍	付玉良	吕凌云（女）	刘　强
纪月才	孙振峰	李俊华	张春喜
张惠娣（女）	陈均华	陈　萍（女）	苗润敏（女）
金　淼	郜世泽	施荣富	康伯平
梁双波	韩悦斌	韩国平	楚昌红
翟思成	潘树坤	潘新才	霍淑娟（女）

裕东街道代表团（21 名）

于俊国	王志民	田秋香（女）	付东祥
边根锡	闫明生	闫福顺	安丽萍（女）
李广亮	李占省	李成虎	杨力士
杨怀军	张月华	张福玉	张福禄
陈小龙	赵新会	班亚东	徐莲芝（女）
崔文智（女）			

槐底街道代表团（24 名）

王小平（女）	王志强	邢金常	任淑芳（女）
刘敬钗（女）	孙玉芝（女）	孙兆华	李一德
李秀梅（女）	李明华	李勇侠	张春亭
张维德	陈润芝（女）	苑立国	赵欣彦（女）
荣　峰	树怀英（女）	郭爱英（女）	蒋中民
焦玉贞（女）	臧玉平	薛　峰（女）	魏　民

建通街道代表团（17 名）

于振滦	王石佩	冯吉路	孙彦立
孙彦军	苏建章	苏振芳	苏淑敏（女）
李计辛	李和庆	李梦华	李新乐
张　晶	段　伟	高福菊	韩志芳（女）
魏洪涛			

裕兴街道代表团（13 名）

王月良	杜东红	杜辉然	李跃军
张银刚	罗新华	周爱国	赵宏魁

郭玉华（女）	郭志永	唐万芝（女）	梁兰深
蒋建华			

裕强街道代表团（13 名）

王日贵	马长江	刘文胜	刘　新
武卫东	杨文斌	赵彦国	耿保安
高　波	曹新义	盖志刚	梁桂君（女）
蒋洪泽			

方村镇代表团（14 名）

王　军（女）	王丽君（女）	王建利	宁振昭
刘荣刚	刘顺增	祁伟石	张庆华
张金海	张彦国	郝志兴	姜如君
翟文选	穆文娟（女）		

宋营镇代表团（17 名）

丁德良	于凤玲（女）	王雄伟	边庆敏
任计兵	任芝俊（女）	闫玉锋	祁志刚
李文敬	李树华	张书胤	陈新位
郭建行	郭新永	康凤兰（女）	康玉坤
赫志安			

高新区代表团
（高新区 4 名 + 长江街道 7 名）

王素坤（女）	牛建英（女）	任素君（女）	李志信
吴培堂	张新宅	林自强	郑来彬
赵永强	赵军法	贾东城	

二、届中变动情况

届内，共有 35 名代表辞去代表职务：

赵昕民、李玉明（2007 年 4 月）；边庆敏、徐莲芝（2007 年 10 月）；张贵秋、安丽萍、张福禄、张书胤、刘文胜、赵彦国（2008 年 3 月）；郭玉华、梁兰深（2008 年 5 月）；苏淑敏（2008 年 7 月）；李一德（2008 年 8 月）；李梦华（2008 年 10 月）；丁德良（2009 年 1 月）；于振滦（2009 年 2 月）；张福玉（2009 年 4 月）；梁平均、李跃军（2009 年 6 月）；韩国平、李明华、吴拥军、焦红光、刘小云（2009 年 8 月）；周爱国（2009 年 12 月）；杜东红、李占省（2010 年 2 月）；吕凌云、苏秀恒（2010 年 4 月）；杜辉然、赵文兴（2010 年 6 月）；李成虎、康振清（2010 年 10 月）；狄增建（2010 年 12 月）。

共有 16 名代表调离裕华区：

李文昌、杨光、隋玉林、武卫东、蒋建华、任淑芳、金森、魏洪涛、祁伟石、付东祥、李新乐、张维德、张爱国、栾建英、陈新位、刘敬彬。

相关选区依法补选代表 49 名：

2007 年 12 月，补选第 71 选区孟庆志，第 74 选区吴拥军，第 95 选区焦红光，第 116 选区高华为区三届人大代表。

2008 年 7 月，补选第 12 选区吴卫东，第 36 选区杨金钟，第 40 选区王凤江，第 41 选区刘明月，第 59 选区许振英，第 64 选区许迎军，第 71 选区杨艳丽、康振清，第 74 选区赵焕宗，第 86 选区许平涛，第 118 选区梁平均、魏忠魁为区三届人大代表。

2009 年 2 月，补选第 54 选区谭世敬，第 63 选区许建斌，第 100 选区李军，第 101 选区刘建、张爱国为区三届人大代表。

2009 年 6 月，补选第 23 选区王金贵，第 37 选区张廷海，第 80 选区苏秀恒，第 118 选区栾建英、张大刚为区三届人大代表。

2009 年 10 月，补选第 21 选区刘建新，第 54 选区马福恒，第 57 选区闫国文，第 74 选区于利江，第 95 选区狄增建，第 97 选区曲振福为区三届人大代表。

2010 年 3 月，补选张增利，第 73 选区宋天民，第 101 选区刘敬彬、程华，第 79 选区孙利民、刘建峰，第 117 选区莫中勤，第 104 选区刘志军为区三届人大代表。

2010 年 6 月，补选苏金平、刘建辉为区三届人大代表。

2010 年 10 月，补选王军、赵玉秋为区三届人大代表。

2010 年 12 月，补选第 57 选区崔卫红为区三届人大代表。

2011 年 2 月，补选李占省、田义凤、闵浩、郭玉奎为区三届人大代表。

第三节 代表工作

一、重点代表工作

2007 年第二季度，区人大常委会组织开展换届后第一次代表活动，各街道（镇）人大认真组织、周密安排，围绕“划分代表小组、建立履职档案、健全活动网络、制定工作计划”4 项中心内容开展活动。

2007 年第三季度，区人大组织各街道中心组以“认真履行职责，积极投身‘八个一’工作”为主题的代表活动。（八个一：石家庄市委提出的以节能减排、环境整治、生态建设为主要内容的专项整治行动。）

2007 年 12 月 20 日前，组织开展第四季度区人大代表活动。主要内容有：一是学习贯彻党的十七大精神，有针对性地组织部分代表开展适当形式的视察、调研活动。二是对2007年度工作情况进行总结，征求代表对街道人大工作室、镇人大工作的意见和建议。同时，就新形势下如何创新基层人大工作认真进行研究谋划。三是征集代表对2008年区人大常委会听取“一府两院”专项报告的议题、年度执法检查计划的建议。四是组织代表就当选以来履职情况进行总结，在进行履职总结的基础上开展评优活动。

2008年3月20日前，组织开展第一季度区人大代表活动。主要内容有：一是组织代表学习市、区“三年大变样”工作有关政策精神、围绕“如何在‘三年大变样’工作中发挥模范带头作用”进行探讨和交流。二是对代表中涉及拆迁、拆违情况进行调查，摸清底数。三是结合区重点、中心工作，制定街道人大工作室、镇人大2008年工作要点，并征求代表的意见。四是结合本街道、镇实际，开展视察调查研究等活动，做好区三届人大三次会议议案、建议、批评和意见的准备工作。

2008年6月，组织开展第二季度区人大代表活动。主要内容有：一是向代表通报区及所在街道、镇“三年大变样”工作开展情况，可结合实际组织代表开展适当形式的视察、调研活动。二是继续征求代表对“三年大变样”特别是拆违和城中村拆迁改造、“三拆三整”工作的意见和建议，继续号召代表在“三年大变样”工作中发挥模范带头作用。三是根据本街道和代表自身情况，与代表共同探讨、谋划本街道、镇代表活动的内容和形式。四是结合本街道、镇实际，做好区三届人大三次会议议案、建议、批评和意见的准备工作。

2008年9月，组织开展第三季度区人大代表活动。主要内容有：一是向代表通报区及所在街道、镇工作开展情况，征求代表的意见和建议，组织代表开展适当形式的视察、调研活动。二是向代表通报区人大常委会关于表彰优秀区人大代表的决定，号召全区人大代表向受到表彰的优秀代表学习。三是区人大代表与辖区市人大代表见面，探讨两级代表活动联动机制，区人大代表提出的属市级办理的建议交由市人大代表向市人大提出。

2008年12月，组织开展第四季度区人大代表活动。主要内容有：一是开展代表走入特殊人群活动，组织代表到敬老院、特困户、残疾人家庭进行视察，以代表的社会影响力，推动全社会对公益事业和弱势群体的关注。二是区人大代表与辖区市人大代表见面，探讨两级代表活动联动机制，区人大代表提出的属市级办理的建议交由市人大代表向市人大提出。三是向代表通报有关情况：全区及所在街道、镇重点工作开展情况；代表建议、批评和意见办理情况等。

2009年5月，组织开展第二季度区人大代表活动。主要内容有：一是向代表通报街道人大工作室、镇人大2009年工作要点。二是听取街道办事处、镇政府2009年重点工作谋划及进展情况的汇报。三是把学习实践科学发展观与当前街道、镇人大工作实际相结合，有针对性地组织代表开展适当形式的视察、调研活动。四是向代表通报2008年度代表活动、区三届四次人代会代表出席情况，以及区三届四次人代会代表提出建议、建议交办转办情况。五是向代表通报区人大《街道人大工作目标管理考核办法》有关情况，对代表履职提出要求。

2009年6月17日，区人大常委会组织召开了如何加强道路交通安全管理工作座谈会，辖区企业、法律、教育等六个方面的15名人大代表参加了会议，区直有关部门也应邀参加。

2009年9月9日，裕华区人大常委会在宋营镇组织开展了市、区两级“人大代表接待日”活动，有10名市、区两级人大代表参加，收集关乎民生的建议和意见6条。这次活动为代表了解社情民意搭建了平台，有效地发挥了代表在反映群众意愿、调处矛盾纠纷、构建和谐社会中的积极作用，同时也把各级人大代表联系组织起来，聚集各方力量，为群众排忧解难。

2009年9月20日前，组织开展第三季度区人大代表活动。主要内容有：一是组织代表采取听汇报、执法检查、视察等形式，对街道办事处、镇政府上半年工作情况进行监督检查。二是结合辖区实际，组织代表对人民群众普遍关心的热点难点问题进行调查研究，形成调研报告。三是向代表通报区三届四次人代会代表提出建议、建议办理情况，通报代表参加视察、调研等活动情况。

2009年12月，区人大常委会组织部分市人大代表、区人大代表组成调研组，对社会普遍关注、群众反映强烈的“南焦客运站及裕翔街交通拥堵”问题进行了调研。

2009年12月10日，区人大常委会组织开展座谈会研讨道路交通安全管理工作。辖区企业、法律、教育等六个方面15名人大代表、区直有关部门参加了会议。

2010年1月，组织开展区三届五次人代会前代表活动。主要内容有：一是向代表通报本年度经济建设、社会事业等重点工作完成情况，通报街道人大工作室、镇人大本年度各项工作开展情况。二是组织代表对履职情况进行总结，开展优秀代表评选活动。代表履职总结要重点围绕参加代表活动、联系选民、提建议、批评和意见等方面。代表履职情况记入档案。三是做好区人代会议案建议的征集工作。结合本街道、镇实际，组织代表有针对性地开展调查，保证所提议案建议翔实可靠、切实可行。

2010年5月，组织开展第二季度区人大代表活动。活动以各中心组为单位自行组织，主要内容有：一是听取街道办事处、镇（乡）政府2010年重点工作谋划及进展情况的汇报。二是向代表通报区人大常委会2010年工作要点和街道人大工作室、镇（乡）人大2010年工作计划。三是向代表通报区三届五次人代会代表出席和提出建议等情况。四是结合辖区经济社会发展特点，有针对性地组织代表开展适当形式的视察活动。

2010年9月，组织开展第三季度区人大代表活动。主要内容有：一是召开政情通报会，向代表通报区人大常委会审议报告、视察调研等工作情况，通报“一府两院”以及街道（镇、乡）重点工作开展情况。二是向代表通报区三届五次人代会代表提出建议、建议办理情况，通报代表参加视察、调研等活动情况。三是组织代表采取听汇报、执法检查、视察等形式，有针对性地对街道办事处（镇、乡政府）、协管派出机构的行政和执法情况进行监督检查。四是对照街道人大工作目标管理考核办法，按要求进行查漏补缺。

2010年11月24日，区人大常委会组织部分市、区两级人大代表对基层医药卫生体系综合改革和城镇居民医疗保险运行情况进行了专项调研。

2011年1月5日，组织部分市人大代表对2010年财政预算执行情况进行专题视察。

2011年1月6日，组织部分市人大代表对发展民营企业，促进非公有制经济增长情况进行专题视察。

2011年1月31日前，组织开展区三届六次人代会前代表活动。主要内容有：一是向代表通报2010年度经济建设、社会事业等重点工作完成情况，通报街道人大工作室、镇人大本年度各项工作开展情况。二是组织代表对履职情况进行总结，开展优秀代表评选活动。代表履职总结要重点围绕参加代表活动、联系选民、提建议、批评和意见等方面。代表履职情况记入档案。三是做好区人代会议案建议的征集工作。结合本街道、镇实际，组织代表有针对性地开展调查，保证所提议案建议翔实可靠、切实可行。

2011年5月11日，区人大常委会组织市、区两级人大代表工作座谈会，听取怀特集团发展现状及今后谋划的情况介绍；结合“三年上水平”工作，对裕华区以及怀特集团的建设和发展提出建议并进行实地视察。

2011年5月19日，区人大常委会视察组对裕华区科技创新工作进行了专题视察。

2011年5月20日，裕强街道群工站、司法所、综治办联合计生办精心组织、周密部署，号召法律服务志愿者在卓达商贸广场上举办了一场大型的法律宣传服务咨询活动。

2011年6月20日前，组织开展第二季度区人大代表活动。主要内容有：一是听取街道办事处、镇（乡）政府2011年重点工作谋划及进展情况的汇报。二是向代表通报区人大常委会2011年工作要点和街道人大工作室、镇（乡）人大2011年工作计划。三是向代表通报区三届人大六次会议代表出席和提出建议等情况。四是结合辖区经济社会发展特点，有针对性地组织代表开展适当形式的视察活动。

2012年3月30日，区人大常委会组织开展“金融服务”座谈会。

2012年2月，区人大常委会举办代表培训。针对换届选举后新代表增多的实际，严格按照“全面展开、循序渐进”的工作思路，更加注重代表学习培训的质量和效果，不断改进代表学习培训的方式和方法，以此强化代表责任意识、提高代表履职能力、推动代表发挥作用。

二、代表议案、建议办理

2007年，区三届人大一次会议以来，区人民政府共承办人大代表建议、批评和意见21件。其中，涉及城市建设与管理11件，占总数的52%；文教卫生方面2件，占10%；环境保护2件，占10%；农林水利方面1件，占4%；其他方面的5件，占24%。在已办复的21件代表建议中，代表所提意见和建议得到解决或基本解决的有5件，占所承办建议的24%；问题正在解决和逐步解决的12件，占办理建议的57%；因客观条件和有关政策规定等限制，问题一时难以解决，向代表作出解释说明的4件，占办理建议的19%。从代表对办理工作反馈意见看，建议走访率实现100%，代表对办理结果满意率达到100%。

2008年，区人民政府共承办人大代表建议、批评和意见37件，主要涉及经济技术、城市建设与管理、社会保障、文化体育等方面。经过各承办单位的共同努力，较好地完成了区三届人大三次会议确定的承办工作任务。截至2008年底，37件建议已办理并答复代表。解决和正在解决并取得一定效果的16件，占总件数的43%；依据政策法规作出说明解释的14件，占总件数的38%；超出区级权限范围的由驻裕华区市人大代表提交到市人代会上的7件，占总件数的19%。

2009年，区人民政府共承办人大代表建议、批评和意见28件，主要有城市建设与管理方面、社会保障、文化体育、经济工作、治安及其他等方面的建议。截至2008年底，28件建议已办理并答复代表，经过走访，代表满意率达到100%。建议中，已解决的7件，占总件数的25%；正在解决或取得较大进展的15件，占总件数的53%；依据政策法规作出说明解释的6件，占总件数的21%。

2010年，区人民政府系统共承办代表建议38件。截至2010年底，38件建议均已办理并答复代表。经过走访，代表对建议办理的满意率达到100%。其中，已解决17件，占总数的45%；正在解决并取得一定效果的16件，占总数的42%；依据政策法规作出解释说明的5件，占总数的13%。

2011年，区人大三届五次会议以来，区人民政府系统承办人大代表建议42件，共涉及17个承办单位。经过汇总和分类，建议集中反映了以下5个方面内容：一是规划建设方面10件，占24%；二是城管绿化方面7件，占17%；三是经济工作方面2件，占5%；四是社会保障方面12件，占29%；五是科教文卫方面9件，占21%。六是其他方面2件，占5%。截至2011年底，42件建议已全部办理完毕并答复代表。经过走访，代表对建议办理的满意率达到100%。其中，已落实12件，占总数的29%。正在落实并取得一定效果的有18件，占总数的43%；因财力因素和不属于裕华区权限范围依据政策法规向代表作出说明解释的有12件，占总数的29%。

三、评选优秀人大代表

2008年度优秀区人大代表

裕华路街道：杨连喜
东 苑 街 道：潘树坤
裕 东 街 道：赵新会
槐 底 街 道：苑立国
建 通 街 道：孙彦军
裕 兴 街 道：张银刚
裕 强 街 道：梁桂君
方　村　镇：张庆华
宋　营　镇：李文敬

高　新　区：张新宅

2009 年度优秀区人大代表

裕华路街道：李印堂　马士忠
东 苑 街 道：潘新才
裕 东 街 道：杨金钟
槐 底 街 道：苑立国
建 通 街 道：苏振芳
裕 兴 街 道：唐万芝
裕 强 街 道：梁桂君
方　村　镇：王建利
宋　营　镇：李树华
高　新　区：林自强

2010 年度优秀区人大代表

裕华路街道：李晓华　潘立凯
东 苑 街 道：李俊华　张春喜
裕 东 街 道：杨怀军　班亚东
槐 底 街 道：郭爱英　魏　民
建 通 街 道：张增力
裕 兴 街 道：孟庆志
裕 强 街 道：马长江
方　村　镇：刘荣刚
宋　营　镇：郭建行
高　新　区：李志信

第二章　人民代表大会

区三届人民代表大会任期自2007年4月至2012年2月，任期内召开会议6次。

第一节　会议概况

第一次会议　2007年4月17日至20日召开，出席代表163人（应到176人）。会议听取和审议了区长赵宏魁作的《政府工作报告》、区发展改革局局长王凤江作的《关于裕华区2006年国民经济与社会发展计划执行情况和2007年国民经济与社会发展计划（草案）的报告》、区财政局局长王建民作的《关于裕华区2006年区本级预算及区总预算执行情况和2007年区本级预算及区总预算（草案）的报告》、区人大常委会主任李成虎作的《裕华区人大常委会工作报告》、区人民法院院长赵昕民作的《裕华区人民法院工作报告》、区人民检察院检察长杨光作的《裕华区人民检察院工作报告》，并作出了相应决议。会议选举产生了区第三届人大常委会组成人员，张金海为主任，耿保安、陈均华、韩悦斌、于俊国为副主任，18人为委员。选举赵宏魁为区人民政府区长，王石佩、张维德、龚长、王东刚、雷振梅为副区长。选举袁伟为区人民法院院长，臧玉平为区人民检察院检察长。

第二次会议　2008年1月22日至23日召开，出席代表170人（应到174人）。会议选举产生裕华区出席石家庄市第十二届人民代表大会代表40名。

第三次会议　2008年7月17日至18日召开，出席代表159人（应到172人）。会议听取和审议了区长赵宏魁作的《政府工作报告》、区发展改革局局长张贵秋作的《关于裕华区2007年国民经济与社会发展计划执行情况和2008年国民经济与社会发展计划（草案）的报告》、区财政局局长王建民作的《关于裕华区2007年区本级预算及区总预算执行情况和2008年区本级预算及区总预算（草案）的报告》、区人大常委会主任张金海作的《裕华区人大常委会工作报告》、区人民法院院长袁伟作的《裕华区人民法院工作报告》、区人民检察院检察长臧玉平作的《裕华区人民检察院工作报告》，并作出了相应决议。

第四次会议　2009年2月17日至18日召开，出席代表167人（应到172人）。会议听取和审议了代区长王丽君作的《政府工作报告》、区发展改革局局长张贵秋作的《关于裕华区2008年国民经济与社会发展计划执行情况和2009年国民经济与社会发展计划（草案）的报告》、区财政局局长王建民作的《关于裕华区2008年区本级预算及区总预算执行情况和

2009年区本级预算及区总预算（草案）的报告》、区人大常委会主任张金海作的《裕华区人大常委会工作报告》、区人民法院院长袁伟作的《裕华区人民法院工作报告》、区人民检察院检察长臧玉平作的《裕华区人民检察院工作报告》，并作出了相应决议。会议选举王丽君为区人民政府区长，选举区人大常委会委员6名。

第五次会议　2010年3月3日至4日召开，出席代表178人（应到179人）。会议听取和审议了区长王丽君作的《政府工作报告》、区发展改革局局长张贵秋作的《关于裕华区2009年国民经济与社会发展计划执行情况和2010年国民经济与社会发展计划（草案）的报告》、区财政局局长王建民作的《关于裕华区2009年区本级预算及区总预算执行情况和2010年区本级预算及区总预算（草案）的报告》、区人大常委会副主任耿保安作的《裕华区人大常委会工作报告》、区人民法院院长袁伟作的《裕华区人民法院工作报告》、区人民检察院检察长臧玉平作的《裕华区人民检察院工作报告》，并作出了相应决议。会议选举区人大常委会委员3名。

第六次会议　2011年2月24日至25日召开，出席代表167人（应到175人）。会议听取和审议了区长王丽君作的《裕华区国民经济和社会发展第十二个五年规划纲要（草案）的报告》、区发展改革局局长张贵秋作的《关于裕华区2010年国民经济与社会发展计划执行情况和2011年国民经济与社会发展计划（草案）的报告》、区财政局局长任宝堂作的《关于裕华区2010年区本级预算及区总预算执行情况和2011年区本级预算及区总预算（草案）的报告》、区人大常委会副主任于俊国作的《裕华区人大常委会工作报告》、区人民法院院长袁伟作的《裕华区人民法院工作报告》、区人民检察院检察长臧玉平作的《裕华区人民检察院工作报告》，并作出了相应决议。会议选举李占省为区人大常委会副主任。

第二节　会议组织

一、区三届人大一次会议

（一）大会临时党委

书　记：武卫东

副书记：赵宏魁　张金海

委　员：

王丽君（女）	于凤玲（女）	耿保安	韩悦斌
于俊国			

（二）大会主席团和秘书长

主席团：

于凤玲（女）	于俊国	王石佩	王丽君（女）
纪英超	付东祥	于振滦	边庆敏

刘顺增	杜东红	李占省	李成虎
张贵秋	杨文斌	李梦华	李跃军
张金海	李明华	张维德	陈均华
陈新位	郑来彬	赵宏魁	武卫东
耿保安	康伯平	韩志芳（女）	韩国平
韩悦斌	蒋洪泽		

秘书长：耿保安（兼）

（三）大会常务主席

武卫东	赵宏魁	王丽君（女）	张金海
耿保安	陈均华	韩悦斌	于俊国

（四）大会财政预算审查委员会

主 任 委 员：韩悦斌

副主任委员：刘　强

委　　　员：丁德良　闫玉锋　田秋香（女）

（五）大会议案审查委员会

主 任 委 员：陈均华

副主任委员：赵雄伟

委　　　员：杜满舵　付玉良　王日贵

（六）大会国民经济和社会发展计划审查委员会

主 任 委 员：于俊国

副主任委员：任淑芳（女）

委　　　员：金　淼　张福禄　赵文兴

二、区三届人大二次会议

（一）大会临时党委

书　记：赵宏魁

副书记：王丽君（女）张金海

委　员：

于凤玲（女）	耿保安	韩悦斌	于俊国

（二）大会主席团和秘书长

主席团：

于凤玲（女）	于俊国	王石佩	王丽君（女）
纪英超	杨文斌	吴拥军	李占省
李明华	李梦华	李跃军	张金海
张贵秋	张维德	陈均华	陈新位

赵宏魁	郑来彬	耿保安	贾东城
高　华	郭玉华（女）	康伯平	韩志芳（女）
韩国平	韩悦斌	蒋洪泽	焦红光

秘书长：耿保安（兼）

（三）大会常务主席

赵宏魁	张金海	王丽君（女）	耿保安
陈均华	韩悦斌	于俊国	

三、区三届人大三次会议

（一）大会临时党委

书　记：赵宏魁

副书记：王丽君（女）　张金海

委　员：

于凤玲（女）	耿保安	韩悦斌	于俊国

（二）大会主席团和秘书长

主席团：

于凤玲（女）	于俊国	王丽君（女）	纪英超
杨文斌	杨燕丽（女）	吴卫东	吴拥军
李占省	李明华	李梦华	李跃军
张金海	陈均华	陈新位	赵宏魁
郑来彬	耿保安	贾东城	高　华
康伯平	韩志芳（女）	韩国平	韩悦斌
蒋洪泽	焦红光		

秘书长：耿保安（兼）

（三）大会常务主席

赵宏魁	张金海	王丽君（女）	耿保安
陈均华	韩悦斌	于俊国	

（四）大会财政预算审查委员会

主 任 委 员：韩悦斌

副主任委员：刘　强

委　　　员：丁德良　闫玉锋　田秋香（女）

（五）大会议案审查委员会

主 任 委 员：于俊国

副主任委员：康振清

委　　　员：杜满舵　付玉良　王日贵

（六）大会国民经济和社会发展计划审查委员会

主 任 委 员：陈均华

副主任委员：许振英（女）

委　　　员：马长江　杜辉然　赵文兴

四、区三届人大四次会议

（一）大会临时党委

书　记：赵宏魁

副书记：王丽君（女）张金海

委　员：

于凤玲（女）	耿保安	韩悦斌	于俊国

（二）大会主席团和秘书长

主席团：

于凤玲（女）	于俊国	许建斌	纪英超
李占省	李明华	李跃军	杨文斌
杨燕丽（女）	吴卫东	吴拥军	张金海
陈均华	陈新位	郑来彬	赵宏魁
耿保安	贾东城	高　华	康伯平
蒋洪泽	韩志芳（女）	韩国平	韩悦斌
焦红光			

秘书长：耿保安（兼）

（三）大会常务主席

赵宏魁	张金海	耿保安	陈均华
韩悦斌	于俊国		

（四）大会财政预算审查委员会

主 任 委 员：韩悦斌

副主任委员：刘　强

委　　　员：姜如君　闫玉锋　田秋香（女）

（五）大会议案审查委员会

主 任 委 员：于俊国

副主任委员：康振清

委　　　员：杜满舵　付玉良　王日贵

（六）大会国民经济和社会发展计划审查委员会

主 任 委 员：陈均华

副主任委员：许振英（女）

委　　　员：马长江　杜辉然　赵文兴

五、区三届人大五次会议

（一）大会临时党委

书　记：赵宏魁

副书记：王丽君（女）　栾建英　张金海

委　员：

于凤玲（女）	耿保安	韩悦斌	于俊国

（二）大会主席团和秘书长

主席团：

于凤玲（女）	于利江	于俊国	王凤江
刘志军	刘建新	许建斌	纪英超
苏秀恒	杨文斌	杨燕丽（女）	吴卫东
狄增建	张金海	陈均华	陈新位
郑来彬	赵宏魁	耿保安	贾东城
栾建英	高　华	康伯平	蒋洪泽
韩志芳（女）	韩悦斌	谭世敬	

秘书长：耿保安（兼）

（三）大会常务主席

赵宏魁	张金海	耿保安	陈均华
韩悦斌	于俊国		

（四）大会财政预算审查委员会

主 任 委 员：韩悦斌

副主任委员：刘　强

委　　　员：姜如君　闫玉锋　田秋香（女）

（五）大会议案审查委员会

主 任 委 员：于俊国

副主任委员：康振清

委　　　员：杜满舵　付玉良　王日贵

（六）大会国民经济和社会发展计划审查委员会

主 任 委 员：陈均华

副主任委员：许振英（女）

委　　　员：马长江　杜辉然　赵文兴

六、区三届人大六次会议

（一）大会临时党委

书　记：赵宏魁

副书记：王丽君（女）张金海

委　员：

于凤玲（女）	耿保安	韩悦斌	于俊国
李占省			

（二）大会主席团和秘书长

主席团：

于凤玲（女）	于利江	于俊国	王凤江
刘志军	刘建辉	刘建新	许建斌
纪英超	李占省	杨文斌	杨燕丽
吴卫东	张金海	陈均华	赵玉秋
郑来彬	赵宏魁	贾东城	耿保安
高　华	郭玉奎	康伯平	蒋洪泽
韩志芳（女）	韩悦斌		

秘书长：耿保安（兼）

（三）大会常务主席

赵宏魁	张金海	耿保安	陈均华
韩悦斌	于俊国		

（四）大会财政预算审查委员会

主 任 委 员：韩悦斌

副主任委员：刘　强

委　　　员：刘小云（女）闫玉锋　田秋香（女）

（五）大会议案审查委员会

主 任 委 员：于俊国

副主任委员：姜如君

委　　　员：杜满舵　付玉良　王日贵

（六）大会国民经济和社会发展计划审查委员会

主 任 委 员：陈均华

副主任委员：许振英（女）

委　　　员：马长江　杜辉然　赵文兴

第三节　会议选举

区三届人大历次会议，共选举产生区级国家机关工作人员 41 人。

区人大常委会

主　任：张金海			
副主任：耿保安	陈均华	韩悦斌	于俊国
委　员：刘小云（女）	任淑芳（女）	刘　强	姜如君
徐莲芝（女）	魏洪涛	郭玉华（女）	马长江
王月良	王志民	付玉良	闫玉锋
苏振芳	张庆华	金　淼	贾东城
郭银春	蒋中民		

区人民政府

区　长：赵宏魁		
副区长：张维德	王石佩	龚　长
王东刚	雷振梅（女）	

区人民法院

院　长：袁　伟

区人民检察院

检察长：臧玉平

届中调整情况：

姜如君，2008 年 8 月 29 日，在区三届人大常委会第十次会议上辞去区人大常委会委员职务。

赵宏魁，2009 年 1 月 10 日，在区三届人大常委会第十三次会议上辞去区人民政府区长职务。

张维德，2009 年 4 月 16 日，在区三届人大常委会第十五次会议上辞去区人民政府副区长职务。

王东刚，2009 年 8 月 11 日，在区三届人大常委会第十八次会议上辞去区人民政府副区长职务。

刘小云，2009 年 8 月 11 日，在区三届人大常委会第十八次会议上辞去区人大常委会委员职务。

龚　长，2011 年 2 月 17 日，在区三届人大常委会第二十九次会议上辞去区人民政府副区长职务。

王石佩，2011 年 6 月 14 日，在区三届人大常委会第三十四次会议上辞去区人民政府副区长职务。

李玉明、雷振梅，2011 年 9 月 6 日，在区三届人大常委会第三十六次会议上辞去区人民政府副区长职务。

臧玉平，2012 年 2 月 9 日，在区三届人大常委会第四十一次会议上辞去区人民检察院检察长职务。

王丽君，2009 年 1 月 10 日，在区三届人大常委会第十三次会议上决定任命其为区人民政府副区长，决定其为代理区长。

闫国文、李玉明，2009 年 8 月 11 日，在区三届人大常委会第十八次会议上决定任命其为区人民政府副区长。

狄增建，2010 年 12 月 29 日，在区三届人大常委会第二十七次会议上决定任命其为区人民政府副区长。

王世利，2011 年 2 月 17 日，在区三届人大常委会第二十九次会议上决定任命其为区人民政府副区长。

徐圣银、闫卫民，2011 年 6 月 14 日，在区三届人大常委会第三十四次会议上决定任命其为区人民政府副区长。

王金柱、刘宗奇，2011 年 9 月 6 日，在区三届人大常委会第三十六次会议上决定任命其为区人民政府副区长。

宋庆绵，2012 年 2 月 9 日，在区三届人大常委会第四十一次会议上决定任命其为区人民检察院副检察长、代理检察长。

王丽君，2009 年 2 月，在区三届人大第四次会议上当选为区人民政府区长。

王凤江、许迎军、许振英、李军、杨燕丽、康振清，2009 年 2 月，区三届人大第四次会议上补选其为区人大常委会委员。

邢金常、姜如君、程华，2010 年 3 月，在区三届人大第五次会议上补选其为区三届人民代表大会常务委员会委员。

李占省，2011 年 2 月，在区三届人大第六次会议上当选为区人大常委会副主任。

第三章　人民代表大会常务委员会

区三届人大一次会议选举产生区人大常委会组成人员 23 人。

第一节　常委会会议概况

区三届人大常委会共召开会议 41 次。

第一次会议　2007 年 6 月 19 日召开。区人大常委会主任张金海，副主任耿保安、陈均华、韩悦斌、于俊国和部分委员出席会议。区人民政府副区长王东刚、区人民法院院长袁伟、区人民检察院检察长臧玉平列席会议。会议审议通过《石家庄市裕华区人大常委会 2007 年工作要点》《石家庄市裕华区第三届人大常委会代表资格审查委员会名单》《石家庄市裕华区人大常委会关于聘请 2007 年度工委委员的决定》。会议通过人事任免事项（名单见本章《选举任免》）。

注：裕华区第三届人大常委会代表资格审查委员会组成人员

主 任 委 员：耿保安（2007 年 6 月—2012 年 2 月）

副主任委员：刘　强（2007 年 6 月—2012 年 2 月）

委　　　员：王志民（2007 年 6 月—2012 年 2 月）

姜如君（2007 年 6 月—2012 年 2 月）

阎玉峰（2007 年 6 月—2012 年 2 月）

第二次会议　2007 年 8 月 17 日召开。区人大常委会主任张金海，副主任耿保安、陈均华、韩悦斌、于俊国和部分委员出席会议。区人民政府副区长王石佩、区人民政府副区长雷振梅、区人民法院院长袁伟、区人民检察院检察长臧玉平列席会议。会议听取和审议区发改局局长王凤江作的《关于 2007 年上半年国民经济和社会发展计划执行情况的报告》、区财政局局长王建民作的《关于 2007 年上半年财政预算执行情况的报告》、区计生局局长李冬海作的《关于人口和计划生育工作情况的汇报》。审议通过《区人大常委会代表资格审查委员会关于武卫东、蒋建华代表资格终止的报告》。

第三次会议　2007 年 10 月 23 日召开。区人大常委会主任张金海，副主任耿保安、陈均华、韩悦斌、于俊国和部分委员出席会议。区人民政府副区长张维德、区人民法院院长袁伟、区人民检察院检察长臧玉平列席会议。会议听取和审议区财政局局长王建民作的《关于2006年区本级决算及区总决算情况的报告》、区审计局局长李兰萍作的《关于2006年度区本级财政预算执行和其他财政收支情况的审计工作报告》、区教育局局长杜辉然作的《关于贯彻执行〈中华人民共和国义务教育法〉情况的报告》、区人大常委会政法工委副主任赵雄伟作的《关于检察我区〈中华人民共和国工会法〉实施情况的报告》。审议通过《区人大常委会关于补选区人大代表的决定》《关于接受边庆敏同志辞去区人大代表职务请求的决定》《关于接受徐莲芝同志辞去区人大代表职务请求的决定》《关于区三届人大常委会第二次会议审议意见研究处理情况的报告》。会议通过人事任免事项（名单见本章《选举任免》）。

第四次会议 2007年12月11日召开。区人大常委会主任张金海，副主任耿保安、陈均华、韩悦斌、于俊国和部分委员出席会议。区人民政府副区长王东刚、区人民法院院长袁伟、区人民检察院检察长臧玉平列席会议。会议听取和审议区农办主任范景林作的《关于社会主义新农村建设工作的报告》、区财政局局长王建民作的《关于调整2007年区本级预算及区总预算的报告》。审议通过《区人大常委会关于批准区人民政府调整2007年区本级预算及区总决算的决议》《关于区三届人大常委会第三次会议审议意见研究处理情况的报告》《区人大常委会实施〈中华人民共和国各级人民代表大会常务委员会监督法〉暂定规定》《区人大常委会人事任免和监督暂行办法》《区人大常委会代表资格审查委员会关于补选及代表变动情况的报告》，补选赵宏魁同志为裕华区出席市十一届人民代表大会代表。会议通过人事任免事项（名单见本章《选举任免》）。

第五次会议 2008年1月15日召开。区人大常委会主任张金海，副主任耿保安、陈均华、韩悦斌、于俊国和部分委员出席会议。区人民政府副区长张维德、区人民政府法制办主任蔡立伟、区人民法院副院长王惠、区人民检察院副检察长任宝贵列席会议。会议听取和审议区人民政府法制办主任蔡立伟作的《关于代表建议、批评和意见办理情况的报告》。审议通过《区人大常委会代表资格审查委员会关于代表变动情况的报告》《区人大常委会关于召开区三届人大二次会议的决定》《区人大常委会关于区三届人大二次会议建议议程》《区三届人大二次会议主席团和秘书长建议名单》。

第六次会议 2008年3月10日召开。区人大常委会主任张金海，副主任耿保安、陈均华、韩悦斌、于俊国和部分委员出席会议。区人民政府副区长张维德、区人民政府法制办主任蔡立伟、区人民法院副院长王惠、区人民检察院副检察长任宝贵列席会议。审议通过《关于恢复潘某某执行人大代表职务的决定》《关于许可对区人大代表翟某某采取强制措施的决定》《关于接受张贵秋同志辞去区人大代表职务请求的决定》《关于接受安丽萍同志辞去区人大代表职务请求的决定》《关于接受张福禄同志辞去区人大代表职务请求的决定》《关于接受张书胤同志辞去区人大代表职务请求的决定》《关于接受刘文胜同志辞去区人大代表职务请求的决定》《关于接受赵彦国同志辞去区人大代表职务请求的决定》《区第三届人大常委会代表资格审查委员会关于魏洪涛、付东祥代表资格终止的报告》。

第七次会议 2008年3月26日召开。区人大常委会主任张金海，副主任耿保安、陈均华、韩悦斌、于俊国和部分委员出席会议。审议通过《关于许可对区人大代表孙某某采取强制措施的决定》。

第八次会议　2008年5月29日召开。区人大常委会主任张金海，副主任耿保安、陈均华、韩悦斌、于俊国和部分委员出席会议。区人民政府副区长张维德、区人民法院院长袁伟、区人民检察院检察长臧玉平列席会议。会议审议通过《区人大常委会工作报告（稿）》《关于授权主任会议决定召开区三届人大三次会议有关事宜的决定》《关于接受郭玉华同志辞去区人大代表职务请求的决定》《关于接受梁兰深同志辞去区人大代表职务请求的决定》《区人大常委会代表资格审查委员会关于金森、祁伟石代表资格终止的报告》《区人大常委会关于补选区第三届人大代表的决定》。会议通过人事任免事项（名单见本章《选举任免》）。

第九次会议　2008年7月11日召开。区人大常委会主任张金海，副主任耿保安、陈均华、韩悦斌、于俊国和10名委员出席会议。区人民政府副区长张维德、区人民法院院长袁伟、区人民检察院检察长臧玉平列席会议。会议审议通过《区人大常委会2008年工作要点》《区人大常委会关于聘请2008年度工委委员的决定》《区人大常委会代表资格审查委员会关于代表补选和代表变动工作的报告》《关于接受苏淑敏同志辞去区人大代表职务请求的决定》。会议通过人事任免事项（名单见本章《选举任免》）。

第十次会议　2008年8月29日召开。区人大常委会主任张金海，副主任耿保安、陈均华、韩悦斌、于俊国和部分委员出席会议。区人民政府副区长张维德、区人民法院院长袁伟、区人民检察院检察长臧玉平列席会议。会议听取和审议区发改局局长张贵秋作的《关于2008年上半年国民经济和社会发展计划执行情况的报告》《关于国民经济和社会发展“十一五”规划中期完成情况的报告》、区财政局局长王建民作的《关于2008年上半年财政预算执行情况的报告》、区人大常委会政法工委主任康振清作的《关于对〈中华人民共和国检察官法〉贯彻实施情况的执法检察报告》。审议通过《关于接受姜如君同志辞去区人大常委会委员职务请求的决定》《关于接受李一德同志辞去区人大代表职务请求的决定》。会议通过人事任免事项（名单见本章《选举任免》）。

第十一次会议　2008年10月7日召开。区人大常委会主任张金海，副主任耿保安、陈均华、韩悦斌、于俊国和部分委员出席会议。区人民政府副区长张维德、区政府办公室主任柴伟民、区人民法院院长袁伟、区人民检察院检察长臧玉平列席会议。会议听取和审议区政府办公室主任柴伟民作的《区人民政府关于城中村拆迁改造和拆违工作进展情况的报告》、财政局局长王建民作的《关于2007年区本级决算及区总决算情况的报告》、区审计局局长李兰萍作的《关于2007年区本级预算执行及其他财政收支情况的审计工作报告》、区人民法院院长袁伟作的《关于区人民法院审判、执行和队伍建设情况的报告》。审议通过《关于批准区人民政府2007年区本级决算的决议》《关于接受李梦华同志辞去区人大代表职务请求的决定》。会议通过人事任免事项（名单见本章《选举任免》）。

第十二次会议　2008年11月28日召开。区人大常委会主任张金海，副主任耿保安、陈均华、韩悦斌、于俊国和10名委员出席会议。区人民政府副区长雷振梅、区人民法院院长袁伟、区人民检察院检察长臧玉平列席会议。会议听取和审议区文体局局长娄京慧作的

《区人民政府关于新农村文化建设的报告》、区财政局局长王建民作的《关于调整 2008 年区本级预算及全区总预算的报告》。审议通过《街道人大工作目标考核办法》《区人大常委会关于恢复翟文选执行代表职务的决定》《关于批准区人民政府调整 2008 年区本级预算及全区总预算的决议》。会议通过人事任免事项（名单见本章《选举任免》）。

第十三次会议 2009 年 1 月 10 日召开。区人大常委会主任张金海，副主任耿保安、陈均华、韩悦斌、于俊国和 14 名委员出席会议。区人民政府副区长王石佩、区人民法院院长袁伟、区人民检察院检察长臧玉平列席会议。会议补选王丽君同志为出席市十二届人民代表大会代表，审议通过《关于接受赵宏魁同志辞去区人民政府区长职务请求的决定》《关于接受丁德良同志辞去区人大代表职务请求的决定》《区人大常委会关于补选区第三届人大代表的决定》。会议通过人事任免事项（名单见本章《选举任免》）。

第十四次会议 2009 年 2 月 13 日召开。区人大常委会主任张金海，副主任耿保安、陈均华、韩悦斌、于俊国和部分委员出席会议。区政府办公室主任柴伟民、区人民法院副院长王惠、区人民检察院检察长臧玉平列席会议。会议听取和审议区政府办公室主任柴伟民作的《关于办理区三届人大三次会议代表建议的情况报告》。审议通过《区人大常委会代表资格审查委员会关于代表补选和变动情况的报告》《区人大常委会关于召开区三届人大四次会议的决定》《区三届人大四次会议议程》《区三届人大四次会议主席团和秘书长名单》《区三届人大四次会议国民经济和社会发展计划审查委员会名单》《区三届人大四次会议财政预算审查委员会名单》《区三届人大四次会议议案审查委员会名单》《区三届人大四次会议列席人员名单》《区人大常委会关于表彰 2008 年度优秀区人大代表的决定》《区人大常委会工作报告》《关于接受于振滦同志辞去区人大代表职务请求的决定》。

第十五次会议 2009 年 4 月 16 日召开。区人大常委会主任张金海，副主任耿保安、陈均华、韩悦斌、于俊国和 18 名委员出席会议。区人民政府副区长王石佩、区人民法院院长袁伟、区人民检察院检察长臧玉平列席会议。会议审议通过《区人大常委会 2009 年工作要点》《区人大常委会关于聘请 2009 年度工委委员的决定》《区人大常委会关于补选区第三届人大代表的决定》《关于接受张福玉同志辞去区人大代表职务请求的决定》《关于接受张维德同志辞去区人民政府副区长职务请求的决定》。会议通过人事任免事项（名单见本章《选举任免》）。

第十六次会议 2009 年 6 月 30 日召开。区人大常委会主任张金海，副主任耿保安、陈均华、韩悦斌、于俊国和 13 名委员出席会议。区人民政府副区长王东刚、区人民法院院长袁伟、区人民检察院检察长臧玉平列席会议。会议听取和审议区民政局局长白艳作的《关于第八届村委会换届选举工作情况的报告》。审议通过《石家庄市裕华区第三届人大常委会代表资格审查委员会关于代表变动和代表补选情况的报告》《关于接受李跃军同志辞去区人大代表职务请求的决定》《关于接受梁平均同志辞去区人大代表职务请求的决定》。听取区人大常委会选任工委《关于区就业再就业服务情况的调研报告》、区人大常委会教科文卫工委《关于我区义务教育均衡发展情况的视察报告》。会议通过人事任免事项（名单见本章《选举任免》）。

第十七次会议　2009年7月28日召开。区人大常委会主任张金海，副主任耿保安、陈均华、韩悦斌、于俊国和部分委员出席会议。会议审议通过《关于许可对区人大代表郭某某采取强制措施、暂停执行代表职务的决定》。

第十八次会议　2009年8月11日召开。区人大常委会主任张金海，副主任耿保安、陈均华、韩悦斌、于俊国和20名委员出席会议。区人民政府区长王丽君、区人民政府副区长闫国文、区人民法院院长袁伟、区人民检察院检察长臧玉平列席会议。会议听取和审议区发改局副局长胡士军作的《关于〈中华人民共和国中小企业促进法〉贯彻落实情况的报告》、区发改局局长张贵秋作的《关于2009年上半年国民经济和社会发展计划执行情况的报告》、区财政局局长王建民作的《关于2009年上半年财政预算执行情况的报告》。审议通过《关于接受王东刚同志辞去区人民政府副区长职务请求的决定》《关于接受韩国平同志辞去区人大代表职务请求的决定》《关于接受李明华同志辞去区人大代表职务请求的决定》《关于接受吴拥军同志辞去区人大代表职务请求的决定》《关于接受焦红光同志辞去区人大代表职务请求的决定》《关于接受刘小云同志辞去区人大代表职务请求的决定》、教科文卫工委《关于全区园林绿化工作的视察报告》、政法工委《关于区人民法院执行工作情况的视察报告》。会议通过人事任免事项（名单见本章《选举任免》）。

第十九次会议　2009年10月29日召开。区人大常委会主任张金海，副主任耿保安、陈均华、韩悦斌、于俊国和12名委员出席会议。区人民政府副区长闫国文、区人民法院院长袁伟、区人民检察院检察长臧玉平列席会议。会议听取和审议区财政局局长王建民作的《关于2008年区本级财政决算及区总决算的报告》、区审计局局长李兰萍作的《关于2008年区本级预算执行及其他财政收支情况的审计工作报告》、区公安分局局长刘建作的《关于打击严重刑事犯罪、维护社会治安稳定的情况报告》，审议通过《区第三届人大常委会代表资格审查委员会关于补选代表资格的审查报告》《关于确定人民陪审员名额的决定》《区人大常委会关于批准区人民政府2008年区本级决算及区总决算的决议》，区人民法院作的《关于区人大视察法院执行工作落实情况的汇报》、区园林局作的《关于区人大常委会园林绿化工作视察意见的整改报告》，区人大常委会视察组《关于我区节能减排工作的视察报告》《关于区人民检察院预防职务犯罪工作情况的视察报告》。会议通过人事任免事项（名单见本章《选举任免》）。

第二十次会议　2009年12月30日召开。区人大常委会主任张金海，副主任耿保安、陈均华、韩悦斌、于俊国和18名委员出席。区人民政府副区长闫国文、区人民法院院长袁伟，区人民检察院检察长臧玉平列席会议。会议听取和审议区卫生局局长刘小云作的《关于贯彻落实〈中华人民共和国食品安全法〉情况的报告》、区财政局局长王建民作的《关于调整2009年区本级预算及全区总预算方案的报告》、区政府办公室主任柴伟民作的《关于办理区三届人大四次会议代表建议的情况报告》。审议通过《关于批准调整2009年区本级预算及全区总预算的决议》《关于接受周爱国同志辞去区人大代表职务请求的决定》、区人大常委会视察组《关于对区交警大队贯彻落实〈道路交通安全法〉情况的视察报告》、区人大常委会财经工委《关于我区重点项目建设情况的视察报告》、区人民政府《关于区人大常委会对区人民政府贯彻执行〈中小企业促进法〉情况审议意见落实情况的汇报》《关于对〈关于我区2009年上半年财政预算执行情况的审议意见〉的落实情况的汇报》《关于区人大常委会视察节能减排工作报告建议办理落实情况的汇报》《关于落实人大常委会审议意见情况的汇报》、裕华公安分局《关于贯彻落实裕华区第三届人大常委会第十九次会议审议意见的情况报告》、区人民检察院《关于落实区人大视察报告建议的汇报》。会议通过人事任免事项（名单见本章《选举任免》）。

第二十一次会议 2010年2月23日召开。区人大常委会主任张金海，副主任耿保安、陈均华、韩悦斌、于俊国和19名委员出席会议。区人民政府副区长闫国文、区人民法院院长袁伟，区人民检察院检察长臧玉平列席会议。会议审议通过《区人大常委会工作报告》《区三届人大五次会议建议议程》《关于接受杜东红同志辞去区人大代表职务请求的决定》《关于接受李占省同志辞去区人大代表职务请求的决定》。会议通过人事任免事项（名单见本章《选举任免》）。

第二十二次会议 2010年3月1日召开。区人大常委会主任张金海，副主任耿保安、陈均华、韩悦斌、于俊国和18名委员出席会议。会议审议通过《区人大常委会关于召开区三届人大五次会议的决定》《区人大常委会代表资格审查委员会关于代表补选和变动情况的报告》《区三届人大五次会议主席团和秘书长名单》《区三届人大五次会议国民经济和社会发展计划审查委员会名单》《区三届人大五次会议财政预算审查委员会名单》《区三届人大五次会议议案审查委员会名单》《区三届人大五次会议列席人员名单》。

第二十三次会议 2010年4月8日召开。区人大常委会主任张金海，副主任耿保安、陈均华、韩悦斌、于俊国和18名委员出席会议。区人民政府副区长闫国文、区人民法院副院长安建军、区人民检察院副检察长任宝贵列席会议。会议审议通过《区人大常委会2010年工作要点》《区人大常委会关于聘请2010年度工委委员的决定》《区人大常委会关于对2009年度人大工作先进单位和优秀区人大代表进行表彰的决定》《区人民政府关于2010年重点项目建设情况的报告》《关于接受吕凌云同志辞去区人大代表职务请求的决定》《关于接受苏秀恒同志辞去区人大代表职务请求的决定》。会议通过人事任免事项（名单见本章《选举任免》）。

第二十四次会议 2010年6月29日召开。区人大常委会主任张金海，副主任耿保安、陈均华、韩悦斌、于俊国和16名委员出席会议。区人民政府副区长闫国文、区人民法院院长袁伟、区人民检察院检察长臧玉平列席会议。会议听取和审议区人民法院院长袁伟作的《关于区人民法院内部监督制约机制建设情况的报告》、区人民检察院检察长臧玉平作的《关于区人民检察院查办职务犯罪情况的报告》、区商务局局长李跃军作的《关于全区商贸服务业发展情况的报告》，审议通过《关于接受杜辉然同志辞去区人大代表职务请求的决定》《关于接受赵文兴同志辞去区人大代表职务请求的决定》《区第三届人大常委会代表资格审查委员会关于补选代表资格的审查报告》、区人大常委会视察组《关于全区失地农民加入社保情况的视察报告》《关于我区城市市容环境卫生管理情况的视察报告》。会议通过人事任免事项（名单见本章《选举任免》）。

第二十五次会议　2010年8月12日召开。区人大常委会主任张金海，副主任耿保安、陈均华、韩悦斌、于俊国和15名委员出席会议。区人民政府副区长闫国文、区人民法院副院长杨建科、区人民检察院副检察长张爱国列席会议。会议听取和审议区发改局局长张贵秋作的《关于2010年上半年国民经济和社会发展计划执行情况的报告》、区财政局局长任宝堂作的《关于2010年上半年财政预算执行情况的报告》、裕华区人大常委会视察组作的《关于区人民政府小区建设和管理情况的视察报告》。审议通过《关于许可对区人大代表罗某某采取强制措施、暂停执行代表职务的决定》《关于许可对区人大代表穆某某采取强制措施、暂停执行代表职务的决定》。会议通过人事任免事项（名单见本章《选举任免》）。

第二十六次会议　2010年10月13日召开。区人大常委会主任张金海，副主任耿保安、陈均华、韩悦斌、于俊国和18名委员出席会议。区人民政府副区长闫国文、区人民法院院长袁伟、区人民检察院检察长臧玉平列席会议。会议听取和审议区财政局局长任宝堂作的《关于2009年区本级决算及区总决算的报告》、区审计局局长李兰萍作的《关于2009年区本级财政预算执行及其他财政收支情况的审计工作报告》、区司法局局长苏秀恒作的《关于刑释解教人员安置帮教工作情况的报告》、区人大常委会检查组《关于〈预算法〉实施情况的执法检查报告》、区人大常委会视察组《关于对区人民政府贯彻落实〈区残疾人事业“十一五”发展纲要〉情况的视察报告》。审议通过《关于批准2009年区本级决算的决议》《区第三届人大常委会代表资格审查委员会关于补选代表资格的审查报告》《关于接受李成虎同志辞去区人大代表职务请求的决定》《关于接受康振清同志辞去区人大代表职务请求的决定》。会议通过人事任免事项（名单见本章《选举任免》）。

第二十七次会议　2010年12月29日召开。区人大常委会主任张金海，副主任耿保安、陈均华、韩悦斌、于俊国和12名委员出席会议。区人民政府副区长闫国文、区人民法院院长袁伟、区人民检察院检察长臧玉平列席会议。会议听取和审议区财政局局长任宝堂作的《关于调整2010年区本级预算及全区总预算方案的报告》、区规划分局局长李世华作的《关于贯彻落实〈中华人民共和国城乡规划法〉情况的报告》、石家庄市公安局裕华分局局长刘建作的《关于贯彻执行〈中华人民共和国治安管理处罚法〉情况的报告》、区政府办公室主任柴伟民作的《关于办理裕华区代表建议的情况报告》。审议通过区人大常委会视察调研组作的《关于对区监察局机关效能建设视察的报告》《石家庄市裕华区第三届人大常委会代表资格审查委员会关于补选代表资格的审查报告》《关于批准调整2010年区本级预算及全区总预算的决议》《关于接受狄增建同志辞去区人大代表职务请求的决定》《关于许可对区人大代表杨某某采取强制措施、暂停执行代表职务的决定》。会议通过人事任免事项（名单见本章《选举任免》）。

第二十八次会议　2011年1月11日召开。区人大常委会主任张金海，副主任耿保安、陈均华、韩悦斌、于俊国和10名委员出席会议。会议审议通过《关于接受李景林同志辞去石家庄市第十二届人民代表大会代表职务请求的决定》。会议通过人事任免事项（名单见本章《选举任免》）。

第二十九次会议 2011年2月17日召开。区人大常委会主任张金海，副主任耿保安、陈均华、韩悦斌、于俊国和16名委员出席会议。区人民政府副区长雷振梅、区人民法院副院长王惠、区人民检察院检察长臧玉平列席会议。会议审议通过区人大常委会《关于召开区三届人大六次会议的决定》《区三届人大六次会议主席团和秘书长名单》《区三届人大六次会议国民经济和社会发展计划审查委员会名单》《区三届人大六次会议财政预算审查委员会名单》《区三届人大六次会议议案审查委员会名单》《听取区三届人大六次会议列席人员名单》《区人大常委会工作报告》《区人大常委会代表资格审查委员会关于代表补选和变动情况的报告》《区三届人大常委会关于接受龚长同志辞去区人民政府副区长职务请求的决定》。会议通过人事任免事项（名单见本章《选举任免》）。

第三十次会议 2011年3月4日召开。区人大常委会副主任耿保安、陈均华、韩悦斌、于俊国、李占省和14名委员出席会议。会议审议通过《关于许可对区人大代表曹某某采取强制措施、暂停执行代表职务的决定》。

第三十一次会议 2011年3月30日召开。区人大常委会主任张金海，副主任耿保安、陈均华、韩悦斌、于俊国、李占省和11名委员出席会议。区人民政府副区长雷振梅、区人民法院副院长王惠、区人民检察院检察长臧玉平列席会议。会议审议通过《区人大常委会2011年工作要点》《区人大常委会关于聘请2011年度工委委员的决定》《区人大常委会关于对2010年度人大工作先进单位和优秀区人大代表进行表彰的决定》。会议通过人事任免事项（名单见本章《选举任免》）。

第三十二次会议 2011年4月14日召开。区人大常委会副主任耿保安、陈均华、韩悦斌、于俊国、李占省和10名委员出席会议。区人民检察院副检察长付文魁列席会议。会议审议通过《关于许可对区人大代表刘某某采取强制措施、暂停执行代表职务的决定》。

第三十三次会议 2011年5月31日召开。区人大常委会副主任耿保安、陈均华、韩悦斌、于俊国、李占省和13名委员出席会议。区人民政府副区长闫国文、区人民法院院长袁伟、区人民检察院检察长臧玉平列席会议。会议听取和审议区人大常委会财经工委主任刘强作的《关于对区人民政府贯彻执行〈中华人民共和国统计法〉情况的执法检查报告》、区人民法院院长袁伟作的《关于对区人民法院民事案件审判及执行情况的工作报告》。审议通过《关于区人事劳动和社会保障局更名的备案报告》、区人大常委会视察组《关于全区科技创新工作情况的视察报告》、区人大常委会视察组作的《关于区人民政府学前教育工作的视察报告》。会议通过人事任免事项（名单见本章《选举任免》）。

第三十四次会议 2011年6月14日召开。区人大常委会主任张金海，副主任耿保安、陈均华、韩悦斌、于俊国、李占省和13名委员出席会议。区人民政府副区长闫国文、区人民法院院长袁伟、区人民检察院检察长臧玉平列席会议。会议审议通过《关于接受王石佩同志辞去区人民政府副区长职务请求的决定》。会议通过人事任免事项（名单见本章《选举任免》)。

第三十五次会议　2011年7月26日召开。区人大常委会主任张金海，副主任耿保安、陈均华、韩悦斌、于俊国、李占省和15名委员出席会议。区人民政府副区长闫国文、区人民法院院长袁伟、区人民检察院副检察长张爱国列席会议。会议听取和审议区发改局局长张贵秋作的《关于2011年上半年国民经济和社会发展计划执行情况的报告》、区财政局副局长刘清江作的《关于2011年上半年财政预算执行情况的报告》。审议通过《区人大常委会关于恢复杨力士执行人大代表职务的决定》。

第三十六次会议　2011年9月6日召开。区人大常委会主任张金海，副主任耿保安、陈均华、韩悦斌、于俊国、李占省和16名委员出席会议。区人民政府副区长闫国文、区人民法院院长袁伟、区人民检察院副检察长张爱国列席会议。会议审议通过《关于接受雷振梅同志辞去区人民政府副区长职务请求的决定》《关于接受李玉明同志辞去副区长职务请求的决定》。会议通过人事任免事项(名单见本章《选举任免》)。

第三十七次会议　2011年9月28日召开。区人大常委会主任张金海，副主任耿保安、陈均华、韩悦斌、于俊国、李占省和14名委员出席会议。区人民政府副区长闫国文、区人民法院院长袁伟、区人民检察院检察长臧玉平列席会议。会议听取和审议区财政局局长任宝堂作的《关于2010年区本级决算及区总决算的报告》、区审计局局长李兰萍作的《关于2010年区本级财政预算执行及其他财政收支情况的审计工作报告》、区人民检察院检察长臧玉平作的《关于查处渎职侵权违法犯罪工作情况的报告》。审议通过《区人大常委会关于批准2010年区本级决算的决议》《关于接受马福恒同志辞去区教育局局长职务请求的决定》。审议区人大常委会财经工委《关于社区股份公司运行情况的调研报告》。

第三十八次会议　2011年10月28日召开。区人大常委会主任张金海，副主任耿保安、陈均华、韩悦斌、于俊国、李占省和14名委员出席会议。区人民政府副区长闫国文、区人民法院院长袁伟、区人民检察院检察长臧玉平列席会议。会议审议通过《区人大常委会关于区镇两级人民代表大会换届选举的决定》《区人大常委会关于设立裕华区选举委员会的决定》《区人大常委会关于任命方村镇、宋营镇选举委员会组成人员的决定》《区人大常委会关于换届选举期间临时授权的决定》。

第三十九次会议　2011年11月30日召开。区人大常委会主任张金海，副主任耿保安、陈均华、韩悦斌、于俊国、李占省和13名委员出席会议。区人民政府副区长闫国文、区人民法院院长袁伟、区人民检察院副检察长张爱国列席会议。会议听取和审议区发改局副局长、医改办主任李伟作的《关于医药卫生体制改革工作的报告》、区政府办公室主任柴伟民作的《关于办理区三届人大六次会议代表建议的情况报告》、裕华公安分局副局长王凯作的《关于打击刑事犯罪情况的工作报告》。

第四十次会议　2012年1月10日召开。区人大常委会主任张金海，副主任耿保安、陈均华、韩悦斌、于俊国、李占省和13名委员出席会议。会议听取和审议区财政局局长任宝堂作的《关于调整2011年区本级预算及全区总预算方案的报告》。审议通过《关于批准调整

2011年区本级预算及全区总预算的决议》《区人大常委会代表资格审查委员会关于区第四届人民代表大会代表资格的审查报告》《关于召开区四届人大一次会议事宜临时授权的决定》。

第四十一次会议 2012年2月9日召开。区人大常委会主任张金海，副主任耿保安、陈均华、韩悦斌、于俊国、李占省和13名委员出席会议。区人民政府副区长闫国文、区人民法院院长袁伟、区人民检察院副检察长张爱国列席会议。会议审议通过《关于召开区第四届人民代表大会第一次会议的决定》《区第四届人民代表大会第一次会议议程》《区第四届人民代表大会第一次会议主席团和秘书长名单》《区第四届人民代表大会第一次会议列席人员名单》《区人大常委会工作报告》《区人大常委会代表资格审查委员会关于代表补选和变动情况的报告》《关于接受臧玉平同志辞去区人民检察院检察长职务请求的决定》。会议通过人事任免事项（名单见本章《选举任免》）。

第二节 办事机构

区三届人大常委会设办公室、选举任免代表工作委员会、财政经济工作委员会、政法工作委员会、教科文卫工作委员会。

表12　　石家庄市裕华区第三届人大常委会机构设置一览表

机构名称	职　务	姓　名	任职时间
办公室	主　任	刘小云	2007年4月—2009年8月
		姜如君	2009年8月—2012年2月
	副主任	康振清	2007年4月—2008年5月
		许振英	2007年4月—2008年5月
		梁　英	2008年5月—2012年2月
		李彦芳	2010年10月—2012年2月
选举任免代表工作委员会	主　任	许迎军	2009年6月—2012年2月
	副主任	许迎军	2008年5月—2009年6月
财政经济工作委员会	主　任	刘　强	2007年4月—2012年2月
政法工作委员会	主　任	康振清	2008年5月—2010年10月
	副主任	赵雄伟	2007年4月—2008年5月
教科文卫工作委员会	主　任	任淑芳	2007年4月—2007年10月
		许振英	2008年5月—2012年2月

在各街道设立人大工作室。2007年6月，裕华区人大常委会下设7个街道工作室：建通街道人大工作室、槐底街道人大工作室、裕东街道人大工作室、裕华路街道人大工作室、

东苑街道人大工作室、裕兴街道人大工作室、裕强街道人大工作室。

表 13　　石家庄市裕华区第三届人大常委会派出机构一览表

机构名称	职　务	姓　名	任职时间
建通街道人大工作室	主　任	苏淑敏	2007 年 4 月—2008 年 7 月
		梁平均	2008 年 7 月—2009 年 6 月
		张大刚	2009 年 6 月—2012 年 2 月
	副主任	李金兰	2007 年 4 月—2008 年 5 月
槐底街道人大工作室	主　任	李一德	2007 年 4 月—2008 年 5 月
		谭世敬	2009 年 1 月—2012 年 2 月
	副主任	季云茶	2007 年 4 月—2007 年 12 月
裕华路街道人大工作室	主　任	赵文兴	2007 年 4 月—2010 年 6 月
		王　军	2010 年 8 月—2012 年 2 月
	副主任	李新学	2007 年 4 月—2009 年 4 月
裕东街道人大工作室	主　任	付东祥	2007 年 4 月—2008 年 3 月
		刘明月	2008 年 7 月—2012 年 2 月
	副主任	高儒珍	2007 年 4 月—2008 年 5 月
东苑街道人大工作室	主　任	吕凌云	2007 年 4 月—2010 年 4 月
		苏金平	2010 年 4 月—2012 年 2 月
裕兴街道人大工作室	主　任	梁兰深	2007 年 4 月—2008 年 5 月
		赵焕宗	2008 年 7 月—2012 年 2 月
	副主任	石生瑞	2007 年 4 月—2009 年 6 月
裕强街道人大工作室	主　任	王日贵	2007 年 4 月—2012 年 6 月
	副主任	张建庭	2007 年 4 月—2011 年 1 月

第三节　决议决定

区三届人大常委会共作出决议决定 88 项。

表 14　　石家庄市裕华区第三届人大常委会决议决定一览表

时　间	会　议	名　称
2007 年 6 月 19 日	三届一次会议	《关于聘请 2007 年度工委委员的决定》

续表 14

时　间	会　议	名　称
2007 年 10 月 23 日	三届三次会议	《关于补选区人大代表的决定》《关于接受边庆敏同志辞去区人大代表职务请求的决定》《关于接受徐莲芝同志辞去区人大代表职务请求的决定》
2007 年 12 月 11 日	三届四次会议	《关于批准区人民政府调整 2007 年区本级预算及区总决算的决议》
2008 年 1 月 15 日	三届五次会议	《关于召开区三届人大二次会议的决定》
2008 年 3 月 10 日	三届六次会议	《关于恢复潘某某执行人大代表职务的决定》《关于许可对区人大代表翟某某采取强制措施的决定》《关于接受张贵秋同志辞去区人大代表职务请求的决定》《关于接受安丽萍同志辞去区人大代表职务请求的决定》《关于接受张福禄同志辞去区人大代表职务请求的决定》《关于接受张书胤同志辞去区人大代表职务请求的决定》《关于接受刘文胜同志辞去区人大代表职务请求的决定》《关于接受赵彦国同志辞去区人大代表职务请求的决定》
2008 年 3 月 26 日	三届七次会议	《关于许可对区人大代表孙某某采取强制措施的决定》
2008 年 5 月 29 日	三届八次会议	《关于授权主任会议决定召开区三届人大三次会议有关事宜的决定》《关于接受郭玉华同志辞去区人大代表职务请求的决定》《关于接受梁兰深同志辞去区人大代表职务请求的决定》《区人大常委会关于补选区第三届人大代表的决定》
2008 年 7 月 11 日	三届九次会议	《关于聘请 2008 年度工委委员的决定》《关于接受苏淑敏同志辞去区人大代表职务请求的决定》
2008 年 8 月 29 日	三届十次会议	《关于接受姜如君同志辞去区人大常委会委员职务请求的决定》《关于接受李一德同志辞去区人大代表职务请求的决定》
2008 年 10 月 7 日	三届十一次会议	《关于批准区人民政府 2007 年区本级决算的决议》《关于接受李梦华同志辞去区人大代表职务请求的决定》
2008 年 11 月 28 日	三届十二次会议	《关于恢复翟文选执行代表职务的决定》《关于批准区人民政府调整 2008 年区本级预算及全区总预算的决议》
2009 年 1 月 10 日	三届十三次会议	《关于接受赵宏魁同志辞去区人民政府区长职务请求的决定》《关于接受丁德良同志辞去区人大代表职务请求的决定》《关于补选区第三届人大代表的决定》
2009 年 2 月 13 日	三届十四次会议	《关于召开区三届人大四次会议的决定》《关于表彰 2008 年度优秀区人大代表的决定》《关于接受于振滦同志辞去区人大代表职务请求的决定》

续表 14

时　间	会　议	名　称
2009 年 4 月 16 日	三届十五次会议	《关于聘请 2009 年度工委委员的决定》《关于补选区第三届人大代表的决定》《关于接受张福玉同志辞去区人大代表职务请求的决定》《关于接受张维德同志辞去区人民政府副区长职务请求的决定》
2009 年 6 月 30 日	三届十六次会议	《关于接受李跃军同志辞去区人大代表职务请求的决定》《关于接受梁平均同志辞去区人大代表职务请求的决定》
2009 年 7 月 28 日	三届十七次会议	《关于许可对区人大代表郭某某采取强制措施、暂停执行代表职务的决定》
2009 年 8 月 11 日	三届十八次会议	《关于接受王东刚同志辞去区人民政府副区长职务请求的决定》《关于接受韩国平同志辞去区人大代表职务请求的决定》《关于接受李明华同志辞去区人大代表职务请求的决定》《关于接受吴拥军同志辞去区人大代表职务请求的决定》《关于接受焦红光同志辞去区人大代表职务请求的决定》《关于接受刘小云同志辞去区人大常委会委员职务请求的决定》
2009 年 10 月 29 日	三届十九次会议	《关于确定人民陪审员名额的决定》《区人大常委会关于批准区人民政府 2008 年区本级决算及区总决算的决议》
2009 年 12 月 30 日	三届二十次会议	《关于批准调整 2009 年区本级预算及全区总预算的决议》《关于接受周爱国同志辞去区人大代表职务请求的决定》
2010 年 2 月 23 日	三届二十一次会议	《关于接受杜东红同志辞去区人大代表职务请求的决定》《关于接受李占省同志辞去区人大代表职务请求的决定》
2010 年 3 月 1 日	三届二十二次会议	《关于召开区三届人大五次会议的决定》
2010 年 4 月 8 日	三届二十三次会议	《关于聘请 2010 年度工委委员的决定》《关于对 2009 年度人大工作先进单位和优秀区人大代表进行表彰的决定》《关于接受吕凌云同志辞去区人大代表职务请求的决定》《关于接受苏秀恒同志辞去区人大代表职务请求的决定》
2010 年 6 月 29 日	三届二十四次会议	《关于接受杜辉然同志辞去区人大代表职务请求的决定》《关于接受赵文兴同志辞去区人大代表职务请求的决定》
2010 年 8 月 12 日	三届二十五次会议	《关于许可对区人大代表罗某某采取强制措施、暂停执行代表职务的决定》《关于许可对区人大代表穆某某采取强制措施、暂停执行代表职务的决定》
2010 年 10 月 13 日	三届二十六次会议	《关于批准 2009 年区本级决算的决议》《关于接受李成虎同志辞去区人大代表职务请求的决定》《关于接受康振清同志辞去区人大代表职务请求的决定》

续表 14

时　间	会　议	名　称
2010 年 12 月 29 日	三届二十七次会议	《关于批准调整 2010 年区本级预算及全区总预算的决议》《关于接受狄增建同志辞去区人大代表职务请求的决定》《关于许可对区人大代表杨某某采取强制措施、暂停执行代表职务的决定》
2011 年 1 月 11 日	三届二十八次会议	《关于接受李景林同志辞去石家庄市第十二届人民代表大会代表职务请求的决定》
2011 年 2 月 17 日	三届二十九次会议	《关于召开区三届人大六次会议的决定》《区三届人大常委会关于接受龚长同志辞去区人民政府副区长职务请求的决定》
2011 年 3 月 4 日	三届三十次会议	《关于许可对区人大代表曹某某采取强制措施、暂停执行代表职务的决定》
2011 年 3 月 30 日	三届三十一次会议	《关于聘请 2011 年度工委委员的决定》《关于对 2010 年度人大工作先进单位和优秀区人大代表进行表彰的决定》
2011 年 4 月 14 日	三届三十二次会议	《关于许可对区人大代表刘某某采取强制措施、暂停执行代表职务的决定》
2011 年 6 月 14 日	三届三十四次会议	《关于接受王石佩同志辞去区人民政府副区长职务请求的决定》
2011 年 7 月 26 日	三届三十五次会议	《关于恢复杨某某执行人大代表职务的决定》
2011 年 9 月 6 日	三届三十六次会议	《关于接受雷振梅同志辞去区人民政府副区长职务请求的决定》《关于接受李玉明同志辞去区人民政府副区长职务请求的决定》
2011 年 9 月 28 日	三届三十七次会议	《关于批准 2010 年区本级决算的决议》《关于接受马福恒同志辞去区教育局局长职务请求的决定》
2011 年 10 月 28 日	三届三十八次会议	《关于区镇两级人民代表大会换届选举的决定》《关于设立裕华区选举委员会的决定》《关于任命方村镇、宋营镇选举委员会组成人员的决定》《石家庄市裕华区人大常委会关于换届选举期间临时授权的决定》
2012 年 1 月 10 日	三届四十次会议	《关于批准调整 2011 年区本级预算及全区总预算的决议》《关于召开区四届人大一次会议事宜临时授权的决定》
2012 年 2 月 9 日	三届四十一次会议	《关于召开区第四届人民代表大会第一次会议的决定》《关于接受臧玉平同志辞去区人民检察院检察长职务请求的决定》

第四节　选 举 任 免

2007年6月19日，区三届人大常委会第一次会议，通过区人民政府相关人事任免事项。

决定任命：

吕建华同志为区人民政府办公室主任；

王建民同志为区财政局局长；

柴伟民同志为区人事劳动和社会保障局局长；

李兰萍同志为区审计局局长；

李凤娟同志为区物价局局长；

白艳同志为区民政局局长；

杜辉然同志为区教育局局长；

王凤江同志为区发展改革局局长；

王建川同志为区商务局局长；

刘玉深同志为区科学技术局局长；

丁德良同志为区卫生局局长；

娄京慧同志为区文化体育局局长；

陈建坤同志为区司法局局长；

张健新同志为区统计局局长；

李东海同志为区人口和计划生育局局长；

张献刚同志为区监察局局长；

范景林同志为区农业办公室主任；

王建英同志为区安全生产监督管理局局长。

2007年6月19日，区三届人大常委会第一次会议，通过区人民法院相关人事任免事项。

免去：

付玉良同志的区人民法院人民陪审员职务。

2007年10月23日，区三届人大常委会第三次会议，通过区人民政府相关人事任免事项。

决定免去：

刘玉深同志的区科技局局长职务。

决定任命：

边庆敏同志为区科技局局长；

马福恒同志为区城管局局长。

2007年12月11日，区三届人大常委会第四次会议，通过区人大常委会相关人事任免事项。

免去：

季云茶同志的槐底街道人大工作室副主任职务。

2007年12月11日，区三届人大常委会第四次会议，通过区人民政府相关人事任免事项。

决定免去：

吕建华同志的区人民政府办公室主任职务；

柴伟民同志的区人事劳动和社会保障局局长职务。

决定任命：

柴伟民同志为区人民政府办公室主任；

吕建华同志为区人事劳动和社会保障局局长。

2008年5月29日，区三届人大常委会第八次会议，通过区人大常委会相关人事任免事项。

免去：

梁兰深同志的裕兴街道人大工作室主任职务；

李金兰同志的建通街道人大工作室副主任职务；

李一德同志的槐底街道人大工作室主任职务；

高儒珍同志的裕东街道人大工作室副主任职务；

康振清同志的区人大常委会办公室副主任职务；

许振英同志的区人大常委会办公室副主任职务；

赵雄伟同志的区人大常委会政法工委副主任职务。

任命：

康振清同志为区人大常委会政法工委主任；

许振英同志为区人大常委会教科文卫工委主任；

许迎军同志为区人大常委会选举任免代表工委副主任；

梁英同志为区人大常委会办公室副主任。

2008年5月29日，区三届人大常委会第八次会议，通过区人民政府相关人事任免事项。

决定免去：

李凤娟同志的区物价局局长职务；

王凤江同志的区发展改革局局长职务；

张健新同志的区统计局局长职务。

决定任命：

任素山同志为区物价局局长；

张贵秋同志为区发展改革局局长；

郭玉华同志为区统计局局长。

2008年5月29日，区三届人大常委会第八次会议，通过区人民法院相关人事任免事项。

免去：

张希华同志的区人民法院副院长、审判委员会委员职务。

任命：

王静敏同志为区人民法院副院长；

安建军同志为区人民法院副院长；

杨建科同志为区人民法院副院长。

2008年5月29日，区三届人大常委会第八次会议，通过区人民检察院相关人事任免事项。

任命：

王秀文同志为区人民检察院副检察长。

2008年7月11日，区三届人大常委会第九次会议，通过区人大常委会相关人事任免事项。

免去：

苏淑敏同志的建通街道人大工作室主任职务。

任命：

刘明月同志为裕东街道人大工作室主任；

赵焕宗同志为裕兴街道人大工作室主任；

梁平均同志为建通街道人大工作室主任。

2008年8月29日，区三届人大常委会第十次会议，通过区人民政府相关人事任免事项。

决定免去：

丁德良同志的区卫生局局长职务。

决定任命：

姜如君同志为区卫生局局长。

2008年8月29日，区三届人大常委会第十次会议，通过区人民法院相关人事任免事项。

免去：

邓震宏同志的区人民法院刑事审判庭庭长职务；

梁春芳同志的区人民法院民事审判第二庭庭长职务；

马建斌同志的区人民法院人民陪审员职务。

任命：

邓震宏同志为区人民法院审判委员会委员；

韩志国同志为区人民法院审判委员会委员；

梁春芳同志为区人民法院审判委员会委员。

2008年8月29日，区三届人大常委会第十次会议，通过区人民检察院相关人事任免事项。

免去：

王世杰同志的区人民检察院检察委员会委员职务。

任命：

王伟同志为区人民检察院检察委员会委员；

文建武同志为区人民检察院检察委员会委员。

2008年10月7日，区三届人大常委会第十一次会议，通过区人民政府相关人事任免事项。

决定免去：

李冬海同志的区人口和计划生育局局长职务。

决定任命：

李梦华同志为区人口和计划生育局局长。

2008年11月28日 区三届人大常委会第十二次会议，通过区人民法院相关人事任免事项。

免去：

何亚辉同志的区人民法院民事审判第一庭副庭长职务；

周杰同志的区人民法院裕民法庭副庭长职务；

刘秀娟同志的区人民法院民事审判第二庭副庭长职务；

李薇同志的区人民法院立案庭副庭长职务；

左书旺同志的区人民法院裕民法庭庭长职务；

陈武兴同志的区人民法院审判监督庭庭长职务；

苏文涛同志的区人民法院行政审判庭庭长职务；

杨雪莉同志的区人民法院民事审判第一庭庭长职务；

王美玲同志的区人民法院槐底法庭庭长职务；

杨勇同志的区人民法院执行庭庭长职务；

赵强同志的区人民法院裕民法庭副庭长职务；

卢拥军同志的区人民法院审判监督庭副庭长职务；

杜见强同志的区人民法院行政审判庭副庭长职务；

仵强同志的区人民法院槐底法庭副庭长职务。

任命：

周杰同志为区人民法院民事审判第一庭庭长；

刘秀娟同志为区人民法院民事审判第二庭庭长；

李薇同志为区人民法院审判监督庭庭长；

左书旺同志为区人民法院刑事审判庭庭长；

陈武兴同志为区人民法院行政审判庭庭长；

苏文涛同志为区人民法院城建庭庭长；

王新英同志为区人民法院执行庭庭长；

韩秀忠同志为区人民法院槐底法庭庭长；

杨雪莉同志为区人民法院裕民法庭庭长；

赵强同志为区人民法院立案庭副庭长；

卢拥军同志为区人民法院城建庭副庭长；

杜见强同志为区人民法院审判监督庭副庭长；

冯丽娟同志为区人民法院刑事审判庭副庭长；

高云同志为区人民法院民事审判第一庭副庭长；

陈琪同志为区人民法院民事审判第二庭副庭长；

张巧莲同志为区人民法院民事审判第二庭副庭长；

高利军同志为区人民法院审判员、行政审判庭副庭长；

张书辰同志为区人民法院裕民法庭副庭长；

刘士华同志为区人民法院审判员；

李文环同志为区人民法院审判员；

陈立静同志为区人民法院审判员。

2009 年 1 月 10 日，区三届人大常委会第十三次会议，通过了区人大常委会相关人事任免事项。

任命：

谭世敬同志为槐底街道人大工作室主任。

2009 年 1 月 10 日，区三届人大常委会第十三次会议，通过区人民政府相关人事任免事项。

决定任命：

王丽君同志为区人民政府副区长，决定其为代理区长。

2009 年 4 月 16 日，区三届人大常委会第十五次会议，通过区人大常委会相关人事任免事项。

免去：

李新学同志的裕华路街道人大工作室副主任职务。

2009 年 6 月 30 日，区三届人大常委会第十六次会议，通过区人大常委会相关人事任免事项。

免去：

许迎军同志的区人大常委会选举任免代表工委副主任职务；

梁平均同志的建通街道人大工作室主任职务；

石生瑞同志的裕兴街道人大工作室副主任职务。

任命：

许迎军同志为区人大常委会选举任免代表工委主任；

张大刚同志为建通街道人大工作室主任。

2009 年 6 月 30 日，区三届人大常委会第十六次会议，通过区人民政府相关人事任免事项。

决定免去：

王建川同志的区商务局局长职务。

决定任命：

李跃军同志为区商务局局长。

2009 年 6 月 30 日，区三届人大常委会第十六次会议，通过区人民法院相关人事任免事项。

免去：

何春法同志的区人民法院副院长、审判委员会委员职务。

2009 年 8 月 11 日，区三届人大常委会第十八次会议，通过区人大常委会相关人事任免事项。

免去：

刘小云同志的区人大常委会办公室主任职务。

任命：

姜如君同志为区人大常委会办公室主任。

2009 年 8 月 11 日，区三届人大常委会第十八次会议，通过区人民政府相关人事任免事项。

决定免去：

马福恒同志的区城区建设管理局局长职务；

姜如君同志的区卫生局局长职务。

决定任命：

闫国文同志为区人民政府副区长；

李玉明同志为区人民政府副区长；

韩国平同志为区城区建设管理局局长；

刘小云同志为区卫生局局长。

2009 年 10 月 29 日，区三届人大常委会第十九次会议，通过区人民法院相关人事任免事项。

免去：

高利军同志的区人民法院行政庭副庭长职务。

任命：

何亚辉同志为区人民法院槐底法庭庭长；

高利军同志为区人民法院槐底法庭副庭长；

高双志同志为区人民法院行政庭副庭长。

2009 年 10 月 29 日，区三届人大常委会第十九次会议，通过区人民检察院相关人事任免事项。

任命：

李军强同志为区人民检察院检察员；

谷志峰同志为区人民检察院检察员；

赵宏为同志为区人民检察院检察员；
陈春燕同志为区人民检察院检察员；
杜小丽同志为区人民检察院检察员；
贾晓蕾同志为区人民检察院检察员；
孙谧璟同志为区人民检察院检察员；
王永波同志为区人民检察院检察员；
王晓薇同志为区人民检察院检察员；
牛青同志为区人民检察院检察员。

2009 年 12 月 30 日，区三届人大常委会第二十次会议，通过区人民检察院相关人事任免事项。

免去：

王永波同志的区人民检察院检察员职务。

2010 年 2 月 23 日，区三届人大常委会第二十一次会议，通过区人民法院相关人事任免事项。

任命：

张敬敏、苗润敏、崔彦丽、杨香军、李卉、张晓东、刘晓鹏、崔美艳、马静、张蕴哲、刘辉、张向荣、张迎辉、刘淑贤、孙卫华、谭敬利、王育才、徐景明等 18 名同志为裕华区人民陪审员。

2010 年 4 月 8 日，区三届人大常委会第二十三次会议，通过区人大常委会相关人事任免事项。

免去：

吕凌云同志的东苑街道人大工作室主任职务。

任命：

苏金平同志为东苑街道人大工作室主任。

2010 年 4 月 8 日，区三届人大常委会第二十三次会议，通过区人民政府相关人事任免事项。

决定任命：

苏秀恒同志为区司法局局长。

2010 年 4 月 8 日，区三届人大常委会第二十三次会议，通过区人民检察院相关人事任免事项。

免去：

刘建明同志的区人民检察院检察员职务。

2010年6月29日，区三届人大常委会第二十四次会议，通过区人大常委会相关人事任免事项。

免去：

赵文兴同志的裕华路街道人大工作室主任职务。

2010年6月29日，区三届人大常委会第二十四次会议，通过区人民政府相关人事任免事项。

决定免去：

王建民同志的区财政局局长职务；

杜辉然同志的区教育局局长职务；

娄京慧同志的区文化体育局局长职务。

决定任命：

任宝堂同志为区财政局局长；

马福恒同志为区教育局局长；

李明华同志为区文化体育局局长。

2010年6月29日，区三届人大常委会第二十四次会议，通过区人民法院相关人事任免事项。

免去：

董成来同志的区人民法院审判员职务；

王美玲同志的区人民法院审判员职务。

任命：

靳博卷、李永华、薛峰、梁进超、张海红、何永进、张林合、李瑞鑫、张波、闫春明、周旭、王磊、楚瑞芳等13名同志为裕华区人民陪审员。

2010年8月12日，区三届人大常委会第二十五次会议，通过区人大常委会相关人事任免事项。

任命：

王军同志为裕华路街道人大工作室主任。

2010年10月13日，区三届人大常委会第二十六次会议，通过区人大常委会相关人事任免事项。

免去：

康振清同志的区人大常委会政法工委主任职务。

任命：

李彦芳同志为区人大常委会办公室副主任。

2010年10月13日，区三届人大常委会第二十六次会议，通过区人民法院相关人事任免事项。

免去：

韩秀忠同志的人民法院审判员职务。

任命：

傅军梅、李荣香、耿文红3名同志为裕华区人民陪审员。

2010年12月29日，区三届人大常委会第二十七次会议，通过区人民政府相关人事任免事项。

决定任命：

狄增建同志为区人民政府副区长。

2010年12月29日，区三届人大常委会第二十七次会议，通过区人民检察院相关人事任免事项。

免去：

任宝贵同志的区人民检察院副检察长职务。

2011年1月11日，区三届人大常委会第二十八次会议，通过区人大常委会相关人事任免事项。

免去：

张建庭同志的裕强街道人大工作室副主任职务。

2011年2月17日，区三届人大常委会第二十九次会议，通过区人民政府相关人事任免事项。

决定任命：

王世利同志为区人民政府副区长。

2011年3月30日，区三届人大常委会第三十一次会议，通过区人民政府相关人事任免事项。

决定免去：

白艳同志的区民政局局长职务。

决定任命：

程黎燕同志为区民政局局长。

2011 年 5 月 31 日，区三届人大常委会第三十三次会议，通过区人民政府相关人事任免事项。

决定任命：

吕建华同志为区人力资源和社会保障局局长。

2011 年 5 月 31 日，区三届人大常委会第三十三次会议，通过区人民法院相关人事任免事项。

免去：

杨雪莉同志的区人民法院裕民法庭庭长职务；

黄林同志的区人民法院立案庭庭长职务；

李薇同志的区人民法院审判监督庭庭长职务；

张书辰同志的区人民法院裕民法庭副庭长职务；

高云同志的区人民法院民一庭副庭长职务；

陈琪同志的区人民法院民二庭副庭长职务；

赵强同志的区人民法院立案庭副庭长职务；

杜见强同志的区人民法院审判监督庭副庭长职务。

任命：

杨雪莉同志为区人民法院立案庭庭长；

黄林同志为区人民法院审判监督庭庭长；

李薇同志为区人民法院裕民法庭庭长；

刘士华同志为区人民法院审判监督庭副庭长；

张书辰同志为区人民法院民一庭副庭长；

高云同志为区人民法院民二庭副庭长；

陈琪同志为区人民法院裕民法庭副庭长；

赵强同志为区人民法院行政庭副庭长；

杜建强同志为区人民法院执行局执行庭副庭长；

马永慧同志为区人民法院立案庭副庭长。

2011 年 5 月 31 日，区三届人大常委会第三十三次会议，通过区人民检察院相关人事任免事项。

免去：

吴清涛同志的区人民检察院检察员职务。

任命：

赵晓斌同志为区人民检察院检察员。

2011 年 6 月 14 日，区三届人大常委会第三十四次会议，通过区人民政府相关人事任免事项。

决定免去：

王石佩同志的区人民政府副区长职务。

决定任命：

徐圣银同志为区人民政府副区长；

闫卫民同志为区人民政府副区长。

2011 年 6 月 14 日，区三届人大常委会第三十四次会议，通过区人民检察院相关人事任免事项。

免去：

师俊岐同志的区人民检察院检察员职务；

孙谧璟同志的区人民检察院检察员职务。

任命：

陈鹏帆同志为区人民检察院副检察长。

2011 年 9 月 6 日，区三届人大常委会第三十六次会议，通过区人民政府相关人事任免事项。

决定任命：

王金柱同志为区人民政府副区长；

刘宗奇同志为区人民政府副区长。

2012 年 2 月 9 日，区三届人大常委会第四十一次会议，通过区人民检察院相关人事任免事项。

任命：

宋庆绵同志为区人民检察院副检察长、代理检察长。

第五节　监督工作

一、听取和审议专项工作报告与计划预算报告

区三届人大常委会会议听取和审议区“一府两院”专项工作报告42项、财政预算执行情况报告21项。

表15　　石家庄市裕华区第三届人大常委会听取和审议报告一览表

时间		常委会会议	报告内容
2007年	8月17日	第二次	区人民政府关于2007年上半年国民经济和社会发展计划执行情况的报告；区人民政府关于2007年上半年财政预算执行情况的报告；区人民政府关于人口和计划生育工作情况的汇报
	10月23日	第三次	区人民政府关于2006年区本级决算及区总决算情况的报告；区人民政府关于2006年度区本级财政预算执行和其他财政收支情况的审计工作报告；区人民政府关于贯彻执行《中华人民共和国义务教育法》情况的报告；区人民政府关于区三届人大常委会第二次会议审议意见研究处理情况的报告
	12月11日	第四次	区人民政府关于社会主义新农村建设工作的报告；区人民政府关于调整2007年区本级预算及区总预算的报告；区人民政府关于区三届人大常委会第三次会议审议意见研究处理情况的报告
2008年	1月15日	第五次	区人民政府关于代表建议、批评和意见办理情况的报告
	8月29日	第十次	区人民政府关于2008年上半年国民经济和社会发展计划执行情况的报告；区人民政府关于国民经济和社会发展“十一五”规划中期完成情况的报告；区人民政府关于2008年上半年财政预算执行情况的报告
	10月7日	第十一次	区人民政府关于城中村拆迁改造和拆违工作进展情况的报告；区人民政府关于2007年区本级决算及区总决算情况的报告；区人民政府关于2007年区本级预算执行及其他财政收支情况的审计工作报告；区人民法院关于区人民法院审判、执行和队伍建设情况的报告
	11月28日	第十二次	区人民政府关于新农村文化建设的报告；区人民政府关于调整2008年区本级预算及全区总预算的报告
2009年	2月13日	第十四次	区人民政府关于办理区三届人大三次会议代表建议的情况报告
	6月30日	第十六次	区人民政府关于第八届村委会换届选举工作情况的报告

续表 15

时　间		常委会会议	报告内容
2009 年	8 月 11 日	第十八次	区人民政府关于《中华人民共和国中小企业促进法》贯彻落实情况的报告；区人民政府关于 2009 年上半年国民经济和社会发展计划执行情况的报告；区人民政府关于 2009 年上半年财政预算执行情况的报告
	10 月 29 日	第十九次	区人民政府关于 2008 年区本级财政决算及区总决算的报告；区人民政府关于 2008 年区本级预算执行及其他财政收支情况的审计工作报告；区人民政府关于打击严重刑事犯罪、维护社会治安稳定的情况报告；区人民法院关于区人大视察法院执行工作落实情况的汇报；区人民政府关于区人大常委会园林绿化工作视察意见的整改报告
	12 月 30 日	第二十次	区人民政府关于贯彻落实《中华人民共和国食品安全法》情况的报告；区人民政府关于调整 2009 年区本级预算及全区总预算方案的报告；区人民政府关于办理区三届人大四次会议代表建议的情况报告；区人民政府关于区人大常委会对区人民政府贯彻执行《中小企业促进法》情况审议意见落实情况的汇报；区人民政府关于对《关于我区 2009 年上半年财政预算执行情况的审议意见》的落实情况的汇报；区发展改革局关于落实区人大常委会审议意见情况的汇报；裕华公安分局关于贯彻落实裕华区第三届人大常委会第十九次会议审议意见的情况报告；区人民检察院关于落实区人大视察报告建议的汇报
2010 年	4 月 8 日	第二十三次	区人民政府关于 2010 年重点项目建设情况的报告
	6 月 29 日	第二十四次	区人民法院关于区人民法院内部监督制约机制建设情况的报告；区人民检察院关于区人民检察院查办职务犯罪情况的报告；区人民政府关于全区商贸服务业发展情况的报告
	8 月 12 日	第二十五次	区人民政府关于 2010 年上半年国民经济和社会发展计划执行情况的报告；区人民政府关于 2010 年上半年财政预算执行情况的报告
	10 月 13 日	第二十六次	区人民政府关于 2009 年区本级决算及区总决算的报告；区人民政府关于 2009 年区本级财政预算执行及其他财政收支情况的审计工作报告；区人民政府关于刑释解教人员安置帮教工作情况的报告
	12 月 29 日	第二十七次	区人民政府关于调整 2010 年区本级预算及全区总预算方案的报告；区人民政府关于贯彻落实《中华人民共和国城乡规划法》情况的报告；裕华分局关于贯彻执行《中华人民共和国治安管理处罚法》情况的报告；区人民政府关于办理裕华区第三届人大五次会议代表建议的情况报告
2011 年	5 月 31 日	第三十三次	区人民法院关于对区人民法院民事案件审判及执行情况的工作报告；区人民政府关于区人事劳动和社会保障局更名的备案报告
	7 月 26 日	第三十五次	区人民政府关于 2011 年上半年国民经济和社会发展计划执行情况的报告；区人民政府关于 2011 年上半年财政预算执行情况的报告

续表 15

时　间		常委会会议	报告内容
2011 年	9 月 28 日	第三十七次	区人民政府关于 2010 年区本级决算及区总决算的报告；区人民政府关于 2010 年区本级财政预算执行及其他财政收支情况的审计工作报告；区人民检察院关于查处渎职侵权违法犯罪工作情况的报告
	11 月 30 日	第三十九次	区人民政府关于医药卫生体制改革工作的报告；区人民政府关于办理区三届人大六次会议代表建议的情况报告；区人民政府关于打击刑事犯罪情况的工作报告
2012 年	1 月 10 日	第四十次	区人民政府关于调整 2011 年区本级预算及全区总预算方案的报告

二、法律法规实施情况的检查

区三届人大常委会共组织开展法律监督 7 次。

表 16　　石家庄市裕华区第三届人大常委会监督情况一览表

时　间		常委会会议	报告内容
2007 年	10 月 23 日	第三次	关于《中华人民共和国工会法》实施情况
2008 年	8 月 29 日	第十次	关于《中华人民共和国检察官法》贯彻实施情况
2009 年	12 月 30 日	第二十次	关于裕华区《中华人民共和国食品安全法》贯彻实施情况
2010 年	10 月 13 日	第二十六次	关于《中华人民共和国预算法》实施情况
2010 年	12 月 29 日	第二十七次	关于区人民政府执行《中华人民共和国城乡规划法》情况
2010 年	12 月 29 日	第二十七次	关于区公安机关贯彻执行《中华人民共和国治安管理处罚法》情况
2011 年	5 月 31 日	第三十三次	关于区人民政府贯彻执行《中华人民共和国统计法》情况

三、视察调查

区三届人大常委会共组织开展视察调查活动 45 次。

表 17　　石家庄市裕华区第三届人大常委会视察调查一览表

时　间		视察内容	牵头单位
2007 年	8 月	关于 2007 年上半年国民经济和社会发展计划执行情况	财经工委
		关于 2007 年上半年财政预算执行情况	财经工委
		关于人口和计划生育工作情况	教科文卫工委
	10 月	关于 2006 年区本级决算及区总决算情况	财经工委

续表 17

时　间		视察内容	牵头单位
2008 年	8 月	关于 2008 年上半年国民经济和社会发展计划执行情况	财经工委
		关于 2008 年上半年财政预算执行情况	财经工委
		关于国民经济和社会发展“十一五”规划中期完成情况	财经工委
	10 月	关于裕华区拆迁改造建设情况	区人大常委会
		关于区人民法院审判、执行及队伍建设情况	政法工委
	11 月	关于新农村文化建设情况	教科文卫工委
2009	5 月	关于区就业再就业服务情况	选任工委
		关于裕华区义务教育均衡发展情况	教科文卫工委
	6 月	关于裕华区村（居）委会换届选举情况	政法工委
		关于裕华区重点项目（方北购物广场）建设进展情况	常委会组成人员
	7 月	关于区人民政府贯彻执行《中华人民共和国中小企业促进法》的情况	财经工委
		关于 2009 年上半年国民经济和社会发展计划执行情况	财经工委
		关于 2009 年上半年财政预算执行情况	财经工委
	10 月	关于全区园林绿化工作情况	教科文卫工委
		关于区人民法院执行工作情况	政法工委
		关于区节能减排工作的情况	人大常委会视察组
		关于区人民检察院预防职务犯罪工作情况	人大常委会视察组
		关于区公安分局打击刑事犯罪维护社会治安工作情况	政法工委
	11 月	关于区交警大队贯彻落实《中华人民共和国道路交通安全法》情况	人大常委会视察组
		关于裕华区重点项目建设的情况	财经工委
	12 月	关于贯彻落实《中华人民共和国食品安全法》的情况	教科文卫工委
2010 年	6 月	关于全区商贸服务业发展情况	财经工委
		关于全区失地农民加入社保情况	人大常委会视察组
		关于区人民检察院查办职务犯罪情况	政法工委
		关于裕华区城市市容环境卫生管理情况	人大常委会视察组
	8 月	关于区人民政府 2010 年上半年国民经济和社会发展计划执行情况	财经工委
		关于区人民政府 2010 年上半年财政预算执行情况	财经工委
		关于区人民政府小区建设和管理情况	人大常委会视察组

续表 17

时　间		视察内容	牵头单位
2010 年	10 月	关于区人民政府刑释解教人员安置帮教工作开展情况	政法工委
		关于区人民政府贯彻落实《区残疾人事业“十一五”发展纲要》情况	人大常委会视察组
	12 月	关于区监察局机关效能建设情况	人大常委会调研组
2011 年	3 月	关于信息工程学院动漫产业孵化园建设情况	人大常委会
	5 月	关于对区人民法院民事案件审判及执行的情况	人大常委会调查组
		关于全区科技创新工作的情况	人大常委会视察组
		关于区人民政府学前教育工作的视察报告	人大常委会视察组
	9 月	关于社区股份公司运行情况	财经工委
		关于区人民检察院查处渎职侵权违法犯罪工作情况	政法工委
		关于怀特集团重点项目建设情况	人大常委会
	11 月	关于医药卫生体制改革工作情况	教科文卫工委
		关于对区公安分局打击刑事犯罪情况	政法工委

第 四 篇

石家庄市裕华区第四届人民代表大会

（2012年2月至2017年3月）

第一章　人大代表

裕华区第四届人民代表大会代表名额245名。2012年2月，召开区第四届人大一次会议，实有代表236名。

第一节　选举产生

区第四届人大代表名额为245名。经区委研究，分配到各选区名额235名，留机动名额10名。

根据有关法律规定，按照区委统一部署，各选区依法选举产生区人大代表232名。

在232名代表中，妇女代表54名，占23%；基层一线代表77名，占33%；党政干部46名，占20%；少数民族3名，占1%；民主党派9名，占4%；非中共党员57名，占25%；连任代表109名，占47%。

第二节　代表名单

一、裕华区第四届人民代表大会代表名单

裕东街道代表团（23名）

石朋霄	史向东	刘小云（女）	刘志军
刘明月	苏铁岳	李汉忠	李树岐
杨力士	杨怀军	杨金钟	张月华
张廷海	张金海	尚馥娟（女）	赵新会
郝亚兵	班亚东	袁　伟	栗彦英（女）
徐国晓	黄　培（女）	程　华（女）	

槐底街道代表团（34名）

王志强	支　全	孔祥忠	冯向东

邢金常	吕立峰	同利平（女）	乔艳伟
刘国胜	闫国文	许迎军（女）	孙　鹏
李红霞（女）	李秀辉	杨壹名	吴忠俭
张旭彪	张连钢	张春亭	张秋英（女）
张晓黎（女）	陈润芝（女）	赵玉秋	赵欣彦（女）
施云飞	段晓波	耿保安	郭爱英（女）
崔卫红	蒋彦辉	强万明	谭世敬
薛　峰（女）	魏　民		

裕华路街道代表团（28 名）

马士忠	王　军	王志民	王丽君（女）
王菊芬（女）	叶继仁	任风岗	刘　杰（女）
刘　强	刘晓丽（女）	刘淑芬（女）	纪英超
孙延国	李武杰	李胜利	杨连喜
杨耀辉	张　晶（回）	张拥军	张国亮
张建超	赵志超	钱振亚	郭卫兵
曹旭辉	韩悦斌	潘立凯	魏彦忠

裕强街道代表团（24 名）

王　军（女）	王日贵	左红江	刘　建
刘卫华（女）	刘建峰	刘建辉	闫　利
孙利民	孙景跃	杜满舵	李　军
李玉卉	李占西	张　杰	张建福
武贵桃（女）	林朝阳	郑铁杉	徐青山
高　振	盖振刚	梁桂君（女）	臧玉平

裕兴街道代表团（17 名）

于利江	于俊国	王　建	王向东
王景芳（女）	孙向格（女）	孙金华	李国兴
李淑杰（女）	肖玉良	陈小臭	罗风旗
周真平	赵　宁	赵英杰（女）	赵焕宗
焦红光			

建通街道代表团（25 名）

冯　玫（女）	冯吉路	池振江	孙彦立

孙彦军	苏建章	苏振芳	李　强
李占省	李和庆	杨丽静（女）	吴卫东
吴俊明	何朝霞（女）	宋　峰	张大刚
张洪溢	张增力	赵永梅（女）	段　伟
姜如君	高晓云（女）	董冀平	韩志芳（女）
薛晓萍（女）			

东苑街道代表团（31名）

王金贵	冯金亮	刘建新	许振英（女）
纪月才	苏金平（女）	苏惠欣（女）	杜立喜
李　伟	李文辉	李丽英（女）	李俊华
李德高	杨友斌	张春喜	张胜利
张惠娣（女）	陆洪兵	陈　力	罗　辉
宗立荣（女）	徐圣银	高　波	董慧君（女）
韩慧娟（女）	楚常宏	雷振梅（女）	翟思成
潘国强	潘新才	霍淑娟（女）	

方村镇代表团（21名）

于凤玲（女）	及意照	王石佩	王亚娟（女）
王建利	田义凤（女）	宁秀华	曲振福
刘顺增	杨燕丽（女）	闵　浩	张　胜
张庆华	张彦国	郝建昌	郝增会
高会永	郭玉奎	程桂花（女）	翟文选
樊新学			

宋营镇代表团（16名）

王雄伟	付栓增	任计兵	闫振峰
祁志刚	许平涛	李文敬	李树华
杨文斌	吴静波	张生堂	张立志
张瑞秀（女）	赵中辉	郭建行	赫志安

高新区东区代表团（13名）

王玉肖（女）	牛建英（女）	任素君（女）	刘秀忠
李志信	张元静（女）	张公社	张建跃
张新宅	林自强	郑来彬	赵军法

贾东城

二、届中变动情况

届内，共有52名代表辞去代表职务：

王日贵、刘建新、刘顺增（2012年3月）；李秀辉（2012年8月）；张连钢（2013年1月）；王亚娟、王向东、王菊芬、班亚东、同利平、孙利民、苏惠欣、张庆华、陆洪兵、赵永梅（2013年4月）；张金海、姜如君、吴卫东、王军、刘明月（2013年8月）；张彦国（2013年12月）；谭世敬（2014年2月）；刘志军、刘建辉、于利江、杨岱宗（2014年4月）；冯吉路、杨世勇（2014年10月）；韩悦斌、刘小云、田义凤（2014年12月）；张杰、于保晨、李军、程华、许振芬、兰森、赵焕宗（2015年2月）；武英奎、张大刚、苏金平（2015年3月）；刘强、聂昕（2015年3月）；边国乐、程薇（2015年6月）；耿保安（2015年12月）；王志强（2016年1月）；赵新会、张春亭、刘建峰、刘青龙、张立志（2016年2月）。

共有13名代表调离裕华区：

臧玉平、施云飞、闫国文、崔卫红、任风岗、冯玫、张月华、陈力、王风海、吴忠俭、左红江、刘建、程桂花。

相关选区依法补选代表64名：

2012年1月，补选第7选区赵军会，第11选区闫福顺，第33选区于保晨，第51选区宋庆绵，第62选区刘青龙为区四届人大代表。

2012年6月，补选第50选区王建华，第87选区边国乐，第96选区聂昕为区四届人大代表。

2013年6月，补选第10选区李文彬，第12选区李汶泽，第17选区陈力铭，第24选区常志卷，第29选区李云红，第33选区杨岱宗，第79选区刘宗奇，85选区赵雪莲，第88选区张英辉，第95选区张鸿阁，第103选区刘小琴为区四届人大代表。

2013年10月，补选第10选区武英奎，第34选区翟银虎，第57选区何兰珍，第68选区李永杰，第66选区任国荣，第76选区张献刚、吴增强，第96选区姚士勇为区四届人大代表。

2013年12月，补选第7选区杨世勇，第15选区周雪峰，第57选区邵连云，第92选区刘权，第133选区张峰、刘玉文为区四届人大代表。

2014年6月，补选第33选区栾新华、第59选区许振芬、第74选区侯献军为区四届人大代表。补选刘文书为区四届人大代表。

2015年3月，补选第10选区周增雨，第11选区付红瑜，第18选区王志强，第21选区蔡普慧，第59选区张朝金，第74选区康吉锁，第92选区谢山林，第105选区吴玉兰，第109选区杨岱宗，第134选区刘凤清、李彦芳为区四届人大代表。补选程薇、张月、徐文为区四届人大代表。

2016年2月，补选第24选区郄云峰，第33选区武永建，第45选区吴志亭、崔秋生，第56选区管云天、高清震，第87选区武志刚，第134选区蔡立伟为区四届人大代表。

第三节　代表工作

一、重点代表工作

2012年10月12日，裕华区人大常委会以“充分利用高校优势，助推经济社会发展”为主题，组织召开驻区高等院校人大代表座谈会，广泛征求代表的意见和建议。

2012年12月，组织开展第四季度区人大代表活动。主要内容有：组织代表结合贯彻党的十八大精神，深入学习领会省市区改善“两个环境”会议精神，开展“着力改善发展环境大讨论”，结合各自工作实际谈体会；组织代表围绕参加活动、联系选民、提出建议等方面进行总结，积极开展代表述职活动，相关情况记入履职档案；结合本街道、镇（乡）实际，组织代表围绕项目建设、商贸发展、楼宇经济、文化教育、食品安全、医疗卫生等方面内容，开展会前视察和调研活动，形成调研报告；开展“我为改善发展环境献一策”活动，做好代表建议的征集工作，组织代表有针对性地开展调查，保证所提建议翔实可靠、切实可行。

2013年2月，区人大常委会组织开展会前代表活动。组织代表采取走访群众、开展社会调查、听取情况报告、实地视察、召开座谈会的形式，广泛听取各方面的意见，对了解到的情况进行讨论分析，提出议案和建议。

2013年5月15日至17日，全国十省（市、区）十二县（市、区）人大工作研讨会在裕华区举行。会议期间，与会人员围绕如何加强常委会自身建设，全面提升人大工作水平进行了交流研讨。

2013年6月，为全面贯彻省委八届五次全会精神，认真贯彻落实市、区领导干部会议要求，将“解放思想、改革开放、创新驱动、科学发展”大讨论活动引向深入，区人大常委会决定在驻区省、市人大代表中开展“我为裕华科学发展献良策”建议征集活动。

2013年6月30日前，组织开展第二季度区人大代表活动。主要内容有：听取街道办事处、镇政府2013年重点工作谋划及进展情况的汇报；向代表通报区人大常委会2013年工作要点和街道人大工作室、镇人大2013年工作计划；组织代表学习省委八届五次全体（扩大）会议和市、区领导干部会议精神，动员代表积极投身到“解放思想、改革开放、创新驱动、科学发展”大讨论活动中来，积极参与“我为裕华科学发展献良策”建议征集活动，广泛征求代表对裕华区发展建设的意见建议；征求代表参加视察的意向，结合辖区经济社会发展特点，有针对性地组织代表开展适当形式的视察活动；向代表通报区四届人大二次会议代表出席和提出建议等情况。

2013年10月，区人大常委会在代表中组织开展以“为经济发展献一言良策、为大气污染防治做一份贡献、为最绿城区建设添一份力量、为民生改善提一条建议、为社区居民办一件实事、向选区的居民做一次述职”为主题的“六个一”活动。

2014 年 7 月，组织开展第三季度区人大代表活动。主要内容有：围绕如何密切人大代表同人民群众的联系，充分发挥代表作用，开拓思路，实践创新，结合当前开展党的群众路线教育实践活动，组织开展“代表进社区”活动。

2014 年 7 月，区人大常委会组织开展“代表之家”创建试点工作。每个街道（镇）申报“代表之家”试点单位，搭建辖区内的各级人大代表沟通交流平台，协同联动，开展代表联系群众、学习培训、座谈调研等丰富多样的活动。

2014 年 11 月 25 日，东苑街道“代表之家”在国际城社区大会议室举行“我最关注的一件事”人大代表征求选民意见座谈会。

2014 年 11 月 27 日，区人大常委会组织部分组成人员和人大代表对裕华区“魅力社区”创建工作进行集体视察。

2015 年 9 月，组织开展第三季度区人大代表活动。主要内容有：创新思路，突出特色，组织开展一次全区“代表之家”专题活动，以“养老服务工作情况”为中心，侧重了解本辖区完善落实养老服务优惠政策情况、养老服务机构建设及运行情况、规范养老服务行业管理情况、养老经费投入情况、养老服务信息化建设情况、养老服务队伍建设情况以及存在的问题、需要改进的工作等；深入选区，组织开展“人大代表接待选民”活动。

2016 年 6 月 30 日前组织开展第二季度区人大代表活动。主要内容有：创新思路，突出特色，根据常委会工作要点，组织开展“代表之家”专题活动，结合建议督办工作，组织代表开展视察、调研、进部门等活动，与区直各承办部门加强联系、沟通，督促办理质量的提高；深入选区，组织开展“人大代表联络选民”活动，代表到所在选区与选民见面，了解群众关心的热点问题，征求选民意见；适时组织代表，有针对性地对“区政府十件惠民实事”进行实地视察，及时与承办单位对接，了解掌握工作进度，在监督的同时，充分发挥代表各自的专业特长和优势，提出好的意见和建议，支持推动“惠民实事”工作更好开展。

2016 年 8 月，石家庄市遭遇强降雨，部分县区发生了严重的洪涝灾害，对人民群众的生产生活造成了重大影响和损失，根据市人大的安排，裕华区的各级人大代表对口帮扶平山县，帮助人民群众抗灾救灾和灾后重建工作。市、区人大代表踊跃自愿捐款，以“人大代表之家”为单位，组织各级人大代表捐助现金或物资，统一汇总后，运送至平山县。

2017 年 2 月 6 日，组织召开代表专题培训会，切实提高区镇人大代表的履职能力和水平。

二、代表议案、建议办理

区第四届人民代表大会第一次会议以来，共收到代表提出政府系统办理的建议 24 件，主要涉及城建环保、教科文卫、住房保障、劳动就业、社区民生、社会治安、科技等。24 件建议均已答复代表。经过走访，代表对建议办理的满意率达到 100%。其中，已解决 16 件占总数的67%，正在解决并取得一定效果的有6件，占总数的25%；依据政策法规作出解释说明的有2件，占总数的8%。

区四届人大二次会议以来，交由区人民政府承办的代表建议共有41件，涉及13个部门。41件建议已全部办理完毕并答复代表，经过走访，代表对建议办理的满意率达到100%。其中，所有建议已落实25件，占总数的61%；正在落实并取得一定效果的有11件，占总数的27%；因财力因素和不属于裕华区权限范围，依据政策法规向代表作出说明解释的有5件，占总数的12%。

区四届人大三次会议以来，共收到代表建议76件，涉及承办单位21家。76件建议已全部办理完毕并答复代表。经过走访，代表对建议办理的满意率达到100%。其中，已解决56件，占总数的74%；正在解决并取得一定效果的有15件，占总数的20%；依据政策法规作出说明解释的有5件，占总数的6%。

区四届人大四次会议以来，区人民政府共收到人大代表建议100件，涉及承办单位29家，100件建议全部办理完毕并答复代表，满意率为100%。其中，已解决或采纳的70件，占总数的70%；正在解决或采纳并取得一定效果的26件，占总数的26%；因超出政府职权范围，依据政策法规向代表作出解释说明的4件，占总数的4%。

区人大四届五次会议以来，转交区人民政府办理的建议共计99件。截至2016年底，已经解决的建议84件，占85%；正在解决的11件，占11%；暂时无法落实已经纳入规划的4件。从代表对办理工作的反馈意见看，满意率为100%。

第二章　人民代表大会

区四届人民代表大会任期自2012年2月至2017年2月，任期内召开会议5次。

第一节　会议概况

第一次会议　2012年2月14日至17日召开，出席代表219人（应到236人）。会议听取和审议了区长王丽君作的《政府工作报告》、区发展改革局局长张贵秋作的《关于裕华区2011年国民经济与社会发展计划执行情况和2012年国民经济与社会发展计划（草案）的报告》、区财政局局长任宝堂作的《关于裕华区2011年区本级预算及区总预算执行情况和2012年区本级预算及区总预算（草案）的报告》、区人大常委会副主任耿保安作的《裕华区人大常委会工作报告》、区人民法院院长袁伟作的《裕华区人民法院工作报告》、区人民检察院检察长臧玉平作的《裕华区人民检察院工作报告》，并作出了相应决议。会议选举产生了区四届人大常委会组成人员，韩志芳为主任，耿保安、宗立荣、于俊国、李占省为副主任，21人为委员。选举王丽君为区人民政府区长，闫国文、刘宗奇、狄增建、徐圣银、王金柱、王世利、闫卫民为副区长。选举袁伟为区人民法院院长，宋庆绵为区人民检察院检察长。

第二次会议　2013年3月31日至4月2日召开，出席代表231人（应到234人）。会议听取和审议了代区长常志卷作的《政府工作报告》、区发展改革局局长柴伟民作的《关于裕华区2012年国民经济与社会发展计划执行情况和2013年国民经济与社会发展计划（草案）的报告》、区财政局局长任宝堂作的《关于裕华区2012年区本级预算及区总预算执行情况和2013年区本级预算及区总预算（草案）的报告》、区人大常委会副主任耿保安作的《裕华区人大常委会工作报告》、区人民法院院长袁伟作的《裕华区人民法院工作报告》、区人民检察院检察长宋庆绵作的《裕华区人民检察院工作报告》，并作出了相应决议。会议选举常志卷为区人民政府区长，选举区人大常委会委员4名。会议选举产生裕华区出席石家庄市第十三届人民代表大会代表43名。

第三次会议　2014年1月22日至23日召开，出席代表223人（应到240人）。会议听取和审议了区长常志卷作的《政府工作报告》、区发展改革局局长柴伟民作的《关于裕华区2013年国民经济与社会发展计划执行情况和2014年国民经济与社会发展计划（草案）的报告》、区财政局局长任宝堂作的《关于裕华区2013年区本级预算及区总预算执行情况和

2014 年区本级预算及区总预算（草案）的报告》、区人大常委会主任韩志芳作的《区人大常委会工作报告》、区人民法院院长袁伟作的《区人民法院工作报告》、区人民检察院检察长宋庆绵作的《区人民检察院工作报告》，并作出了相应决议。

第四次会议　2015 年 3 月 16 日至 18 日召开，出席代表 206 人（应到 230 人）。会议听取和审议了区长常志卷作的《政府工作报告》、区发展改革局局长柴伟民作的《关于裕华区 2014 年国民经济与社会发展计划执行情况和 2015 年国民经济与社会发展计划（草案）的报告》、区财政局局长任宝堂作的《关于裕华区 2014 年区本级预算及区总预算执行情况和 2015 年区本级预算及区总预算（草案）的报告》、区人大常委会副主任耿保安作的《裕华区人大常委会工作报告》、区人民法院院长袁伟作的《裕华区人民法院工作报告》、区人民检察院检察长宋庆绵作的《裕华区人民检察院工作报告》，并作出了相应决议。会议选举区人大常委会委员 5 名。

第五次会议　2016 年 2 月 29 日至 3 月 2 日召开，出席代表 208 人（应到 230 人）。会议听取和审议了区长常志卷作的《政府工作报告》、区发展改革局局长郝永志作的《关于裕华区国民经济和社会发展第十三个五年规划纲要（草案）的报告》和《关于裕华区 2015 年国民经济与社会发展计划执行情况和 2016 年国民经济与社会发展计划（草案）的报告》、区财政局局长赵军会作的《关于裕华区 2015 年区财政预算执行情况和 2016 年区财政预算（草案）的报告》、区人大常委会副主任于俊国作的《裕华区人大常委会工作报告》、区人民法院院长袁伟作的《裕华区人民法院工作报告》、区人民检察院检察长宋庆绵作的《裕华区人民检察院工作报告》，并作出了相应决议。

第二节　会议组织

一、区四届人大一次会议

（一）大会临时党委

书　记：张连钢

副书记：王丽君（女）　王石佩　韩志芳（女）

委　员：

左红江	张金海	耿保安	韩悦斌
于俊国	李占省		

（二）大会主席团和秘书长

主席团：

于凤玲（女）	于利江	于保晨	于俊国
王石佩	王丽君（女）	左红江	刘志军
刘建辉	刘建新	闫国文	纪英超

李占省	杨文斌	杨燕丽（女）	肖玉良
吴卫东	张连钢	张　杰	张金海
郑来彬	宗立荣（女）	赵玉秋	赵军会
耿保安	徐圣银	郭玉奎	韩志芳（女）
韩悦斌	程　华（女）	焦红光	雷振梅（女）

秘书长：耿保安（兼）

（三）大会常务主席

张连钢	王丽君（女）	王石佩	韩志芳（女）
耿保安	宗立荣（女）	于俊国	李占省

（四）大会财政预算审查委员会

主 任 委 员：李占省

副主任委员：刘　强

委　　　员：刘小云（女）　马士忠　谭世敬

（五）大会国民经济和社会发展计划审查委员会

主 任 委 员：耿保安

副主任委员：姜如君

委　　　员：苏金平（女）　李淑杰（女）　周真平

（六）大会议案审查委员会

主 任 委 员：于俊国

副主任委员：许振英（女）

委　　　员：杜满舵　张晓黎（女）　王日贵

二、区四届人大二次会议

（一）大会临时党委

书　记：王丽君（女）

副书记：王石佩　韩志芳（女）

委　员：

纪英超	耿保安	于俊国	李占省

（二）大会主席团和秘书长

于凤玲（女）	于利江	于保晨	于俊国
王石佩	王丽君（女）	边国乐	刘志军
刘建辉	纪英超	李占省	杨文斌
杨燕丽（女）	肖玉良	吴卫东	张　杰
郑来彬	宗立荣（女）	赵玉秋	赵军会
耿保安	郭玉奎	韩志芳（女）	程　华（女）

焦红光　　　　雷振梅（女）

秘书长：耿保安（兼）

（三）大会常务主席

王丽君（女）	王石佩	韩志芳（女）	耿保安
宗立荣（女）	于俊国	李占省	

（四）大会财政预算审查委员会

主 任 委 员：李占省

副主任委员：刘　强

委　　　员：刘小云（女）　马士忠　谭世敬

（五）大会国民经济和社会发展计划审查委员会

主 任 委 员：于俊国

副主任委员：梁　英

委　　　员：苏金平（女）　李淑杰（女）　周真平

（六）大会议案审查委员会

主 任 委 员：宗立荣（女）

副主任委员：许振英（女）

委　　　员：杜满舵　张晓黎（女）　王　军

三、区四届人大三次会议

（一）大会临时党委

书　记：王丽君（女）

副书记：常志卷　王石佩　韩志芳（女）

委　员：

纪英超	耿保安	于俊国	李占省

（二）大会主席团和秘书长

于凤玲（女）	于保晨	于俊国	王石佩
王丽君（女）	边国乐	刘志军	刘宗奇
刘建辉	纪英超	李占省	李永杰
杨文斌	杨岱宗	杨燕丽（女）	肖玉良
张　杰	张献刚	郑来彬	宗立荣（女）
赵玉秋	赵军会	赵焕宗	耿保安
郭玉奎	韩志芳（女）	程　华（女）	焦红光
雷振梅（女）			

秘书长：耿保安（兼）

（三）大会常务主席

王丽君（女）	王石佩	韩志芳（女）	耿保安
宗立荣（女）	于俊国	李占省	

（四）大会财政预算审查委员会

主 任 委 员：李占省

副主任委员：刘　强

委　　　员：刘小云（女）　马士忠　谭世敬

（五）大会国民经济和社会发展计划审查委员会

主 任 委 员：于俊国

副主任委员：梁　英

委　　　员：苏金平（女）　李淑杰（女）　周真平

（六）大会议案审查委员会

主 任 委 员：宗立荣（女）

副主任委员：许振英（女）

委　　　员：杜满舵　张晓黎（女）　翟银虎

四、区四届人大四次会议

（一）大会临时党委

书　记：王丽君（女）

副书记：

常志卷	王石佩	刘凤清	韩志芳（女）

委　员：

纪英超	耿保安	于俊国	李占省

（二）大会主席团和秘书长

于凤玲（女）	于俊国	王石佩	王志强
王丽君（女）	王建华	付红瑜（女）	边国乐
刘凤清	刘文书	刘宗奇	纪英超
李占省	李永杰	杨文斌	杨燕丽（女）
肖玉良	张　月（女）	张献刚	宗立荣（女）
赵玉秋	赵军会	赵军法	耿保安
栾新华	郭玉奎	韩志芳（女）	焦红光
雷振梅（女）			

秘书长：耿保安（兼）

（三）大会常务主席

王丽君（女）	王石佩	刘凤清	韩志芳（女）

耿保安	宗立荣（女）	于俊国	李占省

（四）大会财政预算审查委员会

主 任 委 员：李占省

副主任委员：杨燕丽（女）

委　　　员：付红瑜（女）　李玉卉　马士忠

（五）大会国民经济和社会发展计划审查委员会

主 任 委 员：于俊国

副主任委员：梁　英

委　　　员：王　建　李淑杰（女）　周真平

（六）大会议案审查委员会

主 任 委 员：宗立荣（女）

副主任委员：许振英（女）

委　　　员：杜满舵　张晓黎（女）　吴增强

五、区四届人大五次会议

（一）大会临时党委

书　记：王丽君（女）

副书记：

常志卷	王石佩	刘凤清	韩志芳（女）

委　员：纪英超　于俊国　李占省

（二）大会主席团和秘书长

于凤玲（女）	于俊国	王石佩	王丽君（女）
付红瑜（女）	刘凤清	刘文书	刘宗奇
纪英超	李占省	李永杰	杨文斌
杨燕丽（女）	肖玉良	张献刚	武永建
武志刚	郑来彬	宗立荣（女）	赵玉秋
栾新华	高清震	郭玉奎	崔秋生
韩志芳（女）	焦红光	雷振梅（女）	蔡立伟

秘书长：于俊国（兼）

（三）大会常务主席

王丽君（女）	王石佩	刘凤清	韩志芳（女）
于俊国	宗立荣（女）	李占省	

（四）大会财政预算审查委员会

主 任 委 员：李占省

副主任委员：杨燕丽（女）

委　　员：付红瑜（女）　李玉卉　张旭彪

（五）大会国民经济和社会发展计划审查委员会

主任委员：于俊国

副主任委员：梁　英

委　　员：王　建　李淑杰（女）　周真平

（六）大会议案审查委员会

主任委员：宗立荣（女）

副主任委员：许振英（女）

委　　员：杜满舵　张晓黎（女）　吴增强

第三节　会议选举

区四届人大历次会议，共选举产生区级国家机关工作人员 45 人。

区人大常委会

主　任：韩志芳（女）

副主任：	耿保安	宗立荣（女）	于俊国	李占省
委　员：	姜如君	刘　强	许振英（女）	许迎军（女）
	张　杰	李　军	杨燕丽（女）	程　华（女）
	邢金常	贾东城	张庆华	苏振芳
	杨友斌	李秀辉	石朋霄	梁桂君（女）
	罗风旗	张春喜	魏彦忠	高　波
	翟文选			

区人民政府

区　长：王丽君（女）

副区长：	闫国文	徐圣银	王世利	闫卫民
	王金柱	刘宗奇		

区人民法院

院　长：袁　伟

区人民检察院

检察长：宋庆绵（女）

届中调整情况：

闫国文、张建军，2013 年 2 月 5 日，在区四届人大常委会第九次会议上辞去区人民政府副区长职务。

王丽君，2013 年 3 月 30 日，在区四届人大常委会第十次会议上辞去区人民政府区长职务。

姜如君、张庆华，2013 年 3 月 30 日，在区四届人大常委会第十次会议上辞去区人大常委会委员职务。

刘宗奇，2013 年 4 月 18 日，在区四届人大常委会第十一次会议上辞去区人民政府副区长职务。

吴拥军，2014 年 4 月 29 日，在区四届人大常委会第十七次会议上辞去区人民政府副区长职务。

左红江，2015 年 10 月 30 日，在区四届人大常委会第三十五次会议上辞去区人民政府副区长职务。

耿保安，2015 年 12 月 23 日，在区四届人大常委会第三十六次会议上辞去区人大常委会副主任职务。

常志卷，2016 年 12 月 30 日，在区四届人大常委会第四十四次会议上辞去区人民政府区长职务。

宋庆绵，2017 年 1 月 25 日，在区四届人大常委会第四十六次会议上辞去区人民检察院检察长职务。

徐圣银、王金柱、狄增建，2017 年 1 月 25 日，在区四届人大常委会第四十六次会议上辞去区人民政府副区长职务。

张建军，2012 年 4 月 26 日，在区四届人大常委会第三次会议上决定任命其为区人民政府副区长。

左红江，2013 年 2 月 5 日，在区四届人大常委会第九次会议上决定任命其为区人民政府副区长。

常志卷，2013 年 3 月 30 日，在区四届人大常委会第十次会议上决定任命其为区人民政府副区长。

吴拥军，2013 年 4 月 18 日，在区四届人大常委会第十一次会议上决定任命其为区人民政府副区长。

狄增建，2014 年 2 月 28 日，在区四届人大常委会第十六次会议上决定任命其为区人民政府副区长。

管云天，2015 年 12 月 23 日，在区四届人大常委会第三十六次会议上决定任命其为区人民政府副区长。

管云天，2016 年 12 月 30 日，在区四届人大常委会第四十四次会议上决定任命其为区人民政府代理区长。

刘禹、郝建军、刘铁、王玮，2017 年 1 月 25 日，在区四届人大常委会第四十六次会议上决定任命其为区人民政府副区长。

常志卷，2013 年 4 月，在区四届人民代表大会第二次会议上当选为区人民政府区长。

兰森、聂昕、梁英、蒋彦辉，2013 年 4 月，在区四届人民代表大会第二次会议上补选其为区四届人民代表大会常务委员会委员。

付红瑜、李彦芳、吴玉兰、侯献军、徐文，2015 年 3 月，在区四届人民代表大会第四次会议上补选其为区四届人民代表大会常务委员会委员。

第三章　人民代表大会常务委员会

区四届人大一次会议选举产生区人大常委会组成人员 26 人。

第一节　常委会会议概况

区四届人大常委会共召开会议 49 次。

第一次会议　2012 年 2 月 24 日召开。区人大常委会主任韩志芳，副主任耿保安、宗立荣、于俊国、李占省和 11 名委员出席会议。审议通过区人大常委会《关于许可对区人大代表冯某某采取强制措施、暂停执行代表职务的决定》。

第二次会议　2012 年 3 月 1 日召开。区人大常委会主任韩志芳，副主任耿保安、宗立荣、于俊国、李占省和 16 名委员出席会议。区人民政府区长王丽君、区人民法院院长袁伟、区人民检察院检察长宋庆绵列席会议。审议通过《关于聘请 2012 年度工委委员的决定》《石家庄市裕华区第四届人民代表大会常务委员会代表资格审查委员会名单》《关于接受刘建新同志辞去区人大代表职务请求的决定》《关于接受刘增顺同志辞去区人大代表职务请求的决定》《关于接受王日贵同志辞去区人大代表职务请求的决定》。学习区人大常委会议事规则和组成人员守则。讨论提出石家庄市裕华区人民代表大会常务委员会 2012 年工作安排。会议通过人事任免事项（名单见本章《选举任免》）。

注：裕华区第四届人大常委会代表资格审查委员会组成人员

主 任 委 员：耿保安（2012 年 3 月—2015 年 12 月）

于俊国（2016 年 4 月—2017 年 2 月）

副主任委员：许迎军（女，2012 年 3 月—2017 年 2 月）

委　　　员：李　军（2012 年 3 月—2015 年 2 月）

张庆华（2012 年 3 月—2013 年 3 月）

杨友斌（2012 年 3 月—2017 年 2 月）

吴玉兰（女，2016 年 4 月—2017 年 2 月）

魏彦忠（2013 年 10 月—2017 年 2 月）

第三次会议　2012 年 4 月 26 日召开。区人大常委会主任韩志芳，副主任耿保安、宗立荣、于俊国、李占省和 18 名委员出席会议。区人民政府副区长闫国文、区人民法院副院长王惠、区人民检察院检察长宋庆绵列席会议。会议听取和审议区发改局副局长李伟作的《关于2012年重点项目建设情况的报告》、区民政局局长程黎燕作的《关于村级组织换届选举工作情况的报告》，审议区人大常委会视察组《关于政府文化市场管理工作情况的视察报告》。会议通过人事任免事项（名单见本章《选举任免》）。

第四次会议 2012年6月26日召开。区人大常委会主任韩志芳，副主任耿保安、宗立荣、于俊国、李占省和15名委员出席会议。区人民政府副区长闫国文、区人民法院院长袁伟、区人民检察院检察长宋庆绵列席会议。会议听取和审议区商务局党组书记张平均作的《关于商贸服务业发展情况的报告》、区政府办公室副主任、食安办负责人房慧超作的《关于贯彻实施〈食品安全法〉工作情况的报告》。审议通过《石家庄市裕华区第四届人大常委会代表资格审查委员会关于补选代表资格的审查报告》《裕华区人大常委会视察调研组关于区法治宣传教育第六个五年规划实施情况的视察调研报告》。会议通过人事任免事项（名单见本章《选举任免》）。

第五次会议 2012年8月10日召开。区人大常委会主任韩志芳，副主任耿保安、宗立荣、于俊国、李占省和15名委员出席会议。区人民政府副区长闫国文、区人民法院副院长王惠、区人民检察院副检察长张爱国列席会议。会议听取和审议区发改局局长柴伟民作的《裕华区人民政府关于2012年上半年国民经济和社会发展计划执行情况的报告》、区财政局局长任宝堂作的《裕华区人民政府关于2012年上半年财政预算执行情况的报告》、区人大常委会财经工委《关于裕华区2012年上半年计划、预算执行情况报告的初审意见》、区人民法院副院长王惠作的《关于刑事审判工作情况的报告》。审议通过《关于接受李秀辉同志辞去区人大代表职务请求的决定》，书面审议了区人大常委会视察组《关于区饮用水卫生安全管理情况的视察报告》。会议通过人事任免事项（名单见本章《选举任免》）。

第六次会议 2012年10月25日召开。区人大常委会主任韩志芳，副主任耿保安、宗立荣、李占省和12名委员出席会议。区人民政府副区长闫国文、区人民法院院长袁伟、区人民检察院检察长宋庆绵列席会议。会议听取和审议区财政局局长任宝堂作的《关于2011年区本级决算及区总决算的报告》、区审计局局长李兰萍作的《石家庄市裕华区人民政府关于2011年区本级预算执行和其他财政收支情况的审计工作报告》、区人民检察院检察长宋庆绵作的《裕华区人民检察院关于法律监督工作情况的报告》。书面审议了区人大常委会视察组《关于裕华区推进义务教育均衡发展情况的视察报告》《关于区人民检察院法律监督工作情况的视察报告》。

第七次会议 2012年12月28日召开。区人大常委会主任韩志芳，副主任耿保安、宗立荣、于俊国、李占省和17名委员出席会议。区人民政府副区长刘宗奇、区人民法院副院长杨建科、区人民检察院副检察长徐立伟列席会议。会议听取和审议区政府办公室主任吴拥军作的《石家庄市裕华区人民政府关于区四届人大一次会议代表建议办理情况的报告》、区住房保障局局长何增中作的《石家庄市裕华区人民政府关于保障性住房建设情况的报告》。书面审议了区人大常委会调研组《关于裕华公安分局综合警务站工作情况的调研报告》。区人大常委会决定任命的区人民政府各局（办）局长（主任）向常委会进行了书面述职。

第八次会议　2013年1月7日召开。区人大常委会主任韩志芳，副主任耿保安、宗立荣、于俊国、李占省和14名委员出席会议。区人民政府副区长闫国文列席会议。会议听取和审议区财政局局长任宝堂作的《关于调整2012年区本级预算及全区总预算方案的报告》。审议通过《关于接受张连钢同志辞去裕华区人大代表职务请求的决定》。

第九次会议　2013年2月5日召开。区人大常委会主任韩志芳，副主任耿保安、宗立荣、于俊国、李占省和17名委员出席会议。区人民政府区长王丽君、区人民法院院长袁伟、区人民检察院检察长宋庆绵列席会议。会议审议通过《石家庄市裕华区人大常委会关于召开区四届人大二次会议事宜临时授权的决定》《关于接受闫国文同志辞去区人民政府副区长职务请求的决定》《关于接受张建军同志辞去区人民政府副区长职务请求的决定》《区人大常委会工作报告（讨论稿）》。会议通过人事任免事项（名单见本章《选举任免》）。

第十次会议　2013年3月30日召开。区人大常委会主任韩志芳，副主任耿保安、宗立荣、于俊国、李占省和18名委员出席会议。区人民政府区长王丽君、区人民法院院长袁伟、区人民检察院检察长宋庆绵列席会议。审议通过《关于接受王丽君同志辞去区人民政府区长职务请求的决定》《关于接受姜如君同志辞去区人大常委会委员职务请求的决定》《关于接受张庆华同志辞去区人大常委会委员职务请求的决定》。会议通过人事任免事项（名单见本章《选举任免》）。

第十一次会议　2013年4月18日召开。区人大常委会主任韩志芳，副主任耿保安、宗立荣、于俊国、李占省和14名委员出席会议。区人民政府副区长左红江、徐圣银、区人民法院院长袁伟、区人民检察院检察长宋庆绵列席会议。会议听取和审议区发改局局长柴伟民作的《关于2013年重点项目建设情况的报告》。审议通过《石家庄市裕华区人大常委会2013年工作要点》《石家庄市裕华区人大常委会关于聘请2013年度工委委员的决定》《关于接受班亚东同志辞去区人大代表职务请求的决定》《关于接受同利平同志辞去区人大代表职务请求的决定》《关于接受王菊芬同志辞去区人大代表职务请求的决定》《关于接受孙利民同志辞去区人大代表职务请求的决定》《关于接受王向东同志辞去区人大代表职务请求的决定》《关于接受赵永梅同志辞去区人大代表职务请求的决定》《关于接受陆洪兵同志辞去区人大代表职务请求的决定》《关于接受苏惠欣同志辞去区人大代表职务请求的决定》《关于接受张庆华同志辞去区人大代表职务请求的决定》《关于接受王亚娟同志辞去区人大代表职务请求的决定》《关于接受刘宗奇同志辞去区人民政府副区长职务请求的决定》。会议通过人事任免事项（名单见本章《选举任免》）。

第十二次会议　2013年6月26日召开。区人大常委会主任韩志芳，副主任耿保安、宗立荣、于俊国、李占省和16名委员出席会议。区人民政府副区长左红江、区人民法院院长袁伟、区人民检察院副检察长傅文魁列席会议。会议听取和审议区安监局局长王建英作的《关于安全生产监管工作情况的报告》、区教育局局长刘建新作的《关于学前教育三年行动计划实施情况的报告》、区人大常委会执法检查组《关于对我区贯彻落实〈环境保护法〉情况的执法检查报告》、区人大常委会视察组《关于人防工程建设情况的视察报告》。审议通过《区人大常委会代表资格审查委员会关于补选代表资格的审查报告》。会议通过人事任免事项（名单见本章《选举任免》）。

第十三次会议 2013年8月9日召开。区人大常委会主任韩志芳，副主任耿保安、宗立荣、于俊国、李占省和20名委员出席会议。区人民政府副区长闫卫民、区人民法院副院长安建军、区人民检察院检察长宋庆绵列席会议。会议听取和审议区发改局局长柴伟民作的《关于2013年上半年国民经济和社会发展计划执行情况的报告》、区财政局局长任宝堂作的《关于2013年上半年财政预算执行情况的报告》、区疾控中心主任杨兴斌作的《关于我区疾病预防控制工作的报告》、区人大常委会执法检查组《关于〈税收征管法〉执行情况的检查报告》、区园林局局长郝梅英作的《关于园林绿化工作情况的报告》。审议通过《区人民政府关于设立裕翔、建华南街道办事处的备案报告》《关于接受张金海同志辞去区人大代表职务请求的决定》《关于接受刘明月同志辞去区人大代表职务请求的决定》《关于接受王军同志辞去区人大代表职务请求的决定》《关于接受吴卫东同志辞去区人大代表职务请求的决定》《关于接受姜如君同志辞去区人大代表职务请求的决定》。会议通过人事任免事项（名单见本章《选举任免》）。

第十四次会议 2013年10月29日召开。区人大常委会主任韩志芳，副主任耿保安、于俊国、李占省和17名委员出席会议。区人民政府副区长左红江、区人民法院院长袁伟、区人民检察院副检察长徐立伟列席会议。会议听取和审议区财政局局长任宝堂作的《关于2012年区本级决算及区总决算的报告》、区审计局局长李兰萍作的《关于2012年度区本级财政预算执行和其他财政收支情况的审计工作报告》、区食安办主任房慧超作的《关于全区食品安全工作的报告》、区规划分局局长康义平作的《关于贯彻执行〈中华人民共和国城乡规划法〉情况的报告》、区人民法院院长袁伟作的《关于提请重新确定人民陪审员名额的报告》。审议通过《区人大常委会代表资格审查委员会关于补选代表资格的审查报告》、区人大常委会《关于增补代表资格审查委员会委员的决定》《关于重新确定裕华区人民陪审员名额的决定》、区人大常委会视察组《关于我区项目建设进展情况的视察报告》。会议通过人事任免事项（名单见本章《选举任免》）。

第十五次会议 2013年12月27日召开。区人大常委会主任韩志芳，副主任耿保安、宗立荣、于俊国、李占省和21名委员出席会议。区人民政府副区长左红江、区人民检察院检察长宋庆绵列席会议。会议听取和审议区民政局局长程黎燕作的《关于全区养老服务体系建设情况报告》、区公安分局局长刘建作的《关于贯彻执行〈人民警察法〉情况的报告》、区政府办公室主任牛兰柱作的《关于办理区四届人大二次会议代表建议情况的报告》。审议区人民政府《关于财政重点专项资金使用情况的报告》《关于区工商局市场监管工作的视察报告》、区人大常委会执法检查组《关于检查〈中华人民共和国人民警察法〉贯彻执行情况的报告》、区人大常委会选任工委《关于对区人民政府办理代表建议、批评和意见工作视察情况的报告》、区人大常委会《区人大常委会各项工作制度》《区人大常委会工作报告》。审议通过《区人大常委会代表资格审查委员会关于补选代表资格的审查报告》《关于召开区四届人大三次会议事宜临时授权的决定》《关于调整2013年区本级预算及全区总预算临时授权的决定》《关于接受张彦国同志辞去区人大代表职务请求的决定》。

第十六次会议　2014年2月28日召开。区人大常委会主任韩志芳，副主任耿保安、宗立荣、于俊国、李占省和15名委员出席会议。区人民政府副区长左红江、徐圣银、区人民法院副院长王惠、区人民检察院检察长宋庆绵列席会议。会议听取和审议区发改局局长柴伟民作的《关于重点项目建设工作情况的报告》。审议通过《区人大常委会2014年工作要点》《区人大常委会关于聘请2014年度工委委员的决定》《关于接受谭世敬同志辞去区人大代表职务请求的决定》。会议通过人事任免事项（名单见本章《选举任免》）。

第十七次会议　2014年4月29日召开。区人大常委会主任韩志芳，副主任耿保安、宗立荣、于俊国、李占省和15名委员出席会议。区人民政府副区长左红江、区人民法院院长袁伟、区人民检察院检察长宋庆绵列席会议。会议听取和审议区教育局局长刘建新作的《关于全区义务教育均衡发展情况的报告》、区监察局局长何增中作的《关于全区机关效能建设情况的报告》。审议通过《关于接受刘志军同志辞去区人大代表职务请求的决定》《关于接受刘建辉同志辞去区人大代表职务请求的决定》《关于接受于立江同志辞去区人大代表职务请求的决定》《关于接受杨岱宗同志辞去区人大代表职务请求的决定》《关于接受吴拥军同志辞去区人民政府副区长职务的决定》。会议通过人事任免事项（名单见本章《选举任免》）。

第十八次会议　2014年5月22日召开。区人大常委会主任韩志芳，副主任耿保安、宗立荣、于俊国、李占省和13名委员出席会议。区人民政府副区长左红江、区人民法院院长袁伟、区人民检察院检察长宋庆绵列席会议。会议审议通过《关于许可对区人大代表赵某某采取强制措施、暂停执行代表职务的决定》。

第十九次会议　2014年6月26日召开。区人大常委会主任韩志芳，副主任耿保安、宗立荣、于俊国、李占省和16名委员出席会议。区人民政府副区长左红江、区人民法院院长袁伟、区人民检察院检察长宋庆绵列席会议。会议听取和审议区发改局局长柴伟民作的《关于2014年上半年国民经济和社会发展计划执行情况的报告》、区财政局局长任宝堂作的《关于2014年上半年财政预算执行情况的报告》、区城管局局长李军辉作的《关于城市建设管理工作情况的报告》。审议通过《区人大常委会代表资格审查委员会关于补选代表资格的审查报告》、区人民政府《关于全区义务教育均衡发展审议意见研究处理情况的报告》。会议通过人事任免事项（名单见本章《选举任免》）。

第二十次会议　2014年7月8日召开。区人大常委会主任韩志芳，副主任耿保安、宗立荣、于俊国、李占省和部分委员出席会议。会议审议通过区人大常委会《关于许可对区人大代表杨某某采取强制措施、暂停执行代表职务的决定》。

第二十一次会议　2014年8月29日召开。区人大常委会主任韩志芳，副主任耿保安、宗立荣、于俊国、李占省和19名委员出席会议。会议听取和审议区财政局局长任宝堂作的《关于2013年区本级决算及区总决算的报告》、区审计局局长李兰萍作的《关于2013年区本级财政预算执行和其他财政收支情况的审计工作报告》、区科技局局长边庆敏作的《关于全区科技创新工作情况的报告》、区国土分局局长彭冬作的《关于实施〈土地管理法〉情况的报告》，书面审议了区人民政府《关于机关效能建设审议意见研究处理情况的报告》《关于国民经济和社会发展计划执行审议意见研究处理情况的报告》《关于财政预算执行审议意见研究处理情况的报告》《关于城市建设管理工作审议意见研究处理情况的报告》。

第二十二次会议 2014年10月8日召开。区人大常委会主任韩志芳，副主任耿保安、宗立荣、于俊国、李占省和部分委员出席会议。会议审议通过《石家庄市裕华区人大常委会关于许可对区人大代表张某某采取强制措施、暂停执行代表职务的决定》。

第二十三次会议 2014年10月30日召开。区人大常委会主任韩志芳，副主任耿保安、宗立荣、于俊国、李占省和15名委员出席会议。区人民政府副区长闫卫民、区人民法院院长袁伟、区人民检察院副检察长付文魁列席会议。会议听取和审议区卫生局局长刘小云作的《关于基层医疗服务能力建设情况的报告》、区农办主任于利江作的《关于农村面貌改造提升行动工作情况的报告》。审议通过区人民政府《关于2013年区本级财政预算执行和其他财政收支情况的审计工作报告审议意见研究处理情况的报告》《关于实施〈土地管理法〉审议意见研究处理情况的报告》《关于全区科技创新工作审议意见研究处理情况的报告》《关于许可对区人大代表刘某某采取强制措施的决定》《关于接受冯吉路同志辞去区人大代表职务请求的决定》《关于接受杨世勇同志辞去区人大代表职务请求的决定》。

第二十四次会议 2014年12月29日召开。区人大常委会主任韩志芳，副主任耿保安、宗立荣、于俊国、李占省和16名委员出席会议。区人民政府副区长左红江、区人民法院院长袁伟、区人民检察院检察长宋庆绵列席会议。会议听取和审议区人民法院院长袁伟作的《关于执行工作情况的报告》、区政府办公室主任牛兰柱作的《关于办理区四届人大三次会议代表建议情况的报告》、区财政局局长任宝堂作的《关于2014年区级预算调整方案的报告》、审议通过《区人民政府关于落实残疾人事业“十二五”发展规划情况的报告》《区人民政府关于重点项目建设情况的报告》《区人民政府关于设立环保局、整合园林绿化机构的备案报告》、区人民政府《关于基层医疗服务能力建设情况审议意见研究处理情况的报告》《关于农村面貌改造提升行动审议意见研究处理情况的报告》《区人大常委会视察组关于孵化基地建设情况的视察报告》《关于接受韩悦斌同志辞去区人大代表职务请求的决定》《关于接受刘小云同志辞去区人大代表职务请求的决定》《关于接受田义凤同志辞去区人大代表职务请求的决定》。会议通过人事任免事项（名单见本章《选举任免》）。

第二十五次会议 2015年1月19日召开。区人大常委会主任韩志芳，副主任耿保安、宗立荣、于俊国、李占省和11名委员出席会议。会议审议通过《关于许可对区人大代表赵某某采取强制措施、暂停代表职务的决定》。

第二十六次会议 2015年2月6日召开。区人大常委会主任韩志芳，副主任耿保安、宗立荣、于俊国、李占省和13名委员出席会议。区人民政府副区长左红江、区人民法院院长袁伟、区人民检察院检察长宋庆绵列席会议。会议听取《区人民政府关于成立食品药品监督管理局的备案报告》。审议通过《关于接受程华同志辞去区人大代表职务请求的决定》《关于接受兰森同志辞去区人大代表职务请求的决定》《关于接受于保晨同志辞去区人大代表职务请求的决定》《关于接受张杰同志辞去区人大代表职务请求的决定》《关于接受赵焕宗同志辞去区人大代表职务请求的决定》《关于接受许振芬同志辞去区人大代表职务请求的决定》《关于接受李军同志辞去区人大代表职务请求的决定》《区人大常委会工作报告（稿）》。会议通过人事任免事项（名单见本章《选举任免》）。

第二十七次会议　2015 年 3 月 4 日召开。区人大常委会主任韩志芳，副主任耿保安、宗立荣、于俊国、李占省和 8 名委员出席会议。审议通过《关于许可对区人大代表刘某某采取强制措施、暂停执行代表职务的决定》《关于接受武英奎同志辞去区人大代表职务请求的决定》《关于接受张大刚同志辞去区人大代表职务请求的决定》《关于接受苏金平同志辞去区人大代表职务请求的决定》《裕华区人大常委会代表资格审查委员会关于补选代表资格的审查报告》。

第二十八次会议　2015 年 3 月 10 日召开。区人大常委会主任韩志芳，副主任耿保安、宗立荣、于俊国、李占省和 15 名委员出席会议。区人民政府副区长左红江、区人民法院院长袁伟、区人民检察院副检察长徐立伟列席会议。会议审议通过《裕华区人大常委会关于召开区第四届人民代表大会第四次会议的决定》《裕华区第四届人民代表大会第四次会议议程》《裕华区第四届人民代表大会第四次会议主席团和秘书长名单》《裕华区第四届人民代表大会第四次会议国民经济和社会发展计划审查委员会名单》《裕华区第四届人民代表大会第四次会议财政预算审查委员会名单》《裕华区第四届人民代表大会第四次会议议案审查委员会名单》《裕华区第四届人民代表大会第四次会议列席人员名单》《关于接受刘强同志辞去区人大代表职务请求的决定》《关于接受聂昕同志辞去区人大代表职务请求的决定》《裕华区人大常委会代表资格审查委员会关于代表变动情况的报告》。会议通过人事任免事项（名单见本章《选举任免》）。

第二十九次会议　2015 年 4 月 15 日召开。区人大常委会主任韩志芳，副主任耿保安、宗立荣、于俊国、李占省和 15 名委员出席会议。区人民政府副区长左红江、区人民法院副院长王惠、区人民检察院副检察长徐立伟列席会议。会议审议通过《区人大常委会 2015 年工作要点》《区人大常委会关于聘请 2015 年度工委委员的决定》。听取区发改局局长柴伟民作的区人民政府《关于 2015 年重点项目安排情况的报告》。

第三十次会议　2015 年 6 月 26 日召开。区人大常委会主任韩志芳，副主任耿保安、宗立荣、于俊国、李占省和 10 名委员出席会议。会议审议通过《关于许可对区人大代表王某某采取强制措施、暂停执行代表职务的决定》。

第三十一次会议　2015 年 6 月 30 日召开。区人大常委会主任韩志芳，副主任耿保安、宗立荣、于俊国和 17 名委员出席会议。区人民政府副区长左红江、区人民法院院长袁伟、区人民检察院检察长宋庆绵列席会议。会议听取和审议区商务局局长郝永志作的《关于我区楼宇经济发展情况的报告》、区民政局局长许振芬作的《关于村（居）民委员会换届工作情况的报告》、区人民检察院检察长宋庆绵作的《关于“两法衔接”工作情况的报告》。审议通过《关于接受程薇同志辞去区人大代表职务请求的决定》《关于接受边国乐同志辞去区人大代表职务请求的决定》《关于村（居）民委员会换届工作情况的视察报告》。会议通过人事任免事项（名单见本章《选举任免》）。

第三十二次会议 2015年8月18日召开。区人大常委会主任韩志芳，副主任耿保安、宗立荣、于俊国、李占省和15名委员出席会议。区人民政府副区长左红江、区人民法院院长袁伟、区人民检察院检察长宋庆绵列席会议。会议听取和审议区发改局主要负责人郝永志作的《关于2015年上半年国民经济和社会发展计划执行情况的报告》、区审计局局长王志强作的《关于2014年预算执行和其他财政收支的审计工作报告》、区教育局局长刘建新作的《关于职业教育发展情况的报告》、区政府办公室主任牛兰柱作的《关于机构改革情况的报告》、区财政局主要负责人赵军会作的《关于2015年上半年预算执行情况的报告》《关于2014年决算的报告》，审查和批准2014年决算。审议通过区人大常委会视察组《关于支持科技创新工作情况的视察报告》。会议通过人事任免事项（名单见本章《 选举任免》）。

第三十三次会议 2015年9月8日召开。区人大常委会主任韩志芳，副主任耿保安、宗立荣、于俊国、李占省和13名委员出席会议。会议补选谭运江为裕华区出席市十三届人民代表大会的代表。

第三十四次会议 2015年9月9日召开。区人大常委会主任韩志芳，副主任耿保安、宗立荣、李占省和11名委员出席会议。会议审议通过《关于许可对区人大代表张某某采取强制措施、暂停执行代表职务的决定》。

第三十五次会议 2015年10月30日召开。区人大常委会主任韩志芳，副主任耿保安、宗立荣、于俊国、李占省和15名委员出席会议。区人民政府副区长王世利、区人民法院院长袁伟、区人民检察院检察长宋庆绵列席会议。会议听取和审议裕华公安分局副局长褚更生作的《关于派出所履职情况的报告》、区民政局局长许振芬作的《关于养老服务体系建设工作情况的报告》。审议通过《区人大常委会检查组关于对市容市貌综合整治资金使用管理情况的检查报告》《关于接受左红江同志辞去区人民政府副区长职务请求的决定》。评议裕华区市人大代表。会议通过人事任免事项（名单见本章《选举任免》）。

第三十六次会议 2015年12月23日召开。区人大常委会主任韩志芳，副主任宗立荣、于俊国、李占省和16名委员出席会议。区人民政府副区长闫卫民、区人民法院院长袁伟、区人民检察院副检察长徐立伟列席会议。会议听取和审议区市场监督管理局局长杨兴斌作的区人民政府《关于〈食品安全法〉实施情况的报告》、区政府办公室主任牛兰柱作的区人民政府《关于办理区四届人大四次会议代表建议情况的报告》、区财政局局长赵军会作的区人民政府《关于2015年预算调整方案（草案）的报告》。审议通过区人大常委会调研组《关于商贸流通行业发展情况的调研报告》《关于法制宣传教育第六个五年规划落实情况的调研报告》、区人民政府《关于楼宇经济发展情况审议意见研究处理情况的报告》《关于职业教育发展情况审议意见研究处理情况的报告》《关于2015年上半年国民经济和社会发展计划执行情况审议意见研究处理情况的报告》《关于2015年上半年预算执行情况审议意见研究处理情况的报告》《关于2014年预算执行和其他财政收支的审计工作报告中所列问题整改情况的报告》《关于养老服务体系建设审议意见研究处理情况的报告》《关于接受耿保安同志辞去区人大常委会副主任、区人大代表职务请求的决定》。会议通过人事任免事项（名单见本章《选举任免》）。

第三十七次会议　2016年1月14日召开。区人大常委会主任韩志芳，副主任宗立荣、于俊国、李占省和14名委员出席会议。会议审议通过《关于接受王志强辞去区人大代表职务请求的决定》。

第三十八次会议　2016年2月19日召开。区人大常委会主任韩志芳，副主任李占省和14名委员出席会议。区人民政府副区长王金柱、区人民法院院长袁伟、区人民检察院检察长宋庆绵列席会议。会议审议通过《关于召开区四届五次会议的决定》《区四届人大五次会议建议议程》《区四届人大五次会议主席团和秘书长建议名单》《区四届人大五次会议计划审查委员会建议名单》《区四届人大五次会议预算审查委员会建议名单》《区四届人大五次会议议案审查委员会建议名单》《关于接受赵新会同志辞去区人大代表职务请求的决定》《关于接受张春亭同志辞去区人大代表职务请求的决定》《关于接受刘建峰同志辞去区人大代表职务请求的决定》《关于接受刘青龙同志辞去区人大代表职务请求的决定》《关于接受张立志同志辞去区人大代表职务请求的决定》《区人大常委会代表资格审查委员会关于代表变动情况的报告》《区四届人大五次会议列席人员名单》《区人大常委会工作报告稿》《区人大常委会关于召开区四届人大五次会议事宜临时授权的决定》。

第三十九次会议　2016年4月4日召开。区人大常委会主任韩志芳，副主任宗立荣、于俊国、李占省和部分委员出席会议。会议听取和审议区发改局局长郝永志作的《关于2016年重点项目安排情况的报告》。审议通过《区人大常委会2016年工作要点》《区人大常委会关于聘请2016年度工委委员的决定》。增补区人大常委会代表资格审查委员会主任委员、副主任委员。

第四十次会议　2016年6月28日召开。区人大常委会主任韩志芳，副主任宗立荣、于俊国、李占省和16名委员出席会议。区人民政府副区长管云天、区人民法院院长袁伟、区人民检察院检察长宋庆绵列席会议。会议听取和审议区城管局局长李军辉作的《石家庄市裕华区人民政府关于城市建设管理工作开展情况的报告》、区卫计局局长杨岱宗作的《区人民政府关于基层医疗卫生服务体系建设情况的报告》。审议通过《区人民政府关于贯彻实施〈安全生产法〉情况的报告》。会议通过人事任免事项（名单见本章《选举任免》）。

第四十一次会议　2016年8月30日召开。区人大常委会主任韩志芳，副主任宗立荣、于俊国、李占省和14名委员出席会议。区人民政府副区长徐圣银、区人民法院院长袁伟、区人民检察院检察长宋庆绵列席会议。会议听取和审议区发改局局长郝永志同志作的《区人民政府关于2016年上半年国民经济和社会发展计划执行情况的报告》、区财政局局长赵军会作的《区人民政府关于2015年决算和2016年上半年预算执行情况的报告》、区审计局局长王志强作的《区人民政府关于2015年度预算执行和其他财政收支情况的审计工作报告》。审议通过区人民政府《关于基层医疗卫生服务体系建设情况审议意见研究处理情况的报告》、区人大常委会调研组《关于2016年上半年计划预算执行情况的调研报告》。会议通过人事任免事项（名单见本章《选举任免》）。

第四十二次会议 2016年10月28日召开。区人大常委会主任韩志芳，副主任宗立荣、于俊国、李占省和15名委员出席会议。区人民政府副区长徐圣银、区人民法院院长袁伟、区人民检察院检察长宋庆绵列席会议。会议听取和审议区人民检察院检察长宋庆绵作的区人民检察院《关于推进科技强检工作情况的报告》、区教育局副局长李淑杰作的区人民政府《关于全区义务教育学校学区化管理情况的报告》、区卫计局局长杨岱宗作的《关于全区计划生育工作情况的报告》。审议通过区人民政府《关于2016年上半年国民经济和社会发展计划执行情况审议意见研究处理情况的报告》《关于2015年决算和2016年上半年预算执行情况审议意见研究处理情况的报告》《关于2015年度预算执行和其他财政收支情况的审计工作报告所列问题整改情况的报告》。会议通过人事任免事项（名单见本章《选举任免》）。

第四十三次会议 2016年11月14日召开。区人大常委会主任韩志芳，副主任于俊国、李占省和12名委员出席会议。区人民政府副区长管云天、区人民法院院长袁伟、区人民检察院检察长宋庆绵列席会议。会议审议通过《关于区镇两级人民代表大会换届选举工作的决定》《关于区镇两级人民代表大会换届选举工作的实施方案》《关于设立区选举委员会组成人员的决定》《区镇两级人民代表大会换届选举期间临时授权的决定》。

第四十四次会议 2016年12月30日召开。区人大常委会主任韩志芳，副主任宗立荣、于俊国、李占省和13名委员出席会议。区人民政府副区长徐圣银、区人民法院院长袁伟、区人民检察院检察长宋庆绵列席会议。会议听取和审议区政府办公室副主任、督查室主任杜佳鹏作的区人民政府《关于办理区四届人大五次会议代表建议情况的报告》、区人民法院纪检组长邓震宏作的区人民法院《关于内部监督制约机制落实情况的报告》、区财政局局长赵军会作的区人民政府《关于2016年预算调整方案（草案）的报告》，审查和批准了2016年预算调整方案。审议通过区人民政府《关于现代公共文化服务体系建设情况的报告》《关于接受常志卷同志辞去区人民政府区长职务请求的决定》。会议通过人事任免事项（名单见本章《选举任免》）。

第四十五次会议 2017年1月17日召开。区人大常委会主任韩志芳，副主任宗立荣、于俊国、李占省和15名委员出席会议。会议审议通过《区第四届人大常委会代表资格审查委员会关于区第五届人民代表大会代表资格的审查报告》。

第四十六次会议 2017年1月25日召开。区人大常委会主任韩志芳，副主任于俊国、李占省和11名委员出席会议。区人民政府副区长管云天、区人民法院院长袁伟、区人民检察院副检察长徐立伟列席会议。会议审议通过《关于接受常志卷同志辞去区人大代表职务请求的决定》《关于接受王石佩同志辞去区人大代表职务请求的决定》《关于接受于凤玲同志辞去区人大代表职务请求的决定》《关于接受徐圣银同志辞去区人民政府副区长职务请求的决定》《关于接受王金柱同志辞去区人民政府副区长职务请求的决定》《关于接受狄增建同志辞去区人民政府副区长职务请求的决定》《关于接受宋庆绵同志辞去区人民检察院检察长职务请求的决定》。会议通过人事任免事项（名单见本章《选举任免》）。

第四十七次会议 2017年2月8日召开。区人大常委会主任韩志芳，副主任宗立荣、于俊国、李占省和12名委员出席会议。会议审议通过《关于接受付红瑜同志辞去区人大代表职务请求的决定》《关于接受高波同志辞去区人大代表职务请求的决定》《关于接受杨燕丽同志辞去区人大代表职务请求的决定》《关于接受李云红同志辞去区人大代表职务请求的决定》《关于接受翟海燕同志辞去区人大代表职务请求的决定》。

第四十八次会议　2017年2月15日召开。区人大常委会主任韩志芳，副主任宗立荣、于俊国、李占省和12名委员出席会议。区人民政府副区长王玮、区人民法院院长袁伟、区人民检察院代检察长郝增录列席会议。会议审议通过裕华区人大常委会《关于召开区第五届人民代表大会第一次会议的决定》《裕华区第五届人民代表大会第一次会议建议议程》《裕华区人大常委会代表资格审查委员会关于代表变动和补选情况的报告》《裕华区人大常委会工作报告（稿）》。

第四十九次会议　2017年2月24日召开。区人大常委会主任韩志芳，副主任宗立荣、李占省和11名委员出席会议。区人民政府副区长刘禹、区人民法院院长袁伟、区人民检察院代检察长郝增录列席会议。会议审议通过《区人大常委会代表资格审查委员会关于代表资格审查的报告》《区五届人大一次会议主席团和秘书长名单》《区五届人大一次会议国民经济和社会发展计划审查委员会建议名单》《区五届人大一次会议预算审查委员会建议名单》《区五届人大一次会议议案审查委员会建议名单》《区五届人大一次会议列席人员名单》。会议通过人事任免事项（名单见本章《选举任免》）。

第二节　办事机构

2012年2月，区四届人大常委会设办公室、选举任免代表工作委员会、财政经济工作委员会、政法工作委员会、教科文卫工作委员会。2013年12月增设信访办公室。

表18　　石家庄市裕华区第四届人大常委会机构设置一览表

机构名称	职　务	姓　名	任职时间
办公室	主　任	姜如君	2012年2月—2013年6月
		聂　昕	2013年6月—2014年2月
		侯献军	2014年2月—2017年3月
	副主任	梁　英	2012年2月—2012年8月
		李彦芳	2012年2月—2012年8月
		雍建波	2012年8月—2016年8月
选举任免代表工作委员会	主　任	许迎军	2012年2月—2017年3月
财政经济工作委员会	主　任	刘　强	2012年2月—2014年2月
		雍建波	2016年8月—2017年3月
政法工作委员会	主　任	梁　英	2012年8月—2017年3月

续表 18

机构名称	职　务	姓　名	任职时间
教科文卫工作委员会	主　任	许振英	2012 年 2 月—2017 年 3 月
信访办公室	主　任	李彦芳	2014 年 2 月—2017 年 3 月

在各街道设立人大工作室。2011 年 9 月，裕华区人大常委会下设 7 个街道工作室：建通街道人大工作室、槐底街道人大工作室、裕东街道人大工作室、裕华路街道人大工作室、东苑街道人大工作室、裕兴街道人大工作室、裕强街道人大工作室。2013 年 8 月新增 2 个人大工作室：建华南街道人大工作室、裕翔街道人大工作室。

表 19　　石家庄市裕华区第四届人大常委会派出机构一览表

机构名称	职　务	姓　名	任职时间
建通街道人大工作室	主　任	张大刚	2012 年 2 月—2015 年 2 月
		康吉锁	2015 年 3 月—2017 年 3 月
槐底街道人大工作室	主　任	谭世敬	2012 年 2 月—2014 年 2 月
		程　薇	2014 年 2 月—2015 年 6 月
		郄云峰	2015 年 6 月—2016 年 8 月
		于立华	2016 年 8 月—2017 年 3 月
裕华路街道人大工作室	主　任	王　军	2012 年 2 月—2013 年 10 月
		翟银虎	2013 年 10 月—2015 年 2 月
		郄云峰	2016 年 8 月—2017 年 3 月
裕东街道人大工作室	主　任	刘明月	2012 年 2 月—2013 年 8 月
		武英奎	2013 年 10 月—2015 年 2 月
		周增雨	2015 年 3 月—2017 年 3 月
东苑街道人大工作室	主　任	苏金平	2012 年 2 月—2015 年 2 月
		谢山林	2015 年 3 月—2017 年 3 月
裕兴街道人大工作室	主　任	赵焕宗	2012 年 2 月—2015 年 2 月
		张　月	2015 年 3 月—2017 年 3 月
裕强街道人大工作室	主　任	王日贵	2012 年 2 月—2012 年 6 月
		王建华	2012 年 6 月—2016 年 8 月
		郭冬敏	2016 年 8 月—2017 年 3 月
建华南街道人大工作室	主　任	何兰珍	2013 年 10 月—2015 年 2 月
		刘　伟	2016 年 8 月—2017 年 3 月

续表 19

机构名称	职　务	姓　名	任职时间
裕翔街道人大工作室	主　任	吴增强	2013 年 10 月—2017 年 3 月

第三节　决议决定

区四届人大常委会共作出决议决定 99 项。

表 20　　石家庄市裕华区第四届人大常委会决议决定一览表

时　间	会　议	名　称
2012 年 2 月 24 日	四届一次会议	《关于许可对区人大代表冯某某采取强制措施、暂停执行代表职务的决定》
2012 年 3 月 1 日	四届二次会议	《关于聘请 2012 年度工委委员的决定》《关于接受刘建新同志辞去区人大代表职务请求的决定》《关于接受刘增顺同志辞去区人大代表职务请求的决定》《关于接受王日贵同志辞去区人大代表职务请求的决定》
2012 年 8 月 10 日	四届五次会议	《关于接受李秀辉同志辞去区人大代表职务请求的决定》
2013 年 1 月 7 日	四届八次会议	《关于接受张连钢同志辞去裕华区人大代表职务请求的决定》
2013 年 2 月 5 日	四届九次会议	《关于召开区四届人大二次会议事宜临时授权的决定》《关于接受闫国文同志辞去区人民政府副区长职务请求的决定》《关于接受张建军同志辞去区人民政府副区长职务请求的决定》
2013 年 3 月 30 日	四届十次会议	《关于接受王丽君同志辞去区人民政府区长职务请求的决定》《关于接受姜如君同志辞去区人大常委会委员职务请求的决定》《关于接受张庆华同志辞去区人大常委会委员职务请求的决定》
2013 年 4 月 18 日	四届十一次会议	《关于聘请 2013 年度工委委员的决定》《关于接受班亚东同志辞去区人大代表职务请求的决定》《关于接受同利平同志辞去区人大代表职务请求的决定》《关于接受王菊芬同志辞去区人大代表职务请求的决定》《关于接受孙利民同志辞去区人大代表职务请求的决定》《关于接受王向东同志辞去区人大代表职务请求的决定》《关于接受赵永梅同志辞去区人大代表职务请求的决定》《关于接受陆洪兵同志辞去区人大代表职务请求的决定》《关于接受苏惠欣同志辞去区人大代表职务请求的决定》《关于接受张庆华同志辞去区人大代表职务请求的决定》《关于接受王亚娟同志辞去区人大代表职务请求的决定》《关于接受刘宗奇同志辞去区人民政府副区长职务请求的决定》

续表 20

时　间	会　议	名　称
2013 年 8 月 9 日	四届十三次会议	《关于接受张金海同志辞去区人大代表职务请求的决定》《关于接受刘明月同志辞去区人大代表职务请求的决定》《关于接受王军同志辞去区人大代表职务请求的决定》《关于接受吴卫东同志辞去区人大代表职务请求的决定》《关于接受姜如君同志辞去区人大代表职务请求的决定》
2013 年 10 月 29 日	四届十四次会议	《关于增补代表资格审查委员会委员的决定》《关于重新确定裕华区人民陪审员名额的决定》
2013 年 12 月 27 日	四届十五次会议	《关于召开区四届人大三次会议事宜临时授权的决定》《关于调整 2013 年区本级预算及全区总预算临时授权的决定》《关于接受张彦国同志辞去区人大代表职务请求的决定》
2014 年 2 月 28 日	四届十六次会议	《关于聘请 2014 年度工委委员的决定》《关于接受谭世敬同志辞去区人大代表职务请求的决定》
2014 年 4 月 29 日	四届十七次会议	《关于接受刘志军同志辞去区人大代表职务请求的决定》《关于接受刘建辉同志辞去区人大代表职务请求的决定》《关于接受于立江同志辞去区人大代表职务请求的决定》《关于接受杨岱宗同志辞去区人大代表职务请求的决定》《关于接受吴拥军同志辞去区人民政府副区长职务请求的决定》
2014 年 5 月 22 日	四届十八次会议	《关于许可对区人大代表赵某某采取强制措施、暂停执行代表职务的决定》
2014 年 7 月 8 日	四届二十次会议	《关于许可区人大代表杨某某采取强制措施、暂停执行代表职务的决定》
2014 年 10 月 8 日	四届二十二次会议	《关于许可对区人大代表张某某采取强制措施、暂停执行代表职务的决定》
2014 年 10 月 30 日	四届二十三次会议	《关于许可对区人大代表刘某某采取强制措施的决定》《关于接受冯吉路同志辞去区人大代表职务请求的决定》《关于接受杨世勇同志辞去区人大代表职务请求的决定》
2014 年 12 月 29 日	四届二十四次会议	《关于接受韩悦斌同志辞去区人大代表职务请求的决定》《关于接受刘小云同志辞去区人大代表职务请求的决定》《关于接受田义凤同志辞去区人大代表职务请求的决定》
2015 年 1 月 19 日	四届二十五次会议	《关于许可对区人大代表赵某某采取强制措施、暂停代表职务的决定》
2015 年 2 月 6 日	四届二十六次会议	《关于接受程华同志辞去区人大代表职务请求的决定》《关于接受兰森同志辞去区人大代表职务请求的决定》《关于接受于保晨同志辞去区人大代表职务请求的决定》《关于接受张杰同志辞去区人大代表职务请求的决定》《关于接受赵焕宗同志辞去区人大代表职务请求的决定》《关于接受许振芬同志辞去区人大代表职务请求的决定》《关于接受李军同志辞去区人大代表职务请求的决定》

续表 20

时　间	会　议	名　称
2015 年 3 月 4 日	四届二十七次会议	《关于许可对区人大代表刘某某采取强制措施、暂停执行代表职务的决定》《关于接受武英奎同志辞去区人大代表职务请求的决定》《关于接受张大刚同志辞去区人大代表职务请求的决定》《关于接受苏金平同志辞去区人大代表职务请求的决定》
2015 年 3 月 10 日	四届二十八次会议	《关于召开区第四届人民代表大会第四次会议的决定》《关于接受刘强同志辞去区人大代表职务请求的决定》《关于接受聂昕同志辞去区人大代表职务请求的决定》
2015 年 4 月 15 日	四届二十九次会议	《关于聘请 2015 年度工委委员的决定》
2015 年 6 月 26 日	四届三十次会议	《关于许可对区人大代表王某某采取强制措施、暂停执行代表职务的决定》
2015 年 6 月 30 日	四届三十一次会议	《关于接受程薇同志辞去区人大代表职务请求的决定》《关于接受边国乐同志辞去区人大代表职务请求的决定》
2015 年 9 月 9 日	四届三十四次会议	《关于许可对区人大代表张某某采取强制措施、暂停执行代表职务的决定》
2015 年 10 月 30 日	四届三十五次会议	《关于接受左红江同志辞去区人民政府区长职务请求的决定》
2015 年 12 月 23 日	四届三十六次会议	《关于接受耿保安同志辞去区人大常委会副主任、区人大代表职务请求的决定》
2016 年 1 月 14 日	四届三十七次会议	《关于接受王志强同志辞去区人大代表职务请求的决定》
2016 年 2 月 19 日	四届三十八次会议	《关于召开区四届五次会议的决定》《关于接受赵新会同志辞去区人大代表职务请求的决定》《关于接受张春亭同志辞去区人大代表职务请求的决定》《关于接受刘建峰同志辞去区人大代表职务请求的决定》《关于接受刘青龙同志辞去区人大代表职务请求的决定》《关于接受张立志同志辞去区人大代表职务请求的决定》《区人大常委会关于召开区四届人大五次会议事宜临时授权的决定》
2016 年 4 月 4 日	四届三十九次会议	《关于聘请 2016 年度工委委员的决定》
2016 年 11 月 14 日	四届四十三次会议	《关于区镇两级人民代表大会换届选举工作的决定》《关于设立区选举委员会组成人员的决定》《区镇两级人民代表大会换届选举期间临时授权的决定》
2016 年 12 月 30 日	四届四十四次会议	《关于接受常志卷同志辞去区人民政府区长职务请求的决定》

续表 20

时　间	会　议	名　称
2017 年 1 月 25 日	四届四十六次会议	《关于接受常志卷同志辞去区人大代表职务请求的决定》《关于接受王石佩同志辞去区人大代表职务请求的决定》《关于接受于风玲同志辞去区人大代表职务请求的决定》《关于接受徐圣银同志辞去区人民政府副区长职务请求的决定》《关于接受王金柱同志辞去区人民政府副区长职务请求的决定》《关于接受狄增建同志辞去区人民政府副区长职务请求的决定》《关于接受宋庆绵同志辞去区人民检察院检察长职务请求的决定》
2017 年 2 月 8 日	四届四十七次会议	《关于接受付红瑜同志辞去区人大代表职务请求的决定》《关于接受高波同志辞去区人大代表职务请求的决定》《关于接受杨燕丽同志辞去区人大代表职务请求的决定》《关于接受李红云同志辞去区人大代表职务请求的决定》《关于接受翟海燕同志辞去区人大代表职务请求的决定》
2017 年 2 月 15 日	四届四十八次会议	《关于召开区第五届人民代表大会第一次会议的决定》

第四节　选 举 任 免

2012 年 3 月 1 日，区四届人大常委会第二次会议，通过区人民政府相关人事任免事项。决定任命：

吴拥军同志为区人民政府办公室主任；

柴伟民同志为区发展改革局局长；

李跃军同志为区人力资源和社会保障局局长；

刘建新同志为区教育局局长；

任宝堂同志为区财政局局长；

郭玉华同志为区统计局局长；

边庆敏同志为区科技局局长；

韩国平同志为区城区建设管理局局长；

李兰萍同志为区审计局局长；

李梦华同志为区人口和计划生育局局长；

刘小云同志为区卫生局局长；

李明华同志为区文化体育局局长；

苏秀恒同志为区司法局局长；

程黎燕同志为区民政局局长；

王建英同志为区安全生产监督管理局局长；

郝永志同志为区商务局局长；

张献刚同志为区监察局局长；

范景林同志为区农业办公室主任。

2012年4月26日，区四届人大常委会第三次会议，通过区人民政府相关人事任免事项。

决定任命：

张建军同志为区人民政府副区长。

2012年6月26日，区四届人大常委会第四次会议，通过区人大常委会相关人事任免事项。

免去：

王日贵同志的裕强街道人大工作室主任职务。

任命：

王建华同志为裕强街道人大工作室主任。

2012年6月26日，区四届人大常委会第四次会议，通过区人民法院相关人事任免事项。

免去：

王静敏同志的区人民法院副院长职务；

李薇同志的区人民法院裕民法庭庭长职务；

周杰同志的区人民法院民一庭庭长职务；

卢拥军同志的区人民法院城建庭副庭长职务；

杜见强同志的区人民法院执行局执行庭副庭长职务；

刘建斌同志的区人民法院执行局执行庭副庭长职务；

赵强同志的区人民法院行政庭副庭长、审判员职务。

任命：

左书旺同志为区人民法院审判委员会委员；

刘秀娟同志为区人民法院审判委员会委员；

苏文涛同志为区人民法院审判委员会委员；

杨雪莉同志为区人民法院审判委员会委员；

周杰同志为区人民法院裕民法庭庭长；

卢拥军同志为区人民法院民一庭庭长；

杜见强同志为区人民法院槐底法庭副庭长；

郭爱民同志为区人民法院城建庭庭长；

宋亮同志为区人民法院审判员。

2012年8月9日，区四届人大常委会第五次会议，通过区人大常委会相关人事任免事项。

免去：

梁英同志的区人大常委会办公室副主任职务；

李彦芳同志的区人大常委会办公室副主任职务。

任命：

梁英同志为区人大常委会政法工委主任；

雍建波同志为区人大常委会办公室副主任。

2012年8月9日，区四届人大常委会第五次会议，通过区人民法院相关人事任免事项。

免去：

霍辉华同志的区人民法院审判员职务。

2013年2月5日，区四届人大常委会第九次会议，通过区人民政府相关人事任免事项。

决定任命：

左红江同志为区人民政府副区长。

2013年3月30日，区四届人大常委会第十次会议，通过区人民政府相关人事任免事项。

决定任命：

常志卷同志为区人民政府副区长，决定任命其为代理区长。

2013年4月18日，区四届人大常委会第十一次会议，通过区人民政府相关人事任免事项。

决定任命：

吴拥军同志为区人民政府副区长。

2013年6月26日，区四届人大常委会第十二次会议，通过区人大常委会相关人事任免事项。

免去：

姜如君同志的区人大常委会办公室主任职务。

任命：

聂昕同志为区人大常委会办公室主任。

2013年6月26日，区四届人大常委会第十二次会议，通过区人民政府相关人事任免事项。

决定免去：

吴拥军同志的区人民政府办公室主任职务。

决定任命：

牛兰柱同志为区人民政府办公室主任。

2013 年 6 月 26 日，区四届人大常委会第十二次会议，通过区人民法院相关人事任免事项。

免去：

苏文涛同志的区人民法院城建庭庭长职务；

刘秀娟同志的区人民法院民二庭庭长职务；

高利军同志的区人民法院槐底法庭副庭长职务；

高双志同志的区人民法院行政庭副庭长职务；

刘士华同志的区人民法院审监庭副庭长职务；

郭爱民同志的区人民法院城建庭副庭长职务；

陈琪同志的区人民法院裕民法庭副庭长职务；

张书辰同志的区人民法院民一庭副庭长职务；

周杰同志的区人民法院裕民法庭庭长职务；

陈武兴同志的区人民法院行政庭庭长职务；

张巧莲同志的区人民法院民二庭副庭长职务；

王静敏同志的区人民法院审判委员会委员职务。

任命：

苏文涛同志为区人民法院民二庭庭长；

刘秀娟同志为区人民法院民三庭庭长；

刘爱丽同志为区人民法院裕民法庭庭长；

高利军同志为区人民法院行政庭庭长；

高双志同志为区人民法院民一庭副庭长；

刘士华同志为区人民法院民二庭副庭长；

郭爱民同志为区人民法院裕民法庭副庭长；

陈琪同志为区人民法院槐底法庭副庭长；

张书辰同志为区人民法院审监庭副庭长；

刘晓丽同志为区人民法院审判员。

2013 年 8 月 9 日，区四届人大常委会第十三次会议，通过区人大常委会相关人事任免事项。

免去：

刘明月同志的裕东街道人大工作室主任职务。

2013 年 8 月 9 日，区四届人大常委会第十三次会议，通过区人民检察院相关人事任免事项。

任命：

宋艳辉同志为区人民检察院检察委员会委员；

王荣进同志为区人民检察院检察委员会委员。

2013 年 10 月 29 日，区四届人大常委会第十四次会议，通过区人大常委会相关人事任免事项。

免去：

王军同志的裕华路街道人大工作室主任职务。

任命：

何兰珍同志为建华南街道人大工作室主任；

吴增强同志为裕翔街道人大工作室主任；

翟银虎同志为裕华路街道人大工作室主任；

武英奎同志为裕东街道人大工作室主任。

2013 年 10 月 29 日，区四届人大常委会第十四次会议，通过区人民政府相关人事任免事项。

决定免去：

韩国平同志的区城区建设管理局局长职务；

张献刚同志的区监察局局长职务。

决定任命：

李军辉同志为区城区建设管理局局长；

何增中同志为区监察局局长。

2013 年 10 月 29 日，区四届人大常委会第十四次会议，通过区人民法院相关人事任免事项。

免去：

杜见强同志的石家庄市裕华区人民法院槐底法庭副庭长职务。

2014 年 2 月 28 日，区四届人大常委会第十六次会议，通过区人大常委会相关人事任免事项。

免去：

聂昕同志的区人大常委会办公室主任职务；

刘强同志的区人大常委会财经工委主任职务；

谭世敬同志的槐底街道人大工作室主任职务。

任命：

侯献军同志为区人大常委会办公室主任；

李彦芳同志为区人大常委会信访办公室主任；

程薇同志为槐底街道人大工作室主任。

2014 年 2 月 28 日，区四届人大常委会第十六次会议，通过区人民政府相关人事任免事项。

决定免去：

范景林同志的区农业办公室主任职务；

李梦华同志的区人口和计划生育局局长职务。

决定任命：

狄增建同志为区人民政府副区长；

于利江同志为区农业办公室主任；

杨岱宗同志为区人口和计划生育局局长。

2014 年 2 月 28 日，区四届人大常委会第十六次会议，通过了区人民法院相关人事任免事项。

任命：

李春景、袁永辉、张玲丽（女）、丁克、李洪山、刘意、郝莉玲（女）、赵月娥（女）、张瑞峰、蒲红娟（女）、韩翠贤（女）、柴改乔（女）、武文建（女）、闫萍（女）、米建敏（女）、刘蔚华（女）、姚梦（女）、刘芸芸（女）、卢娜（女）、张卫志、李建波、刘志兵、高丽利（女）、张爱霞（女）、杨风岐、王伟、树怀英（女）、李宝新、王凤英（女）、刘娜娜（女）、彭伟然（女）、马夏云（女）、李冬霞（女）、郭淑敏（女）、张会双（女）、张惠（女）、于改莲（女）、周秀芹（女）、李桂英（女）、张浩、张香（女）、高书立、庞敏英（女）、张丽霞（女）、赵志英（女）、李玮、高素刚、戴光辉、刘改芬（女）、贾志民、李静（女）、赵立新、郁苏萍（女）

等 53 名同志为石家庄市裕华区人民陪审员。

2014 年 2 月 28 日，区四届人大常委会第十六次会议，通过区人民检察院相关人事任免事项。

免去：

张爱国同志的区副检察长、检察委员会委员职务；

庞晓志同志的区检察员职务；

赵晓斌同志的区检察员职务。

2014年4月29日，区四届人大常委会第十七次会议，通过区人民政府相关人事任免事项。

决定免去：

吴拥军同志的区人民政府副区长职务。

2014年4月29日，区四届人大常委会第十七次会议，通过区人民法院相关人事任免事项。

免去：

张福建同志的区人民法院审判员职务。

2014年6月26日，区四届人大常委会第十九次会议，通过区人民法院相关人事任免事项。

免去：

左书旺同志的区人民法院刑事审判庭庭长职务；

冯丽娟同志的区人民法院刑事审判庭副庭长职务；

卢拥军同志的区人民法院民事审判一庭庭长职务；

高双志同志的区人民法院民事审判一庭副庭长职务；

高云同志的区人民法院民事审判二庭副庭长职务；

刘士华同志的区人民法院民事审判二庭副庭长职务；

刘秀娟同志的区人民法院民事审判三庭庭长职务；

何亚辉同志的区人民法院槐底人民法庭庭长职务；

陈琪同志的区人民法院槐底人民法庭副庭长职务；

郭爱民同志的区人民法院裕民人民法庭副庭长职务；

黄林同志的区人民法院审判监督庭庭长职务；

张书辰同志的区人民法院审判监督庭副庭长职务；

王新英同志的区人民法院执行庭庭长职务；

马永慧同志的区人民法院立案庭副庭长职务。

任命：

何亚辉同志为区人民法院刑事审判庭庭长；

冯丽娟同志为区人民法院少年审判庭庭长；

高云同志为区人民法院民事审判一庭庭长；
郭爱民同志为区人民法院民事审判一庭副庭长；
左书旺同志为区人民法院民事审判三庭庭长；
高双志同志为区人民法院民事审判三庭副庭长；
陈琪同志为区人民法院槐底人民法庭庭长；
马永慧同志为区人民法院槐底人民法庭副庭长；
张书辰同志为区人民法院裕民人民法庭副庭长；
刘晓丽同志为区人民法院裕民人民法庭副庭长；
卢拥军同志为区人民法院审判监督庭庭长；
宋玮、李瑶、张聪等3名同志为区人民法院审判员。

2014年6月26日，区四届人大常委会第十九次会议，通过区人民检察院相关人事任免事项。

任命：

王步玲同志为区人民检察院副检察长；
王晓飞、甄慧、金磊、邱丽娜、朱元晓、王蕊、巴慧智等7名同志为区人民检察院检察员。

2014年12月29日，区四届人大常委会第二十四次会议，通过区人民政府相关人事任免事项。

决定免去：

李跃军同志的区人力资源和社会保障局局长职务；
刘小云同志的区卫生局局长职务。

决定任命：

吴卫东同志为区人力资源和社会保障局局长；
杨岱宗同志为区卫生局局长。

2015年2月6日，区四届人大常委会第二十六次会议，通过区人大常委会相关人事任免事项。

免去：

张大刚同志的建通街道人大工作室主任职务；
苏金平同志的东苑街道人大工作室主任职务；
武英奎同志的裕东街道人大工作室主任职务；
何兰珍同志的建华南街道人大工作室主任职务；
翟银虎同志的裕华路街道人大工作室主任职务；

赵焕宗同志的裕兴街道人大工作室主任职务。

2015 年 2 月 6 日，区四届人大常委会第二十六次会议，通过区人民政府相关人事任免事项。

决定免去：

李明华同志的区文化体育局局长职务；

程黎燕同志的区民政局局长职务；

王建英同志的区安全生产监督管理局局长职务；

于利江同志的区农村工作办公室主任职务；

李兰萍同志的区审计局局长职务；

苏秀恒同志的区司法局局长职务；

决定任命：

李军同志为区文化体育局局长；

许振芬同志为区民政局局长；

孙秀芬同志为区安全生产监督管理局局长；

古林华同志为区农村工作办公室主任；

王志强同志为区审计局局长；

程华同志为区司法局局长；

杨兴斌同志为区食品药品监督管理局局长。

2015 年 2 月 6 日，区四届人大常委会第二十六次会议，通过区人民法院相关人事任免事项。

免去：

刘秀娟同志的区人民法院审判员、审判委员会委员职务。

2015 年 3 月 10 日，区四届人大常委会第二十八次会议，通过区人大常委会相关人事任免事项。

任命：

康吉锁同志为建通街道人大工作室主任；

谢山林同志为东苑街道人大工作室主任；

周增雨同志为裕东街道人大工作室主任；

张月同志为裕兴街道人大工作室主任。

2015 年 6 月 30 日，区四届人大常委会第三十一次会议，通过区人大常委会相关人事任免事项。

免去：

程薇同志的槐底街道人大工作室主任职务。

任命：

郄云峰同志为槐底街道人大工作室主任。

2015年6月30日，区四届人大常委会第三十一次会议，通过区人民政府相关人事任免事项。

决定免去：

何增中同志的区监察局长职务。

决定任命：

边国乐同志为区监察局局长。

2015年6月30日，区四届人大常委会第三十一次会议，通过区人民法院相关人事任免事项。

免去：

张学忠同志的区人民法院审判员职务。

任命：

王展召、赵莉、马冲、王兴锋、王志斌、郭俊光、陈慧等7名同志为裕华区人民法院审判员。

2015年6月30日，区四届人大常委会第三十一次会议，通过区人民检察院相关人事任免事项。

任命：

李炜同志为区人民检察院检察委员会委员；

翟志勇同志为区人民检察院检察员。

2015年8月18日，区四届人大常委会第三十二次会议，通过区人民政府相关人事任免事项。

决定免去：

柴伟民同志的区发展改革局局长职务；

任宝堂同志的区财政局局长职务。

决定任命：

赵军会同志为区财政局局长；

郝永志同志为区发展改革局局长；

杨岱宗同志为区卫生和计划生育局局长；

杨兴斌同志为区市场监督管理局局长；

李军辉同志为区城市管理局局长；

杨宇声同志为区住房和城区建设局局长；

李红旗同志为区质量技术监督局局长；

李岩峰同志为区环境保护局局长。

2015年10月30日，区四届人大常委会第三十五次会议，通过区人民政府相关人事任免事项。

决定免去：

左红江同志的区人民政府副区长职务。

2015年10月30日，区四届人大常委会第三十五次会议，通过区人民法院相关人事任免事项。

免去：

杨平同志的区人民法院审判员职务；

张秀茹同志的区人民法院审判员职务。

2015年10月30日，区四届人大常委会第三十五次会议，通过区人民检察院相关人事任免事项。

免去：

米占军同志的区人民检察院检察员职务。

2015年12月23日，区四届人大常委会第三十六次会议，通过区人民政府相关人事任免事项。

决定任命：

管云天同志为区人民政府副区长。

2016年6月28日，区四届人大常委会第四十次会议，通过区人民检察院相关人事任免事项。

免去：

王秀文同志的区人民检察院副检察长职务；

王晓水同志的区人民检察院检察员职务；

牛青同志的区人民检察院检察员职务。

任命：

张拴力同志为区人民检察院副检察长。

2016 年 8 月 30 日，区四届人大常委会第四十一次会议，通过区人大常委会相关人事任免事项。

免去：

雍建波同志的区人大常委会办公室副主任职务；

王建华同志的裕强街道人大工作室主任职务；

郄云峰同志的槐底街道人大工作室主任职务。

任命：

雍建波同志为区人大常委会财经工委主任；

郄云峰同志为裕华路街道人大工作室主任；

刘伟同志为建华南街道人大工作室主任；

于立华同志为槐底街道人大工作室主任；

郭冬敏同志为裕强街道人大工作室主任。

2016 年 8 月 30 日，区四届人大常委会第四十一次会议，通过区人民政府相关人事任免事项。

决定免去：

李岩峰同志的区环境保护局局长职务；

郭玉华同志的区统计局局长职务。

决定任命：

武献峰同志为区环境保护局局长职务；

房慧超同志为区统计局局长职务。

2016 年 8 月 30 日，区四届人大常委会第四十一次会议，通过区人民法院相关人事任免事项。

任命：

李薇同志为区人民法院审判委员会委员。

2016 年 8 月 30 日，区四届人大常委会第四十一次会议，通过区人民检察院相关人事任免事项。

任命：

申晓楠同志为区人民检察院检察员；

李莉莉同志为区人民检察院检察员。

2016 年 10 月 28 日，区四届人大常委会第四十二次会议，通过区人民检察院相关人事任免事项。

免去：

董满枝同志的区人民检察院检察员职务。

任命：

韩志国同志为区人民法院副院长。

2016年12月30日，区四届人大常委会第四十四次会议，通过区人民政府相关人事任免事项。

决定免去：

常志卷同志的区人民政府区长职务。

决定任命：

管云天同志为区人民政府代理区长。

2016年12月30日，区四届人大常委会第四十四次会议，通过区人民法院相关人事任免事项。

免去：

刘建斌同志的裕华区人民法院审判员职务。

2016年12月30日，区四届人大常委会第四十四次会议，通过区人民检察院相关人事任免事项。

免去：

张增瑞同志的区人民检察院检察员职务；

王世杰同志的区人民检察院检察员职务。

任命：

张敏同志为区人民检察院检察员；

刘利鹏同志为区人民检察院检察员。

2017年1月25日，区四届人大常委会第四十六次会议，通过区人民政府相关人事任免事项。

决定免去：

徐圣银同志的区人民政府副区长职务；

王金柱同志的区人民政府副区长职务；

狄增建同志的区人民政府副区长职务。

决定任命：

刘禹同志为区人民政府副区长；

郝建军同志为区人民政府副区长；

刘铁同志为区人民政府副区长；

王玮同志为区人民政府副区长。

2017年1月25日，区四届人大常委会第四十六次会议，通过区人民检察院相关人事任免事项。

免去：

宋庆绵同志的区人民检察院检察长职务。

任命：

郝增录同志为区人民检察院副检察长，决定其为代理检察长。

2017年2月24日，区四届人大常委会第四十九次会议，通过区人民政府相关人事任免事项。

决定免去：

牛兰柱同志的区人民政府办公室主任职务；

孙秀芬同志的区安全生产监督管理局局长职务。

决定任命：

房慧超同志为区人民政府办公室主任。

第五节　监督工作

一、听取和审议专项工作报告与计划预算报告

区四届人大常委会会议听取和审议区“一府两院”专项工作报告75项、财政预算执行情况报告25项。

表21　石家庄市裕华区第四届人大常委会听取和审议报告一览表

时间		常委会会议	报告内容
2012年	4月26日	第三次	区人民政府关于2012年重点项目建设情况的报告；区人民政府关于村级组织换届选举工作情况的报告
	6月26日	第四次	区人民政府关于商贸服务业发展情况的报告；区人民政府关于贯彻实施《中华人民共和国食品安全法》工作情况的报告
	8月9日	第五次	区人民政府关于2012年上半年国民经济和社会发展计划执行情况的报告；区人民政府关于2012年上半年财政预算执行情况的报告；区人民法院关于刑事审判工作情况的报告

续表 21

时间		常委会会议	报告内容
2012 年	10 月 25 日	第六次	区人民政府关于 2011 年区本级决算及区总决算的报告；区人民政府关于 2011 年区本级预算执行和其他财政收支情况的审计工作报告；区人民检察院关于法律监督工作情况的报告
	12 月 28 日	第七次	区人民政府关于区四届人大一次会议代表建议办理情况的报告；区人民政府关于保障性住房建设情况的报告
2013 年	1 月 7 日	第八次	区人民政府关于调整 2012 年区本级预算及全区总预算方案的报告
	4 月 18 日	第十一次	区人民政府关于 2013 年重点项目建设情况的报告
	6 月 26 日	第十二次	区人民政府关于安全生产监管工作情况的报告；区人民政府关于学前教育三年行动计划实施情况的报告
	8 月 9 日	第十三次	区人民政府关于 2013 年上半年国民经济和社会发展计划执行情况的报告；区人民政府关于 2013 年上半年财政预算执行情况的报告；区人民政府关于园林绿化工作情况的报告；区人民政府关于设立裕翔、建华南街道办事处的备案报告；区人民政府关于裕华区疾病预防控制工作的报告
	10 月 29 日	第十四次	区人民政府关于 2021 年区本级决算及区总决算的报告；区人民政府关于 2021 年度区本级财政预算执行和其他财政收支情况的审计工作报告；区人民政府关于全区食品安全工作的报告；区人民政府关于贯彻执行《中华人民共和国城乡规划法》情况的报告；区人民法院关于提请重新确定人民陪审员名额的报告
	12 月 27 日	第十五次	区人民政府关于全区养老服务体系建设情况的报告；区人民政府关于贯彻执行《中华人民共和国人民警察法》情况的报告；区人民政府关于办理区四届人大二次会议代表建议情况的报告；区人民政府关于财政重点专项资金使用情况的报告
2014 年	2 月 28 日	第十六次	区人民政府关于重点项目建设工作情况的报告
	4 月 29 日	第十七次	区人民政府关于全区义务教育均衡发展情况的报告；区人民政府关于全区机关效能建设情况的报告
	6 月 26 日	第十九次	区人民政府关于 2014 年上一阶段国民经济和社会发展计划执行情况的报告；区人民政府关于 2014 年上一阶段财政预算执行情况的报告；区人民政府关于城市建设管理工作情况的报告；区人民政府关于全区义务教育均衡发展审议意见研究处理情况的报告

续表 21

时　间		常委会会议	报告内容
2014 年	8 月 29 日	第二十一次	区人民政府关于 2013 年区本级决算及区总决算的报告；区人民政府关于 2013 年区本级财政预算执行和其他财政收支情况的审计工作报告；区人民政府关于全区科技创新工作情况的报告；区人民政府关于实施《土地管理法》情况的报告；区人民政府关于机关效能建设审议意见研究处理情况的报告；区人民政府关于国民经济和社会发展计划执行审议意见研究处理情况的报告；区人民政府关于财政预算执行审议意见研究处理情况的报告；区人民政府关于城市建设管理工作审议意见研究处理情况的报告
	10 月 30 日	第二十三次	区人民政府关于基层医疗服务能力建设情况的报告；区人民政府关于农村面貌改造提升行动工作情况的报告；区人民政府关于 2013 年区本级财政预算执行和其他财政收支情况的审计工作报告审议意见研究处理情况的报告；区人民政府关于全区科技创新工作审议意见研究处理情况的报告；区人民政府关于实施《土地管理法》审议意见研究处理情况的报告
	12 月 29 日	第二十四次	区人民法院关于执行工作情况的报告；区人民政府关于办理区四届人大三次会议代表建议情况的报告；区人民政府关于 2014 年区级预算调整方案的报告；区人民政府关于落实残疾人事业“十二五”发展规划情况的报告；区人民政府关于重点项目建设情况的报告；区人民政府关于设立环保局、整合园林绿化机构的备案报告；区人民政府关于基层医疗服务能力建设情况审议意见研究处理情况的报告；区人民政府关于农村面貌改造提升行动审议意见研究处理情况的报告
2015 年	2 月 6 日	第二十六次	区人民政府关于成立食品药品监督管理局的备案报告
	4 月 14 日	第二十九次	区人民政府关于 2015 年重点项目安排情况的报告
	6 月 30 日	第三十一次	区人民政府关于裕华区楼宇经济发展情况的报告；区人民政府关于第十届村民委员会和第八届居民委员会换届工作情况的报告；区人民检察院关于“两法衔接”工作情况的报告
	8 月 18 日	第三十二次	区人民政府关于 2015 年上半年国民经济和社会发展计划执行情况的报告；区人民政府关于 2015 年上半年预算执行情况的报告；区人民政府关于 2014 年决算的报告；区人民政府关于 2014 年预算执行和其他财政收支的审计工作报告；区人民政府关于职业教育发展情况的报告；区人民政府关于机构改革情况的报告
	10 月 30 日	第三十五次	区人民政府关于派出所履职情况的报告；区人民政府关于养老服务体系建设工作情况的报告

续表 21

时间		常委会会议	报告内容
2015年	12月23日	第三十六次	区人民政府关于《食品安全法》实施情况的报告；区人民政府关于办理区四届人大四次会议代表建议情况的报告；区人民政府关于2015年预算调整方案（草案）的报告；区人民政府关于楼宇经济发展情况审议意见研究处理情况的报告；区人民政府关于职业教育发展情况审议意见研究处理情况的报告；区人民政府关于2015年上半年国民经济和社会发展计划执行情况审议意见研究处理情况的报告；区人民政府关于2015年上半年预算执行情况审议意见研究处理情况的报告；区人民政府关于2014年预算执行和其他财政收支的审计工作报告中所列问题整改情况的报告；区人民政府关于养老服务体系建设审议意见研究处理情况的报告
2016年	4月6日	第三十九次	区人民政府关于2016年重点项目安排情况的报告
	6月28日	第四十次	区人民政府关于城市建设管理工作开展情况的报告；区人民政府关于基层医疗卫生服务体系建设情况的报告；区人民政府关于贯彻实施《中华人民共和国安全生产法》情况的报告
	8月30日	第四十一次	区人民政府关于2016年上半年国民经济和社会发展计划执行情况的报告；区人民政府关于2015年决算和2016年上半年预算执行情况的报告；区人民政府关于2015年度预算执行和其他财政收支情况的审计工作报告；关于基层医疗卫生服务体系建设情况审议意见研究处理情况的报告
	10月28日	第四十二次	区人民检察院关于推进科技强检工作情况的报告；区人民政府关于全区义务教育学校学区化管理情况的报告；区人民政府关于全区计划生育工作情况的报告；区人民政府关于2016年上半年国民经济和社会发展计划执行情况审议意见研究处理情况的报告；区人民政府关于2015年决算和2016年上半年预算执行情况审议意见研究处理情况的报告；区人民政府关于2015年度预算执行和其他财政收支情况的审计工作报告所列问题整改情况的报告
	12月30日	第四十四次	区人民政府关于办理区四届人大五次会议代表建议情况的报告；区人民政府关于2016年预算调整方案（草案）的报告；区人民法院关于内部监督制约机制落实情况的报告；区人民政府关于现代公共文化服务体系建设情况的报告

二、法律法规实施情况的检查

区四届人大常委会共组织开展法律监督6次。

表 22　　　　　石家庄市裕华区第四届人大常委会法律监督情况一览表

时　间		常委会会议	报告内容
2013 年	6 月 26 日	第十二次	《关于对我区贯彻落实环境保护法情况的执法检查报告》
	8 月 9 日	第十三次	《区人大常委会执法检查组关于〈税收征管法〉执行情况的检查报告》
	10 月 29 日	第十四次	《关于检查〈中华人民共和国城乡规划法〉贯彻执行情况的报告》
	12 月 27 日	第十五次	《关于检查〈人民警察法〉贯彻执行情况的报告》
2014 年	8 月 29 日	第二十一次	《关于检查〈土地管理法〉实施情况的报告》
2015 年	12 月 23 日	第三十六次	《关于检查食品安全法实施情况的报告》

三、视察调查

区四届人大常委会共组织开展视察调查活动 48 次。

表 23　　　　　石家庄市裕华区第四届人大常委会视察调查一览表

时　间		视察内容	牵头单位
2012 年	4 月	关于文化市场管理工作情况	教科文卫工委
	6 月	关于商贸服务业发展情况	财经工委
		关于《中华人民共和国食品安全法》实施情况	政法工委
		关于区法治宣传教育第六个五年规划实施情况	视察调研组
	7 月	关于 2012 年上半年计划、预算执行情况	财经工委
		关于人民法院刑事审判工作情况	政法工委
		关于区饮用水卫生安全管理情况	教科文卫工委
	9 月	关于区推进义务教育均衡发展情况	教科文卫工委
	10 月	关于区人民检察院法律监督工作情况	政法工委
	11 月	关于保障性住房建设情况	视察调研组
	12 月	关于裕华区公安分局综合警务站工作情况	视察调研组
2013 年	4 月	关于人防工程建设情况	教科文卫工委
	5 月	关于安全生产监管工作情况	财经工委
		关于区人民政府学前教育三年行动计划实施情况	教科文卫工委
	7 月	关于 2013 年上半年计划预算执行情况	财经工委
		关于园林绿化工作情况	政法工委
		关于区疾病预防控制工作	教科文卫工委

续表 23

时　间		视察内容	牵头单位
2013 年	10 月	关于食品安全工作	教科文卫工委
		关于区项目建设进展情况	财经工委
	11 月	关于全区养老服务体系建设情况	教科文卫工委
	12 月	关于区人民政府办理代表建议、批评和意见工作情况	选任工委
		关于财政重点专项资金使用情况	财经工委
		关于区工商局市场监管情况	财经工委
2014 年	4 月	关于全区义务教育均衡发展情况	教科文卫工委
		关于全区机关效能建设情况	政法工委
	6 月	关于 2014 年上半年段国民经济和社会发展计划执行情况	财经工委
		关于城市建设管理工作情况	政法工委
	7 月	关于全区科技创新工作情况	教科文卫工委
	9 月	关于基层医疗服务能力建设情况	教科文卫工委
2014 年	10 月	关于农村面貌改造提升行动工作情况	财经工委
	11 月	关于落实残疾人事业“十二五”发展规划情况	教科文卫工委
	12 月	关于区人民法院执行工作情况	政法工委
		关于孵化基地建设情况	选任工委
2015 年	5 月	关于区村（居）民委员会换届工作情况	教科文卫工委
	7 月	关于职业教育发展情况	教科文卫工委
		关于裕华区支持科技创新工作情况	教科文卫工委
	8 月	关于 2015 年上半年预算执行情况	财经工委
	9 月	关于派出所履职情况	政法工委
		关于养老服务体系建设工作情况	教科文卫工委
	10 月	关于对区市容市貌综合整治资金使用管理情况	财经工委
	11 月	关于区商贸流通行业发展情况	财经工委
		关于区法治宣传教育第六个五年规划落实情况	政法工委
2016 年	5 月	关于城市建设管理工作开展情况	政法工委
		关于基层医疗卫生服务体系建设情况	教科文卫工委
	8 月	关于 2016 年上半年国民经济和社会发展计划以及预算执行情况	财经工委
	9 月	关于全区义务教育学校学区化管理情况	教科文卫工委
2016 年	9 月	关于推进科技强检工作情况	政法工委
	11 月	关于内部监督制约机制落实情况	政法工委

第 五 篇

石家庄市裕华区第五届人民代表大会

（2017 年 2 月至 2021 年 7 月）

第一章　党的领导

第一节　党的组织机构

中共石家庄市裕华区人大常委会党组

书　记：刘凤清（2017 年 2 月—2021 年 7 月）
副书记：李占省（2017 年 2 月—2021 年 2 月）
　　　　狄增建（2018 年 3 月—2021 年 7 月）
成　员：刘建新（2017 年 2 月—2021 年 7 月）
　　　　郭玉奎（2017 年 2 月—2018 年 1 月）
　　　　栾新华（2021 年 2 月—2021 年 7 月）
　　　　侯献军（2017 年 2 月—2019 年 1 月）
　　　　刘　强（2019 年 5 月—2021 年 7 月）

第二节　党组召开会议

一、党组会议

截至 2021 年 7 月，裕华区人大常委会党组召开会议 136 次。

表 24　　　　中共石家庄市裕华区人大常委会党组会议一览表
（2017 年 2 月—2021 年 7 月）

时　间		会议议题
2017 年	2 月 7 日	关于召开区第五届人民代表大会第一次会议有关事宜的安排意见，关于区第五届人民代表大会各专门委员会组成人员人选的建议
	2 月 8 日	研究区委组织部关于继续提名人大代表人选征求意见的函
	2 月 15 日	关于区第五届人大常委会组成人员建议人选的意见

续表 24

时　间		会议议题
2017 年	3 月 6 日	推荐区总工会主席人选的报告
	3 月 9 日	研究加强基层党建工作
	4 月 24 日	研究人事任免事项及学习相关制度
	5 月 23 日	研究召开各街道（镇）人大工作，经研究一致同意拟于 5 月 26 日召开各街道（镇）人大工作会议，主要内容是：听取各街道（镇）人大工作汇报，安排部署下一步人大工作
	6 月 8 日	研究区人大常委会机关关于开展准则条例贯彻落实情况专项行动工作
	6 月 9 日	以“守纪律讲规矩”进行专题学习，主任刘凤清提要求如何实现“守纪律，讲规矩”，做到制度要健全起来，监督要严格起来，落实要执行到位
	6 月 15 日	以“坚持党的领导，做好人大党建工作”主题进行学习
	7 月 28 日	开展“两个责任”落实情况专题民主生活会
	8 月 10 日	传达区委四届二次全会精神；学习《新形势下党内政治生活的若干准则》《中国共产党党内监督条例》
	8 月 17 日	学习裕组字〔2017〕47 号文件；学习《新形势下党内政治生活的若干准则》第四至第七章；学习《中国共产党党内监督条例》第三至第四章
	9 月 13 日	研究加强新时代基层党建工作
	9 月 20 日	学习省委书记、省人大常委会主任赵克志在河北省召开推进县乡人大工作和建设交流会的批示；学习邢国辉书记调研“人大代表之家（站）”建设的重要讲话精神
	10 月 27 日	学习习近平总书记《决胜全面建成小康社会，夺取新时代中国特色社会主义伟大胜利》的报告
	11 月 17 日	研究许迎军同志申请退休事项
	12 月 13 日	研究关于召开区第五届人大常委会第八次会议的安排意见；研究提交区第五届人大常委会第八次会议审议的有关事项
	12 月 14 日	学习《习近平新时代党的建设总要求》
	12 月 21 日	学习党的十九大精神
	12 月 27 日	党组书记刘凤清宣讲党的十九大精神，题目：深刻理解六个新，全面领会大会精神
2018 年	1 月 16 日	研究关于召开区第五届人民代表大会第二次会议的有关事宜
	1 月 19 日	研究许振英辞去教科文卫工委主任事宜
	2 月 23 日	研究关于人大工作分工事项；关于做好扫黑除恶专项斗争的监督工作
	3 月 14 日	研究加强基层党建工作
	3 月 29 日	集中学习《中华人民共和国宪法》
	4 月 20 日	研究提交区五届人大常委会第十一次会议有关事项；研究扶贫工作
	5 月 4 日	传达学习省、市县乡人大工作会议精神；传达学习市人大工作会议精神；研究裕华区人大工作现状及贯彻落实省市会议精神的建议

续表 24

时　间		会议议题
2018 年	5 月 24 日	组织学习《石家庄市裕华区党风廉政建设主体责任和监督责任清单》；组织对党的十九大精神学习情况进行测试；组织观看纪念中共中央进驻西柏坡 70 周年纪录片《新中国从这里走来》
	6 月 1 日	传达学习《关于深化实施“红色联盟”工程，加强和创新城市基层社会治理的意见》；对人大常委会机关支部贯彻落实《关于深化实施“红色联盟工程”加强和创新城市基层社会治理的意见》，做好“一联双促”活动及“在职党员进社区”服务活动进行安排部署；传达学习 5 月 31 日召开的《全区房地产项目问题调查处理情况通报暨作风建设教育警示大会》的精神
	6 月 13 日	研究如何抓好基层党建工作
	6 月 19 日	传达学习《市检察院关于进一步加强代表联络工作的意见》和市人大常委会副主任楚行宇的讲话；研究关于召开区第五届人大常委会第十二次会议的安排意见；研究提交区第五届人大常委会第十二次会议审议的有关事宜；研究普法责任清单
	6 月 21 日	学习《习近平总书记关于人民代表大会制度的重要性》；学习《习近平新时代中国特色社会主义思想三十讲》第五讲；传达学习区委区政府《关于建立裕华区生态环境保护工作部门包联制度的通知》
	6 月 26 日	研究个别区人大代表有关事项
	6 月 29 日	学习党课《不忘初心修品德 牢记使命干事业 努力于做“三高”党员》，传达《中共裕华区直机关工委关于开展纪念中国共产党成立 97 周年系列活动的通知》
	7 月 4 日	专题研究扫黑除恶专项斗争监督工作
	7 月 12 日	抓好政治建设党的根本性建设学习贯彻习近平总书记在中央政治局第六次集体学习重要讲话；学习邢国辉同志在石家庄市庆祝中国共产党成立 97 周年座谈会上的讲话；学习社论《始终同人民想在一起——热烈庆祝中国共产党成立九十七周年》；学习区委转发《中共石家庄市委办公厅关于严肃会议纪律的通知》的通知，区委、区政府督查室关于违反会议纪律的通报；学习《区委组织部关于做好郑德荣等七名“全国优秀共产党员”学习活动有关工作的通知》以及 7 名同志先进事迹；传达《国家税务总局石家庄市税务局关于新机构对外办公告知函》；传达《市委办公厅关于进一步做好暑期值班工作的通知》
	7 月 19 日	传达学习市委十届五次全会精神；传达学习区委四届五次全会精神；传达书记王丽君的重要讲话
	7 月 26 日	研究《区人大常委会开展扶贫脱贫攻坚、大气污染防治、优化营商环境联动监督实施方案》；研究到平山县下瓦岔村开展扶贫工作；研究人大常委会副主任分工事项
	8 月 2 日	传达学习习近平总书记在全国网络安全和信息工作会议上的讲话；学习《人民日报》评论及文章
	8 月 8 日	研究区第五届人大常委会第十三次会议审议的有关事项

续表 24

时间		会议议题
2018年	8月16日	集中学习王东峰同志在省十三届人大常委会第四次会议结束时的讲话；按照区委《关于召开巡视整改专题民主生活会和组织生活会的通知》要求，落实会前学习内容
	8月22日	宣布石纪〔2018〕115、116号决定
	8月30日	区人大常委会党组巡视整改专题民主生活会情况通报
	8月30日	研究提交区第五届人大常委会第十四次会议审议的有关事项
	9月13日	传达学习王东峰书记到正定县调研检查人大工作的重要讲话精神；传达学习区委办公室关于开展中央巡视整改意见整改落实工作“回头看”通知精神；传达学习习近平总书记在全国宣传思想工作会议和推进“一带一路”建设工作5周年座谈会上的讲话精神
	9月14日	研究新形势下如何抓好人大党建工作
	9月27日	传达学习《省委关于深入学习贯彻习近平总书记关于坚持和完善人民代表大会制度重要思想的意见》；传达学习《省人大关于深入学习、宣传和贯彻实施宪法的意见》；传达学习《市人大关于深入学习、宣传和贯彻实施〈中华人民共和国宪法〉的决定》；传达学习王东峰同志在正定调研检查人大工作时的讲话；传达学习《省委办关于进一步规范党员干部网络行为的意见》；传达区委办《关于学习宣传贯彻〈中国共产党纪律处分条例〉》的通知；传达省、市有关作风纪律的通报，研究进一步严格工作纪律、生活纪律以及用车纪律；自学《中华人民共和国宪法》
	9月30日	传达学习习近平总书记在中央全面依法治国委员会第一次会议上的重要讲话精神、省委宪法学习宣传实施自查和配合保障中央监督工作领导小组第一次全体会议暨动员大会精神，石家庄市宪法学习宣传实施自查和配合保障中央监督工作调度推进会精神；传达学习中共中央关于深入学习、宣传和贯彻实施《中华人民共和国宪法的意见》；传达学习省委关于深入学习宣传贯彻《中华人民共和国宪法》的实施意见；传达学习市委关于深入学习宣传贯彻《中华人民共和国宪法》工作方案；学习《中国共产党纪律处分条例》；传达学习区委常委会集中学习《中国共产党纪律处分条例》的情况
	10月19日	传达学习全国人大和河北省深入学习贯彻习近平总书记关于坚持和完善人民代表大会制度的重要思想有关会议精神；研究区第五届人大常委会第十五次会议的有关事项；研究人大经费使用管理工作
	10月19日	观看中共中央宣传部、中央广播电视总台联合创作的百家讲坛特别节目《平“语”近人——习近平总书记用典》第一集《一枝一叶总关情》
	11月2日	传达学习《中共河北省委关于在全省广泛开展向吕保民同志学习活动的决定》；学习栗战书委员长在深入学习贯彻习近平总书记关于坚持和完善人民代表大会制度重要思想交流会上的讲话《加强理论武装 增强“四个意识”推动新时代人大制度和人大工作完善发展》；传达区纪委关于给予姜如君、许迎军党内警告处分的决定；个人自学《中华人民共和国宪法》《中国共产党纪律处分条例》

续表 24

时　间		会议议题
2018 年	11 月 9 日	传达学习习近平总书记在民营企业座谈会上的讲话；传达学习习近平总书记在首届中国国际博览会上的重要讲话精神；传达学习区委关于落实《中共石家庄市委办公厅关于持续深入抓好中央第十五巡视组反馈意见整改落实的通知》精神的意见
	11 月 16 日	传达学习区委组织部《关于做好学习收看〈榜样 3〉和党建电视栏目〈燕赵先锋〉有关工作的通知》精神；集中观看反映优秀共产党员和先进基层党组织典型事迹的专题节目〈榜样 3〉；围绕〈榜样 3〉中反映的先进典型事迹交流心得体会；进行《中国共产党纪律处分条例》知识竞赛考试
	11 月 23 日	传达学习习近平总书记在中央全面深化改革委员会第五次会议上的讲话精神
	12 月 4 日	国家宪法日，区人大机关全体党员干部职工参加由党组书记刘凤清组织召开的以“学习宣传宪法、保护宪法权威”为主题的座谈会
	12 月 7 日	学习中共中央印发《中国共产党支部工作条例（试行）》，研究下一步机关党支部工作；学习《全国人大机关深入学习贯彻习近平总书记关于坚持和完善人民代表大会制度的重要思想和意见（2018—2020）》，研究贯彻落实意见；学习《区委关于严格落实全面从严治党主体责任和监督责任的实施意见》，研究贯彻落实意见；学习区委印发《关于河北省第六巡视组反馈意见的整改落实方案》的通知，研究贯彻落实意见；个人自学；学习石家庄市裕华区省委巡视反馈意见整改落实工作领导小组办公室印发《关于在全区集中开展巡视整改专项清理整治的方案》的通知，进行研究部署
	12 月 10 日	研究区人大党建工作
	12 月 14 日	研究主任会议有关事宜；研究区人大常委会党组民主生活会有关事项；研究区人大常委会在区第五届人民代表大会第三次会议上的工作报告
	12 月 17 日	深入学习贯彻习近平总书记关于坚持和完善人民代表大会制度的重要思想的意见（2018—2022 年）并研究贯彻落实意见
	12 月 18 日	研究区人大机关区五届人代会三次会议内部人员分工；学习市人大常委会办公厅《关于学习赞皇县惠民实事项目人大代表票决制做法的通知》，研究裕华区贯彻落实事宜
	12 月 25 日	研究区人大五届常委会第十六次会议事宜
	12 月 28 日	学习《警钟长鸣、构筑全面从严治党的牢固防线》党课
2019 年	1 月 4 日	研究关于区五届人大三次会议有关事项的安排意见；研究代表辞职和人事任免事项；研究区人大常委会 2019 年工作要点
	1 月 9 日	研究区五届人大常委会第十七次会议有关事项
	1 月 14 日	研究区人大常委会 2019 年工作要点；研究谷建党辞去区人大代表职务事项
	1 月 25 日	学习习近平主席 2019 年新年贺词；学习习近平总书记在中央政治局民主生活会上的讲话；学习习近平总书记在庆祝改革开放大会上的讲话

续表 24

时间		会议议题
2019 年	1 月 31 日	学习区委组织部《关于落实省委民主生活会督导组有关要求的通知》；针对习近平总书记提出的方案要求，进一步组织人大机关全体人员进行学习，对照自身进行对照检查，开展批评与自我批评；布置年前工作；安排春节前慰问老干部
	2 月 15 日	学习十九届中央纪委三次全会精神；学习全省开展“三深化，三提升”活动会议精神；学习全市落实“三深化，三提升”机关效能革命动员大会精神
	2 月 22 日	学习习近平总书记在十九届中央纪委三次全会上的讲话；学习习近平总书记在省部级主要领导干部坚持底线思维着力防范化解重大风险专题研讨班开班式上的讲话；学习习近平总书记在中共中央政治局第十二次集体学习时的讲话；个人自学《习近平新时代中国特色社会主义思想三十讲》第十讲——坚定不移贯彻新发展理念
	3 月 1 日	传达学习中央和省市党政主要领导干部“坚持底线思维着力防范化解重大风险”会议精神；传达学习市人大常委会《关于落实“三深化 三提升”推进机关效能 革命助力全市经济社会高质量发展的决定》；传达学习区委区政府《关于在全区开展机关“效能革命”的实施方案》；观看《石家庄市违法上访案例宣传片》(第三部)
	3 月 8 日	观看第十三届全国人民代表大会第二次全体会议直播——听取全国人大常委会委员长栗战书关于全国人民代表大会常务委员会工作的报告
	3 月 18 日	传达学习全国“两会”精神和省委关于学习贯彻全国“两会”精神会议要求；研究全区人大工作推进会有关事宜；传达学习省人大常委会《关于开展“河北发展 人大尽责”主题实践活动的指导意见》；研究《区人大常委会关于人大代表履职管理的办法（试行）》
	3 月 22 日	研究区人大常委会机关 2019 年度党建工作
	3 月 29 日	学习李克强总理所作的 2019 年国务院政府工作报告；学习习近平总书记署名文章《推动我国生态文明建设迈上新台阶》；学习习近平总书记在中央党校（国家行政学院）中青年干部培训班开班式上的重要讲话；学习区委组织部、宣传部《关于进一步做好“学习强国”学习平台宣传推广工作的通知》；观看微视频《重走当年“赶考路”》
	4 月 3 日	学习中共中央印发的《中国共产党重大事项请示报告条例》
	4 月 11 日	传达学习省人大常委会《关于深入学习贯彻习近平总书记重要讲话和全国人代会精神的意见》；传达学习省、市人大常委会关于“河北发展，人大尽责”主题实践活动动员会精神；研究裕华区贯彻落实省、市人大常委会会议精神的意见；研究区人大常委会主任会议有关事项
	4 月 19 日	学习习近平总书记在《求是》发表的重要文章《关于坚持和发展中国特色社会主义的几个问题》；学习习近平总书记在学校思想政治理论课教师座谈会上的讲话精神；学习中央全面深化改革委员会第七次会议精神；学习习近平总书记在中法全球治理论坛闭幕式上的讲话
	5 月 17 日	学习习近平总书记在第二届“一带一路”国际合作高峰论坛开幕式上的主旨演讲：圆桌峰会上的开幕词；学习习近平总书记在纪念五四运动 100 周年大会上的讲话

续表 24

时　间		会议议题
2019 年	5 月 27 日	集中学习全国人大常委会副委员长王晨在河北省进行《水污染防治法执法》检查时的讲话；学习区委办公室、区政府办公室《关于做好集资参与人信访稳定工作的紧急通知》；研究全区人大系统落实"河北发展，人大尽责"主题实践活动相关工作；研究区人大创新工作事项；研究关于组织召开全区人大系统人大工作例会的安排意见；研究关于赴平山县扶贫点进行调研指导的意见
	6 月 4 日	传达学习全区党政联席会议精神
	6 月 14 日	学习"不忘初心、牢记使命"主题教育有关会议精神；学习习近平总书记在《求是》发表的重要文章《深入理解新发展理念》；学习《中国共产党党员教育管理工作条例》
	6 月 18 日	传达学习省、市人大常委会关于"河北发展、人大尽责"主题实践活动调度推进会精神；研究区第五届人大常委会第二十次会议的有关事项
	6 月 21 日	研究区人大常委会机关党建工作
	6 月 24 日	研究区第五届人大常委会第二十次会议有关人事任免事项
	6 月 28 日	"不忘初心、牢记使命"主题教育专题学习
	7 月 19 日	研究《关于实行民生实事项目人大代表票决制的实施办法（试行）》；研究《石家庄市裕华区人大常委会领导分工及对口联系的部门》
	7 月 19 日	学习习近平在中央和国家机关党的建设工作会议上的讲话精神；学习习近平总书记对地方人大及其常委会工作做出的重要指示精神以及栗战书在纪念地方设立常委会 40 周年座谈会上的讲话精神；学习《求是》发表的文章《人情本质 洞明大势 斗争到底——中美经贸摩擦需要澄清的若干问题》；学习《人民日报》文章《不断开辟党的建设新境界》
	7 月 24 日	传达学习区纪委办印发《关于 2019 年裕华区纪委监委落实八项规定精神 纠正"四风"问题监督检查工作方案》的通知
	7 月 29 日	学习习近平主席关于"不忘初心 牢记使命"重要论述选编：十二届全国人大一次会议闭幕会上的讲话；2017 年新年贺词；和吉尔吉斯斯坦总统会谈时的讲话
	8 月 9 日	学习《求是》杂志发表的习近平总书记重要文章《增强推进党的政治建设的自觉性和坚定性》；学习习近平总书记在中央政治局第十五次集体学习时的重要讲话精神；学习王东峰在省委理论学习中心组学习会议上的讲话——《深入学习贯彻习近平总书记重要讲话精神，以自我革命精神推进主题教育纵深发展》；传达学习区委保密委员会《关于进一步开展网络安全保密专项检查的通知》精神；传达通报中管、省管、市管党责管理情况
	8 月 20 日	研究区第五届人大常委会第二十一次会议有关事项
	9 月 12 日	召开"不忘初心、牢记使命"主题教育动员部署会
	9 月 17 日	集中学习。围绕"坚持政治站位，加强政治建设，深入学习贯彻习近平新时代中国特色社会主义思想和习近平总书记对河北工作重要指示批示，落实党中央和省委决策部署坚决当好首都政治"护城河、排头兵"交流研讨

续表 24

时　间		会议议题
2019 年	9 月 18 日	围绕“深入学习领会习近平新时代中国特色社会主义思想的重大意义、科学体系、丰富内涵，坚持学思用贯通，知言行统一，切实做到武装头脑指导实践、推动工作”交流研讨
	9 月 19 日	围绕“坚定理想信念、筑牢信仰之基、补足精神之钙、把稳思想之舵、提升党性修养”交流研讨
	9 月 20 日	研究区第五届人大常委会第二十二次会议有关事项
	9 月 23 日	围绕“全面从严治党、严肃政治纪律和政治规矩，加强作风建设，坚决反对形式主义、官僚主义，自觉做到忠诚、干净、担当”交流研讨
	9 月 24 日	围绕“深入学习领会以人民为中心的发展思想，永远把人民对美好生活的向往作为奋斗目标，践行全心全意为人民服务的党的根本宗旨”交流研讨
	9 月 25 日	围绕“贯彻落实习近平总书记，重要讲话精神和党中央决策部署，解决改革发展稳定突出问题和群众反映强烈的热点、难点问题”交流研讨
	10 月 21 日	研究关于召开区第五届人大常委会第二十三次会议有关事项
	10 月 21 日	研究“关于人大系统积极推进优化营商环境的意见”
	12 月 12 日	研究关于召开区第五届人民代表大会第四次会议有关事宜的请示；研究 2020 年区政府民生实事项目（征求意见稿）；研究区人大常委会 2020 年议题计划，主任会议听取有关工作报告计划，视察调研，执法检查和专题询问工作计划，集体视察计划
	12 月 19 日	研究区五届人大常委会第二十四次会议有关事项
	12 月 26 日	刘凤清主任宣讲党的十九届四中全会精神
	12 月 27 日	研究补选市人大代表事宜
	12 月 31 日	研究区五届人大常委会第二十五次会议有关事项
2020 年	2 月 21 日	学习市人大常委会《关于统筹做好新冠肺炎疫情防控和经济社会发展工作的决定》；研究关于召开区第五届人大常委会第二十六次会议有关事宜；听取区政府关于裕华区疫情防控工作开展情况报告
	3 月 23 日	观看《重走当年“赶考路”》专题片，围绕“走好新时代赶考路，交出人民满意答卷”主题进行交流学习
	4 月 9 日	对照“三思三问三查”逐一进行大讨论发言；集中学习中共中央印发的《党委（党组）落实全面从严治党主体责任规定》
	4 月 16 日	研究《关于开展“6+1”联动监督工作的实施意见》；研究关于召开主任会议有关事项；研究对各街道（镇）人大工作和“人大代表之家（站）”建设情况进行督导评估有关事项
	6 月 1 日	集中学习：习近平总书记在山西考察时的讲话；习近平总书记在参加内蒙古代表团、湖北代表团审议时讲话，出席解放军和武警部队代表团全体会议时讲话；栗战书在十三届全国人大三次会议闭幕式上的讲话。研究财务支出事项

续表 24

时　间		会议议题
2020 年	6 月 22 日	集中学习习近平总书记在十九届中央政治局第 20 次集中学习时的讲话《充分认识颁布实施民法典重大意义 依法更好保障人民合法权益》；研究区五届人大常委会第二十八次会议有关事项
	7 月 17 日	研究机关支部工作和党风廉政建设、意识形态工作
	8 月 14 日	研究“6+1”联动监督工作
	8 月 20 日	研究《代表活动经费使用管理办法》；研究区五届人大常委会第二十九次会议有关事项
	9 月 11 日	研究关于省人大执法检查组到裕华区检查接待方案
	10 月 23 日	传达区委巡察组对区人大机关党支部的巡察反馈意见；研究区五届人大常委会第三十次会议有关事项
	12 月 22 日	研究区第五届人大常委会第三十一次会议有关事项；集体学习第 22 期《求是》杂志发表的习近平总书记重要文章《推进全面依法治国，发挥法治在国家治理体系和治理能力现代化中的积极作用》
	12 月 24 日	研究区五届人大五次会议召开有关事项；研究成立区人代会防疫工作领导小组
	12 月 30 日	研究区五届人大常委会第三十二次会议有关事项
2021 年	2 月 3 日	研究关于做好区五届人大五次会议参会人员接种疫苗工作的请示；传达区委常委会精神
	2 月 14 日	研究代表辞职事项，补选事项
	2 月 26 日	研究关于召开区第五届人民代表大会第五次会议的有关事宜；中共石家庄市裕华区人民代表大会常务委员会党组工作汇报
	3 月 3 日	研究区五届人大常委会第三十三次会议的有关事宜
	3 月 17 日	研究主任、副主任分工情况；研究区人大常委会 2021 年工作要点；研究区五届人大常委会第三十四次会议有关事项
	4 月 19 日	研究关于区镇两级人民代表大会换届选举工作的意见；研究关于召开区镇两级人民代表大会换届选举工作动员部署会议和专题辅导培训会议的安排意见
	4 月 23 日	刘凤清主任传达学习十三届全国人大四次会议精神；研究区第五届人大常委会第三十五次会议有关事项；研究召开区选举委员会第一次会议的安排意见
	4 月 29 日	传达学习省市人大系统四项联动监督动员会议精神，研究全区贯彻落实意见和四项联动监督工作方案
	4 月 30 日	刘凤清主任传达区委常委会会议精神，强调做好五一期间安全稳定工作；研究区拟连任区人大代表名单
	5 月 25 日	研究有关人事任命和辞职事项
	6 月 4 日	研究选委会部分成员辞职有关事宜；研究将区人大代表换届选举经费下拨至各街道（镇）各系统有关事宜；研究召开区五届人大常委会第三十七次会议有关事宜

续表 24

时　间		会议议题
2021 年	6 月 15 日	安排个别选区另行选举事项
	6 月 24 日	研究区人大常委会班子成员分工有关事宜；研究拟提名的区人大常委会成员候选人名单有关事宜；研究拟提名的区人大各专门委员会成员名单有关事宜；传达学习《关于做好换届选举纪律风气监督工作的通知》，研究落实措施；传达学习王东峰同志在党史学习教育专题党课会上的报告
	6 月 28 日	党组书记刘凤清同志讲党课；集中学习《中国共产党百年辉煌》；学习严肃换届纪律有关内容；集中学习“十个严禁、十个一律”相关内容；观看教育警示片《警钟长鸣》
	7 月 15 日	研究区第五届人大常委会第三十八次会议有关事项

二、民主生活会

截至 2021 年 7 月，裕华区人大常委会党组召开民主生活会 7 次。

2017 年 3 月 16 日，刘凤清同志代表班子作党组对照检查，并作了个人对照检查，班子成员对班子和刘凤清同志开展了批评。之后班子成员依次进行个人对照检查发言并进行了相互批评。刘凤清代表班子进行发言，班子成员团结一致，增强凝聚力和战斗力，在互相谅解互相沟通上下功夫，在互相提醒互相关心上下功夫。

2018 年 1 月 26 日，刘凤清同志代表班子作了对照检查，并做了个人检视剖析，班子成员对班子和刘凤清开展了批评。之后班子成员依次进行个人检视剖析发言并进行了相互批评。刘凤清作总结讲话。

2018 年 8 月 18 日，刘凤清同志代表班子作了对照检查，并做了个人检视剖析，班子成员对班子和刘凤清开展了批评。之后班子成员依次进行个人检视剖析发言并进行了相互批评。刘凤清同志作总结讲话。

2018 年 12 月 21 日，刘凤清同志代表班子作了对照检查，并做了个人检视剖析，班子成员对班子和刘凤清开展了批评。之后班子成员依次进行个人检视剖析发言并进行了相互批评。刘凤清作总结讲话。

2019 年 1 月 13 日，刘凤清同志代表班子作了对照检查，并做了个人检视剖析，班子成员对班子和刘凤清开展了批评。之后班子成员依次进行个人检视剖析发言并进行了相互批评。刘凤清作总结讲话。

2019 年 12 月 6 日，刘凤清同志传达杨雄、王东峰和张绍廉同志指导石家庄市委常委专题民主生活会时的讲话精神；刘凤清对此次专题民主生活会提出要求；刘凤清代表区人大常委会领导班子进行检视剖析；刘凤清进行个人检视剖析发言；党组成员对常委会党组班子和刘凤清进行批评；党组成员进行个人检视剖析，其他同志对其进行批评；刘凤清对党组成员进行检视剖析，相互批评表态；区委第七巡回指导组组长郑志海讲话；刘凤清对本次专题民主生活会进行评价；刘凤清对落实会议精神进行讲话。

2021 年 2 月 8 日，集体学习习近平总书记在中央政治局第二十七次集体学习时的讲话精神；通报 2019 年主题教育专题民主生活会整改措施落实情况；通报本次民主生活会征求意见情况；刘凤清代表区人大常委会班子进行对照检查；主任们进行个人发言及班子成员对主任们开展批评；刘凤清总结讲话。

第二章　人大代表

裕华区第五届人民代表大会代表名额245名。2017年2月，召开区第五届人大一次会议，实有代表236名。

第一节　选举产生

区第五届人大代表名额为245名。经区委研究，分配到各选区名额240名，留机动名额5名。

根据有关法律规定，按照区委统一部署，各选区依法选举产生区人大代表235名。

在235名代表中，工农代表45名，占19%；专业技术人员代表62名，占26%；妇女代表68名，占29%；党政干部53名，占23%；少数民族和归侨代表2名，占0.9%；企业负责人数74名，占31%；非中共党员74名，占31%；大专以上学历代表202名，占86%；解放军代表2名，占0.9%。

第二节　代表名单

一、裕华区第五届人民代表大会代表名单

裕东街道代表团（25名）

于俊国	马　辉	马朝华	石鹏霄
李文彬	李世钰	李汶泽（女）	李增军
杨力士	杨怀军	时显亮	吴雪梅（女）
谷建党	张凤印	张明亮	张献刚
周增雨	孟文喜	赵英志	郝亚兵
贺海宏	徐国晓	曹晓琳（女）	梁　英
焦红光			

槐底街道代表团（28 名）

丁　恩（女）	于立华	王　苗（女）	王志强
白翠霞（女）	邢金常	吕立峰	刘宗奇
许　俊	许迎军（女）	杨壹名	吴岩峰
张拥军	陈力铭	陈军利	陈战强
林　杨（女）	林振远	孟　娣（女）	赵玉秋
赵军会	赵欣彦（女）	袁　伟	郭　岩
蒋彦辉	韩国斌	强万明	蔡普慧（女）

裕华路街道代表团（24 名）

王丽君（女）	毛　云	叶继仁	付红瑜（女）
刘建军	孙延国	李　立（女）	李　超
李武杰	李胜利	李素敏（女）	肖玉良
吴　谦	张广明	张军梅（女）	张国亮
郄云锋	钟嘉娜（女）	钱振亚	徐　文
殷聪聪（女）	栾新华	郭卫兵	魏彦忠

裕强街道代表团（22 名）

王　桢	王凤武	王石佩	刘　洪
闫　利	苏子洲	杜满舵	李玉卉
李占西	吴志亭	宋庆绵（女）	张　涛
张志会	张英超	武贵桃（女）	林朝阳
庞树峰	赵克川	徐青山	郭冬敏（女）
崔秋生	盖振刚		

裕兴街道代表团（15 名）

王平江	王景芳（女）	艾　新	成　涛
刘　隽（女）	李国柱	李景深	吴玉兰（女）
张　月（女）	张朝金	赵英杰（女）	高清震
崔国芳	雷振梅（女）	管云天	

建通街道代表团（18 名）

王丹媚（女）	王春喜	冯辉东	邢卫红（女）
刘凤清	孙彦立	苏振芳	李永杰

吴俊明	张学武	张增力	陈晶（女）
周文君（女）	郝　欣（女）	侯献军	郭成箱
康吉锁	韩志芳（女）		

东苑街道代表团（29名）

于凤玲（女）	于改莲（女）	王　成	王立波
王建军	付　彬（女）	纪月才	李文辉
李军辉	李丽英（女）	李德高	杨　鑫
汪　全	张旭彪	张丽琴（女）	张建梅（女）
张春喜	张鸿阁	武志刚	罗　辉
赵雪莲（女）	徐圣银	高　波	高红梅（女）
黄　培（女）	韩　军	谢山林	翟思成
潘新才			

建华南街道代表团（12名）

刘　伟（女）	刘玉文（女）	刘辉玲（女）	孙占新
孙华子	李彦芳（女）	杨岱宗	杨燕丽（女）
张　锋	张爱芬（女）	邵连云	武永建

裕翔街道代表团（13名）

池连福	池振江	李占省	李淑杰（女）
杨丽静（女）	吴增强	张　胜	祖意然
耿连申	桑宇红（女）	雍建波	蔡立伟
薛晓萍（女）			

方村镇代表团（16名）

王建利	王梅素（女）	吕毅前	刘小琴（女）
许振英（女）	孙　华	孙立华	纪英超
张吉强	张炳烛	宗立荣（女）	郝雪彦（女）
段秋芝（女）	郭玉奎	翟文选	樊新学

宋营镇代表团（16名）

于思贺	王雄伟	吕向敏（女）	闫凤岐
苏志瑞	李文亚	李文敬	李珊珊（女）
李树华	李梦淮	肖新宅	张振华

张振桥	张瑞秀（女）	郎红科	赵中辉

长江街道（7名）

王彦辉	王新房	成军朋	李志峰
张元静（女）	林自强	薛景辉（女）	

太行街道（7名）

王景丽（女）	王清利	任志坚	孙景涛
赵军法	郝红威（女）	秦吉辉	

区直、教育系统（3名）

李云红（女）	常志卷	翟海燕（女）

二、届中变动情况

届内，共有52名代表辞去代表职务：

常志卷、王石佩、于凤玲（2017年1月）；付红瑜、高波、杨燕丽、李云红、翟海燕（2017年2月）；韩志芳、袁伟、李军辉、张献刚、赵玉秋、高清震、蔡立伟（2017年4月）；聂昕（2017年10月）；郭玉奎、许迎军、于立华（2018年1月）；翟文选、杨力士（2018年6月）；张鸿阁（2018年8月）；吕华毅（2018年12月）；孙秀芬、王丽君、崔秋生、谷建党（2019年1月）；侯献军、雍建波、韩文涛（2019年4月）；朱兵强（2019年6月）；魏红元、郄云锋、吴增强、张振华、李文亚、李志峰、薛景辉、秦吉辉、赵军法、孙占新（2019年8月）；于俊国、王景芳、张兵印（2019年12月）；张凤印、宗立荣、程薇、武志刚、张文强、张燕（2020年10月）；郝洪恩（2020年12月）；李占省（2021年3月）。

共有21名代表调离裕华区：

雷振梅、肖玉良、徐圣银、宋庆绵、徐文、邢金常、王凤武、刘洪、张军梅、张学武、韩军、张朝金、刘宗奇、周自强、吴志亭、赵军会、时显亮、蔡普慧、冯振生、薛晓萍、张吉强。

相关选区依法补选代表61名：

2017年2月，补选第42选区张燕，第43选区孙秀芬，第50选区狄增建，第55选区郝增录，第58选区吕华毅，第76选区周自强，第78选区陆洪兵，第82选区刘建新，第88选区梁景辰，第89选区段海波，第94选区聂昕，第102选区王金柱、王向东，第114选区刘禹为区五届人大代表。

2017年12月，补选第7选区韩文涛，第29选区李增宁，第49选区郝建军，第55选区刘海波，第58选区朱兵强，第66选区张文强，第73选区魏文亮，第94选区张兵印，第

104选区魏红元，第115选区林保华，第116选区张锋为区五届人大代表。

2018年1月，补选第21选区郭忠杰，第52选区古晓辉，第106选区冯振生为区五届人大代表。

2019年1月，补选第43选区王闽，第114选区张东凯为区五届人大代表。

2019年12月，补选第26选区张雪敏，第28选区王新杰、郑志海，第30选区王敬，第42选区王滨慧，第50选区古林华，第58选区李遐、郭煜、郭录芳，第66选区刘强，第76选区郝志明，第94选区牛兰柱，第106选区胡延宾，第109选区孙惠敏，第113选区韩云巧，第122选区刘晓辉、任国志，第131选区郝洪恩，第134选区张小丽，第136选区季红昊为区五届人大代表。

2020年1月，补选第50选区姜俊军，第95选区王珊珊，第104选区程薇为区五届人大代表。

2021年1月，补选解放军选区陈勇，第4选区于立华，第42选区陈阳，第66选区杜佳鹏，第81选区李庆赟，第104选区张传随，第106选区韩文涛，第131选区王向辉为区五届人大代表。

第三节　代表工作

一、重点代表工作

2017年8月，区人大常委会组织对新一届区人大代表进行培训。

2019年5月，区人大常委会结合“河北发展、人大尽责”主题实践活动，组织各街道人大工委、镇人大主席团依托代表家（站）组织区级以上人大代表到基层站所和窗口单位开展视察监督工作。针对遵守宪法法律和落实有关法规情况，政务公开、事务公开情况，工作作风和服务质量情况，工作效率和勤政廉政情况进行视察调研。

2019年6月14日，裕华区人大常委会组织全体区人大代表在区行政中心西报告厅进行履职培训。

2019年6月15日，裕华区人大常委会办公室组织区代表在河北宾馆贵宾楼参加“石家庄·裕华城市发展峰会”。

2019年5、6月，为深入贯彻落实市委、市政府决策部署，全面提升城市建设管理水平，充分发挥“双问计”活动汇集民智、推动工作的作用，各代表家（站）集中开展“提升建设管理水平、打造现代省会城市”专题问计活动。

2020年初，疫情突发，全区各级人大代表同心协力、自觉行动、迎难而上、共克时艰，认真履职尽责，积极捐款捐物，在各自岗位上默默奉献，勇当疫情防控排头兵，充分发挥了表率作用，以实际行动践行“人民选我当代表、我当代表为人民”的初心使命。

2021年5月，裕华区人大常委会谋划建设“网上代表之家”，结合“品质裕华·智慧大脑”PPP项目建设，充分利用“互联网+”“大数据”等技术，以建设“智慧人大”为核心、以人大代表为中心、以人民群众为基础、以移动终端为媒介，实现人大工作集中化、便捷化、智能化。

二、代表议案、建议办理

2017年，区人民政府承办五届人大一次会议交办的代表建议共91件，由19个单位具体承办。所有代表建议均在规定时间内办结，办复率为100%。其中，建议中所提问题得到解决或基本解决的有70件，占77%；所提问题正在解决或列入规划逐步解决的有21件，占23%。

2018年，全区人民政府系统共承办区人大建议117件，涉及25个单位。已经解决或基本解决的70件，占总数的60%；正在解决或列入规划逐步解决的33件，占总数的28%；因政策、条件所限或客观因素制约暂时难以解决的14件，占总数的12%。从答复反馈情况看：代表对各承办单位的建议办理工作总体表示满意。已全部拟定答复意见并完成面复工作，办复率达100%。

2019年，区人民政府共承办人大五届三次会议建议86件，按照分级负责、归口办理的原则，将代表建议分交19个部门负责办理答复。适时加大建议督办力度，实行全覆盖、动态化、台账式管理，做到件件有答复、有着落。经过19个承办单位的共同努力，所有建议已全部办理并答复代表，办复率达100%。86件建议已经解决或基本解决的71件，占总数的82.6%；需要市直部门协调或因相关政策还不完善等因素正在解决或列入规划的有15件，占17.4%。从反馈情况看，绝大多数代表对办理答复情况表示满意或基本满意。

区人大五届四次会议期间，人大代表们紧紧围绕全区经济建设、社会进步、民生改善等发展大局，积极建言献策，内容涉及城乡建设、经济发展、民生保障、教育卫生、生态环境保护等多个方面。2020年全年共交办代表建议100件，所有建议已全部办结，办理质量和代表满意率稳步提高，进一步激发了代表履职积极性。区人民政府系统承办的建议共98件，办复率100%。其中，已解决87件，占总数的89%；正在解决并取得一定效果的11件，占总数的11%。

2021年上半年，区人民政府系统承办五届人大五次会议交办代表的建议共74件，所有代表建议均已按期办理完毕。从答复情况看，交办率、答复率、满意率均为100%。所提问题已经解决或基本解决的73件，占建议总数99%；所提问题正在解决或列入规划逐步解决的1件，占1%。

三、评选优秀人大代表

区五届人代会优秀代表名单（共35名）

裕　东：吴雪梅	石朋霄	贺海宏	赵英志

槐　底：王　苗	赵欣彦	林　杨	李增宁
裕华路：刘建军	魏彦忠	郭卫兵	李素敏
裕　强：张　涛	李玉卉	徐青山	张　锋
裕　兴：郭　煜	崔国芳		
建　通：康吉锁	张增力	王丹媚	
东　苑：张建梅	高红梅	王建军	杨　鑫
建华南：刘辉玲	李彦芳		
裕　翔：杨丽静	桑宇红		
方　村：孙　华	张炳烛		
太　行：张小丽			
长　江：季红昊			
宋　营：于思贺	任国志		

第三章　人民代表大会

区五届人民代表大会任期自 2017 年 2 月至 2021 年 7 月，任期内召开会议 5 次。

第一节　会议概况

第一次会议　2017 年 2 月 26 日至 28 日召开，出席代表 226 人（应到 236 人）。会议听取和审议了代区长管云天作的《政府工作报告》、区发展改革局局长郝永志作的《关于裕华区 2016 年国民经济与社会发展计划执行情况和 2017 年国民经济与社会发展计划（草案）的报告》、区财政局局长赵军会作的《关于裕华区 2016 年区财政预算执行情况和 2017 年区财政预算（草案）的报告》、区人大常委会副主任于俊国作的《裕华区人大常委会工作报告》、区人民法院院长袁伟作的《裕华区人民法院工作报告》、区人民检察院代检察长郝增录作的《裕华区人民检察院工作报告》，并作出了相应决议。会议选举产生了区第五届人大常委会组成人员，刘凤清为主任，李占省、宗立荣、刘建新、郭玉奎为副主任，24 人为委员。选举管云天为区人民政府区长，刘禹、王世利、郝建军、李军辉、刘轶、王玮为副区长。选举梁景辰为区人民法院院长，郝增录为区人民检察院检察长。会议表决通过了区第五届人民代表大会法制委员会、财政经济委员会、教育科技文化卫生委员会组成人员名单。会议选举产生裕华区出席石家庄市第十四届人民代表大会代表 36 名。

第二次会议　2018 年 2 月 1 日至 3 日召开，出席代表 183 人（应到 236 人）。会议听取和审议了区长管云天作的《政府工作报告》、区发展改革局局长曹秀婷作的《关于裕华区 2017 年国民经济与社会发展计划执行情况和 2018 年国民经济与社会发展计划（草案）的报告》、区财政局局长赵军会作的《关于裕华区 2017 年区财政预算执行情况和 2018 年区财政预算（草案）的报告》、区人大常委会主任刘凤清作的《裕华区人大常委会工作报告》、区人民法院院长袁伟作的《裕华区人民法院工作报告》、区人民检察院检察长郝增录作的《裕华区人民检察院工作报告》，并作出了相应决议。会议选举狄增建为区人大常委会副主任，区人大常委会委员 3 名。选举周自强为区监察委员会主任。会议表决通过了区第五届人民代表大会城乡建设和环境保护委员会组成人员名单。

第三次会议　2019 年 1 月 16 日至 18 日召开，出席代表 212 人（应到 227 人）。会议听取和审议了代区长张东凯作的《政府工作报告》、区发展改革局局长曹秀婷作的《关于裕华区 2018 年国民经济与社会发展计划执行情况和 2019 年国民经济与社会发展计划（草案）的报告》、区财政局局长赵军会作的《关于裕华区 2018 年区财政预算执行情况和 2019 年区财政预算（草案）的报告》、区人大常委会主任刘凤清作的《裕华区人大常委会工作报告》、区人民法院院长袁伟作的《裕华区人民法院工作报告》、区人民检察院检察长郝增录作的《裕华区人民检察院工作报告》，并作出了相应决议。会议选举张东凯为区人民政府区长。选举区人大常委会委员 1 名。会议表决通过了区第五届人民代表大会社会建设委员会组成人员名单。

第四次会议 2020 年 1 月 19 日至 21 日召开，出席代表 200 人（应到 226 人）。会议听取和审议了区长张东凯作的《政府工作报告》、区发展改革局局长曹秀婷作的《关于裕华区 2019 年国民经济与社会发展计划执行情况和 2020 年国民经济与社会发展计划（草案）的报告》、区财政局局长韩云巧作的《关于裕华区 2019 年区财政预算执行情况和 2020 年区财政预算（草案）的报告》、区人大常委会主任刘凤清作的《裕华区人大常委会工作报告》、区人民法院院长袁伟作的《裕华区人民法院工作报告》、区人民检察院检察长郝增录作的《裕华区人民检察院工作报告》，并作出了相应决议。会议票决确定 2020 年民生实事 10 件。会议选举郝志明为区监察委员会主任。选举区人大常委会委员 3 名。

第五次会议 2021 年 3 月 9 日至 10 日召开，出席代表 201 人（应到 223 人）。会议听取和审议了区长张东凯作的《政府工作报告》、区发展改革局局长孟春馨作的《关于裕华区 2020 年国民经济与社会发展计划执行情况和 2021 年国民经济与社会发展计划（草案）的报告》、区财政局局长韩云巧作的《关于裕华区 2020 年区财政预算执行情况和 2021 年区财政预算（草案）的报告》、区人大常委会主任刘凤清作的《裕华区人大常委会工作报告》、区人民法院院长袁伟作的《裕华区人民法院工作报告》、区人民检察院检察长郝增录作的《裕华区人民检察院工作报告》，并作出了相应决议。会议选举栾新华为区人大常委会副主任，区人大常委会委员 1 名。

第二节　会议组织

一、区五届人大一次会议

（一）大会临时党委

书　记：王丽君（女）

副书记：管云天　刘宗奇　刘凤清

委　员：

吕华毅	韩志芳（女）	于俊国	李占省
刘建新	郭玉奎		

（二）大会主席团和秘书长

于俊国	王丽君（女）	王金柱	吕华毅

刘　禹	刘凤清	刘宗奇	刘建新
纪英超	孙秀芬（女）	李占省	李永杰
李志峰	狄增建	张　燕（女）	张凤印
张振华	张献刚	武永建	武志刚
周自强	宗立荣（女）	赵玉秋	秦吉辉
聂　昕	栾新华	高清震	郭玉奎
崔秋生	韩志芳（女）	焦红光	蔡立伟
管云天			

秘书长：李占省（兼）

（三）大会常务主席

王丽君（女）	管云天	刘宗奇	刘凤清
李占省	宗立荣（女）	刘建新	郭玉奎

（四）大会财政预算审查委员会大会常务主席

主 任 委 员：刘建新

副主任委员：雍建波

委　　　员：李玉卉（女）　张鸿阁　张旭彪

（五）大会国民经济和社会发展计划审查委员会

主 任 委 员：郭玉奎

副主任委员：梁　英

委　　　员：李淑杰（女）　张春喜　周增雨

（六）大会议案审查委员会

主 任 委 员：宗立荣（女）

副主任委员：许振英（女）

委　　　员：杜满舵　杨岱宗　吴增强

二、区五届人大二次会议

（一）大会临时党委

书　记：王丽君（女）

副书记：管云天　刘宗奇　刘凤清

委　员：

吕华毅	于俊国	李占省	刘建新
郭玉奎			

（二）大会主席团和秘书长

于俊国	王丽君（女）	王金柱	冯振生
吕华毅	朱兵强	刘凤清	刘宗奇

刘建新	纪英超	孙秀芬（女）	李占省
李永杰	李志峰	狄增建	张　燕（女）
张凤印	张文强	张兵印	张振华
武志刚	周自强	宗立荣（女）	赵军会
郝建军	秦吉辉	栾新华	崔秋生
韩文涛	焦红光	魏红元	

秘书长：李占省（兼）

（三）大会常务主席

王丽君（女）	刘宗奇	刘凤清	李占省
狄增建	宗立荣（女）	刘建新	

三、区五届人大三次会议

（一）大会临时党委

书　记：管云天

副书记：张东凯　刘宗奇　刘凤清

委　员：

李占省	狄增建	刘建新	于俊国

（二）大会主席团和秘书长

于俊国	王　闽（女）	王金柱	冯振生
朱兵强	刘凤清	刘宗奇	刘建新
纪英超	李占省	李永杰	李志峰
狄增建	张　燕（女）	张凤印	张文强
张兵印	张振华	武志刚	周自强
周增雨	宗立荣（女）	赵军会	郝建军
秦吉辉	栾新华	郭冬敏（女）	焦红光
管云天	魏红元		

秘书长：李占省（兼）

（三）大会常务主席

管云天	刘宗奇	刘凤清	李占省
狄增建	宗立荣（女）	刘建新	

四、区五届人大四次会议

（一）大会临时党委

书　记：管云天

副书记：张东凯　张雪敏（女）　刘凤清

委　员：李占省　狄增建　刘建新

（二）大会主席团和秘书长

王　闽（女）	王金柱	王新杰	牛兰柱
古林华	冯振生	刘凤清	刘建新
刘晓辉	纪英超	孙惠敏（女）	李　遐（女）
李占省	李永杰	狄增建	张　燕（女）
张凤印	张文强	张雪敏（女）	武志刚
季红昊	宗立荣（女）	郝志明	郝建军
郝洪恩	栾新华	郭　煜（女）	程　薇（女）
焦红光	管云天		

秘书长：李占省（兼）

（三）大会常务主席

管云天	张雪敏（女）	刘凤清	李占省
狄增建	宗立荣（女）	刘建新	

五、区五届人大五次会议

（一）大会临时党委

书　记：管云天

副书记：张东凯　张雪敏（女）　刘凤清

委　员：狄增建　刘建新　　栾新华

（二）大会主席团和秘书长

于立华	王　闽（女）	王向辉	王金柱
王新杰	王滨慧（女）	牛兰柱	古林华
刘凤清	刘建新	刘晓辉	纪英超
杜佳鹏	李　遐（女）	李永杰	李庆赞
狄增建	张传随	张雪敏（女）	陈　阳（女）
陈　勇	季红昊	郝志明	郝建军
栾新华	郭　煜（女）	韩文涛	焦红光
管云天			

秘书长：狄增建（兼）

（三）大会常务主席

管云天	张雪敏（女）	刘凤清	狄增建
刘建新	栾新华		

第三节　会议选举

区五届人大历次会议，共选举产生区级国家机关工作人员 49 人。

区人大常委会

主　任：刘凤清

副主任：刘建新	李占省	宗立荣（女）	郭玉奎
委　员：王丹媚（女）	艾　新	石鹏霄	邢金常
吕向敏（女）	刘　伟（女）	许迎军（女）	许振英（女）
孙　华	孙秀芬（女）	李文辉	李胜利
李彦芳（女）	吴玉兰（女）	张　燕（女）	张明亮
侯献军	祖意然	徐青山	郭　岩
桑宇红（女）	梁　英	雍建波	魏彦忠

区人民政府

区　长：管云天

副区长：王　玮（女）	王世利	刘　轶	刘　禹
李军辉	郝建军		

区监察委员会

主　任：周自强

区人民法院

院　长：梁景辰

区人民检察院

检察长：郝增录

届中调整情况：

郝建军，2017 年 10 月 27 日，在区五届人大常委会第七次会议上辞去区人民政府副区长职务。

郭玉奎，2018 年 1 月 24 日，在区五届人大常委会第九次会议上辞去区人大常委会副主任、区人大代表职务。

许振英，2018 年 1 月 24 日，在区五届人大常委会第九次会议上辞去区人大常委会委员职务。

许迎军，2018 年 1 月 24 日，在区五届人大常委会第九次会议上辞去区人大常委会委员、区人大代表职务。

王世利，2018 年 8 月 9 日，在区五届人大常委会第十三次会议上辞去区人民政府副区长职务。

杨玉鹏，2018 年 10 月 26 日，在区五届人大常委会第十五次会议上辞去区人民政府副区长职务。

管云天，2018 年 12 月 27 日，在区五届人大常委会第十六次会议上辞去区人民政府区长职务。

孙秀芬，2019 年 1 月 9 日，在区五届人大常委会第十七次会议上辞去区五届人大代表职务，其常务委员会委员职务相应终止。

侯献军、雍建波，2019 年 4 月 23 日，在区五届人大常委会第十九次会议上辞去区五届人大代表职务，其常务委员会委员职务相应终止。

周自强，2019 年 6 月 25 日，在区五届人大常委会第二十次会议上辞去区监察委员会主任职务。

吴玉兰，2019 年 6 月 25 日，在区五届人大常委会第二十次会议上辞去区五届人大常委会委员职务。

杨辉平，2019 年 10 月 28 日，在区五届人大常委会第二十三次会议上辞去区人民政府副区长职务。

宗立荣，2020 年 10 月 29 日，在区五届人大常委会第三十次会议上辞去区人大常委会副主任、区人大代表职务。

张　燕，2020 年 10 月 29 日，在区五届人大常委会第三十次会议上辞去区五届人大代表职务，其常务委员职务相应终止。

李占省，2021 年 3 月 4 日，在区五届人大常委会第三十三次会议上辞去区人大常委会副主任、区人大代表职务。

张东凯，2021 年 5 月 25 日，在区五届人大常委会第三十六次会议上辞去区人民政府区长职务。

梁景辰，2021 年 5 月 25 日，在区五届人大常委会第三十六次会议上辞去区人民法院院长职务。

郝增录，2021 年 5 月 25 日，在区五届人大常委会第三十六次会议上辞去区人民检察院检察长职务。

郝志明，2021 年 6 月 4 日，在区五届人大常委会第三十七次会议上辞去区监察委员会主任职务。

李军辉、刘轶、王玮，2021 年 6 月 4 日，在区五届人大常委会第三十七次会议上辞去区人民政府副区长职务。

杨玉鹏，2017 年 8 月 29 日，在区五届人大常委会第六次会议上决定任命其为区人民政府副区长。

杨辉平，2018 年 10 月 26 日，在区五届人大常委会第十五次会议上决定任命其为区人民政府副区长。

张东凯，2018 年 12 月 27 日，在区五届人大常委会第十六次会议上决定任命其为区人民政府副区长，决定其为代理区长。

梁胜军，2019 年 4 月 23 日，在区五届人大常委会第十九次会议上决定任命其为区人民政府副区长。

张　星，2019 年 6 月 25 日，在区五届人大常委会第二十次会议上决定任命其为区人民政府副区长。

郝志明，2019 年 6 月 25 日，在区五届人大常委会第二十次会议上决定任命其为区监察委员会副主任，决定其为代理区监察委员会主任。

姜俊军，2019 年 12 月 27 日，在区五届人大常委会第二十四次会议上决定任命其为区人民政府副区长。

刘　禹，2021 年 5 月 25 日，在区五届人大常委会第三十六次会议上决定任命其为区人民政府代理区长。

姚生友，2021 年 5 月 25 日，在区五届人大常委会第三十六次会议上任命其为区人民法院副院长、审判委员会委员，决定其为代理院长。

魏国君，2021 年 5 月 25 日，在区五届人大常委会第三十六次会议上任命其为区人民检察院副检察长、检察委员会委员、检察员，决定其为代理检察长。

杜晓伟、潘峰、宋兵跃、吉永亮，2021 年 6 月 4 日，在区五届人大常委会第三十七次会议上决定任命其为区人民政府副区长。

狄增建，2018 年 2 月，在区五届人民代表大会第二次会议上当选为区五届人民代表大会常务委员会副主任。

李增宁、张月、郭忠杰，2018 年 2 月，在区五届人民代表大会第二次会议上补选其为区五届人民代表大会常务委员会委员。

张东凯，2019 年 1 月，在区五届人民代表大会第三次会议上当选为区人民政府区长。

王　闽，2019 年 1 月，在区五届人民代表大会第三次会议上补选其为区五届人民代表大会常务委员会委员。

王　敬、刘　强、胡延宾，2020 年 1 月，在区五届人民代表大会第四次会议上补选其为区五届人民代表大会常务委员会委员。

栾新华，2021 年 3 月，在区五届人民代表大会第五次会议上当选为区五届人民代表大会常务委员会副主任。

陈　阳，2021 年 3 月，在区五届人民代表大会第五次会议上补选其为区五届人民代表大会常务委员会委员。

第四节 专门委员会

裕华区第五届人民代表大会设法制委员会、财政经济委员会、教育科技文化卫生委员会、城乡建设和环境保护委员会、社会建设委员会5个专门委员会。区五届人大一次会议，决定设立法制委员会、财政经济委员会、教育科技文化卫生委员会。表决通过了各专门委员会组成人员名单。区五届人大二次会议，决定设立城乡建设和环境保护委员会。表决通过了各专门委员会组成人员名单。区五届人大三次会议，决定设立社会建设委员会。表决通过了各专门委员会组成人员名单。

（一）裕华区第五届人民代表大会法制委员会

主任委员：郭玉奎（兼，2017年2月—2018年2月）
狄增建（兼，2018年2月—2021年7月）

副主任委员：梁　英　康吉锁

委　员：杜满舵　张春喜　赵雪莲（女）　周增雨

届中调整情况：2018年2月区五届人民代表大会第二次会议选举狄增建为区五届人民代表大会法制委员会主任委员。

（二）裕华区第五届人民代表大会财政经济委员会

主任委员：刘建新（兼）

副主任委员：雍建波（2017年2月—2019年4月）
胡延宾（2019年12月—2021年7月）
李玉卉

委　员：苏振芳　张鸿阁　王向东　张旭彪
杨　鑫（2018年8月—2021年7月）

届中调整情况：2018年8月区五届人民代表大会常委会第十三次会议任命杨鑫为区五届人民代表大会财政经济委员会委员。2019年12月区五届人民代表大会常委会第二十四次会议任命胡延宾为区五届人民代表大会财政经济委员会副主任委员。

（三）裕华区第五届人民代表大会教育科技文化卫生委员会

主任委员：宗立荣（兼，女，2017年2月—2021年3月）
栾新华（兼，2021年3月—2021年7月）

副主任委员：许振英（女）　张炳烛

委　员：钱振亚　李文辉　王立波
李丽英（女）

届中调整情况：2021年3月区五届人民代表大会第五次会议选举栾新华为区五届人民代表大会教育科技文化主任委员。

（四）裕华区第五届人民代表大会城乡建设和环境保护委员会

主 任 委 员：狄增建（兼）

副主任委员：梁　英　　　　周增雨

委　　　员：王丹媚（女）　　武贵桃（女）　　贺海宏　　郭卫兵

（五）裕华区第五届人民代表大会社会建设委员会

主 任 委 员：宗立荣（兼，女，2019 年 1 月—2021 年 3 月）

栾新华（兼，2021 年 3 月—2021 年 7 月）

副主任委员：张　月（女）　　马　辉

委　　　员：刘玉文　　刘建军　　张　锋（裕强街道代表团）

魏文亮

届中调整情况：2021 年 3 月区五届人民代表大会第五次会议选举栾新华为区五届人民代表大会社会建设委员会主任委员。

第四章　人民代表大会常务委员会

区五届人大一次会议选举产生区人大常委会组成人员 29 人。

第一节　常委会会议概况

区五届人大常委会共召开会议 38 次。

第一次会议　2017 年 3 月 23 日召开。区人大常委会主任刘凤清，副主任李占省、宗立荣和 23 名委员出席会议。区人民政府副区长刘轶、区人民法院院长梁景辰、区人民检察院检察长郝增录列席会议。会议审议通过《区人大常委会 2017 年工作要点》《区人大常委会代表资格审查委员会名单》，会议补选了王云辉、谭运江、杨传英 3 名同志为裕华区出席石家庄市第十四届人民代表大会代表。

注：裕华区第五届人大常委会代表资格审查委员会组成人员

主 任 委 员：李占省（2017 年 3 月—2020 年 3 月）

刘建新（2020 年 4 月—2021 年 7 月）

副主任委员：吴玉兰（女，2017 年 3 月—2019 年 6 月）

侯献军（2017 年 3 月—2019 年 2 月）

许迎军（女，2017 年 3 月—2018 年 1 月）

郭忠杰（2018 年 1 月—2021 年 7 月）

刘　强（2020 年 4 月—2021 年 7 月）

王　敬（女，2020 年 4 月—2021 年 7 月）

委　　　员：石鹏霄（2017 年 3 月—2021 年 7 月）

刘　伟（女，2017 年 3 月—2021 年 7 月）

孙秀芬（女，2017 年 3 月—2019 年 1 月）

张　燕（女，2017 年 3 月—2020 年 10 月）

魏彦忠（2017 年 3 月—2021 年 7 月）

王　闽（女，2020 年 4 月—2021 年 7 月）

第二次会议　2017 年 3 月 31 日召开。区人大常委会主任刘凤清，副主任李占省、宗立荣和 22 名委员出席会议。会议审议通过区人大常委会《关于许可对区人大代表谷某某采取强制措施的决定》。

第三次会议 2017年4月26日召开。区人大常委会主任刘凤清，副主任李占省、宗立荣和24名委员出席会议。区人民政府区长管云天、区人民法院院长梁景辰、区人民检察院检察长郝增录列席会议。会议听取和审议区卫生和计划生育局局长杨岱宗作的《关于贯彻落实全面两孩政策、改革完善计划生育服务管理工作情况的报告》、区人民政府区长管云天作的《关于设立行政审批局的报告》。审议通过《关于接受韩志芳同志辞去区人大代表职务请求的决定》《关于接受袁伟同志辞去区人大代表职务请求的决定》《关于接受李军辉同志辞去区人大代表职务请求的决定》《关于接受张献刚同志辞去区人大代表职务请求的决定》《关于接受赵玉秋同志辞去区人大代表职务请求的决定》《关于接受高清震同志辞去区人大代表职务请求的决定》《关于接受蔡立伟同志辞去区人大代表职务请求的决定》。会议通过人事任免事项（名单见本章《选举任免》）。

第四次会议 2017年6月27日召开。区人大常委会主任刘凤清，副主任宗立荣、刘建新和20名委员出席会议。区人民政府副区长李军辉、区人民法院院长梁景辰、区人民检察院副检察长王秀文列席会议。会议听取和审议区司法局局长蔡立伟作的《关于法制宣传教育第七个五年规划开展情况的报告》、区质量技术监督局局长李红旗作的《关于电梯安全管理工作情况的报告》，审议通过区人大政法工委《关于我区法制宣传教育第七个五年规划开展情况的调查报告》。会议通过人事任免事项（名单见本章《选举任免》）。

第五次会议 2017年7月6日召开。区人大常委会副主任宗立荣、刘建新和20名委员出席会议。审议通过区人大常委会《关于许可对区人大代表张某某采取强制措施的决定》。

第六次会议 2017年8月29日召开。区人大常委会主任刘凤清，副主任李占省、宗立荣、郭玉奎、刘建新和18名委员出席会议。区人民政府副区长李军辉、区人民法院院长梁景辰、区人民检察院检察长郝增录列席会议。会议听取和审议区发改局局长曹秀婷作的《关于2017年上半年国民经济和社会发展计划执行情况的报告》、区财政局局长赵军会作的《关于2017年上半年预算执行情况的报告》《关于2016年决算的报告》、区审计局局长王志强作的《关于2016年预算执行和其他财政收支的审计工作报告》。审议通过区人民政府《关于科技创新工作情况的报告》、新修订的《区人大常委会相关规章制度》。会议通过人事任免事项（名单见本章《选举任免》）。

第七次会议 2017年10月27日召开。区人大常委会主任刘凤清，副主任李占省、宗立荣和25名委员出席会议。区人民政府副区长刘禹、区人民法院院长梁景辰、区人民检察院检察长郝增录列席会议。会议听取和审议区教育局局长赵玉秋作的《关于学前教育发展情况的工作报告》、区住房和城区建设局局长杨宇声作的《关于老旧小区引入保障性物业情况的工作报告》。审议通过《关于接受聂昕同志辞去区人大代表职务请求的决定》《关于接受郝建军同志辞去区人民政府副区长职务请求的决定》、区人民政府《关于贯彻落实全面两孩政策改革完善计划生育服务管理工作审议意见办理情况的报告》《关于电梯安全管理工作情况审议意见研究处理情况的报告》《关于对全区学前教育发展情况报告审议意见研究处理情况的报告》。会议通过人事任免事项（名单见本章《选举任免》）。

第八次会议 2017年12月20日召开。区人大常委会主任刘凤清，副主任李占省、宗立荣、刘建新和17名委员出席会议。区人民政府副区长李军辉、区人民法院院长梁景辰、区人民检察院副检察长傅文魁列席会议。会议听取和审议区市场监督管理局局长杨兴斌作的《关于实施〈中华人民共和国食品安全法〉情况的报告》、区环保分局局长武献峰作的《关于大气污染防治工作情况的报告》、区人民政府办公室主任房慧超作的《关于办理区五届一次会议代表建议情况的报告》、区财政局局长赵军会作的《关于2017年预算调整方案（草案）的报告》。审议通过《区人大常委会代表资格审查委员会关于补选代表资格的审查报告》《关于许可对区人大代表王某某采取强制措施的决定》、区人民政府《关于对我区2017年上半年国民经济和社会发展计划执行情况审议意见研究处理情况的报告》《关于对我区2017年上半年预算执行情况审议意见研究处理情况的报告》《关于对我区2016年决算情况审议意见研究处理情况的报告》《关于2016年预算执行和其他财政收支情况的审计工作报告中所列问题整改情况的报告》《关于2017年利民惠民实事办理情况的报告》《关于生活饮用水监测及饮用水卫生监督情况的报告》。听取和评议了高清震、王闽、韩云巧、武永建、程薇、格生存同志的《述职报告》。

第九次会议 2018年1月24日召开。区人大常委会主任刘凤清，副主任李占省、宗立荣和25名委员出席会议。区人民政府副区长王玮、区人民法院副院长杨建科、区人民检察院检察长郝增录列席会议。审议通过《关于接受郭玉奎同志辞去区人大常委会副主任、区人大代表职务请求的决定》《关于接受许振英同志辞去区人大常委会委员职务请求的决定》《关于接受许迎军同志辞去区人大常委会委员、区人大代表职务请求的决定》《关于接受于立华同志辞去裕华区人大代表职务请求的决定》。审议通过《区人大常委会关于召开区第五届人民代表大会第二次会议的决定》《区第五届人民代表大会第二次会议建议议程》《区第五届人民代表大会第二次会议主席团和秘书长建议名单》《区人大常委会代表资格审查委员会关于代表变动情况的报告》《区第五届人民代表大会第二次会议列席人员名单》《区人大常委会工作报告（稿）》《区人大常委会关于召开区第五届人民代表大会第二次会议事宜临时授权的决定》。会议通过人事任免事项（名单见本章《选举任免》）。

第十次会议 2018年2月3日召开。区人大常委会主任刘凤清，副主任李占省、刘建新和28名委员出席会议。区人民政府副区长李军辉、区监察委员会主任周自强、区人民法院院长梁景辰、区人民检察院检察长郝增录列席会议。审议通过《区人大常委会2018年工作要点》。增补区人大常委会代表资格审查委员会委员。会议通过人事任免事项（名单见本章《选举任免》）。

第十一次会议 2018年4月25日召开。区人大常委会主任刘凤清，副主任狄增建、宗立荣、刘建新和22名委员出席会议。区人民政府副区长刘轶、区监察委员会副主任边国乐、区人民法院副院长安建军、区人民检察院检察长郝增录列席会议。会议听取和审议区卫计局局长杨岱宗作的《关于中医药服务能力建设情况的报告》、区交警大队大队长刘海波作的

《关于贯彻落实〈中华人民共和国道路交通安全法〉情况的报告》。听取和审议区人民法院、区人民检察院部分被任命人员郭俊光、何亚辉、李瑶、曹向荣、刘爱玲、王元浩作的《述职报告》，并进行评议。审议通过《关于许可对区人大代表杨某某采取法律规定的强制措施、暂停代表职务的决定》《关于表彰2017年度优秀“人大代表之家”和“人大代表联络站”的决定》、区人民政府《关于对全区学前教育发展情况报告审议意见研究处理情况的报告》、区人大常委会视察组《关于全区中医药服务能力建设情况的视察报告》。

第十二次会议 2018年6月27日召开。区人大常委会主任刘凤清，副主任李占省、狄增建、宗立荣、刘建新和23名委员出席会议。区人民政府副区长王世利、区监察委员会副主任边国乐、区人民法院院长梁景辰、区人民检察院副检察长傅文魁列席会议。会议听取和审议区安监局局长格生存作的《关于安全生产监督工作情况的报告》、区公安分局副局长董广华作的《关于执法规范化建设情况的报告》、区人大常委会主任会议《关于调整街道人大工作机构名称的备案报告》。审议通过了区人民政府《关于对中医药服务能力建设情况报告审议意见研究处理情况的报告》《关于社会保险基金使用管理监督工作情况的报告》、区人大常委会《石家庄市裕华区人大常委会会议请假规定（试行）》《关于接受吴时茂同志辞去石家庄第十四届人大代表职务请求的决定》《关于接受翟文选同志辞去区人大代表职务请求的决定》《关于接受杨力士同志辞去区人大代表职务请求的决定》。会议通过人事任免事项（名单见本章《选举任免》）。

第十三次会议 2018年8月9日召开。区人大常委会主任刘凤清，副主任李占省、狄增建、宗立荣、刘建新和17名委员出席会议。区人民政府副区长王玮、区监察委员会副主任张蕴哲、区人民法院院长梁景辰、区人民检察院检察长郝增录列席会议。会议审议通过《关于接受张鸿阁同志辞去区人大代表职务请求的决定》《关于接受王世利同志辞去区人民政府副区长职务请求的决定》。会议通过人事任免事项（名单见本章《选举任免》）。

第十四次会议 2018年9月11日召开。区人大常委会主任刘凤清，副主任李占省、狄增建、宗立荣、刘建新和19名委员出席会议。区人民政府副区长王玮、区监察委员会副主任边国乐、区人民法院副院长安建军、区人民检察院副检察长张拴力列席会议。会议听取和审议区发改局局长曹秀婷作的《关于2018年上半年国民经济和社会发展计划执行情况的报告》、区财政局局长赵军会作的《关于2018年上半年预算执行情况的报告》《关于2017年决算情况的报告》、区审计局局长王志强作的《关于2017年度预算执行和其他财政收支的审计工作报告》、区民政局局长高清震作的《关于扶贫脱贫攻坚工作情况的报告》、区人民政府办公室主任房慧超作的《关于大气污染防治工作情况的报告》、区行政审批局局长韩云巧作的《关于优化营商环境工作情况的报告》、区人民法院副院长安建军作的《关于审判工作情况的报告》，审议通过区人民政府《关于安全生产监管工作情况审议意见研究处理情况的报告》《关于妇幼健康工作情况的报告》。

第十五次会议 2018年10月26日召开。区人大常委会主任刘凤清，副主任李占省、狄增建、宗立荣、刘建新和20名委员出席会议。区人民政府副区长王玮、区监察委员会副主任边国乐、区人民法院副院长安建军、区人民检察院副检察长徐立伟列席会议。会议听取和审议区人民政府副区长王玮作的《关于养老服务体系建设情况的报告》、区人民检察院副检察长徐立伟作的《关于法律监督工作情况的报告》、区统计局局长王闽作的《关于〈中华人民共和国统计法〉实施情况的报告》、区财政局局长赵军会作的《关于2018年预算调整方案（草案）的报告》。审议通过《关于接受杨玉鹏同志辞去区人民政府副区长职务请求的决定》《关于深入学习宣传和贯彻实施〈中华人民共和国宪法〉的决定》《关于扶贫脱贫攻坚工作、大气污染防治工作、优化营商环境工作审议意见研究处理情况的报告》。会议通过人事任免事项（名单见本章《选举任免》）。

第十六次会议　2018年12月27日召开。区人大常委会主任刘凤清，副主任李占省、狄增建、宗立荣、刘建新和21名委员出席会议。区人民政府区长管云天、区人民政府副区长刘禹、区监察委员会主任周自强、区人民法院院长梁景辰、区人民检察院检察长郝增录列席会议。会议听取和审议审计局局长王志强作的《〈关于2017年度预算执行和其他财政收支情况的审计工作报告〉中有关整改问题情况的报告》、区人民政府办公室主任房慧超作的《关于办理区五届人大二次会议代表建议情况的报告》、区民政局局长高清震作的《关于第十一届村民委员会、第九届社区居民委员会换届选举工作情况的报告》、区人民检察院副检察长张拴力作的《关于公益诉讼工作情况的报告》、区财政局局长赵会军作的《关于2018年预算调整方案（草案）的报告》、区司法局局长蔡立伟、区科技局局长边庆敏、区发改局局长曹秀婷、区农办主任古林华作的《述职报告》，听取区人民政府《关于设立退役军人事务局的备案报告》。审议通过《关于接受管云天同志辞去区人民政府区长职务请求的决定》《关于接受吕华毅同志辞去区人大代表职务请求的决定》、区人民政府《关于对我区养老服务体系建设工作审议意见办理情况的报告》《关于2018年利民惠民实事办理情况的报告》《关于疾病预防控制工作的报告》。会议通过人事任免事项（名单见本章《选举任免》）。

第十七次会议　2019年1月9日召开。区人大常委会主任刘凤清，副主任李占省、狄增建、宗立荣、刘建新和20名委员出席会议。区人民政府副区长李军辉、区监察委员会副主任边国乐、区人民法院院长梁景辰、区人民检察院检察长郝增录列席会议。会议审议通过《区人大常委会关于召开区五届人大三次会议的决定》《区五届人大三次会议建议议程》《区五届人大三次会议主席团和秘书长建议名单》《区人大常委会代表资格审查委员会关于代表变动情况的报告》《区五届人大三次会议列席人员名单》《区人大常委会工作报告（稿）》《区人大常委会关于召开区五届人大三次会议事宜临时授权的决定》《区人民政府关于机构改革中组成部门变动情况的备案报告》《关于接受孟兵强同志辞去市十四届人大代表职务请求的决定》《关于接受孙秀芬同志辞去区人大代表职务请求的决定》《关于接受王丽君同志辞去区人大代表职务请求的决定》《关于接受崔秋生同志辞去区人大代表职务请求的决定》。补选张东凯同志为裕华区出席市第十四届人民代表大会代表。会议通过人事任免事项（名单见本章《选举任免》）。

第十八次会议　2019年1月18日召开。区人大常委会主任刘凤清，副主任李占省、狄增建、宗立荣、刘建新和23名委员出席会议。区人民政府副区长李军辉、区监察委员会主任周自强、区人民法院院长梁景辰、区人民检察院检察长郝增录列席会议。会议审议通过《区人大常委会2019年工作要点》《关于接受谷建党同志辞去区人大代表职务请求的决定》。

第十九次会议 2019年4月23日召开。区人大常委会主任刘凤清，副主任李占省、狄增建、宗立荣、刘建新和18名委员出席会议。区监察委员会主任周自强、区人民政府副区长李军辉、区人民法院副院长安建军、区人民检察院检察长郝增录列席会议。会议听取和审议区人民政府副区长李军辉作的《关于2018年度环境状况和环境保护目标完成情况的报告》、区发改局局长曹秀婷作的《关于对我区国民经济和社会发展第十三个五年规划实施情况的中期评估的报告》、区科技局副局长王立华作的《关于科技创新开发区建设情况的报告》、区人民法院梁春芳、杨雪莉、何亚辉、刘爱利、陈琪作的《述职报告》、区人民检察院赵宏、杜卫红、宋艳辉作的《述职报告》。审议通过《关于接受侯献军同志辞去区人大代表职务请求的决定》《关于接受雍建波同志辞去区人大代表职务请求的决定》《关于接受韩文涛同志辞去区人大代表职务请求的决定》、区人民政府《关于区人大常委会对我区村居委会换届选举工作审议意见办理情况的报告》。会议通过人事任免事项（名单见本章《选举任免》）。

第二十次会议 2019年6月25日召开。区人大常委会主任刘凤清、副主任李占省、狄增建、宗立荣、刘建新和21名委员出席会议。区人民政府区长张东凯、区监察委员会主任候选人郝志明、区人民法院院长梁景辰、区人民检察院检察长郝增录列席会议。会议听取和审议区财政局负责人韩云巧作的《关于2018年度国有资产管理情况的报告》、区人民检察院副检察长张拴力作的《关于开展公益诉讼工作情况的报告》，并进行了满意度测评。审议通过《关于接受周自强同志辞去区监察委员会主任职务请求的决定》《关于接受吴玉兰同志辞去区人大常委会委员职务请求的决定》《关于接受朱兵强同志辞去区人大代表职务请求的决定》、区人民政府《关于"智慧校园"创建工作情况的报告》。对区人民政府生态环境保护工作情况进行专题询问。会议通过人事任免事项（名单见本章《选举任免》）。

第二十一次会议 2019年8月29日召开。区人大常委会主任刘凤清，副主任李占省、狄增建、宗立荣、刘建新和22名委员出席会议。会议听取和审议区人民政府《关于2019年上半年国民经济和社会发展计划执行情况的报告》《关于2019年上半年预算执行情况的报告》《关于法制宣传教育第七个五年规划实施情况的报告》，并进行了满意度测评。审议通过《石家庄市裕华区人大常委会关于民生实事项目人大代表票决制的决定》《关于接受魏红元同志辞去区人大代表职务请求的决定》《关于接受郄云锋同志辞去区人大代表职务请求的决定》《关于接受吴增强同志辞去区人大代表职务请求的决定》《关于接受张振华同志辞去区人大代表职务请求的决定》《关于接受李文亚同志辞去区人大代表职务请求的决定》《关于接受李志峰同志辞去区人大代表职务请求的决定》《关于接受薛景辉同志辞去区人大代表职务请求的决定》《关于接受秦吉辉同志辞去区人大代表职务请求的决定》《关于接受赵军法同志辞去区人大代表职务请求的决定》《关于接受孙占新同志辞去区人大代表职务请求的决定》。对裕华区参加市人民代表大会代表进行了评议。

第二十二次会议　2019年9月26日召开，区人大常委会主任刘凤清，副主任李占省、宗立荣、刘建新和19名委员出席会议。会议听取和审议区人民政府《关于2018年决算情况的报告》《关于2018年度预算执行和其他财政收支的审计工作报告》。

第二十三次会议　2019年10月28日召开，区人大常委会主任刘凤清，副主任李占省、狄增建、宗立荣、刘建新和26名委员出席会议。会议听取和审议区人民政府《关于农村集体资产管理指导监督情况的报告》《关于药品监督管理情况的报告》、区人民法院《关于执行工作情况的报告》，并进行满意度测评。审议通过《关于接受杨辉平同志辞去区人民政府副区长职务请求的决定》。会议通过人事任免事项（名单见本章《选举任免》）。

第二十四次会议　2019年12月27日召开。区人大常委会主任刘凤清，副主任李占省、狄增建、宗立荣、刘建新和21名委员出席会议。区人民政府副区长梁胜军、区监察委员会副主任史海宾、区人民法院院长梁景辰、区人民检察院副检察长徐立伟列席会议。会议听取和审议区人民政府《关于2019年预算调整方案（草案）的报告》《关于办理代表建议、批评和意见情况的报告》《关于〈2018年度预算执行和其他财政收支情况的审计工作报告〉中有关问题整改情况的报告》。听取和审议赵玉秋、李红旗、崔秋生作的《述职报告》，并进行评议。审议通过《关于召开区第五届人民代表大会第四次会议的决定》《区第五届人民代表大会第四次会议建议议程》《区第五届人民代表大会第四次会议主席团和秘书长建议名单》《区人大常委会代表资格审查委员会关于代表变动情况的报告》《区第五届人民代表大会第四次会议列席人员名单》《区人大常委会工作报告（稿）》《区人大常委会关于召开区第五届人民代表大会第四次会议事宜临时授权的决定》《关于接受于俊国同志辞去区人大代表职务请求的决定》《关于接受王景芳同志辞去区人大代表职务请求的决定》《关于接受张兵印同志辞去区人大代表职务请求的决定》。会议补选了吴相君为裕华区出席市第十四届人民代表大会代表。会议通过人事任免事项（名单见本章《选举任免》）。

第二十五次会议　2019年12月31日召开。区人大常委会主任刘凤清，副主任李占省、狄增建、宗立荣、刘建新和14名委员出席会议。区人民政府副区长梁胜军、区监察委员会副主任史海宾、区人民法院院长梁景辰、区人民检察院副检察长徐立伟列席会议。会议听取和审议区人民政府《关于2019年预算调整方案（草案）的报告》。

第二十六次会议　2020年2月27日召开。区人大常委会主任刘凤清，副主任李占省、狄增建、宗立荣、刘建新和10名委员出席会议。区人民政府副区长梁胜军、区监察委员会副主任史海宾、区人民法院院长梁景辰、区人民检察院副检察长徐立伟列席会议。会议审议区人民政府《关于新冠肺炎疫情防控工作情况报告》。审议通过《区人大常委会2020年工作要点》。

第二十七次会议　2020年4月28日召开。区人大常委会主任刘凤清，副主任李占省、狄增建、宗立荣、刘建新和21名委员出席会议。区人民政府副区长梁胜军、区监察委员会副主任史海宾、区人民法院院长梁景辰、区人民检察院副检察长付文魁列席会议。会议审议区人民政府《关于2019年度环境状况和环境保护目标完成情况的报告》《关于退役军人事务管理情况的报告》《关于2019年度法治政府建设情况的报告》。会议通过人事任免事项（名单见本章《选举任免》）。

第二十八次会议 2020年6月29日召开。区人大常委会主任刘凤清，副主任李占省、狄增建、宗立荣、刘建新和20名委员出席会议。区人民政府副区长梁胜军、区监察委员会副主任史海宾、区人民法院院长梁景辰、区人民检察院检察长郝增录列席会议。会议听取和审议区人民政府副区长梁胜军作的《关于“6+1”联动监督工作整改情况的报告》、区财政局局长韩云巧作的《关于2019年度国有资产管理工作情况的报告》，并进行满意度测评。审议通过区人大常委会视察组《关于对我区地下水超采综合治理工作情况的视察报告》《关于对我区房地产开发项目清理规范工作情况的视察报告》《关于对我区公共卫生管理工作的视察报告》《关于对我区违法违规圈占土地和违规违建项目清理规范工作的视察报告》、区人民政府《关于社会组织管理工作情况的报告》。听取和审议区人民法院、区人民检察院部分被任命人员冯丽娟、高利军、高云、李瑶、张巧莲、李绍军、李炜、何浩、杨志波作的《述职报告》。会议通过人事任免事项（名单见本章《选举任免》）。

第二十九次会议 2020年8月27日召开。区人大常委会主任刘凤清，副主任李占省、狄增建、宗立荣、刘建新和17名委员出席会议。区人民政府副区长刘禹、区监察委员会副主任史海宾、区人民法院院长梁景辰、区人民检察院检察长郝增录列席会议。会议听取和审议区发改局局长曹秀婷作的《关于2020年上半年国民经济和社会发展计划执行情况的报告》、区财政局局长韩云巧作的《关于2020年上半年预算执行情况的报告》《关于2019年决算情况的报告》、区审计局局长刘畅作的《关于2019年预算执行和其他财政财务收支情况的审计工作报告》、区文旅局局长张兵印作的《关于文化惠民工作开展情况的报告》，并进行满意度测评。审议通过区人民政府《关于2020年重点项目建设情况的报告》《关于2020年利民惠民10件实事进展情况的报告》《关于对我区违法违规圈占土地清理规范工作审议意见办理情况的报告》《关于对我区违规违建项目清理规范工作审议意见办理情况的报告》《关于对我区房地产开发项目清理规范工作审议意见办理情况的报告》《关于对我区地下水超采综合治理工作审议意见办理情况的报告》《关于对我区加强公共卫生管理工作审议意见办理情况的报告》。会议就加强公共卫生管理工作情况开展专题询问。

第三十次会议 2020年10月29日召开。区人大常委会主任刘凤清，副主任李占省、狄增建、刘建新和17名委员出席会议。区监察委员会主任郝志明、区人民政府副区长梁胜军、区人民政府副区长、公安分局局长姜俊军、区人民法院院长梁景辰、区人民检察院检察长郝增录列席会议。会议听取和审议区人民政府副区长、公安分局局长姜俊军作的《关于开展“扫黑除恶”专项斗争进展情况的报告》、区卫生健康局杨岱宗作的《关于落实医疗卫生“优质服务基层行”情况的报告》，并进行满意度测评。听取和审议区行政审批局局长边国乐、区民政局局长李彦朝、区医疗保障局局长邢志国作的《述职报告》，并进行评议。审议通过《关于接受张凤印同志辞去区人大代表职务请求的决定》《关于接受宗立荣同志辞去区人大代表职务请求的决定》《关于接受程薇同志辞去区人大代表职务请求的决定》《关于接受武志刚同志辞去区人大代表职务请求的决定》《关于接受张文强同志辞去区人大代表职务请求的决定》《关于接受张燕同志辞去区人大代表职务请求的决定》。会议通过人事任免事项（名单见本章《选举任免》）。

第三十一次会议　2020年12月30日召开。区人大常委会主任刘凤清，副主任李占省、狄增建、刘建新和20名委员出席会议。区人民政府副区长李军辉、区监察委员会副主任史海宾、区人民法院院长梁景辰、区人民检察院检察长郝增录列席会议。会议听取和审议区政府办公室主任赵晓斌作的《关于2020年民生实事项目进展情况的报告》《关于办理区五届人大四次会议代表建议情况的报告》、区审计局王志强作的《〈关于2019年度预算执行和其他财政财务收支情况的审计工作报告〉中所列问题整改情况的报告》，并进行满意度测评。听取和审议区财政局局长韩云巧作的《关于2020年预算调整方案（草案）的报告》，决定批准区人民政府提出的2020年区级预算调整方案。审议通过《区人大常委会关于深入学习宣传和贯彻实施〈中华人民共和国民法典〉的决定》《区人大常委会关于补选部分区人大代表的决定》《关于接受郝洪恩同志辞去区人大代表职务请求的决定》、区人民政府《关于“6+1”联动监督整改落实情况的报告》《关于民办幼儿园和民办教育机构管理情况的报告》《关于对我区医疗卫生“优质服务基层行”审议意见办理情况的报告》、裕华公安分局《关于对区人大常委会“扫黑除恶”专项斗争工作审议意见办理情况的报告》。会议通过人事任免事项（名单见本章《选举任免》）。

第三十二次会议　2021年2月14日召开。区人大常委会主任刘凤清，副主任李占省、狄增建、刘建新和11名委员出席会议。审议通过《关于接受赵文锋辞去石家庄市第十四届人民代表大会代表职务的决议》，补选曹琴英、李峰同志为裕华区出席石家庄市第十四届人民代表大会代表。

第三十三次会议　2021年3月4日召开。区人大常委会主任刘凤清，副主任狄增建、刘建新和20名委员出席会议。区人民政府副区长王玮、区监察委员会副主任史海宾、区人民法院院长梁景辰、区人民检察院检察长郝增录列席会议。会议审议通过《区人大常委会关于召开区第五届人民代表大会第五次会议的决定》《区第五届人民代表大会第五次会议建议议程》《区第五届人民代表大会第五次会议主席团和秘书长建议名单》《区人大常委会代表资格审查委员会关于代表变动情况的报告》《区第五届人民代表大会第五次会议列席人员名单》《区人大常委会工作报告（稿）》《区人大常委会关于召开区第五届人民代表大会第五次会议事宜临时授权的决定》《关于接受李占省同志辞去区人大常委会副主任、区人大代表职务请求的决定》。

第三十四次会议　2021年3月17日召开。区人大常委会主任刘凤清，副主任狄增建、刘建新、栾新华和12名委员出席会议。区人民政府副区长王玮、区监察委员会副主任史海宾、区人民法院院长梁景辰、区人民检察院副检察长徐立伟列席会议。会议审议通过《区人大常委会2021年工作要点》。会议通过人事任免事项（名单见本章《选举任免》）。

第三十五次会议 2021 年 4 月 25 日召开。区人大常委会主任刘凤清，副主任狄增建、刘建新、栾新华和 19 名委员出席会议。区人民政府副区长李军辉、区监察委员会副主任史海宾、区人民法院院长梁景辰、区人民检察院检察长郝增录列席会议。会议听取和审议区人民政府副区长李军辉作的《关于 2020 年度环境状况和环境保护目标完成情况的报告》、区财政局局长韩云巧作的《将“品质裕华·智慧大脑”PPP 项目跨年度财政支出责任纳入区财政管理的报告》，审议通过《关于区镇两级人民代表大会换届选举工作的决定》《关于区镇两级人民代表大会换届选举工作的实施方案》《关于设立区选举委员会的决定》《关于任命方村镇、宋营镇选举委员会组成人员的决定》《关于方村镇、宋营镇代表名额的决定》《关于区镇两级人民代表大会换届选举期间临时授权的决定》。会议通过人事任免事项（名单见本章《选举任免》）。

第三十六次会议 2021 年 5 月 25 日召开。区人大常委会主任刘凤清，副主任狄增建、刘建新、栾新华和 19 名委员出席会议。区人民政府副区长梁胜军、区监察委员会副主任史海宾、区人民法院副院长韩志国、区人民检察院副检察长傅文魁列席会议。会议审议通过《关于接受张东凯同志辞去区人民政府区长职务请求的决定》《关于接受梁景辰同志辞去区人民法院院长职务请求的决定》《关于接受郝增录同志辞去区人民检察院检察长职务请求的决定》。会议通过人事任免事项（名单见本章《选举任免》）。

第三十七次会议 2021 年 6 月 4 日召开。区人大常委会主任刘凤清，副主任狄增建、刘建新、栾新华和 13 名委员出席会议。区人民政府常务副区长张星、区监察委员会副主任史海宾、区人民法院副院长杨建科、区人民检察院副检察长傅文魁列席会议。会议审议通过《关于接受李军辉同志辞去区人民政府副区长职务请求的决定》《关于接受刘轶同志辞去区人民政府副区长职务请求的决定》《关于接受王玮同志辞去区人民政府副区长职务请求的决定》《关于接受郝志明同志辞去区监察委员会主任职务请求的决定》。会议通过人事任免事项（名单见本章《选举任免》）。

第三十八次会议 2021 年 7 月 16 日召开。区人大常委会主任刘凤清，副主任狄增建、刘建新、栾新华和 16 名委员出席会议。区人民政府副区长宋兵跃、区监察委员会副主任史海宾、区人民法院副院长杨建科、区人民检察院副检察长傅文魁列席会议。会议听取和审议区财政局局长牛兰柱作的《关于 2020 年度国有资产管理工作情况的报告》、区民政局局长李彦朝作的《关于村（居）民委员会换届选举工作的报告》、区政府办公室主任赵晓斌作的《关于办理区五届人大五次会议代表建议的情况报告》，并进行满意度测评。审议通过《裕华区人大常委会关于召开区第六届人民代表大会第一次会议的决定》《裕华区人大常委会代表资格审查委员会关于代表资格的审查报告》《裕华区第六届人民代表大会第一次会议主席团和秘书长建议名单》《裕华区第六届人民代表大会第一次会议议案审查委员会建议名单》《审议裕华区第六届人民代表大会第一次会议列席人员名单》《裕华区人大常委会关于召开区第六届人民代表大会第一次会议事宜临时授权的决定》《裕华区人大常委会工作报告（稿）》。会议通过人事任免事项（名单见本章《选举任免》）。

第二节　办事机构

区五届人大常委会设办公室、选举任免代表工作委员会、财政经济工作委员会、政法工作委员会、教科文卫工作委员会、信访办公室。

表 25　　石家庄市裕华区第五届人大常委会机构设置一览表

机构名称	职　务	姓　名	任职时间
办公室	主　任	侯献军	2017 年 3 月—2019 年 4 月
		刘　强	2019 年 4 月—2021 年 7 月
	副主任	胡延宾	2017 年 6 月—2019 年 12 月
		马　显	2019 年 12 月—2021 年 7 月
选举任免代表工作委员会	主　任	许迎军	2017 年 3 月—2018 年 1 月
		郭忠杰	2018 年 1 月—2021 年 7 月
财政经济工作委员会	主　任	雍建波	2017 年 3 月—2019 年 4 月
		胡延宾	2019 年 12 月—2021 年 7 月
政法工作委员会	主　任	梁　英	2017 年 3 月—2021 年 7 月
教科文卫工作委员会	主　任	许振英	2017 年 3 月—2018 年 1 月
		张　月	2018 年 1 月—2021 年 7 月
信访办公室	主　任	李彦芳	2017 年 3 月—2021 年 7 月

在各街道设立人大工委。2017 年 3 月，裕华区人大常委会下设 11 个街道工委：建通街道人大工委、槐底街道人大工委、裕东街道人大工委、裕华路街道人大工委、东苑街道人大工委、裕兴街道人大工委、裕强街道人大工委、裕翔街道人大工委、建华南街道人大工委、长江街道人大工委、太行街道人大工委。

注：长江街道、太行街道属石家庄高新技术开发区，因干部管理权限，裕华区人大常委会未任命此 2 个街道人大工作委员会主任。

表 26　　石家庄市裕华区第五届人大常委会派出机构一览表

机构名称	职　务	姓　名	任职时间
建通街道人大工作委员会	主　任	康吉锁	2017 年 3 月—2021 年 7 月
槐底街道人大工作委员会	主　任	于立华	2017 年 3 月—2018 年 1 月
		郑志海	2019 年 6 月—2021 年 7 月

续表 26

机构名称	职　务	姓　名	任职时间
裕华路街道人大工作委员会	主　任	郄云峰	2017 年 3 月—2019 年 10 月
		王滨慧	2019 年 10 月—2021 年 7 月
裕东街道人大工作委员会	主　任	周增雨	2017 年 3 月—2021 年 7 月
东苑街道人大工作委员会	主　任	谢山林	2017 年 3 月—2021 年 7 月
裕兴街道人大工作委员会	主　任	张　月	2017 年 3 月—2018 年 1 月
		郭录芳	2019 年 6 月—2021 年 7 月
裕强街道人大工作委员会	主　任	郭冬敏	2017 年 3 月—2021 年 4 月
		吴　威	2021 年 4 月—2021 年 7 月
建华南街道人大工作委员会	主　任	刘　伟	2017 年 3 月—2021 年 4 月
		米彦巧	2021 年 4 月—2021 年 7 月
裕翔街道人大工作委员会	主　任	吴增强	2017 年 3 月—2019 年 10 月
		孙惠敏	2019 年 10 月—2021 年 7 月
长江街道人大工作委员会	负责人	薛景辉	2018 年 1 月—2020 年 6 月
		朱国锋	2020 年 6 月—2021 年 5 月
		张振国	2021 年 5 月—2021 年 7 月
太行街道人大工作委员会	负责人	赵军法	2017 年 2 月—2018 年 10 月
		张晓丽	2019 年 4 月—2021 年 5 月

第三节　决议决定

区五届人大常委会共作出决议决定 86 项。

表 27　　石家庄市裕华区第五届人大常委会决议决定一览表

时　间	会　议	名　称
2017 年 3 月 31 日	五届二次会议	《关于许可对区人大代表谷某某采取强制措施的决定》
2017 年 4 月 26 日	五届三次会议	《关于接受韩志芳同志辞去区人大代表职务请求的决定》《关于接受袁伟同志辞去区人大代表职务请求的决定》《关于接受李军辉同志辞去区人大代表职务请求的决定》《关于接受张献刚同志辞去区人大代表职务请求的决定》《关于接受赵玉秋同志辞去区人大代表职务请求的决定》《关于接受高清震同志辞去区人大代表职务请求的决定》《关于接受蔡立伟同志辞去区人大代表职务请求的决定》

续表 27

时　间	会　议	名　称
2017 年 7 月 6 日	五届五次会议	《关于许可对区人大代表张某某采取强制措施的决定》
2017 年 10 月 27 日	五届七次会议	《关于接受聂昕同志辞去区人大代表职务请求的决定》《关于接受郝建军同志辞去区人民政府副区长职务请求的决定》
2017 年 12 月 20 日	五届八次会议	《关于许可对区人大代表王某某采取强制措施的决定》
2018 年 1 月 24 日	五届九次会议	《关于接受郭玉奎同志辞去区人大常委会副主任、区人大代表职务请求的决定》《关于接受许振英同志辞去区人大常委会委员职务请求的决定》《关于接受许迎军同志辞去区人大常委会委员、区人大代表职务请求的决定》《关于接受于立华同志辞去区人大代表职务请求的决定》《区人大常委会关于召开区第五届人民代表大会第二次会议的决定》《区人大常委会关于召开区第五届人民代表大会第二次会议事宜临时授权的决定》
2018 年 4 月 25 日	五届十一次会议	《关于许可对区人大代表杨某某采取法律规定的强制措施、暂停代表职务的决定》《关于表彰 2017 年度优秀“人大代表之家”和“人大代表联络站”的决定》
2018 年 6 月 27 日	五届十二次会议	《关于接受吴时茂同志辞去石家庄第十四届人大代表职务请求的决定》《关于接受翟文选同志辞去区人大代表职务请求的决定》《关于接受杨力士同志辞去区人大代表职务请求的决定》
2018 年 8 月 9 日	五届十三次会议	《关于接受张鸿阁同志辞去区人大代表职务请求的决定》《关于接受王世利同志辞去区人民政府副区长职务请求的决定》
2018 年 10 月 26 日	五届十五次会议	《关于深入学习宣传和贯彻实施〈中华人民共和国宪法〉的决定》《关于接受杨玉鹏同志辞去区人民政府副区长职务请求的决定》
2018 年 12 月 27 日	五届十六次会议	《关于接受管云天同志辞去区人民政府区长职务请求的决定》《关于接受吕华毅同志辞去区人大代表职务请求的决定》
2019 年 1 月 9 日	五届十七次会议	《关于召开区五届人大三次会议的决定》《关于召开区五届人大三次会议事宜临时授权的决定》《关于接受孟兵强同志辞去市十四届人大代表职务请求的决定》《关于接受孙秀芬同志辞去区人大代表职务请求的决定》《关于接受王丽君同志辞去区人大代表职务请求的决定》《关于接受崔秋生同志辞去区人大代表职务请求的决定》
2019 年 1 月 18 日	五届十八次会议	《关于接受谷建党同志辞去区人大代表职务请求的决定》
2019 年 4 月 23 日	五届十九次会议	《关于接受侯献军同志辞去区人大代表职务请求的决定》《关于接受雍建波同志辞去区人大代表职务请求的决定》《关于接受韩文涛同志辞去区人大代表职务请求的决定》

续表 27

时　间	会　议	名　称
2019 年 6 月 25 日	五届二十次会议	《关于接受周自强同志辞去区监察委员会主任职务请求的决定》《关于接受吴玉兰同志辞去区人大常委会委员职务请求的决定》《关于接受朱兵强同志辞去区人大代表职务请求的决定》
2019 年 8 月 29 日	五届二十一次会议	《关于民生实事项目人大代表票决制的决定》《关于接受魏红元同志辞去区人大代表职务请求的决定》《关于接受郄云锋同志辞去区人大代表职务请求的决定》《关于接受吴增强同志辞去区人大代表职务请求的决定》《关于接受张振华同志辞去区人大代表职务请求的决定》《关于接受李文亚同志辞去区人大代表职务请求的决定》《关于接受李志峰同志辞去区人大代表职务请求的决定》《关于接受薛景辉同志辞去区人大代表职务请求的决定》《关于接受秦吉辉同志辞去区人大代表职务请求的决定》《关于接受赵军法同志辞去区人大代表职务请求的决定》《关于接受孙占新同志辞去区人大代表职务请求的决定》
2019 年 10 月 28 日	五届二十三次会议	《关于接受杨辉平同志辞去区人民政府副区长职务请求的决定》
2019 年 12 月 27 日	五届二十四次会议	《关于召开区第五届人民代表大会第四次会议的决定》《关于召开区第五届人民代表大会第四次会议事宜临时授权的决定》《关于接受于俊国同志辞去区人大代表职务请求的决定》《关于接受王景芳同志辞去区人大代表职务请求的决定》《关于接受张兵印同志辞去区人大代表职务请求的决定》
2020 年 10 月 29 日	五届三十次会议	《关于接受张凤印同志辞去区人大代表职务请求的决定》《关于接受宗立荣同志辞去区人大代表职务请求的决定》《关于接受程薇同志辞去区人大代表职务请求的决定》《关于接受武志刚同志辞去区人大代表职务请求的决定》《关于接受张文强同志辞去区人大代表职务请求的决定》《关于接受张燕同志辞去区人大代表职务请求的决定》
2020 年 12 月 30 日	五届三十一次会议	《关于深入学习宣传和贯彻实施〈中华人民共和国民法典〉的决定》《关于补选部分区人大代表的决定》《关于接受郝洪恩同志辞去区人大代表职务请求的决定》
2021 年 2 月 14 日	五届三十二次会议	《关于接受赵文锋同志辞去石家庄市第十四届人民代表大会代表职务的决议》
2021 年 3 月 4 日	五届三十三次会议	《关于召开区第五届人民代表大会第五次会议的决定》《关于召开区第五届人民代表大会第五次会议事宜临时授权的决定》《关于接受李占省同志辞去区人大常委会副主任、区人大代表职务请求的决定》

续表 27

时　间	会　议	名　称
2021 年 4 月 25 日	五届三十五次会议	《关于区镇两级人民代表大会换届选举工作的决定》《关于设立区选举委员会的决定》《关于任命方村镇、宋营镇选举委员会组成人员的决定》《关于方村镇、宋营镇代表名额的决定》《关于区镇两级人民代表大会换届选举期间临时授权的决定》
2021 年 5 月 25 日	五届三十六次会议	《关于接受张东凯同志辞去区人民政府区长职务请求的决定》《关于接受梁景辰同志辞去区人民法院院长职务请求的决定》《关于接受郝增录同志辞去区人民检察院检察长职务请求的决定》
2021 年 6 月 4 日	五届三十七次会议	《关于接受李军辉同志辞去区人民政府副区长职务请求的决定》《关于接受刘轶同志辞去区人民政府副区长职务请求的决定》《关于接受王玮同志辞去区人民政府副区长职务请求的决定》《关于接受郝志明同志辞去区监察委员会主任职务请求的决定》
2021 年 7 月 16 日	五届三十八次会议	《关于召开区第六届人民代表大会第一次会议的决定》《关于召开区第六届人民代表大会第一次会议事宜临时授权的决定》

第四节　选举任免

2017 年 4 月 26 日，区五届人大常委会第三次会议，通过了区人民政府相关人事任免事项。

决定任命：

房慧超同志为区人民政府办公室主任；

曹秀婷同志为区发展改革局局长；

韩云巧同志为区行政审批局局长；

赵玉秋同志为区教育局局长；

边庆敏同志为区科学技术局局长；

边国乐同志为区监察局局长；

高清震同志为区民政局局长；

蔡立伟同志为区司法局局长；

赵军会同志为区财政局局长；

吴卫东同志为区人力资源和社会保障局局长；

武献峰同志为区环境保护局局长；

杨宇声同志为区住房和城区建设局局长；

武永建同志为区城市管理局局长；

程薇同志为区文化体育局局长；

杨岱宗同志为区卫生和计划生育局局长；

王闽同志为区统计局局长；

王志强同志为区审计局局长；

古林华同志为区农业办公室主任；

李红旗同志为区质量技术监督局局长；

杨兴斌同志为区市场监督管理局局长；

格生存同志为区安全生产监督管理局局长。

2017 年 4 月 26 日，区五届人大常委会第三次会议，通过区人民法院相关人事任免事项。

任命：

梁景辰同志为区人民法院审判员。

2017 年 4 月 26 日，区五届人大常委会第三次会议，通过区人民检察院相关人事任免事项。

免去：

许志国同志的区人民检察院检察员职务。

2017 年 6 月 27 日，区五届人大常委会第四次会议，通过区人大常委会相关人事任免事项。

任命：

胡延宾同志为区人大常委会办公室副主任。

2017 年 8 月 29 日，区五届人大常委会第六次会议，通过区人民政府相关人事任免事项。

决定任命：

杨玉鹏同志为区人民政府副区长。

2017 年 8 月 29 日，区五届人大常委会第六次会议，通过区人民检察院相关人事任免事项。

任命：

刘旭石同志为区人民检察院检察员。

2017 年 10 月 27 日，区五届人大常委会第七次会议，通过区人民政府相关人事任免事项。

决定免去：

郝建军同志的区人民政府副区长职务。

2017年10月27日，区五届人大常委会第七次会议，通过区人民检察院相关人事任免事项。

免去：

高寅平同志的区人民检察院检察员职务。

2018年1月24日，区五届人大常委会第九次会议，通过区人大常委会相关人事任免事项。

免去：

许振英同志的区人大常委会教科文卫工委主任职务；

许振英同志的区人大教科文卫委员会副主任委员职务；

许迎军同志的区人大常委会选任工委主任职务；

于立华同志的槐底街道人大工作室主任职务；

张月同志的裕兴街道人大工作室主任职务。

任命：

郭忠杰同志为区人大常委会选任工委主任；

张月同志为区人大常委会教科文卫工委主任；

张月同志为区人大教科文卫委员会副主任委员。

2018年2月3日，区五届人大常委会第十次会议，通过区监察委员会相关人事任免事项。

任命：

边国乐同志为区监察委副主任；

张蕴哲同志为区监察委副主任；

姚培国同志为区监察委委员；

史海宾同志为区监察委委员。

2018年6月27日，区五届人大常委会第十二次会议，通过区人民法院相关人事任免事项。

任命：

何亚辉同志为区人民法院审判委员会委员；

张巧莲同志为区人民法院审判委员会委员；

冯丽娟同志为区人民法院审判委员会委员；

陈琪同志为区人民法院审判委员会委员。

2018年6月27日，区五届人大常委会第十二次会议，通过区人民检察院相关人事任免事项。

免去：

杨秀景同志的区人民检察院检察员职务；

李保民同志的区人民检察院检察委员会委员、检察员职务。

2018年8月9日，区五届人大常委会第十三次会议，通过区人大常委会相关人事任免事项。

任命：

杨鑫同志为区第五届人大财政经济委员会委员。

2018年8月9日，区五届人大常委会第十三次会议，通过区人民政府相关人事任免事项。

决定免去：

王世利同志的区人民政府副区长职务；

杨宇声同志的区住房和城区建设局局长职务。

决定任命：

曹晖同志为区住房和城区建设局局长职务。

2018年8月9日，区五届人大常委会第十三次会议，通过区人民检察院相关人事任免事项。

免去：

王秀文同志的区人民检察院检察委员会委员、检察员职务。

任命：

王元浩同志为区人民检察院检察委员会委员；

刘爱玲同志为区人民检察院检察委员会委员；

谷志峰同志为区人民检察院检察委员会委员；

赵宏同志为区人民检察院检察委员会委员。

2018年10月26日，区五届人大常委会第十五次会议，通过区人民政府相关人事任免事项。

决定免去：

杨玉鹏同志的区人民政府副区长职务。

决定任命：

杨辉平同志为区人民政府副区长。

2018年12月27日，区五届人大常委会第十六次会议，通过区人民政府相关人事任免事项。

决定任命：

张东凯同志为区人民政府副区长职务，决定其为代理区长；

张传随同志为区退役军人事务局局长。

2018年12月27日，区五届人大常委会第十六次会议，通过区监察委员会相关人事任免事项。

免去：

张蕴哲同志的区监察委员会副主任职务。

2018年12月27日，区五届人大常委会第十六次会议，通过区人民法院相关人事任免事项。

任命：

高云同志为区人民法院审判委员会委员；

刘爱利同志为区人民法院审判委员会委员；

孔丽华同志为区人民法院审判委员会委员；

高利军同志为区人民法院审判委员会委员。

2019年1月9日，区五届人大常委会第十七次会议，通过区人民政府相关人事任免事项。

决定免去：

高清震同志的区民政局局长职务；

杨兴斌同志的区市场监督管理局局长职务；

王闽同志的区统计局局长职务。

决定任命：

曹秀婷同志为区发展和改革局局长；

李彦朝同志为区民政局局长；

武永建同志为区城市管理综合行政执法局局长；

孙秀芬同志为区农业农村局局长；

高清震同志为区商务局局长；

敦新红同志为区文化广电体育和旅游局局长；

李红旗同志为区卫生健康局局长；

格生存同志为区应急管理局局长；

崔秋生同志为区市场监督管理局局长；

孟春馨同志为区统计局局长；

牛兰柱同志为区地方金融监督管理局局长；

邢志国同志为区医疗保障局局长。

2019 年 4 月 23 日，区五届人大常委会第十九次会议，通过区人大常委会相关人事任免事项。

免去：

侯献军同志的区人大常委会办公室主任职务；

雍建波同志的区人大常委会财经工委主任职务。

任命：

刘强同志为区人大常委会办公室主任。

2019 年 4 月 23 日，区五届人大常委会第十九次会议，通过区人民政府相关人事任免事项。

决定免去：

格生存同志的区应急管理局局长职务；

王志强同志的区审计局局长职务；

曹晖同志的区住房和城区建设局局长职务。

决定任命：

梁胜军同志为区人民政府副区长；

侯献军同志为区应急管理局局长；

刘畅同志为区审计局局长；

高翠兰同志为区住房和城区建设局局长。

2019 年 4 月 23 日，区五届人大常委会第十九次会议，通过区监察委员会相关人事任免事项。

任命：

司书振同志为区监察委员会副主任。

2019 年 4 月 23 日，区五届人大常委会第十九次会议，通过区人民法院相关人事任免事项。

任命：

李瑶同志为区人民法院槐底法庭副庭长。

2019年6月25日，区五届人大常委会第二十次会议，通过区人大常委会相关人事任免事项。

任命：

康吉锁同志为区人大常委会建通街道人大工作委员会主任；

郑志海同志为区人大常委会槐底街道人大工作委员会主任；

郄云锋同志为区人大常委会裕华路街道人大工作委员会主任；

周增雨同志为区人大常委会裕东街道人大工作委员会主任；

谢山林同志为区人大常委会东苑街道人大工作委员会主任；

郭录芳同志为区人大常委会裕兴街道人大工作委员会主任；

郭冬敏同志为区人大常委会裕强街道人大工作委员会主任；

刘伟同志为区人大常委会建华南街道人大工作委员会主任；

吴增强同志为区人大常委会裕翔街道人大工作委员会主任。

2019年6月25日，区五届人大常委会第二十次会议，通过区人民政府相关人事任免事项。

决定免去：

韩云巧同志的区行政审批局局长职务；

蔡立伟同志的区司法局局长职务；

赵军会同志的区财政局局长职务。

决定任命：

张星同志为区人民政府副区长；

边国乐同志为区行政审批局局长；

吴玉兰同志为区司法局局长；

韩云巧同志为区财政局局长。

2019年6月25日，区五届人大常委会第二十次会议，通过区监察委员会相关人事任免事项。

免去：

边国乐同志的区监察委员会副主任职务；

史海宾同志的区监察委员会委员职务。

任命：

郝志明同志为区监察委员会副主任，决定其为代理区监察委员会主任；

史海宾同志为区监察委员会副主任；

王永波同志为区监察委员会委员；

张月辉同志为区监察委员会委员；

王荣进同志为区监察委员会委员。

2019 年 6 月 25 日，区五届人大常委会第二十次会议，通过区人民法院相关人事任免事项。

任命：

丁丹丹、王文晓、王兴坤、王军军、王克玲、王春岭、王胤凯、王晓丹、王晨雪、王晨辉、王铮、王琳、王葆、王朝龙、王静、牛建伟、尹学锋、尹颂、卢越、田丽霞、付月红、白瑞英、冯炜、边亚丽、邢凤梅、邢伟利、耳会莉、吕伟娅、吕霞、乔志飞、乔季康、刘二刚、刘云霞、刘文婷、刘永昌、刘红凌、刘克楠、刘里、刘彦召、刘朝晖、刘颖、闫国辉、米建敏、杜娟、李丹、李文广、李文娟、李汉文、李华、李兆旭、李育彬、李奕凝、李彦霞、李莉、李敏、李瑞恒、李穆、杨红霞、杨晓枫、杨海宾、杨清理、吴位彬、何彦飞、谷红霞、沈婕、宋豪、迟雪蕾、张玉红、张巧玉、张东芬、张百莲、张均喜、张丽、张现梅、张炜、张建忠、张春华、张桂云、张雅、张静、陈丹丹、陈玉清、陈立敏、陈胜开、武竞、畅博、金冬梅、周佩艳、周京伟、房华强、房荣敏、赵艳丽、郝燕、姚立新、姚林娟、秦建辉、聂丽娟、贾玉鹏、贾清、高永胜、高兴华、高利亚、郭延津、姬新平、黄有荣、黄慧红、梅会云、鹿宇航、韩华光、韩华明、韩坤、韩剑一、惠英军、程伦、焦凤玲、靳永红、雷冬梅、潘树屹、霍刚等 119 名同志为裕华区人民陪审员；

王世学、王倩、毋东峰、邢长忠、刘东才、闫博、李倩倩、杨林婷、杨聚荣、何少明、何西磊、张爱华、邵小飞、孟华、赵晓敏、郝兆凯、郝闯、郝红娟、谢鹏飞、赫亚朝等 20 名同志为石家庄市高新技术产业开发区人民陪审员。

2019 年 10 月 28 日，区五届人大常委会第二十三次会议，通过了区人大常委会相关人事任免事项。

免去：

郄云锋同志的裕华路街道人大工作委员会主任职务；

吴增强同志的裕翔街道人大工作委员会主任职务。

任命：

王滨慧同志为裕华路街道人大工作委员会主任；

孙惠敏同志为裕翔街道人大工作委员会主任。

2019 年 10 月 28 日，区五届人大常委会第二十三次会议，通过区人民政府相关人事任免事项。

决定免去：

杨辉平同志的区人民政府副区长职务；

牛兰柱同志的区地方金融监督管理局局长职务；

敦新红同志的区文化广电体育和旅游局局长职务。

决定任命：

魏红元同志为区地方金融监督管理局局长；

程薇同志为区文化广电体育和旅游局局长。

2019 年 12 月 27 日，区五届人大常委会第二十四次会议，通过区人大常委会相关人事任免事项。

免去：

胡延宾同志的区人大常委会办公室副主任职务。

任命：

胡延宾同志为区人大常委会财政经济工作委员会主任；

胡延宾同志为区第五届人民代表大会财政经济委员会副主任委员；

马显同志为区人大常委会办公室副主任。

2019 年 12 月 27 日，区五届人大常委会第二十四次会议，通过区人民政府相关人事任免事项。

决定免去：

程薇同志的区文化广电体育和旅游局局长职务；

张传随同志的区退役军人事务局局长职务。

决定任命：

姜俊军同志为区人民政府副区长；

于晓明同志为区退役军人事务局局长；

张兵印同志为区文化广电体育和旅游局局长。

2019 年 12 月 27 日，区五届人大常委会第二十四次会议，通过区人民检察院相关人事任免事项。

免去：

王荣进同志的区人民检察院检察委员会委员、检察员职务；

齐彦文同志的区人民检察院检察员职务；

张月辉同志的区人民检察院检察员职务；

张华同志的区人民检察院检察员职务；

李军强同志的区人民检察院检察员职务；

王振怀同志的区人民检察院检察员职务；

武小玲同志的区人民检察院检察员职务；

翟志勇同志的区人民检察院检察员职务；

刘利鹏同志的区人民检察院检察员职务。

2020 年 2 月 27 日，区五届人大常委会第二十七次会议，通过区人大常委会相关人事任免事项。

免去：

李占省同志的区人大常委会代表资格审查委员会主任委员职务。

任命：

刘建新同志为区人大常委会代表资格审查委员会主任委员；

刘强同志为区人大常委会代表资格审查委员会副主任委员；

王敬同志为区人大常委会代表资格审查委员会副主任委员；

王闽同志为区人大常委会代表资格审查委员会委员。

2020 年 2 月 27 日，区五届人大常委会第二十七次会议，通过区人民政府相关人事任免事项。

决定免去：

房慧超同志的区人民政府办公室主任职务。

决定任命：

赵晓斌同志为区人民政府办公室主任。

2020 年 2 月 27 日，区五届人大常委会第二十七次会议，通过区人民法院相关人事任免事项。

免去：

杨雪莉同志的区人民法院审判委员会委员、立法庭庭长、审判员职务；

王辉同志的区人民法院审判员职务；

陈琪同志的区人民法院槐底人民法庭庭长职务；

马永慧同志的区人民法院槐底人民法庭副庭长职务；

张书辰同志的区人民法院裕民人民法庭副庭长职务。

任命：

陈琪同志为区人民法院立案庭庭长；

郭爱民同志为区人民法院立案庭副庭长；

高云同志为区人民法院民事审判庭庭长；

左书旺同志为区人民法院行政审判庭庭长；

高利军同志为区人民法院行政审判庭副庭长；

马永慧同志为区人民法院裕民法庭副庭长。

2020年6月29日，区五届人大常委会第二十八次会议，通过区人民法院相关人事任免事项。

免去：

孙全鱼同志的区人民法院审判员职务；

刘晓丽同志的区人民法院裕民人民法庭副庭长职务。

任命：

何亚辉同志为区人民法院刑事审判庭庭长；

冯丽娟同志为区人民法院刑事审判庭副庭长；

马萌同志为区人民法院审判员；

张晓悦同志为区人民法院审判员。

2020年10月29日，区五届人大常委会第三十次会议，通过区人民政府相关人事任免事项。

决定免去：

曹秀婷同志的区发展和改革局局长职务；

吴玉兰同志的区司法局局长职务；

吴卫东同志的区人力资源和社会保障局局长职务；

高清震同志的区商务局局长职务；

李红旗同志的区卫生健康局局长职务；

崔秋生同志的区市场监督管理局局长职务；

张兵印同志的区文化广电体育和旅游局局长职务。

决定任命：

孟春馨同志为区发展和改革局局长；

曹秀婷同志为区司法局局长；

武志刚同志为区人力资源和社会保障局局长；

崔秋生同志为区商务局局长；

房慧超同志为区卫生健康局局长；

杨兴斌同志为区市场监督管理局局长。

2020年10月29日，区五届人大常委会第三十次会议，通过区监察委员会相关人事任免事项。

免去：

姚培国同志的区监察委员会委员职务；

王永波同志的区监察委员会委员职务。

任命：

韩立娟同志为区监察委员会委员。

2020年10月29日，区五届人大常委会第三十次会议，通过区人民法院相关人事任免事项。

任命：

翟旭同志为区人民法院审判员；

韩锦霞同志为区人民法院审判员；

李天同志为区人民法院审判员。

2020年12月30日，区五届人大常委会第三十一次会议，通过区人民法院相关人事任免事项。

免去：

郭俊光同志的区人民法院审判员职务。

2020年12月30日，区五届人大常委会第三十一次会议，通过区人民检察院相关人事任免事项。

免去：

李炜同志的区人民检察院检察委员会委员、检察员职务；

文建武同志的区人民检察院检察委员会委员职务；

曹向荣同志的区人民检察院检察委员会委员职务。

任命：

金磊同志为区人民检察院检察委员会委员；

邱莉娜同志为区人民检察院检察委员会委员。

2021年3月17日，区五届人大常委会第三十四次会议，通过区人民政府相关人事任免事项。

决定免去：

崔秋生同志的区商务局局长职务；

孟春馨同志的区发展和改革局局长、统计局局长职务；

赵玉秋同志的区教育局局长职务；

孙秀芬同志的区农业农村局局长职务；

房慧超同志的区卫生健康局局长职务。

决定任命：

崔秋生同志为区发展和改革局局长；

孟春馨同志为区教育局局长；

张文强同志为区农业农村局局长；

王峰同志为区商务局局长；

魏建峰同志为区文化广电体育和旅游局局长；

高鹏同志为区卫生健康局局长；

张录和同志为区统计局局长。

2021 年 4 月 25 日，区五届人大常委会第三十五次会议，通过区人大常委会相关人事任免事项。

免去：

郭冬敏同志的裕强街道人大工作委员会主任职务；

刘伟同志的建华南街道人大工作委员会主任职务。

任命：

吴威同志为裕强街道人大工作委员会主任；

米彦巧同志为建华南街道人大工作委员会主任。

2021 年 4 月 25 日，区五届人大常委会第三十五次会议，通过区人民政府相关人事任免事项。

决定免去：

李彦朝同志的区民政局局长职务；

魏红元同志的区地方金融监督管理局局长职务。

决定任命：

马占领同志为区民政局局长；

马云峰同志为区地方金融监督管理局局长。

2021 年 5 月 25 日，区五届人大常委会第三十六次会议，通过区人民政府相关人事任免事项。

决定任命：

刘禹同志为区人民政府代理区长。

2021 年 5 月 25 日，区五届人大常委会第三十六次会议，通过区人民法院相关人事任免事项。

任命：

姚生友同志为区人民法院副院长、审判委员会委员、审判员，决定其为代理院长。

2021 年 5 月 25 日，区五届人大常委会第三十六次会议，通过区人民检察院相关人事任免事项。

任命：

魏国君同志为区人民检察院副检察长、检察委员会委员、检察员，决定其为代理检察长。

2021 年 6 月 4 日，区五届人大常委会第三十七次会议，通过区人民政府相关人事任免事项。

决定任命：

杜晓伟同志为区人民政府副区长；

潘峰同志为区人民政府副区长；

宋兵跃同志为区人民政府副区长；

吉永亮同志为区人民政府副区长。

2021 年 6 月 4 日，区五届人大常委会第三十七次会议，通过区监察委员会相关人事任免事项。

任命：

郭晖同志为区监察委员会副主任，决定其为代理监察委员会主任。

2021 年 7 月 16 日，区五届人大常委会第三十八次会议，通过区人民政府相关人事任免事项。

决定免去：

韩云巧同志的区财政局局长职务；

马占领同志的区民政局局长职务；

武永建同志的区城市管理综合行政执法局局长职务；

杨兴斌同志的区市场监督管理局局长职务。

决定任命：

牛兰柱同志为区财政局局长；

韩文涛同志为区城市管理综合行政执法局局长；

房慧超同志为区市场监督管理局局长。

2021 年 7 月 16 日，区五届人大常委会第三十八次会议，通过区监察委员会相关人事任免事项。

任命：

武小玲同志为区监察委员会委员。

2021 年 7 月 16 日，区五届人大常委会第三十八次会议，通过区人民法院相关人事任免事项。

免去：

高双志同志的区人民法院审判员职务；

梁春芳同志的区人民法院审判委员会委员、审判员职务；

张晓悦同志的区人民法院审判员职务。

2021 年 7 月 16 日，区五届人大常委会第三十八次会议，通过区人民检察院相关人事任免事项。

免去：

徐立伟同志的区人民检察院副检察长、检察委员会委员、检察员职务。

第五节　监督工作

一、听取和审议专项工作报告与计划预算报告

区五届人大常委会会议听取和审议区“一府两院”专项工作报告 88 项、财政预算执行情况报告 25 项。

表 28　　石家庄市裕华区第五届人大常委会听取和审议报告一览表

时　间		常委会会议	报告内容
2017 年	4 月 26 日	第三次	区人民政府关于贯彻落实全面两孩政策改革完善计划生育服务管理工作情况的报告；区人民政府关于设立行政审批局的报告
	6 月 27 日	第四次	区人民政府关于对裕华区法制宣传教育第七个五年规划开展情况的报告；区人民政府关于电梯安全管理工作情况的报告
	8 月 29 日	第六次	区人民政府关于 2017 年上半年国民经济和社会发展计划执行情况的报告；区人民政府关于 2017 年上半年预算执行情况的报告；区人民政府关于 2016 年决算情况的报告；区人民政府关于 2016 年度预算执行和其他财政收支的审计工作报告；区人民政府关于科技创新工作情况的报告

续表 28

时　间		常委会会议	报告内容
2017 年	10 月 27 日	第七次	区人民政府关于学前教育发展情况的工作报告；区人民政府关于老旧小区引入保障性物业的情况汇报；区人民政府关于贯彻落实全面两孩政策改革完善计划生育服务管理工作审议意见办理情况的报告；区人民政府关于电梯安全管理工作情况审议意见研究处理情况的报告；区人民政府关于对全区学前教育发展情况报告审议意见研究处理情况的报告
	12 月 20 日	第八次	区人民政府关于实施《中华人民共和国食品安全法》情况的报告；区人民政府关于大气污染防治工作情况的报告；区人民政府关于办理区五届一次会议代表建议情况的报告；区人民政府关于 2017 年预算调整方案（草案）的报告；区人民政府关于对区 2017 年上半年国民经济和社会发展计划执行情况审议意见研究处理情况的报告；区人民政府关于对 2017 年上半年预算执行情况审议意见研究处理情况的报告；区人民政府关于对区 2016 年决算情况审议意见研究处理情况的报告；区人民政府关于 2016 年预算执行和其他财政收支情况的审计工作报告中所列问题整改情况的报告；区人民政府关于 2017 年利民惠民实事办理情况的报告；区人民政府关于生活饮用水监测及饮用水卫生监督情况的报告
2018 年	4 月 25 日	第十一次	区人民政府关于中医药服务能力建设情况的报告；区人民政府关于贯彻落实中华人民共和国道路交通安全法情况的报告；区人民政府关于对全区学前教育发展情况报告审议意见研究处理情况的报告
	6 月 27 日	第十二次	区人民政府关于安全生产监管工作情况的报告；区人民政府关于执法规范化建设情况的报告；区人民政府关于对中医药服务能力建设情况报告审议意见研究处理情况的报告；区人民政府关于社会保险基金使用管理监督工作情况的报告；关于调整街道人大工作机构名称的备案报告
	9 月 11 日	第十四次	区人民政府关于 2018 年上半年国民经济和社会发展计划执行情况的报告；区人民政府关于 2018 年上半年预算执行情况的报告；区人民政府关于 2017 年决算的报告；区人民政府关于 2017 年预算执行及其他财政收支情况的审计工作报告；区人民政府关于扶贫脱贫攻坚工作情况的报告；区人民政府关于大气污染防治工作情况的报告；区人民政府关于优化营商环境工作情况的报告；区人民法院关于审判工作情况的报告；区人民政府关于安全生产监管工作情况审议意见研究处理情况的报告；区人民政府关于妇幼健康工作情况的报告

续表 28

时　间		常委会会议	报告内容
2018 年	10 月 26 日	第十五次	区人民政府关于养老服务体系建设情况的报告；区人民检察院关于法律监督工作情况的报告；区人民政府关于《中华人民共和国统计法》实施情况的报告；区人民政府关于 2018 年预算调整方案（草案）的报告；区人民政府关于扶贫脱贫攻坚工作审议意见研究处理情况的报告；区人民政府关于大气污染防治工作审议意见研究处理情况的报告；区人民政府关于优化营商环境工作审议意见研究处理情况的报告
	12 月 27 日	第十六次	区人民政府《关于 2017 年度预算执行和其他财政收支情况的审计工作报告》中有关问题整改情况的报告；区人民政府关于办理区五届人大二次会议代表建议情况的报告；区人民政府关于第十一届村民委员会、第九届社区居民委员会换届选举工作情况的报告；区人民检察院关于公益诉讼工作情况的报告；区人民政府关于 2018 年预算调整方案 (草案) 的报告；区人民政府关于设立退役军人事务局的备案报告；区人民政府关于对区养老服务体系建设工作审议意见办理情况的报告；区人民政府关于 2018 年利民惠民实事办理情况的报告；区人民政府关于疾病预防控制工作的报告
2019 年	1 月 9 日	第十七次	区人民政府关于机构改革中工作部门变动情况的备案报告
	4 月 23 日	第十九次	区人民政府关于 2018 年度环境状况和环境保护目标完成情况的报告；区人民政府关于对裕华区国民经济和社会发展第十三个五年规划实施情况的中期评估的报告；区人民政府关于科技创新开发区建设情况的报告；区人民政府关于区人大常委会对裕华区村居委会换届选举工作审议意见办理情况的报告
	6 月 25 日	第二十次	区人民政府关于 2018 年度国有资产管理情况的报告；区人民政府关于“智慧校园”创建工作情况的报告；区人民检察院关于开展公益诉讼工作情况的报告
	8 月 29 日	第二十一次	区人民政府关于 2019 年上半年国民经济和社会发展计划执行情况的报告；区人民政府关于 2019 年上半年预算执行情况的报告；区人民政府关于法制宣传教育第七个五年规划实施情况的报告
	9 月 26 日	第二十二次	区人民政府关于 2018 年决算情况的报告；区人民政府关于 2018 年度预算执行和其他财政收支的审计工作报告
	10 月 28 日	第二十三次	区人民政府关于农村集体资产管理指导监督情况的报告；区人民法院关于执行工作情况的报告；区人民政府关于药品监督管理情况的报告

续表 28

时　间		常委会会议	报告内容
2019 年	12 月 27 日	第二十四次	区人民政府关于 2019 年预算调整方案（草案）的报告；区人民政府关于办理代表建议、批评和意见情况的报告；区人民政府关于《2018 年度预算执行和其他财政收支情况的审计工作报告》中有关问题整改情况的报告
	12 月 31 日	第二十五次	区人民政府关于 2019 年预算调整方案（草案）的报告
2020 年	2 月 27 日	第二十六次	区人民政府关于新冠肺炎疫情防控工作情况报告
	4 月 28 日	第二十七次	区人民政府关于 2019 年度环境状况和环境保护目标完成情况的报告；区人民政府关于退役军人事务管理情况的报告；区人民政府关于 2019 年度法治政府建设情况的报告
	6 月 29 日	第二十八次	区人民政府关于“6+1”联动监督工作整改情况的报告；区人民政府关于 2019 年度国有资产管理工作情况的报告；区人民政府关于社会组织管理工作情况的报告
	8 月 27 日	第二十九次	区人民政府关于 2020 年上半年国民经济和社会发展计划执行情况的报告；区人民政府关于 2020 年上半年预算执行情况的报告；区人民政府关于 2019 年决算的报告；区人民政府关于 2019 年预算执行和其他财政财务收支情况的审计工作报告；区人民政府关于 2020 年预算调整方案(草案)的报告；区人民政府关于文化惠民工作开展情况的报告；区人民政府关于 2020 年重点项目建设情况的报告；区人民政府关于 2020 年利民惠民 10 件实事进展情况的报告；区人民政府关于对裕华区违法违规圈占土地清理规范工作审议意见办理情况的报告；区人民政府关于对裕华区违规违建项目清理规范工作审议意见办理情况的报告；区人民政府关于对区房地产开发项目清理规范工作审议意见办理情况的报告；区人民政府关于对裕华区地下水超采综合治理工作、审议意见办理情况的报告；区人民政府关于对裕华区加强公共卫生管理工作审议意见办理情况的报告
2020 年	10 月 29 日	第三十次	裕华公安分局关于开展“扫黑除恶”专项斗争进展情况的报告；区人民政府关于落实医疗卫生“优质服务基层行”情况的报告
	12 月	第三十一次	区人民政府关于 2020 年民生实事项目完成情况的报告；区人民政府关于办理区五届人大四次会议代表建议的情况报告；区人民政府关于 2019 年度预算执行和其他财政财务收支情况的审计工作报告中所列问题整改情况的报告；区人民政府关于 2020 年预算调整方案（草案）的报告；区人民政府关于“6+1”联动监督整改落实情况的报告；区人民政府关于民办幼儿园和民办教育机构管理情况的报告；区人民政府关于对区医疗卫生“优质服务基层行”审议意见办理情况的报告；区人民政府关于对区人大常委会“扫黑除恶”专项斗争工作审议意见办理情况的报告

续表 28

时　间		常委会会议	报告内容
2021 年	4 月 25 日	第三十五次	区人民政府关于 2020 年度环境状况和环境保护目标完成情况的报告；区人民政府关于将“品质裕华·智慧大脑”PPP 项目跨年度财政支出责任纳入区财政预算管理的报告
	7 月 16 日	第三十八次	区人民政府关于 2020 年度国有资产管理工作情况的报告；区人民政府关于村（居）民委员会换届选举工作的报告；区人民政府关于办理区五届人大五次会议代表建议的情况报告

二、法律法规实施情况的检查

区五届人大常委会共组织开展法律监督 1 次。

表 29　　　　石家庄市裕华区第五届人大常委会法律监督一览表

时　间		常委会会议	报告内容
2018	10 月	15 次会议	区人大常委会执法检查组关于检查《中华人民共和国统计法》实施情况的报告

三、专题询问

区五届人大常委会共组织开展专题询问 2 次。

表 30　　　　石家庄市裕华区第五届人大常委会专题询问一览表

时　间		常委会会议	专题询问名称	问题数量
2019 年	6 月 25 日	第二十次会议	关于生态环境保护工作情况进行专题询问	9 个
2020 年	8 月 27 日	第二十九次	就加强公共卫生管理工作情况开展专题询问	6 个

四、视察调查

区五届人大常委会共组织开展视察调查活动 33 次。

表 31　　　　石家庄市裕华区第五届人大常委会视察调查一览表

时　间		视察内容	牵头单位
2017 年	4 月	关于贯彻落实全面两孩政策改革完善计划生育服务管理工作情况	教科文卫工委
	6 月	关于裕华区法制宣传教育第七个五年规划开展情况	政法工委
		关于电梯安全管理工作情况	财经工委

续表 31

时　间		视察内容	牵头单位
2017 年	10 月	关于学前教育发展情况	教科文卫工委
		关于老旧小区引入保障性物业的情况	政法工委
	12 月	关于实施《中华人民共和国食品安全法》情况	教科文卫工委
		关于大气污染防治工作情况	政法工委
		关于 2017 年预算调整方案的情况	财经工委
2018 年	4 月	关于交警大队贯彻落实中华人民共和国道路交通安全法情况	政法工委
		关于全区中医药服务能力建设情况	教科文卫工委
	6 月	关于安全生产监管工作情况	人大常委会调研组
		关于执法规范化建设情况	人大常委会调研组
	9 月	关于 2018 年上半年国民经济和社会发展计划执行情况	财经工委
		关于 2017 年决算和 2018 年上半年预算执行情况	财经工委
		关于人民法院审判工作情况	人大常委会调研组
	10 月	关于 2018 年预算调整方案（草案）的审查情况	财经工委
		关于全区养老服务体系建设情况	人大常委会视察组
		关于对区人民检察院法律监督工作情况	人大常委会调研组
	12 月	关于 2018 年预算调整方案（草案）的审查情况	财经工委
2019 年	4 月	关于科技创新开发区建设情况	人大常委会视察组
	6 月	关于 2018 年度国有资产管理情况	人大常委会调研组
		关于开展公益诉讼工作情况	人大常委会调研组
2020 年	3 月	关于退役军人事务管理工作情况	教科文卫工委
	5 月	关于对裕华区地下水超采综合治理工作情况	人大常委会视察组
		关于对裕华区违法违规圈占土地和违规违建项目清理规范工作情况	人大常委会视察组
	6 月	关于对裕华区房地产开发项目清理规范工作情况	人大常委会视察组
		关于对裕华区公共卫生管理情况	人大常委会视察组
	7 月	关于全区文化惠民工作情况	人大常委会视察组
	8 月	关于 2020 年上半年国民经济和社会发展计划执行情况	财经工委
		关于 2019 年决算和 2020 年上半年预算执行情况	财经工委
		关于 2020 年预算调整情况	财经工委
	10 月	关于对“扫黑除恶”专项斗争进展情况	政法工委
2021 年	4 月	关于将“品质裕华·智慧大脑”PPP 项目 跨年度财政支出责任纳入区财政预算管理报告的审查	财经工委

第 六 篇

石家庄市裕华区第六届
人民代表大会

（2021 年 7 月至 2024 年 8 月）

第一章　党的领导

第一节　党的组织机构

中共石家庄裕华区人大常委会党组

书　记：刘凤清（2021 年 7 月—　）
副书记：王金柱（2021 年 7 月—2023 年 12 月）
　　　　狄增建（2021 年 7 月—　）
成　员：刘建新（2021 年 7 月—　）
　　　　栾新华（2021 年 7 月—　）
　　　　刘　强（2021 年 7 月—2022 年 2 月）
　　　　郭忠杰（2022 年 3 月—　）

第二节　党组召开会议

一、党组会议

截至 2024 年 8 月，裕华区人大常委会党组召开会议 43 次。

表 32　中共石家庄市裕华区人大常委会党组会议一览表
（2021 年 8 月—2024 年 8 月）

时　间		会　议	会议议题
2021 年	8 月 27 日	第一次	深入学习市第一次党代会精神，传达学习市“两会”精神；研究区六届人大常委会第一次会议有关事项；颁发任命书大会有关事宜
	10 月 8 日	第二次	汇报近期工作，研究财务开支

续表 32

时　间		会　议	会议议题
2021 年	10 月 26 日	第三次	研究区六届人大常委会第二次会议有关事项：关于召开第六届人大常委会第二次会议的安排意见；区人民政府关于“6+1”联动监督“回头看”和四项联动监督工作情况的报告；区人大常委会四项联动监督各领域代表视察报告；区人民政府关于对《区人大常委会关于深入学习宣传和贯彻实施〈中华人民共和国民法典〉的决定》落实情况的报告；区人民法院关于民事执行工作情况的报告
	11 月 12 日	第四次	关于召开区六届人大常委会第二次会议有关事项；人事任免事项；新建代表联络站情况
	12 月 17 日	第五次	研究下拨代表活动经费及代表家（站）工作经费
	12 月 21 日	第六次	研究召开区委人大工作会议有关事项：研究人事事项；刘凤清同志宣讲党的十九届六中全会精神；研究区六届人大常委会第三次会议主要事项：关于召开区六届人大常委会第三次会议的安排意见；区人民政府关于 2021 年度预算调整方案（草案）的报告；区人民政府《关于 2020 年度预算执行和其他财政财务收支情况的审计工作报告》中所列问题整改情况的报告；区人民政府《关于 2021 年 10 件民生实事完成情况的报告》；区人大常委会规范性文件备案审查实施办法（草案）；关于规范性文件备案审查实施办法（草案）的说明；区人大常委会关于 2021 年度规范性文件备案审查工作情况报告；区人民政府《关于落实〈关于全面禁止非法野生动物交易，革除滥食野生动物陋习，切实保障人民群众生命健康安全的决定〉的报告》；区人民政府《关于六届人大一次会议代表建议办理情况的报告》；人事任免事项；关于补选部分区人大代表的决定；研究关于在区人大代表中组织开展“双联”活动的通知
2022 年	1 月 17 日	第七次	关于召开区六届人大常委会第四次会议的安排意见；区六届人民代表大会第二次会议建议议程；区六届人民代表大会第二次会议主席团和秘书长建议名单；区人大常委会代表资格审查委员会关于代表变动情况的报告；区六届人民代表大会第二次会议列席人员名单；区人大常委会工作报告（稿）；区人大常委会关于召开第六届人民代表大会第二次会议事宜临时授权的决定；人事任免事项
	3 月 1 日	第八次	研究区六届人大常委会第五次会议有关事项：关于召开区六届人大常委会第五次会议的安排意见；区人大常委会 2022 年工作要点（草案）；人事任免事项；研究全区人大工作例会有关事项；研究保密工作有关事项

续表 32

时　间		会　议	会议议题
	3 月 28 日	第九次	研究区人大常委会关于开展五项联动监督的工作方案；研究召开全区人大系统五项联动监督动员会的有关事项
2022 年	4 月 20 日	第十次	研究主任会议听取区人民政府关于疫情之下全区就业工作开展情况报告的事项；研究区六届人大常委会第六次会议有关事项：关于召开区六届人大常委会第六次会议的安排意见；区人民政府2021 年度环境状况和环境保护目标完成情况的报告；区人民政府关于区养老机构运行状况及养老工作开展情况的报告；关于增加高新区人民法院人民陪审员选任名额事项；关于代表辞职及人事任免事项；研究区六届人大二次会议经费决算情况；集中学习：十三届人大五次会议精神，张超超在全市领导干部会议上的讲话《深入解放思想，激发内生动力，扛起省会担当，以昂扬奋斗姿态加快建设现代化、国际化美丽省会城市》，张超超在全市深入解放思想、扩大对外开放大会上的讲话
	5 月 19 日	第十一次	研究主任会议听取区人民政府关于“八五”普法规划编制情况的报告；研究区六届人大常委会第七次会议有关事项：关于召开区六届人大常委会第七次会议的安排意见；区人民政府关于五项联动监督各领域工作情况的报告；区人大常委会视察组视察报告；区人大常委会关于对区优化营商环境工作情况开展专题询问的安排意见；区监察委员会关于开展整治群众反映强烈问题工作情况的报告；人事任免事项；集中学习习近平总书记在庆祝中国共产主义青年团成立 100 周年大会上的讲话
	6 月 23 日	第十二次	研究区六届人大常委会第八次会议有关事项：关于召开区六届人大常委会第八次会议的安排意见；区人民政府关于五项联动监督工作整改情况的报告；区人民政府关于“6+1”联动监督“回头看”工作情况的报告；区人民政府关于 2021 年度国有资产管理情况的报告；区人民政府关于中小学生课后服务工作开展情况的报告；区人民法院、区人民检察院部分被任命人员的述职报告；审议代表辞职及人事任免事项；集中学习：中共河北省十届二中全会精神，党的十八大以来制度实践的新进展
	8 月 4 日	第十三次	研究苑依彤同志调动问题；研究党的二十大网络安全保障工作相关事项；研究按工作要点安排组织召开相关会议事项；研究主任会议听取区人民政府关于 2022 年 10 件民生实事进展情况的报告；研究区六届人大常委会第九次会议有关事项；集中学习习近平总书记在省部级主要领导干部“学习习近平重要讲话 迎接党的二十大”专题研讨班上发表的重要讲话

续表 32

时　间		会　议	会议议题
2022 年	8 月 25 日	第十四次	因疫情原因，原定于 8 月 25 日下午 2 点召开的区六届人大常委会第九次会议的议程延期至第十次常委会，召开时间待定；关于召开区六届人大常委会第九次会议的安排意见；审议代表辞职事项
	9 月 7 日	第十五次	研究区六届人大常委会第十次会议有关事项：关于召开区六届人大常委会第十次会议的安排意见；审议代表辞职事项。集中学习《习近平谈治国理政》第四卷（1—5 章）。
	9 月 19 日	第十六次	研究召开区六届人大常委会第十次会议有关事项；集中学习《习近平谈治国理政》第四卷（6—10 章）
	10 月 18 日	第十七次	研究区六届人大常委会第十一次会议有关事项：关于召开区六届人大常委会第十一次会议的安排意见；区人民法院关于执行工作情况的报告，6 名区人民政府组成人员的述职报告；关于人事任免事项。研究拨发代表活动经费事宜；集中学习习近平总书记在党的二十大开幕会上代表第十九届中央委员会所作报告，学习《机关单位保密自查自评工作办法》
	12 月 22 日	第十八次	研究在主任会议上听取区人民政府关于常态化疫情防控工作的报告；关于参加市十五届三次人代会工作安排；研究区六届人大常委会第十二次会议有关事项；集中学习党的二十大精神
2023 年	1 月 4 日	第十九次	研究关于召开区六届人大三次会议相关事宜；研究区人大常委会党组工作汇报；研究区六届人大常委会第十三次会议的有关事项；集中学习《做好“七个必须坚持”，坚定宪法自信》
	1 月 16 日	第二十次	研究关于区人大领导班子成员分工调整；研究区六届人大常委会第十四次会议有关事项；关于人事任免事项
	1 月 28 日	第二十一次	研究召开区六届人大常委会第二十一次主任会议有关事项；研究区六届人大常委会第十五次会议有关事项
	2 月 8 日	第二十二次	集中学习党的二十大精神；传达学习石家庄市第十五届人民代表大会第四次会议精神；传达学习习近平总书记在中央政治局民主生活会上的重要讲话精神。2022 年度区人大常委会党组民主生活会安排意见；研究区人大常委会党组班子 2022 年度民主生活会对照检查材料；研究机关支部换届选举事宜；区人大常委会领导班子分工报组织部备案
	2 月 10 日	第二十三次	研究机关支部新一届支部委员会组成人员候选人预备人选事宜；研究全面从严治党工作
	2 月 28 日	第二十四次	研究关于韩慧娟同志任职试用期满正式任职有关事宜；研究召开区六届人大常委会第二十二次主任会议有关事项

续表 32

时　间		会　议	会议议题
2023 年	3 月 16 日	第二十五次	研究召开区六届人大常委会第二十三次主任会议有关事项；集中学习
	4 月 7 日	第二十六次	研究召开区六届人大常委会第二十四次主任会议有关事项；集中学习
	4 月 17 日	第二十七次	研究召开区六届人大常委会第二十五次主任会议有关事项；各工作专班关于三项联动监督工作开展情况进行汇报；关于对裕华区城市建设新变化新面貌进行集中视察的安排意见；关于党的二十大精神暨代表履职能力提升专题学习的安排意见；集中学习
	6 月 20 日	第二十八次	研究召开区六届人大常委会第二十六次主任会议有关事项；听取区人民法院多元解纷机制运行情况的报告，听取区人民政府 2023 年重点项目运行情况的报告，研究召开区六届人大常委会第十八次会议的有关事项；研究召开全区人大第二季度工作例会有关事宜的安排意见；集中学习
	7 月 19 日	第二十九次	研究召开区六届人大常委会第二十七次主任会议有关事项；研究召开区六届人大常委会第十九次会议的有关事项；集中学习党委（党组）落实全面从严治党主体责任培训
	8 月 17 日	第三十次	研究召开区六届人大常委会第二十八次主任会议有关事项；集中学习习近平中国式现代化是强国建设、民族复兴的康庄大道
	9 月 8 日	第三十一次	研究推荐张月同志晋升四级调研员事宜
	9 月 19 日	第三十二次	集中学习抓好第一批、第二批主题教育的衔接联动，习近平总书记提出这些要求省、市第二批主题教育动员部署会议精神；研究区人大常委会党组关于深入开展学习贯彻习近平新时代中国特色社会主义思想主题教育的工作方案；研究召开区六届人大常委会第二十九次主任会议有关事项；关于召开第三季度工作例会有关事项
	10 月 19 日	第三十三次	研究召开区六届人大常委会第三十次主任会议有关事项；集中学习习近平总书记对宣传思想文化工作作出重要指示，《党委（党组）落实全面从严治党主体责任规定》
	10 月 30 日	第三十四次	研究召开区六届人大常委会第三十一次主任会议有关事项；研究召开区六届人大常委会第二十三次会议有关事项
	11 月 29 日	第三十五次	研究主题教育问题清单销号事宜
	12 月 20 日	第三十六次	集中学习习近平总书记在第十个国家宪法日之际作出重要指示；研究召开区六届人大常委会第三十三次主任会议有关事项；集中学习，研究召开区六届人大常委会第二十四次会议有关事项
	12 月 22 日	第三十七次	研究主题教育问题清单销号事宜

续表 32

时　间		会　议	会议议题
2024 年	1 月 9 日	第三十八次	集中学习习近平总书记在中共中央政治贸易专题民主生活会上的重要讲话精神、《中国共产党章程》；研究区人大常委会党组工作汇报；研究关于召开区六届人大四次会议相关事项；研究区人大常委党组班子主题教育专题民主生活会对照检查
	1 月 17 日	第三十九次	集中学习习近平总书记在中央政法工作会议上的重要讲话精神；研究召开区六届人大常委会第三十四次主任会议有关事项
	2 月 7 日	第四十次	区人大常委会党组主题教育工作总结：传达省、市、区委主题教育总结会议精神；区人大常委会党组主题教育总结
	2 月 26 日	第四十一次	集中学习：习近平坚持和完善人民代表大会制度、保障人民当家做主；研究暨召开区六届人大常委会第三十五次主任会议有关事项
	4 月 10 日	第四十二次	研究制定《省委巡视组反馈意见整治方案》；研究召开区六届人大常委会第三十六次主任会议有关事项
	4 月 15 日	第四十三次	安排部署党纪学习教育相关事宜：传达中央、省、市、区党纪学习教育会议精神，对机关党纪学习教育提要求
	5 月 6 日	第四十四次	集中学习：必须坚持人民至上——习近平总书记 2012 年 11 月至 2023 年 12 月期间有关必须坚持人民至上重要论述节选；《中国共产党纪律处分条例》第一篇总则；研究召开区六届人大常委会第三十七次主任会议有关事项
	6 月 21 日	第四十五次	集中学习：习近平总书记关于全面加强党的纪律建设的重要论述；赵乐际在河北调研时强调注重总结经验，坚持守正创新，高质量做好新时代人大工作；研究召开区六届人大常委会第三十八次主任会议有关事项
	7 月 20 日	第四十六次	传达学习贯彻党的二十届三中全会精神：传达学习党的二十届三中全会精神以及省委，市委、区委常委会（扩大）会议精神；研究人大常委会党组贯彻落实意见
	8 月 21 日	第四十七次	集中学习：《中共中央关于进一步全面深化改革 推进中国式现代化的决定》第八部分：《健全全过程人民民主制度体系》；安排部署本单位集中整治自查自纠工作；研究召开区六届人大常委会第三十九次主任会议有关事项
	8 月 27 日	第四十八次	研究召开区六届人大常委会第四十次主任会议有关事项

二、民主生活会

截至 2024 年 7 月，裕华区人大常委会党组召开民主生活会 4 次。

2022 年 1 月 11 日，会议通报了 2021 年度区人大常委会党组班子贯彻执行中央八项规定及其实施细则情况，刘凤清同志代表班子作了对照检查，并做了个人检视剖析，班子成员对班子和刘凤清同志开展了批评。之后班子成员依次进行个人检视剖析发言并进行了相互批评。

2023 年 2 月 8 日，会议首先集中学习了习近平总书记在中央政治局民主生活会上的重要讲话精神。全面贯彻习近平新时代中国特色社会主义思想，深刻领悟“两个确立”的决定性意义，增强“四个意识”、坚定“四个自信”、做到“两个维护”，团结带领党员干部群众以奋发有为的精神贯彻落实党的二十大作出的重大决策部署。刘凤清同志代表班子作了对照检查，并做了个人检视剖析，班子成员对班子和刘凤清同志开展了批评。之后班子成员依次进行个人检视剖析发言并进行了相互批评。

2024 年 3 月 17 日，区人大常委会党组领导班子召开专题民主生活会。区人大常委会党组书记刘凤清主持会议，各位党组成员围绕会议主题，结合各自职责分工，结合工作实际查摆不足，提出整改措施，强调媒体采访对于传递信息、塑造形象具有重要意义，抓落实是推动工作取得实效的关键环节。

2024 年 6 月 7 日，会议通报了省委巡视反馈意见整改落实工作进展情况及本次专题民主生活会征求意见情况，刘凤清同志代表班子作对照检查，并做个人检视剖析，班子成员对班子和刘凤清同志开展了批评。之后班子成员依次进行个人检视剖析发言并进行了相互批评。

第二章 人大代表

裕华区第六届人民代表大会代表名额304名。2021年7月，召开区第六届人大一次会议，实有代表295名。

第一节 选举产生

区第六届人大代表名额为304名。经区委研究，分配到各选区名额296名，留机动名额8名。

根据有关法律规定，按照区委统一部署，各选区依法选举产生区人大代表295名。

在295名代表中，领导干部71名，占代表总数的24%；专业技术人员82名，占代表总数的27.8%；工人61名，占代表总数的20.7%；农民18名，占代表总数的6.1%；代表中，非中共党员99名，占代表总数的34%；妇女代表86名，占代表总数的29.2%；少数民族代表6名，占代表总数的2%；人民解放军2名，占代表总数的0.7%。

第二节 代表名单

一、裕华区第六届人民代表大会代表名单

裕东街道代表团（33名）

马朝华	王　锐	王占峰	王志国
牛荣恩（女）	石朋霄	田　挚	刘　强
杨凤茹（女）	杨荣新	杨恩友	杨新水
李　勇	李　萍（女）	李世钰	李汶泽（女）
吴水量	吴雪梅（女）	陈　勇	邵敬勇
林保华	周承军	周增雨	孟子涵
孟江波	郝　欣（女）	郝亚兵	赵　博
贺海宏	徐新民	黄小君（女）	曹晓林（女）

梁　英

槐底街道代表团（31名）

王　苗（女）	王新杰	孔建立	申东阳
史有明	冯　岩	冯志岗	师国华
吕　静（女）	孙建辉	杨兴斌	杨学红（女）
李军辉	李金梅（女）	李增宁	宋　欣
张红雨	张晓晖	张雪峰（女）	林　冉
林　杨（女）	周晨霞（女）	周淑琴（女）	郑志海
赵欣彦（女）	贾　清（女）	殷长甫	郭　岩
郭忠杰	黄本春	甄永明	

裕华路街道代表团（28名）

王　闽（女）	王　勇	王振涛	王润涛
王滨慧（女）	刘吉松	刘成群	孙朋瑞（女）
苏向超	杨　烁（女）	杨　萌（女）	李　普
李海标	吴　谦	宋谊深（女）	张　洁（女）
张世清	张东凯	陈　阳（女）	周　冲
赵军辉	姜　辉	郭卫兵	栾新华
康素娴（女）	韩　涛	蔺亮亮	魏彦忠

裕强街道代表团（31名）

王　刚	王　桢	毛　著	古林华
刘　杨（女）	刘文胜	刘会强	苏子洲
杜满舵	杨合发	李玉卉	李占西
李成成	李勇昌	吴　威	何　芳（女）
狄增建	张　涛	张　锋	张志会
武贵桃（女）	庞　添	赵辉普（女）	姜俊军
姚　鹏	徐青山	黄金岭	梁元常
霍辉晔（女）	魏　立	魏国君	

裕兴街道代表团（22名）

成　涛	任房新	刘　禹	刘晓博（女）
刘新虎	许　瑾（女）	杜佳鹏	李清林
李景深	张　月（女）	张义如（女）	张志江

张振兵	陆　江	陈铁雷	底伟哲（女）
郝建军	郭录芳	容树春	曹鹏凯
崔国芳	廖跃兰（女）		

建通街道代表团（21名）

王丹媚（女）	王立波	王春喜	王敬东
冯永利	冯辉东	邢卫红（女）	刘凤清
刘志国	杨玲玲（女）	李少波	时若栋
沈占青（女）	周文君（女）	侯彩慧（女）	耿晓昭
袁胜超	康吉锁	韩　涛	雍建波
裴生瑞			

东苑街道代表团（34名）

丁艳涛	于改莲（女）	王　成	王建军
尤殿平	叶　曼（女）	付　彬（女）	任永泽
刘雨轩（女）	刘建新	贡家乐	杨　鑫
李　芸（女）	李印堂	李庆赟	邸卫敏（女）
汪　全（满）	张　赛（女）	张叶龙	张旭彪
张建梅（女）	张彦新	张峰兵	苗二朝
南存杰	赵雪莲（女）	姚生友	郭　晖（女）
高红梅（女）	黄　培（女）	崔　晋	康　博
蒋海英（女）	谢山林		

建华南街道代表团（20名）

王　玮（女）	王金柱	石　磊	刘　鹏
刘玉文（女）	米彦巧（女）	孙志旺	孙英霞（女）
李　强	李彦芳（女）	李彦彩（女）	何晨光
张立建	张传随	陈肖怡（女）	范士国
夏春海	郭立新	曹建辉	梁　冰

裕翔街道代表团（18名）

马志飞	池连福	孙秀芬（女）	孙惠敏（女）
杨朝峰	李志刚	武志英（女）	胡延宾
赵　龙	赵玉秋	宫彩霞（女）	耿连申
徐永赞	徐建章	郭　玥（女）	尉宏广

韩文涛	暴　枫

方村镇代表团（20名）

于立华	王珊珊（女）	王梅素（女）	王新玉
牛兰柱	牛晓静（女）	未俊玲（女）	刘立冲
池晓意（女）	孙　华	纪英超	李　谕
张　星	张吉中	张华新	张炳烛
陈月中	周　静（女）	梁胜军	檀占伟

宋营镇代表团（17名）

马良军（女）	王恩太及	双　雪	石振生
左瑞芬（女）	任国志	刘晓辉	祁少航
祁会毅	祁红亚（女）	李立召	李树华
张志显	张魏冉（女）	郎志力	侯伟迪（女）
赫立亚			

长江街道代表团（13名）

王彦辉	朱晓茹（女）	任可可（女）	任丽梅（女）
李树永	张　寰	张振国	张振玲（女）
林自强	罗晓晶	季红昊	周红晏（女）
贾晓龙			

太行街道代表团（7名）

王向丰	王向辉	任志坚	刘　辉（女）
李硕硕	武宇博	郭俊凯	

二、届中变动情况

届内，共有31名代表辞去代表职务：

古林华、张传随、康吉锁、孙惠敏（2021年11月）；张志会（2022年4月）；吴威（2022年6月）；郭俊凯（2022年8月）；周增雨（2022年9月）；王滨慧、王梅素、张振国（2022年12月）；李少波（2023年3月）；黄小君（2023年6月）；杨朝峰、王闽、陈阳（2023年8月）；郑志海、谢山林、范会芸、张月、孙秀芬、格生存、张叶龙（2023年10月）；卢迪、王向辉（2023年12月）；胡延宾（2024年2月）；杜领朝、孟江波、于立华（2024年5月）；张华新、范士国（2024年6月）。

共有22名代表调离裕华区：

季红昊（2021年9月）；李庆赟（2021年12月）；夏春海、张星（2022年2月）；张峰兵、叶曼、姜俊军（2022年4月）；张世清（2022年7月）；任可可（2022年8月）；韩涛（2022年9月）；王鹏（2022年10月）；梁胜军（2022年12月）；郝建军（2023年1月）；魏立、陈月中、暴枫（2023年5月）；鲁永飞、牛兰柱（2023年6月）；王玮（2023年9月）；韩文涛（2023年9月）；王占峰（2024年2月）；董志栋（2024年3月）。

相关选区依法补选代表34名：

2022年1月，补选第42选区马显，第50选区魏建峰，第76选区范会芸，第81选区刘永伟，第119选区王鹏，第146选区李文亚为区六届人大代表。

2023年1月，补选第5选区杜领朝，第35选区刘江，第49选区陈新，第50选区葛江涛，第54选区杜君瑛，第68选区贾伟，第79选区赵永强，第98选区任颢、韩利涛，第99选区鲁永飞，第107选区格生存，第138选区卢迪，第147选区罗凯，解放军选区苏瑞为区六届人大代表。

2023年4月，补选第63选区吉永亮，第72选区任广清为区六届人大代表。

2024年1月，补选第27选区牛永振，第41选区高翠兰，第51选区孙杰，54选区李猛胜，第86选区张福军，第99选区聂惠峰，第107选区张奕，第108选区王恒，第115选区王岩、张君威，第122选区侯献军，第141选区董志栋为区六届人大代表。

第三节　代 表 工 作

一、重点代表工作

2021年，区人大常委会指导各街道（镇）及时完成原有代表家（站）组织架构更新工作，新设立了东海岸酒店等7个代表联络站，全部统一标牌、规范制度、落实经费，实现了家（站）建设和代表进站活动全覆盖。开发建设裕华区智慧人大信息系统，建成全区网上代表之家，实现软件硬件并行、线上线下融合，代表家（站）日益成为各级人大代表联系群众、履行职责、开展活动的重要阵地。及时跟进区委部署的疫情防控、招商引资等中心工作，向全区各级人大代表发出倡议，广泛动员引导人大代表冲锋在前、争做表率，展现了新时代人大代表的为民情怀和使命担当。

2022年3—9月，区人大常委会成立联动监督领导小组，统一部署全区联动监督工作。开展重点项目建设、优化营商环境、地下水超采综合治理、农村人居环境整治提升、城市生活垃圾分类管理五项联动监督工作。

2022年，区人大常委会主动为代表履职搭建平台、创造条件、提供服务，支持和保障代表充分发挥在全过程人民民主中的作用。组建3个市人大代表小组、32个区人大代表小组，拓展联系渠道，支持“一府一委两院”密切与代表的联系，推荐14名代表担任省、市、区优化营商环境义务监督员，推选5名代表担任区人民法院特邀监督员，邀请69名代表参加预决算初审、联网监督等活动。着力打造“人大代表之家（站）”建设升级版，新建具有拥军爱民特色的东海岸酒店、现代商业特色的欢乐汇商场等7个联络站，推动家（站）建设上台阶、出品位、见实效。倾力打造代表履职服务网络平台，开发运用“网上人大代表之家”客户端，建立代表履职档案信息库，实现人大代表“一键式”即时交流互动。组织开展“代表主题活动月”，发挥了学习基地、宣传阵地、联系桥梁、民意窗口、履职平台作用。

2023年，组织区人大代表和人大系统工作人员开展党的二十大精神暨代表履职能力提升专题学习，举办“裕华区人大网上代表之家”使用培训，520名省、市、区、镇四级代表全部进入网上家站工作，构建起“网上代表之家＋实体代表家站”线上线下“双模”运行的融合发展模式，为代表全天候、零距离联系人民群众提供了服务保障。组织市人大代表赴市委党校参加履职能力培训班，进一步提升了代表思想政治素质和履职能力水平。全年组织代表参加常委会监督工作、旁听案件庭审、重大事项听证等活动600余人次，激发了代表的参政热情和积极性。扎实组织开展“深调研、解难题、促履职、助发展——人大代表在行动”活动，全区各级人大代表积极响应，踊跃参加，参与代表400余人次，开展宣传教育活动40余场，组织集中视察和专题调研50余次，收到代表建议56条，代表作用得到充分发挥。

二、代表议案、建议办理

区人民政府承办六届人大一次会议交办的代表建议共63件，由18个单位具体承办。所有代表建议均在规定时间内办结，办复率为100%，满意率100%。其中，得到解决或基本解决的有58件，占建议总数的92%；正在解决或列入规划逐步解决的有2件，占建议总数的3%，没有解决并做出解释说明的有3件，占建议总数的5%。

区人民政府承办六届人大二次会议交办的代表建议共72件，所有建议均已按期办理完毕。从答复情况看，交办率、答复率、满意率均为100%，代表建议充分转化为促发展、惠民生、暖民心的政策举措。

区六届三次人代会共收到代表建议72件，涉及城建环资、教科文卫、社会建设、财政经济和交通五大方面，及时交相关部门和单位办理并进行跟踪督办。组织开展建议办理情况专题视察，要求承办单位注重提升建议办理质效，代表建议在规定时限内全部办理完毕，答复率和代表满意率均为100%。

第三章　人民代表大会

区六届人大一次会议选举产生区人大常委会组成人员 26 人。

第一节　会议概况

第一次会议　2021 年 7 月 24 日至 25 日召开，出席代表 274 人（应到 295 人）。会议听取和审议了代区长刘禹作的《政府工作报告》、区人大常委会主任刘凤清作的《裕华区人大常委会工作报告》、区人民法院代院长姚生友作的《裕华区人民法院工作报告》、区人民检察院代检察长魏国君作的《裕华区人民检察院工作报告》，并作出了相应决议。会议选举产生了区第六届人大常委会组成人员，刘凤清为主任，狄增建、梁胜军、刘建新、栾新华为副主任，26 人为委员。选举刘禹为区人民政府区长，张星、姜俊军、杜晓伟、潘峰、宋兵跃、吉永亮为副区长。选举郭晖为区监察委员会主任。选举姚生友为区人民法院院长，魏国君为区人民检察院检察长。会议表决通过了区第六届人民代表大会法制委员会、财政经济委员会、城乡建设和环境保护委员会、教育科技文化卫生委员会、社会建设委员会组成人员名单。会议选举产生裕华区出席石家庄市第十五届人民代表大会代表 41 名。

第二次会议　2022 年 1 月 27 日至 28 日召开，出席代表 280 人（应到 295 人）。会议听取和审议了区长刘禹作的《政府工作报告》、区发展改革局局长崔秋生作的《关于裕华区 2021 年国民经济与社会发展计划执行情况和 2022 年国民经济与社会发展计划（草案）的报告》、区财政局局长牛兰柱作的《关于裕华区 2021 年区财政预算执行情况和 2022 年区财政预算（草案）的报告》、区人大常委会主任刘凤清作的《裕华区人大常委会工作报告》、区人民法院院长姚生友作的《裕华区人民法院工作报告》、区人民检察院检察长魏国君作的《裕华区人民检察院工作报告》，并作出了相应决议。会议票决确定 2022 年民生实事 10 件。会议选举区人大常委会委员 2 名。

第三次会议　2023 年 1 月 12 日至 13 日召开，出席代表 234 人（应到 291 人）。会议听取和审议了区长刘禹作的《政府工作报告》、区发展改革局局长崔秋生作的《关于裕华区 2022 年国民经济与社会发展计划执行情况和 2023 年国民经济与社会发展计划（草案）的报告》、区财政局局长牛栏柱作的《关于裕华区 2022 年区财政预算执行情况和 2023 年区财政预算（草案）的报告》、区人大常委会主任刘凤清作的《裕华区人大常委会工作报告》、区人民法院院长姚生友作的《裕华区人民法院工作报告》、区人民检察院检察长魏国君作的《裕华区人民检察院工作报告》，并作出了相应决议。会议票决确定2023年民生实事10件。会议选举任颙为区人大常委会副主任，区人大常委会委员4名。

第四次会议　2024年1月22日至24日召开，出席代表283人（应到284人）。会议听取和审议了区长刘禹作的《政府工作报告》、区发展改革局局长崔秋生作的《关于裕华区2023年国民经济与社会发展计划执行情况和2024年国民经济与社会发展计划（草案）的报告》、区财政局局长牛兰柱作的《关于裕华区2023年区财政预算执行情况和2024年区财政预算（草案）的报告》、区人大常委会主任刘凤清作的《裕华区人大常委会工作报告》、区人民法院院长姚生友作的《裕华区人民法院工作报告》、区人民检察院检察长魏国君作的《裕华区人民检察院工作报告》，并作出了相应决议。会议审议通过了《石家庄市裕华区人民代表大会议事规则》《石家庄市裕华区人民代表大会代表守则》。会议票决确定2024年民生实事10件。会议选举区人大常委会委员4名。

第二节　会议组织

一、区六届人大一次会议

（一）大会临时党委

书　记：张东凯

副书记：刘　禹　郝建军　刘凤清

委　员：

容树春	王金柱	狄增建	刘建新
栾新华			

（二）大会主席团和秘书长

主席团：

于立华	王　玮（女）	王占峰	王向辉
王金柱	王新杰	古林华	刘　禹
刘建新	刘晓辉	刘凤清	纪英超
杜佳鹏	李军辉	李庆赟	杨朝峰
狄增建	张　星	张东凯	张世清
张传随	陈　勇	季红昊	孟江波
郝建军	栾新华	郭　晖（女）	容树春
梁胜军	韩　涛	雍建波	

秘书长：狄增建（兼）

（三）大会常务主席

张东凯	刘　禹	郝建军	刘凤清
狄增建	梁胜军	刘建新	栾新华

（四）大会议案审查委员会

主 任 委 员：梁胜军

副主任委员：张　月（女）

委　　　员：杜满舵　林保华　谢山林

二、区六届人大二次会议

（一）大会临时党委

书　记：张东凯

副书记：刘　禹　郝建军　刘凤清

委　员：

王金柱	狄增建	刘建新	栾新华

（二）大会主席团和秘书长

主席团：

于立华	王　玮（女）	王占峰	王向辉
王金柱	王新杰	刘凤清	刘永伟
刘建新	刘晓辉	米彦巧（女）	纪英超
杜佳鹏	李文亚	李军辉	杨朝峰
狄增建	张东凯	张世清	陈　勇
孟江波	郝建军	栾新华	郭　晖（女）
容树春	梁胜军	韩　涛	雍建波
魏建峰			

秘书长：狄增建（兼）

（三）大会常务主席

张东凯	郝建军	刘凤清	狄增建
梁胜军	刘建新	栾新华	

三、区六届人大三次会议

（一）大会临时党委

书　记：张东凯

副书记：刘　禹　李军辉　刘凤清

委　员：

王金柱	狄增建	刘建新	栾新华

（二）大会主席团和秘书长

主席团：

于立华	王　玮（女）	王占峰	王向辉
王金柱	王新杰	任　颢（女）	刘凤清
刘永伟	刘建新	刘晓辉	纪英超
杜佳鹏	李文亚	李军辉	杨朝峰
狄增建	张东凯	陈　勇	孟江波
格生存	贾　伟	栾新华	容树春
雍建波	魏建峰		

秘书长：狄增建（兼）

（三）大会常务主席

张东凯	李军辉	刘凤清	狄增建
刘建新	栾新华	任　颢（女）	

四、区六届人大四次会议

（一）大会临时党委

书　记：张东凯

副书记：刘　禹　李军辉　刘凤清

委　员：狄增建　刘建新　栾新华

（二）大会主席团和秘书长

主席团：

于立华	王占峰	王新杰	吉永亮
任　颢（女）	刘凤清	刘永伟	刘建新
刘晓辉	纪英超	杜佳鹏	李文亚
李军辉	狄增建	张　奕（女）	张东凯
陈　勇	孟江波	侯献军	聂惠峰
贾　伟	栾新华	董志栋	雍建波
魏建峰			

秘书长：狄增建（兼）

（三）大会常务主席

张东凯	李军辉	刘凤清	狄增建
刘建新	栾新华	任　颢（女）	

第三节　会议选举

区六届人大历次会议，共选举产生区级国家机关工作人员 51 人。

区人大常委会

主　任：刘凤清

副主任：刘建新　狄增建　栾新华　梁胜军

委　员：马志飞　马朝华　王丹媚（女）　王梅素（女）
王滨慧（女）　尤殿平　刘　强　刘志国
米彦巧（女）　孙　华　杨兴斌　杨学红（女）
苏向超　李彦芳（女）　张　月（女）　邵敬勇
周增雨　郑志海　胡延宾　徐青山
郭忠杰　郭录芳　高红梅（女）　康吉锁
梁　英　谢山林

区人民政府

区　长：刘　禹

副区长：吉永亮　杜晓伟（女）　宋兵跃　张　星
姜俊军　潘　峰

区监察委员会

主　任：郭　晖

区人民法院

院　长：姚生友

区人民检察院

检察长：魏国君

届中调整情况：

姜俊军，2021 年 11 月 16 日，在区六届人大常委会第二次会议上辞去区人民政府副区长职务。

康吉锁，2021 年 11 月 16 日，在区六届人大常委会第二次会议上辞去区六届人大代表职务，其常务委员会组成人员及专门委员会成员的职务相应终止。

张　月，2021 年 12 月 30 日，在区六届人大常委会第三次会议上辞去区人大常委会委员职务。

张　星，2022 年 3 月 8 日，在区六届人大常委会第五次会议上辞去区人民政府副区长职务。

杜晓伟，2022 年 3 月 8 日，在区六届人大常委会第五次会议上辞去区人民政府副区长职务。

周增雨，2022 年 9 月 28 日，在区六届人大常委会第十次会议上辞去区六届人大代表职务，其常务委员会组成人员及专门委员会成员的职务相应终止。

王滨慧，2022 年 12 月 29 日，在区六届人大常委会第十二次会议上辞去区六届人大代表职务，其常务委员会组成人员职务相应终止。

王梅素，2022 年 12 月 29 日，在区六届人大常委会第十二次会议上辞去区六届人大代表职务，其常务委员会组成人员职务相应终止。

刘　强，2022 年 12 月 29 日，在区六届人大常委会第十二次会议上辞去区人大常委会委员职务。

梁胜军，2022 年 12 月 29 日，在区六届人大常委会第十二次会议上辞去区六届人民代表大会常务委员会副主任、区六届人民代表大会教育科技文化卫生委员会主任委员和社会建设委员会主任委员职务。

吉永亮，2023 年 1 月 17 日，在区六届人大常委会第十四次会议上辞去区人民政府副区长职务。

宋兵跃，2023 年 4 月 24 日，在区六届人大常委会第十七次会议上辞去区人民政府副区长职务。

鲁永飞，2023 年 6 月 28 日，在区六届人大常委会第十八次会议上辞去区人民政府副区长职务。

郑志海、谢山林、范会芸，2023 年 10 月 26 日，在区六届人大常委会第二十二次会议上辞去区六届人大代表职务，其常务委员会委员职务相应终止。

苏向超，2023 年 10 月 26 日，在区六届人大常委会第二十二次会议上辞去区六届人大常委会委员职务。

于彦军，2022 年 3 月 8 日，在区六届人大常委会第五次会议上决定任命其为区人民政府副区长。

葛江涛，2022 年 4 月 22 日，在区六届人大常委会第六次会议上决定任命其为区人民政府副区长。

鲁永飞，2022 年 5 月 26 日，在区六届人大常委会第七次会议上决定任命其为区人民政府副区长。

洪　威，2023 年 1 月 17 日，在区六届人大常委会第十四次会议上决定任命其为区人民政府副区长。

牛亚欣，2023 年 7 月 26 日，在区六届人大常委会第十九次会议上决定任命其为区人民政府副区长。

容树春，2023 年 9 月 26 日，在区六届人大常委会第二十一次会议上决定任命其为区人民政府副区长。

崔秋生，2024 年 2 月 28 日，在区六届人大常委会第二十六次会议上决定任命其为区人民政府副区长。

马　显，2022 年 1 月，在区六届人民代表大会第二次会议上补选其为区六届人民代表大会常务委员会委员。

范会芸，2022 年 1 月，在区六届人民代表大会第二次会议上补选其为区六届人民代表大会常务委员会委员。

任　颢，2023 年 1 月，在区六届人民代表大会第三次会议上，当选为区六届人民代表大会常务委员会副主任。

杜领朝（女）、陈新、赵永强、韩利涛，2023 年 1 月，在区六届人民代表会第三次会议上，补选其为区六届人民代表大会常务委员会委员。

王　岩、牛永振、任广清、刘　江，2024 年 1 月，在区六届人民代表大会第四次会议上，补选其为区六届人民代表大会常务委员会委员。

第四节　专门委员会

裕华区第六届人民代表大会设法制委员会、财政经济委员会、城乡建设和环境保护委员会、教育科技文化卫生委员会、社会建设委员会 5 个专门委员会。区六届人大一次会议，表决通过了各专门委员会组成人员名单。

（一）裕华区第六届人民代表大会法制委员会

主 任 委 员：栾新华（兼）

副主任委员：梁　英（2021 年 7 月—2024 年 8 月）

李彦芳（女，2024 年 8 月—　）

康吉锁（2021 年 7 月—2021 年 11 月）

赵雪莲（女，2024 年 1 月—2024 年 5 月）

委　　员：

赵雪莲（女，2021 年 7 月—2024 年 1 月）付　彬（女）

庞　添　　孙志旺　　杜满舵（2024 年 1 月—　）

届中调整情况：

2024 年 1 月区六届人大常委会第二十五次会议免去赵雪莲同志的区六届人民代表大会法制委员会委员职务，任命赵雪莲同志为区六届人民代表大会法制委员会副主任委员，任命杜满舵同志为区六届人民代表大会法制委员会委员。2024 年 8 月区六届人大常委会第三十次会议任命李彦芳同志为区六届人民代表大会法制委员会副主任委员。

（二）裕华区第六届人民代表大会财政经济委员会

主 任 委 员：刘建新（兼）

副主任委员：胡延宾（2021 年 7 月—2024 年 1 月）

王　岩（2024 年 1 月—　）

李玉卉

委　　员：

陆　江　　冯永利　　任永泽　　冯辉东

届中调整情况：2024 年 1 月，区六届人大常委会第二十五次会议免去胡延宾同志的区六届人民代表大会财政经济委员会副主任委员职务，任命王岩同志为区六届人民代表大会财政经济委员会副主任委员。

（三）裕华区第六届人民代表大会城乡建设和环境保护委员会

主 任 委 员：栾新华（兼）

副主任委员：梁　英（2021 年 7 月—2024 年 8 月）

李彦芳（女，2024 年 8 月—　）

周增雨（2021 年 7 月—2022 年 9 月）

杜领朝（2024 年 1 月—2024 年 5 月）

委　　员：

贺海宏　　王丹媚（女）　　郭卫兵　　杨　鑫

届中调整情况：2024 年 1 月，区六届人大常委会第二十五次会议任命杜领朝同志为区六届人民代表大会城乡建设和环境保护委员会副主任委员。2024 年 8 月区六届人大常委会第三十次会议任命李彦芳同志为区六届人民代表大会城乡建设和环境保护委员会副主任委员。

（四）裕华区第六届人民代表大会教育科技文化卫生委员会

主 任 委 员：梁胜军（兼，2021 年 7 月—2023 年 1 月）

任　颢（女，2023 年 1 月—　）

副主任委员：张　月（女，2017 年 1 月—2022 年 1 月）

马　显（2022 年 1 月—　）

张炳烛

委　　员：

张　洁（女）　　杨合发　　张　锋　　张建梅（女）

届中调整情况：2022 年 1 月，区六届人民代表大会常委会第四次会议免去张月同志的裕华区第六届人民代表大会教育科技文化卫生委员会副主任委员职务，任命马显同志为裕华区第六届人民代表大会教育科技文化卫生委员会副主任委员。2023 年 1 月，区六届人民代表大会第三次会议选举任颢为区六届人民代表大会教育科技文化卫生委员会主任委员。

（五）裕华区第六届人民代表大会社会建设委员会

主 任 委 员：梁胜军（兼，2021 年 7 月—2023 年 1 月）

任　颢（女，2023年1月—　）

副主任委员：张　月（女，2017年1月—2022年1月）

马　显（2022年1月—　）

王立波

委　　员：

李景深	张红雨	王志国	杨恩友

届中调整情况：2022年1月，区六届人民代表大会常委会第四次会议免去裕华区第六届人民代表大会社会建设委员会副主任委员职务，任命马显同志为裕华区第六届人民代表大会社会建设委员会副主任委员。2023年1月，区六届人民代表大会第三次会议选举任颢为区六届人民代表大会社会建设委员会主任委员。

第四章　人民代表大会常务委员会

区六届人大一次会议选举产生区人大常委会组成人员 31 人。

第一节　常委会会议概况

区六届人大常委会共召开会议 27 次。

第一次会议　2021 年 8 月 30 日召开。区人大常委会主任刘凤清，副主任狄增建、梁胜军、刘建新、栾新华和 25 名委员出席会议。区人民政府副区长杜晓伟、区监察委员会副主任史海宾、区人民法院副院长杨建科、区人民检察院检察长魏国君列席会议。会议听取和审议区人民政府副区长杜晓伟作的《关于四项联动监督相关领域自查自纠情况和“6+1”联动监督整改落实情况的报告》、区发改局局长崔秋生作的《关于 2021 年上半年国民经济和社会发展计划执行情况的报告》、区财政局局长牛兰柱分别作的《关于 2021 年上半年预算执行情况的报告》《关于 2020 年决算的报告》《关于 2021 年预算调整的报告》、区审计局局长刘畅作的《区人民政府关于 2020 年预算执行和其他财政财务收支情况的审计工作报告》、审议通过《区人大常委会 2021 年下半年工作要点》《区人大常委会代表资格审查委员会名单》《区人民政府关于 2021 年重点项目运行情况的报告》《关于 2021 年上半年国民经济和社会发展计划执行情况的调查报告》《关于 2021 年上半年预算执行情况的调查报告》《关于 2020 年决算的报告》《关于 2021 年预算调整的报告》。会议通过人事任免事项（名单见本章《选举任免》）。

裕华区第六届人大常委会代表资格审查委员会组成人员

主 任 委 员：狄增建（2021 年 8 月—　）

副主任委员：杨兴斌（2021 年 8 月—　）

刘　强（2021 年 8 月至 2022 年 12 月）

郭忠杰（2021 年 8 月—　）

赵永强（2024 年 1 月—　）

委　　员：王丹媚（女，2021 年 8 月—　）

王滨慧（女，2021 年 8 月至 2022 年 12 月）

米彦巧（女，2021 年 8 月—　）

邵敬勇（2021 年 8 月—　）

郑志海（2021 年 8 月至 2023 年 10 月）

陈　新（2024 年 1 月—　）

韩利涛（2024 年 1 月—　）

第二次会议　2021 年 11 月 16 日召开。区人大常委会主任刘凤清，副主任狄增建、梁胜军、刘建新、栾新华和 15 名委员出席会议。区人民政府副区长张星、副区长吉永亮、区监察委员会副主任司书振、区人民法院副院长韩志国、区人民检察院检察长魏国君列席会议。会议听取和审议区人民政府副区长张星作的《关于“6+1”联动监督“回头看”和四项联动监督工作情况的报告》、区司法局局长曹秀婷作的《区人大常委会关于深入学习宣传和贯彻实施〈中华人民共和国民法典〉的决定》落实情况的报告、区人民法院副院长韩志国作的《关于民事执行工作情况的报告》。审议通过区人大常委会视察组《关于对优化营商环境工作情况的视察报告》《关于对地下水超采综合治理工作情况的视察报告》《关于对我区公共医疗卫生服务工作情况的视察报告》《关于接受古林华同志辞去区人大代表职务请求的决定》《关于接受张传随同志辞去区人大代表职务请求的决定》《关于接受康吉锁同志辞去区人大代表职务请求的决定》《关于接受孙惠敏同志辞去区人大代表职务请求的决定》《关于接受姜俊军同志辞去区人民政府副区长职务请求的决定》。会议通过人事任免事项（名单见本章《选举任免》）。

第三次会议　2021 年 12 月 30 日召开。区人大常委会主任刘凤清，副主任狄增建、梁胜军、刘建新、栾新华和 18 名委员出席会议。区人民政府副区长张星、区监察委员会副主任史海宾、区人民法院院长姚生友、区人民检察院检察长魏国君列席会议。会议听取和审议区政府办公室主任赵晓斌作的《关于六届人大一次会议代表建议办理情况的报告》《关于 2021 年 10 件民生实事完成情况的报告》、区财政局局长牛兰柱作的《关于 2021 年度预算调整方案的报告》《关于 2022 年度预算编制部门绩效目标管理工作情况的报告》、区审计局局长刘畅作的《关于 2020 年度预算执行和其他财政财务收支情况的审计工作报告》、区市场监督管理局局长房慧超作的《关于落实〈关于全面禁止非法野生动物交易、革除滥食野生动物陋习、切实保障人民群众生命健康安全的决定〉的报告》。审议通过《关于接受张月同志辞去区人大常委会委员职务请求的决定》《区人大常委会规范性文件备案审查实施办法》《区人大常委会关于 2021 年度规范性文件备案审查工作情况报告》《区人大常委会关于批准建立东海岸酒店等人大代表联络站的决定》《区人大常委会关于补选部分区人大代表的决定》。会议通过人事任免事项（名单见本章《选举任免》）。

第四次会议　2022 年 1 月 19 日召开。区人大常委会主任刘凤清，副主任狄增建、刘建新、栾新华和 17 名委员出席会议。区人民政府副区长张星、区监察委员会副主任史海滨、区人民法院副院长赵淑红、区人民检察院副检察长刘瑛列席会议。审议通过《裕华区人大常委会关于召开区第六届人民代表大会第二次会议的决定》《裕华区第六届人民代表大会第二次会议建议议程》《裕华区第六届人民代表大会第二次会议主席团和秘书长建议名单》《裕华区人大常委会代表资格审查委员会关于代表变动情况的报告》《裕华区第六届人民代表大会第二次会议列席人员名单》《裕华区人大常委会工作报告》《裕华区人大常委会关于召开区第六届人民代表大会第二次会议事宜临时授权的决定》。会议通过人事任免事项（名单见本章《选举任免》）。

第五次会议　2022年3月8日召开。区人大常委会主任刘凤清，副主任狄增建、梁胜军、刘建新、栾新华和24名委员出席会议。区人民政府副区长宋兵跃、区监察委员会主任郭晖、区人民法院院长姚生友、区人民检察院副检察长安建军列席会议。审议通过《关于接受张星同志辞去区人民政府副区长职务请求的决定》《关于接受杜晓伟同志辞去区人民政府副区长职务请求的决定》《裕华区人大常委会2022年工作要点》。会议通过人事任免事项（名单见本章《选举任免》）。

第六次会议　2022年4月22日召开。区人大常委会主任刘凤清，副主任狄增建、梁胜军、刘建新、栾新华和21名委员出席会议。区人民政府副区长潘峰、区监察委员会副主任史海宾、区人民法院副院长张拴力、区人民检察院检察长魏国君列席会议。会议听取和审议区生态环境分局局长赵喜军作的《关于2021年度环境状况和环境保护目标完成情况的报告》、区民政局负责人李彦朝作的《关于养老机构运行状况及养老工作开展情况的报告》、区就业服务中心主任李现丽作的《关于疫情之下全区就业工作开展情况的报告》。审议通过《关于批准增加石家庄高新区人民法院人民陪审员选任名额的决定》《关于接受张志会同志辞去区人大代表职务请求的决定》。会议通过人事任免事项（名单见本章《选举任免》）。

第七次会议　2022年5月26日召开。区人大常委会主任刘凤清，副主任狄增建、刘建新、栾新华和20名委员出席会议。区人民政府副区长宋兵跃、区监察委员会主任郭晖、区人民法院院长姚生友、区人民检察院检察长魏国君列席会议。会议听取和审议区发改局局长崔秋生作的《优化营商环境情况的报告》、区农业农村局局长张文强作的《关于地下水超采综合治理情况的报告》、区城管局局长韩文涛作的《关于城市生活垃圾分类管理情况的报告》、区监察委员会主任郭晖作的《关于开展整治群众反映强烈问题工作情况的报告》。审议通过《区人民政府关于“八五”普法规划编制情况的报告》、区人大常委会视察组《关于优化营商环境联动监督视察情况的报告》《关于地下水超采综合治理联动监督视察情况的报告》《关于城市生活垃圾分类管理联动监督视察情况的报告》《关于重点项目建设联动监督视察情况的报告》。会议通过人事任免事项（名单见本章《选举任免》）。

第八次会议　2022年6月30日召开，区人大常委会主任刘凤清，副主任狄增建、刘建新、栾新华和20名委员出席会议。区人民政府副区长鲁永飞、区监察委员会副主任史海宾、区人民法院副院长李薇、区人民检察院检察长魏国君列席会议。会议听取和审议区人民政府副区长鲁永飞作的《关于五项联动监督工作整改情况的报告》《关于“6+1”联动监督“回头看”工作情况的报告》、区财政局局长牛兰柱作的《关于2021年度国有资产管理情况的报告》、区教育局局长孟春馨作的《关于中小学生课后服务工作开展情况的报告》、区人民法院郭爱民、张聪、马萌作的《述职报告》、区人民检察院杜小丽、金磊、邱莉娜作的《述职报告》。审议通过《关于接受吴威同志辞去区人大代表职务请求的决定》、区人民政府《关于对重点项目建设工作审议意见办理情况的报告》《关于对我区优化营商环境工作审议意见办理情况的报告》《关于对地下水超采综合治理工作审议意见办理情况的报告》《关于对城市生活垃圾分类管理工作审议意见办理情况的报告》。会议通过人事任免事项（名单见本章《选举任免》）。

第九次会议　2022 年 8 月 25 日召开。区人大常委会主任刘凤清，副主任狄增建、刘建新、栾新华和 12 名委员出席会议。审议通过《关于接受郭俊凯同志辞去区人大代表职务请求的决定》。

第十次会议　2022 年 9 月 28 日召开。区人大常委会主任刘凤清，副主任狄增建、刘建新、栾新华和 12 名委员出席会议。区人民政府副区长、公安分局局长葛江涛、区人民政府副区长潘峰、区监察委员会副主任史海宾、区人民法院副院长李薇、区人民检察院检察长魏国君列席会议。会议听取和审议区发改局局长崔秋生作的《关于 2022 年上半年国民经济和社会发展计划执行情况的报告》、财政局局长牛兰柱分别作的《关于 2022 年上半年预算执行情况的报告》《关于裕华区 2021 年决算的报告》《关于政府债务管理情况的报告》《关于 2022 年预算调整方案（草案）的报告》、区审计局局长刘畅作的《关于 2021 年度裕华区预算执行及其他财政财务收支情况的审计工作报告》、区人民政府副区长、公安分局局长葛江涛作的《关于深化巩固“扫黑除恶”专项斗争工作进展情况的报告》。审议通过《关于接受周增雨同志辞去区人大代表职务请求的决定》。会议通过人事任免事项（名单见本章《选举任免》）。

第十一次会议　2022 年 10 月 26 日召开。区人大常委会主任刘凤清，副主任狄增建、梁胜军、刘建新、栾新华和 19 名委员出席会议。区人民政府副区长宋兵跃、区监察委员会主任郭晖、区人民法院院长姚生友、区人民检察院副检察长王元浩列席会议。会议听取和审议区人民法院副院长赵淑红作的《区人民法院关于执行工作情况的报告》、区发改局局长崔秋生、区教育局局长孟春馨、区科学技术局局长边庆敏、区司法局局长曹秀婷、区财政局局长牛兰柱、区人力资源和社会保障局局长武志刚作的《述职报告》，并进行评议。会议通过人事任免事项（名单见本章《选举任免》）。

第十二次会议　2022 年 12 月 29 日召开。区人大常委会主任刘凤清，副主任狄增建、刘建新、栾新华和 15 名委员出席会议。区人民政府副区长宋兵跃、区监察委员会副主任史海宾、区人民法院副院长张拴力、区人民检察院检察长魏国君列席会议。会议听取和审议区审计局局长刘畅作的《区人民政府〈关于 2021 年度预算执行和其他财政收支情况的审计工作报告〉中有关问题整改情况的报告》、区财政局局长牛兰柱作的《关于 2023 年度预算编制部门绩效目标管理工作情况的报告》《区人民政府关于 2022 年预算调整方案的报告》、区人民政府办采购中心主任王宇作的《区人民政府关于办理代表建议、批评和意见情况的报告》《区人民政府关于 2022 年 10 件民生实事完成情况的报告》。审议通过《2022 年度规范性文件备案审查工作情况报告》《区人大常委会关于补选部分区人大代表的决定》《关于接受王滨慧同志辞去区人大代表职务请求的决定》《关于接受王梅素同志辞去区人大代表职务请求的决定》《关于接受张振国同志辞去区人大代表职务请求的决定》《关于接受刘强同志辞去区人大常委会委员职务请求的决定》《关于接受梁胜军同志辞去区人大常委会副主任等职务请求的决定》、区人民政府《关于常态化疫情防控工作的报告》。会议通过人事任免事项（名单见本章《选举任免》）。

第十三次会议　2023年1月9日召开。区人大常委会主任刘凤清，副主任狄增建、刘建新、栾新华和16名委员出席会议。区人民政府副区长宋兵跃、区监察委员会主任郭晖、区人民法院院长姚生友、区人民检察院副检察长刘瑛列席会议。审议通过《裕华区人大常委会关于召开区第六届人民代表大会第三次会议的决定》《裕华区第六届人民代表大会第三次会议建议议程》《裕华区第六届人民代表大会第三次会议主席团和秘书长建议名单》《裕华区人大常委会代表资格审查委员会个别代表的代表资格的审查报告》《裕华区第六届人民代表大会第三次会议列席人员名单》《裕华区第六届人民代表大会第三次会议列席人员名单》《裕华区人大常委会关于召开区第六届人民代表大会第三次会议事宜临时授权的决定》《关于补选个别区人大代表的决定》。

第十四次会议　2023年1月17日召开。区人大常委会主任刘凤清，副主任狄增建、刘建新、栾新华、任颢和13名委员出席会议。区人民政府副区长宋兵跃、区监察委员会副主任史海宾、区人民法院院长姚生友、区人民检察院副检察长王元浩列席会议。审议通过《关于接受吉永亮同志辞去区人民政府副区长职务请求的决定》。会议通过人事任免事项（名单见本章《选举任免》）。

第十五次会议　2023年1月28日召开。区人大常委会主任刘凤清，副主任狄增建、刘建新、栾新华、任颢和13名委员出席会议。区人民政府副区长宋兵跃、区监察委员会副主任史海宾、区人民法院院长姚生友、区人民检察院副检察长王元浩列席会议。补选崔丽菲同志为石家庄市第十五届人民代表大会代表。

第十六次会议　2023年3月7日召开。区人大常委会主任刘凤清，副主任狄增建、刘建新、栾新华、任颢和21名委员出席会议。区人民政府副区长潘峰、区监察委员会副主任史海宾、区人民法院院长姚生友、区人民检察院副检察长王元浩列席会议。会议听取和审议区生态环境分局局长赵喜军作的《区人民政府关于2022年度环境状况和环境保护目标完成情况的报告》。审议通过《区人大常委会2023年工作要点》《区人大常委会关于补选部分区人大代表的决定》《区人大常委会关于批准设立石家庄市第四十四中学人大代表联络站的决定》《关于接受李少波同志辞去区人大代表职务请求的决定》，会议通过人事任免事项（名单见本章《选举任免》）。

第十七次会议　2023年4月24日召开。区人大常委会主任刘凤清，副主任狄增建、刘建新、栾新华和22名委员出席会议。区人民政府副区长于彦军、区监察委员会副主任司书振、区人民法院院长姚生友、区人民检察院副检察长安建军列席会议。会议听取和审议区卫健局局长高鹏作的《区人民政府关于创建国家级慢性病综合防控示范区工作情况的报告》、区人民检察院副检察长安建军作的《区人民检察院公益诉讼工作情况的报告》。审议通过区人民政府《关于全区安全生产工作情况的报告》《区人大常委会代表资格审查委员会关于个别代表的代表资格的审查报告》《区人大常委会关于批准设立石家庄市裕华区众美城社区卫生服务站人大代表联络站的决定》《区人大常委会关于撤销索菲亚人大代表联络站的决定》《关于接受宋兵跃同志辞去区人民政府副区长职务请求的决定》。会议通过人事任免事项（名单见本章《选举任免》）。

第十八次会议 2023 年 6 月 28 日召开。区人大常委会主任刘凤清，副主任狄增建、刘建新、栾新华、任颢和 20 名委员出席会议。区人民政府副区长于彦军、区监察委员会主任郭晖、区人民法院院长姚生友、区人民检察院检察长魏国君列席会议。会议听取和审议区人民政府副区长于彦军作的《关于四项联动监督工作情况的报告》、区财政局二级主任科员赵雄伟作的《关于 2022 年度国有资产管理情况的报告》《关于 2023 年预算调整方案（草案）的报告》《关于 2023 年重大项目事前绩效评估情况报告》，并进行了满意度测评。听取和审议区人民法院陈立静、李文环、王志斌和区人民检察院贾晓蕾、甄慧、杜红岩作的《述职报告》，并进行履职评议。审议通过《区人大常委会关于撤销千川集团人大代表联络站的决定》《关于接受黄小君同志辞去区人大代表职务请求的决定》《关于接受鲁永飞同志辞去区人民政府副区长职务请求的决定》、区人民政府《关于 2023 年重点项目运行情况的报告》、区人民法院《多元解纷机制运行情况报告》。会议对裕华区科技创新及科技成果转化工作情况开展专题询问。会议通过人事任免事项（名单见本章《选举任免》）。

第十九次会议 2023 年 7 月 26 日召开。区人大常委会主任刘凤清，副主任狄增建、刘建新、栾新华、任颢和 13 名委员出席会议。区人民政府副区长潘峰、区监察委员会主任郭晖、区人民法院副院长张拴力、区人民检察院检察长魏国君列席会议。会议通过人事任免事项（名单见本章《选举任免》）。

第二十次会议 2023 年 8 月 24 日召开。区人大常委会主任刘凤清，副主任狄增建、栾新华、任颢和 22 名委员出席会议。区人民政府副区长牛亚欣、区监察委员会副主任史海宾、区人民法院政治部主任苏文涛、区人民检察院副检察长王元浩列席会议。会议听取和审议区发改局局长崔秋生作的《关于 2023 年上半年国民经济和社会发展计划执行情况的报告》、区财政局二级主任科员赵雄伟作的《关于 2023 年上半年预算执行情况的报告》《关于裕华区 2022 年决算的报告》《关于 2023 年预算调整方案（草案）的报告》、区审计局局长刘畅作的《关于 2022 年度预算执行及其他财政财务收支情况的审计工作报告》。审议通过《关于接受杨朝峰同志辞去区人大代表职务请求的决定》《关于接受王闵同志辞去区人大代表职务请求的决定》《关于接受陈阳同志辞去区人大代表职务请求的决定》。会议通过人事任免事项（名单见本章《选举任免》）。

第二十一次会议 2023 年 9 月 26 日召开。区人大常委会主任刘凤清，副主任狄增建、刘建新、栾新华和 15 名委员出席会议。区人民政府副区长潘峰、区监察委员会主任郭晖、区人民法院副院长张拴力、区人民检察院检察长魏国君列席会议。会议通过人事任免事项（名单见本章《选举任免》）。

第二十二次会议 2023 年 10 月 26 日召开。区人大常委会主任刘凤清，副主任狄增建、刘建新、栾新华、任颢和19名委员出席会议。区人民政府副区长潘峰、区监察委员会副主任史海宾、区人民法院院长姚生友、区人民检察院副检察长王元浩列席会议。会议听取和审议区人民政府副区长潘峰作的《关于三项联动监督工作情况的报告》、区园林大队大队长张传随作的《关于城市园林绿化工作情况的报告》，并进行满意度测评。听取和审议区农业农村局局长张文强、区卫生健康局局长高鹏、区退役军人事务局局长于晓明、区市场监督管理局局长房慧超、区统计局局长张录和、区行政审批局局长边国乐作的《述职报告》，并进行履职评议。审议通过《关于接受郑志海同志辞去区人大代表职务请求的决定》《关于接受谢山林同志辞去区人大代表职务请求的决定》《关于接受范会芸同志辞去区人大代表职务请求的决定》《关于接受张月同志辞去区人大代表职务请求的决定》《关于接受孙秀芬同志辞去区人大代表职务请求的决定》《关于接受格生存同志辞去区人大代表职务请求的决定》《关于接受张叶龙同志辞去区人大代表职务请求的决定》《关于接受苏向超同志辞去区人大常委会委员职务请求的决定》、区人大常委会视察组《关于对全区现代商贸物流产业工作的视察报告》《关于区房地产遗留问题解决情况的视察报告》《关于对电动车综合治理工作的视察报告》《关于对我区园林绿化工作情况的视察报告》。听取了区人民政府《关于义务教育优质均衡发展工作开展情况的报告》《关于大学毕业生和退役军人就业情况的报告》。会议通过人事任免事项（名单见本章《选举任免》）。

第二十三次会议　2023年10月30日召开。区人大常委会主任刘凤清，副主任狄增建、栾新华、任颢和11名委员出席会议。区人民政府副区长于彦军、区监察委员会主任郭晖、区人民法院院长姚生友、区人民检察院副检察长王元浩列席会议。会议通过人事任免事项（名单见本章《选举任免》）。

第二十四次会议　2023年12月27日召开。区人大常委会主任刘凤清，副主任狄增建、刘建新、任颢和16名委员出席会议。区人民政府副区长牛亚欣、区监察委员会主任郭晖、区人民法院院长姚生友、区人民检察院副检察长王元浩列席会议。会议听取和审议区审计局局长刘畅作的《关于2022年度预算执行和其他财政财务收支情况的审计工作报告》中所列问题整改情况的报告、区财政局局长杜君瑛同志作的《关于2023年预算调整方案（草案）的报告》《关于2023年度预算绩效管理工作情况的报告》、区人民政府办公室主任赵晓斌作的《关于办理代表建议、批评和意见情况的报告》《关于2023年10件民生实事完成情况的报告》，并进行了满意度测评。审议通过区人大常委会《关于2023年度规范性文件备案审查工作情况的报告》、区人民政府《关于对我区四项联动监督工作审议意见办理情况的报告》《关于对我区三项联动监督工作审议意见办理情况的报告》《石家庄市裕华区人民代表大会及其常务委员会工作制度》《关于批准撤销润丰五金机电城人大代表联络站的决定》《区人大常委会关于补选部分区人大代表的决定》《关于接受王向辉同志辞去区人大代表职务请求的决定》《关于接受卢迪同志辞去区人大代表职务请求的决定》。

第二十五次会议　2024年1月18日召开。区人大常委会主任刘凤清，副主任狄增建、刘建新、栾新华、任颢和19名委员出席会议。区人民政府副区长牛亚欣、区监察委员会副主任司书振、区人民法院副院长李薇、区人民检察院检察长魏国君列席会议。会议听取和审议区发改局局长崔秋生作的《区人民政府关于“十四五”规划实施中期评估情况的报告》，并进行了满意度测评。审议通过《区人大常委会关于召开区第六届人民代表大会第四次会议的决定》《区第六届人民代表大会第四次会议建议议程》《区第六届人民代表大会第四次会议主席团和秘书长建议名单》《区第六届人民代表大会第四次会议列席人员名单》《区人大常委会工作报告（稿）》《区人大常委会关于召开区六届人大四次会议事宜临时授权的决定》《区第六届人大常委会代表资格审查委员会关于个别代表的代表资格的审查报告》。会议通过人事任免事项（名单见本章《选举任免》）。

第二十六次会议 2024 年 2 月 28 日召开。区人大常委会主任刘凤清，副主任狄增建、刘建新、栾新华、任颢和 19 名委员出席会议。区人民政府常务副区长容树春、区监察委员会主任郭晖、区人民法院院长姚生友、区人民检察院检察长魏国君列席会议。会议审议通过《区人大常委会 2024 年工作要点》《关于接受胡延宾同志辞去区人大代表职务请求的决定》、区人民政府《关于 2023 年度预算绩效管理工作情况报告审议意见落实情况的报告》。会议通过人事任免事项（名单见本章《选举任免》）。

第二十七次会议 2024 年 4 月 12 日召开。区人大常委会主任刘凤清，副主任狄增建、刘建新、栾新华和 19 名委员出席会议。区人民政府副区长牛亚欣、区监察委员会主任郭晖、区人民法院副院长张拴力、区人民检察院检察长魏国君列席会议。会议审议通过《关于许可对区人大代表苏某某采取强制措施的决定》《关于批准确定石家庄市裕华区人民法院、石家庄高新区人民法院人民陪审员选任名额的决定》。

第二十八次会议 2024 年 5 月 8 日召开。区人大常委会主任刘凤清，副主任狄增建、刘建新、栾新华、任灏和 20 名委员出席会议。区人民政府副区长牛亚欣、区监察委员会主任郭晖、区人民法院院长姚生友、区人民检察院检察长魏国君列席会议。会议听取和审议区生态环境分局局长马会平作的《关于 2023 年度环境状况和环境保护目标完成情况的报告》、区民政局局长孙军花作的《关于全区养老服务工作开展情况的报告》、区司法局局长曹秀婷作的《关于〈中华人民共和国社区矫正法〉实施情况的报告》、区人民法院区人民检察院部分被任命人员作的《履职报告》。审议通过《关于接受杜领朝同志辞去区人大代表职务请求的决定》《关于接受孟江波同志辞去区人大代表职务请求的决定》《关于接受于立华同志辞去区人大代表职务请求的决定》《石家庄市裕华区人大常委会关于石家庄市裕华区人大常委会部分工作机构更改名称的决定》。会议通过人事任免事项（名单见本章《选举任免》）。

第二十九次会议 2024 年 6 月 27 日召开。区人大常委会主任刘凤清，副主任狄增建、刘建新、栾新华、任灏和 21 名委员出席会议。区人民政府副区长崔秋生、区监察委员会主任郭晖、区人民法院院长姚生友、区人民检察院副检察长王元浩列席会议。会议听取和审议区财政局局长杜君瑛作的《关于 2023 年度国有资产管理情况的报告》、区人民政府副区长崔秋生作的《关于三领域联动监督工作情况的报告》、区市场监督管理局局长房慧超作的《关于食品安全工作情况的报告》。审议通过《关于接受张华新同志辞去区人大代表职务请求的决定》《关于接受范士国同志辞去区人大代表职务请求的决定》。会议通过人事任免事项（名单见本章《选举任免》）。

第三十次会议 2024年8月29日召开。区人大常委会主任刘凤清，副主任狄增建、刘建新、栾新华、任灏和18名委员出席会议。区人民政府副区长崔秋生、区监察委员会主任郭晖、区人民法院院长姚生友、区人民检察院副检察长王元浩列席会议。会议听取和审议区应急局局长吴传京作的《关于贯彻落实〈河北省防汛避险人员转移条例〉的情况报告》、区发改局局长于晓明作的《关于2024年上半年国民经济和社会发展计划执行情况的报告》、区财政局局长杜君瑛作的《关于2024年上半年预算执行情况的报告》《关于2023年决算的报告》《关于2024预算调整方案（草案）的报告》、区审计局副局长袁敏作的《关于2023年预算执行及其他财政收支情况的审计工作报告》、区司法局局长曹秀婷作的《关于“八五”普法工作情况的报告》。审议通过区政府《关于2024年10件民生实事进展情况的报告》《关于对绿色建筑领域联动监督工作情况报告》《关于残疾人保障领域联动监督工作情况报告》《关于食品安全工作情况报告的审议意见办理情况的报告》《关于批准2024年预算调整方案的决定》《关于批准2023年区决算的决议》《关于接受梁英同志辞去区人大代表职务请求的决定》。会议通过人事任免事项（名单见本章《选举任免》）。

第二节 办事机构

2024年4月，区六届人大常委会设办公室、选举任免代表工作委员会、财政经济工作委员会、政法工作委员会、教科文卫工作委员会。选举任免代表工作委员会更名为代表工作委员会、政治法律工作委员会更名为法制工作委员会、财政经济工作委员会更名为预算工作委员会。

表33　　石家庄市裕华区第六届人大常委会机构设置一览表

机构名称	职务	姓名	任职时间
办公室	主任	刘　强	2021年7月—2022年3月
		郭忠杰	2022年3月—
	副主任	马　显	2021年7月—2021年12月
		韩慧娟	2022年3月—
选举任免代表工作委员会	主任	郭忠杰	2021年7月—2022年3月
		赵永强	2022年3月—
财政经济工作委员会	主任	胡延宾	2021年7月—2023年10月
		王　岩	2023年10月—

续表 33

机构名称	职　务	姓　名	任职时间
政治法律工作委员会	主　任	梁　英	2021 年 7 月—2024 年 8 月
		李彦芳	2024 年 8 月—
科教文卫工作委员会	主　任	张　月	2021 年 7 月—2021 年 12 月
		马　显	2021 年 12 月—
信访办公室	主　任	李彦芳	2021 年 7 月—2024 年 8 月

在各街道设立人大工作委员会。2021 年 7 月，裕华区人大常委会下设 11 个街道工作委员会：建通街道人大工作委员会、槐底街道人大工作委员会、裕东街道人大工作委员会、裕华路街道人大工作委员会、东苑街道人大工作委员会、裕兴街道人大工作委员会、裕强街道人大工作委员会、裕翔街道人大工作委员会、建华南街道人大工作委员会、长江街道人大工作委员会、太行街道人大工作委员会。

注：长江街道、太行街道属石家庄市高新技术开发区，因干部管理权限，裕华区人大常委会未任命此 2 个街道人大工作委员会主任。

表 34　　　　　石家庄市裕华区第六届人大常委会派出机构一览表

机构名称	职　务	姓　名	任职时间
建通街道人大工作委员会	主　任	康吉锁	2021 年 7—11 月
		范会芸	2021 年 11 月—2023 年 3 月
		胡延宾	2023 年 10 月—2024 年 2 月
槐底街道人大工作委员会	主　任	郑志海	2021 年 7 月—2023 年 3 月
		牛永振	2023 年 3 月—
裕华路街道人大工作委员会	主　任	王滨慧	2021 年 7 月—2022 年 12 月
		刘　江	2022 年 12 月—
裕东街道人大工作委员会	主　任	周增雨	2021 年 7 月—2022 年 3 月
		杜领朝	2022 年 3 月—2024 年 5 月
		袁　云	2024 年 5 月—
东苑街道人大工作委员会	主　任	谢山林	2021 年 7 月—2023 年 9 月
		张福军	2023 年 9 月—
裕兴街道人大工作委员会	主　任	郭录芳	2021 年 7 月—
裕强街道人大工作委员会	主　任	吴　威	2021 年 7 月—2022 年 6 月
		陈　新	2022 年 6 月—

续表 34

机构名称	职　务	姓　名	任职时间
建华南街道人大工作委员会	主　任	米彦巧	2021 年 7 月—
裕翔街道人大工作委员会	主　任	孙惠敏	2021 年 7 月—2021 年 11 月
		王　鹏	2021 年 11 月—2023 年 3 月
		董文茂	2024 年 2 月—
长江街道人大工作委员会	负责人	张振国	2021 年 7 月—2022 年 1 月
		罗　凯	2022 年 1 月—
太行街道人大工作委员会	负责人	卢　迪	2022 年 1 月—2023 年 12 月

第三节　决 议 决 定

区六届人大常委会共作出决议决定 64 项。

表 35　　石家庄市裕华区第六届人大常委会决议决定一览表

时　间	会　议	名　称
2021 年 11 月 16 日	六届二次会议	《关于接受古林华同志辞去区人大代表职务请求的决定》《关于接受张传随同志辞去区人大代表职务请求的决定》《关于接受康吉锁同志辞去区人大代表职务请求的决定》《关于接受孙惠敏同志辞去区人大代表职务请求的决定》
2021 年 12 月 30 日	六届三次会议	《关于接受张月同志辞去区人大常委会委员职务请求的决定》《关于批准建立东海岸酒店等人大代表联络站的决定》《关于补选部分区人大代表的决定》
2022 年 1 月 19 日	六届四次会议	《关于召开区第六届人民代表大会第二次会议的决定》《关于召开区第六届人民代表大会第二次会议事宜临时授权的决定》
2022 年 3 月 8 日	六届五次会议	《关于接受张星同志辞去区人民政府副区长职务请求的决定》《关于接受杜晓伟同志辞去区人民政府副区长职务请求的决定》
2022 年 4 月 22 日	六届六次会议	《关于批准增加石家庄高新区人民法院人民陪审员选任名额的决定》《关于接受张志会同志辞去区人大代表职务请求的决定》
2022 年 6 月 30 日	六届八次会议	《关于接受吴威同志辞去区人大代表职务请求的决定》
2022 年 8 月 25 日	六届九次会议	《关于接受郭俊凯同志辞去区人大代表职务请求的决定》

续表 35

时　间	会　议	名　称
2022 年 9 月 28 日	六届十次会议	《关于接受周增雨同志辞去区人大代表职务请求的决定》
2022 年 12 月 29 日	六届十二次会议	《关于补选部分区人大代表的决定》《关于接受王滨慧同志辞去区人大代表职务请求的决定》《关于接受王梅素同志辞去区人大代表职务请求的决定》《关于接受张振国同志辞去区人大代表职务请求的决定》《关于接受刘强同志辞去区人大常委会委员职务请求的决定》《关于接受梁胜军同志辞去区人大常委会副主任等职务请求的决定》
2023 年 1 月 9 日	六届十三次会议	《关于召开区第六届人民代表大会第三次会议的决定》《关于召开区第六届人民代表大会第三次会议事宜临时授权的决定》《关于补选个别区人大代表的决定》
2023 年 1 月 17 日	六届十四次会议	《关于接受吉永亮同志辞去区人民政府副区长职务请求的决定》
2023 年 3 月 7 日	六届十六次会议	《关于补选部分区人大代表的决定》《关于批准设立石家庄市第四十四中学人大代表联络站的决定》《关于接受李少波同志辞去区人大代表职务请求的决定》
2023 年 4 月 24 日	六届十七次会议	《关于批准设立石家庄市裕华区众美城社区卫生服务站人大代表联络站的决定》《关于撤销索菲亚人大代表联络站的决定》《关于接受宋兵跃同志辞去区人民政府副区长职务请求的决定》
2023 年 6 月 28 日	六届十八次会议	《关于撤销千川集团人大代表联络站的决定》《关于接受黄小君同志辞去区人大代表职务请求的决定》《关于接受鲁永飞同志辞去区人民政府副区长职务请求的决定》
2023 年 8 月 24 日	六届二十次会议	《关于接受杨朝峰同志辞去区人大代表职务请求的决定》《关于接受王闵同志辞去区人大代表职务请求的决定》《关于接受陈阳同志辞去区人大代表职务请求的决定》
2023 年 10 月 26 日	六届二十二次会议	《关于接受郑志海同志辞去区人大代表职务请求的决定》《关于接受谢山林同志辞去区人大代表职务请求的决定》《关于接受范会芸同志辞去区人大代表职务请求的决定》《关于接受张月同志辞去区人大代表职务请求的决定》《关于接受孙秀芬同志辞去区人大代表职务请求的决定》《关于接受格生存同志辞去区人大代表职务请求的决定》《关于接受张叶龙同志辞去区人大代表职务请求的决定》《关于接受苏向超同志辞去区人大常委会委员职务请求的决定》
2023 年 12 月 27 日	六届二十四次会议	《关于批准撤销润丰五金机电城人大代表联络站的决定》《关于补选部分区人大代表的决定》《关于接受王向辉同志辞去区人大代表职务请求的决定》《关于接受卢迪同志辞去区人大代表职务请求的决定》

续表 35

时　间	会　议	名　称
2024 年 1 月 18 日	六届二十五次会议	《关于召开区第六届人民代表大会第四次会议的决定》《关于召开区六届人大四次会议事宜临时授权的决定》
2024 年 2 月 28 日	六届二十六次会议	《关于接受胡延宾同志辞去区人大代表职务请求的决定》
2024 年 4 月 12 日	六届二十七次会议	《关于许可对区人大代表苏某某采取强制措施的决定》《关于批准确定石家庄市裕华区人民法院、石家庄高新区人民法院人民陪审员选任名额的决定》
2024 年 5 月 8 日	六届二十八次会议	《关于接受杜领朝同志辞去区人大代表职务请求的决定》《关于接受孟江波同志辞去区人大代表职务请求的决定》《关于接受于立华同志辞去区人大代表职务请求的决定》《关于石家庄市裕华区人大常委会部分工作机构更改名称的决定》
2024 年 6 月 27 日	六届二十九次会议	《关于接受张华新同志辞去区人大代表职务请求的决定》《关于接受范士国同志辞去区人大代表职务请求的决定》
2024 年 8 月 29 日	六届三十次会议	《关于批准 2024 年预算调整方案的决定》《关于批准 2023 年区决算的决议》《关于接受梁英同志辞去区人大代表职务请求的决定》

第四节　选举任免

2021 年 8 月 30 日，区六届人大常委会第一次会议，通过区人民政府相关人事任免事项。

决定任命：

赵晓斌同志为区人民政府办公室主任；

崔秋生同志为区发展和改革局局长；

牛兰柱同志为区财政局局长；

武志刚同志为区人力资源和社会保障局局长；

高翠兰同志为区住房和城区建设局局长；

韩文涛同志为区城市管理综合行政执法局局长；

孟春馨同志为区教育局局长；

房慧超同志为区市场监督管理局局长；

王峰同志为区商务局局长；

刘畅同志为区审计局局长；

边国乐同志为区行政审批局局长；

边庆敏同志为区科学技术局局长；

曹秀婷同志为区司法局局长；

张文强同志为区农业农村局局长；

高鹏同志为区卫生健康局局长；

侯献军同志为区应急管理局局长；

于晓明同志为区退役军人事务局局长；

张录和同志为区统计局局长；

魏建峰同志为区文化广电体育和旅游局局长；

马云峰同志为区地方金融监督管理局局长；

邢志国同志为区医疗保障局局长。

2021年8月30日，区六届人大常委会第一次会议，通过区人民检察院相关人事任免事项。

免去：

郝增录同志的区人民检察院检察委员会委员、检察员职务；

宋艳辉同志的区人民检察院检察委员会委员、检察员职务。

任命：

贾晓蕾同志为区人民检察院检察委员会委员。

2021年11月16日，区六届人大常委会第二次会议，通过区人大常委会相关人事任免事项。

免去：

康吉锁同志的建通街道人大工作委员会主任职务；

孙惠敏同志的裕翔街道人大工作委员会主任职务。

任命：

范会芸同志为建通街道人大工作委员会主任；

王鹏同志为裕翔街道人大工作委员会主任。

2021年11月16日，区六届人大常委会第二次会议，通过区人民政府相关人事任免事项。

决定免去：

姜俊军同志的区人民政府副区长职务；

魏建峰同志的区文化广电体育和旅游局局长职务。

决定任命：

古林华同志为区文化广电体育和旅游局局长。

2021年11月16日，区六届人大常委会第二次会议，通过区人民法院相关人事任免事项。

免去：

苏文涛同志的区人民法院审判委员会委员职务；

翟旭同志的区人民法院审判员职务；

韩锦霞同志的区人民法院审判员职务；

李天同志的区人民法院审判员职务。

2021年12月30日，区六届人大常委会第三次会议，通过区人大常委会相关人事任免事项。

免去：

张月同志的区人大常委会教科文卫工作委员会主任职务；

马显同志的区人大常委会办公室副主任职务。

任命：

马显同志为区人大常委会教科文卫工作委员会主任。

2021年12月30日，区六届人大常委会第三次会议，通过区人民法院相关人事任免事项。

免去：

杨建科同志的区人民法院副院长、审判委员会委员、审判员职务；

安建军同志的区人民法院副院长、审判委员会委员、审判员职务；

韩志国同志的区人民法院副院长、审判委员会委员、审判员职务；

邓震宏同志的区人民法院审判委员会委员、审判员职务；

高云同志的区人民法院民事审判庭庭长职务；

何亚辉同志的区人民法院刑事审判庭庭长职务；

左书旺同志的区人民法院行政审判庭（综合审判庭）庭长职务；

冯丽娟同志的区人民法院刑事审判庭副庭长职务；

刘爱利同志的区人民法院裕民人民法庭庭长职务；

李瑶同志的区人民法院槐底人民法庭副庭长职务。

任命：

张拴力同志为区人民法院审判员、审判委员会委员、副院长；

赵淑红同志为区人民法院审判员、审判委员会委员、副院长；

王伟同志为区人民法院审判员、审判委员会委员；

左书旺同志为区人民法院民事审判庭庭长；

何亚辉同志为区人民法院行政审判庭（综合审判庭）庭长；

冯丽娟同志为区人民法院刑事审判庭庭长；

李瑶同志为区人民法院刑事审判庭副庭长；

张巧莲同志为区人民法院裕民人民法庭庭长；

陈立静同志为区人民法院槐底人民法庭副庭长。

2021 年 12 月 30 日，区六届人大常委会第三次会议，通过区人民检察院相关人事任免事项。

免去：

付文奎同志的区人民检察院副检察长职务；

张拴力同志的区人民检察院副检察长、检察委员会委员、检察员职务；

王伟同志的区人民检察院检察委员会委员、检察员职务。

任命：

刘瑛同志为区人民检察院检察员、检察委员会委员、副检察长；

安建军同志为区人民检察院检察员、检察委员会委员、副检察长；

邓震宏同志为区人民检察院检察员、检察委员会委员。

2022 年 1 月 19 日，区六届人大常委会第四次会议，通过区人大常委会相关人事任免事项。

免去：

张月同志的区第六届人民代表大会教育科技文化卫生委员会副主任委员职务；

张月同志的区第六届人民代表大会社会建设委员会副主任委员职务。

任命：

马显同志为区第六届人民代表大会教育科技文化卫生委员会副主任委员；

马显同志为区第六届人民代表大会社会建设委员会副主任委员。

2022 年 3 月 8 日，区六届人大常委会第五次会议，通过区人大常委会相关人事任免事项。

免去：

刘强同志的区人大常委会办公室主任职务；

郭忠杰同志的区人大常委会选任工委主任职务；

周增雨同志的裕东街道人大工作委员会主任职务。

任命：

郭忠杰同志为区人大常委会办公室主任；

赵永强同志为区人大常委会选任工委主任；

韩慧娟同志为区人大常委会办公室副主任；

杜领朝同志为裕东街道人大工作委员会主任。

2022年3月8日，区六届人大常委会第五次会议，通过区人民政府相关人事任免事项。

决定免去：

张星同志的区人民政府副区长职务；

杜晓伟同志的区人民政府副区长职务；

王峰同志的区商务局局长职务。

决定任命：

于彦军同志为区人民政府副区长；

张燕同志为区商务局局长。

2022年3月8日，区六届人大常委会第五次会议，通过区人民法院相关人事任免事项。

任命：

杜西同志为区人民法院审判员。

2022年4月22日，区六届人大常委会第六次会议，通过区人民政府相关人事任免事项。

决定任命：

葛江涛同志为区人民政府副区长。

2022年4月22日，区六届人大常委会第六次会议，通过区人民法院相关人事任免事项。

免去：

高利军同志的区人民法院行政审判庭（综合审判庭）副庭长、审判委员会委员、审判员职务。

任命：

孟伟彬同志为区人民法院审判员；

尹艳丽同志为区人民法院审判员；

廖安娜同志为区人民法院审判员；

李冠霞同志为区人民法院审判员。

2022年4月22日，区六届人大常委会第六次会议，通过区人民检察院相关人事任免事项。

任命：

段文斐同志为区人民检察院检察员。

2022年5月26日，区六届人大常委会第七次会议，通过区人民政府相关人事任免事项。

决定任命：

鲁永飞同志为区人民政府副区长。

2022年5月26日，区六届人大常委会第七次会议，通过区人民法院相关人事任免事项。

任命：

李薇同志为区人民法院副院长。

2022年5月26日，区六届人大常委会第七次会议，通过区人民检察院相关人事任免事项。

任命：

王元浩同志为区人民检察院副检察长。

2022年6月30日，区六届人大常委会第八次会议，通过区人大常委会相关人事任免事项。

免去：

吴威同志的裕强街道人大工作委员会主任职务。

任命：

陈新同志为裕强街道人大工作委员会主任。

2022年6月30日，区六届人大常委会第八次会议，通过区人民法院相关人事任免事项。

免去：

郭爱民同志的区人民法院立案庭（诉讼服务中心）副庭长职务。

任命：

郭爱民同志为区人民法院民事审判庭副庭长；

赵美玲同志为区人民法院审判员。

2022年6月30日，区六届人大常委会第八次会议，通过区人民检察院相关人事任免事项。

免去：

陈春燕同志的区人民检察院检察员职务。

任命：

杜红岩同志为区人民检察院检察员。

2022年9月28日，区六届人大常委会第十次会议，通过区人民法院相关人事任免事项。

任命：

王玉（女）、王勇、王淑蕾（女）、尹梅静（女）、田文朵（女）、田美荣（女）、史亚琼（女）、冯栓彬、吕福军、乔晨辉、任海娟（女）、刘振宇、刘增辉、安国华（女）、安建友、安春生、孙林亚、孙树建、苏利贤、李霞（女）、李俊平、杨林、吴学红（女）、宋俊周、张立军、张丽静（女）、张彦改（女）、张继华、陈琳（女）、陈贤杰、周梅英（女）、郑心、孟立芳（女）、赵林、秦海楠、栗娜（女）、贾冠伦（女）、高宏志、郭英强、曹晨曦（女）、常小林、彭志永、葛建新、葛密艳（女）、蒋伟民、韩强、鲁宪松、路蕾、薛红坡、魏曙光等50名同志为石家庄高新技术产业开发区人民陪审员。

2022年10月26日，区六届人大常委会第十一次会议，通过区人民法院相关人事任免事项。

免去：

梁景辰同志的区人民法院审判员职务。

2022年12月29日，区六届人大常委会第十二次会议，通过区人大常委会相关人事任免事项。

免去：

王滨慧同志的裕华路街道人大工作委员会主任职务。

任命：

刘江同志为裕华路街道人大工作委员会主任。

2022年12月29日，区六届人大常委会第十二次会议，通过区人民法院相关人事任免事项。

免去：

陈立静同志的区人民法院槐底人民法庭副庭长职务。

任命：

陈立静同志为区人民法院槐底人民法庭庭长；

宋亮同志为区人民法院刑事审判庭副庭长；

马冲同志为区人民法院裕民人民法庭副庭长；

赵莉同志为区人民法院槐底人民法庭副庭长；

张聪同志为区人民法院立案庭（诉讼服务中心）副庭长；

杜西同志为区人民法院立案庭（诉讼服务中心）副庭长；

孟伟彬同志为区人民法院立案庭（诉讼服务中心）副庭长。

2022 年 12 月 29 日，区六届人大常委会第十二次会议，通过区人民检察院相关人事任免事项。

免去：

刘爱玲同志的区人民检察院检察委员会委员、检察员职务。

2023 年 1 月 17 日，区六届人大常委会第十四次会议，通过区人民政府相关人事任免事项。

决定免去：

吉永亮同志的区人民政府副区长职务。

决定任命：

洪威同志为区人民政府副区长。

2023 年 3 月 7 日，区六届人大常委会第十六次会议，通过区人大常委会相关人事任免事项。

免去：

王鹏同志的裕翔街道人大工作委员会主任职务；

范会芸同志的建通街道人大工作委员会主任职务；

郑志海同志的槐底街道人大工作委员会主任职务。

任命：

牛永振同志为槐底街道人大工作委员会主任。

2023 年 3 月 7 日，区六届人大常委会第十六次会议，通过区人民政府相关人事任免事项。

决定免去：

高翠兰同志的区住房和城区建设局局长职务。

决定任命：

杨朝峰同志为区住房和城区建设局局长；

韩大刚同志为区民政局局长。

2023 年 4 月 24 日，区六届人大常委会第十七次会议，通过区人民政府相关人事任免事项。

决定免去：

宋兵跃同志的区人民政府副区长职务。

2023年4月24日，区六届人大常委会第十七次会议，通过区人民法院相关人事任免事项。

免去：

李瑶同志的区人民法院刑事审判庭副庭长、审判员职务。

2023年4月24日，区六届人大常委会第十七次会议，通过区人民检察院相关人事任免事项。

免去：

付文奎同志的区人民检察院检察委员会委员、检察员职务。

2023年6月28日，区六届人大常委会第十八次会议，通过区人民政府相关人事任免事项。

决定免去：

鲁永飞同志的区人民政府副区长职务。

2023年7月26日，区六届人大常委会第十九次会议，通过区人民政府相关人事任免事项。

决定免去：

牛兰柱同志的区财政局局长职务；

张燕同志的区商务局局长职务。

决定任命：

牛亚欣同志为区人民政府副区长；

陈阳同志为区商务局局长。

2023年7月26日，区六届人大常委会第十九次会议，通过区人民法院相关人事任免事项。

免去：

陈武兴同志的区人民法院审判员职务。

2023年8月24日，区六届人大常委会第二十次会议，通过区人民检察相关人事任免事项。

免去：

何浩同志的区人民检察院检察员职务。

2023年9月26日，区六届人大常委会第二十一次会议，通过区人大常委会相关人事任免事项。

免去：

谢山林同志的东苑街道人大工作委员会主任职务。

任命：

张福军同志为东苑街道人大工作委员会主任。

2023年9月26日，区六届人大常委会第二十一次会议，通过区人民政府相关人事任免事项。

决定免去：

韩文涛同志的区城市管理综合行政执法局局长职务。

决定任命：

容树春同志为区人民政府副区长；

杜君瑛同志为区财政局局长。

2023年10月26日，区六届人大常委会第二十二次会议，通过区人大常委会相关人事任免事项。

免去：

胡延宾同志的区人大常委会财经工作委员会主任职务。

任命：

王岩同志为区人大常委会财经工作委员会主任；

胡延宾同志为建通街道人大工作委员会主任。

2023年10月26日，区六届人大常委会第二十二次会议，通过区人民政府相关人事任免事项。

决定免去：

侯献军同志的区应急管理局局长职务。

决定任命：

侯献军同志为区城市管理综合行政执法局局长；

吴传京同志为区应急管理局局长。

2023年10月26日，区六届人大常委会第二十二次会议，通过区人民法院相关人事任免事项。

免去：

刘晓丽同志的区人民法院审判员职务；

孙建华同志的区人民法院审判员职务。

任命：

王业同志为区人民法院审判员；

李佳慧同志为区人民法院审判员。

2023 年 10 月 30 日，区六届人大常委会第二十三次会议，通过区人民政府相关人事任免事项。

决定免去：

张文强同志的区农业农村局局长职务。

2024 年 1 月 18 日，区六届人大常委会第二十五次会议，通过区人大常委会相关人事任免事项。

免去：

胡延宾同志的区第六届人民代表大会财政经济委员会副主任委员职务；

赵雪莲同志的区第六届人民代表大会法制委员会委员职务。

任命：

王岩同志为区第六届人民代表大会财政经济委员会副主任委员；

杜领朝同志为区第六届人民代表大会城乡建设和环境保护委员会副主任委员；

赵雪莲同志为区第六届人民代表大会法制委员会副主任委员；

杜满舵同志为区第六届人民代表大会法制委员会委员；

赵永强同志为区人大常委会代表资格审查委员会副主任委员；

陈新同志为区人大常委会代表资格审查委员会委员；

韩利涛同志为区人大常委会代表资格审查委员会委员。

2024 年 1 月 18 日，区六届人大常委会第二十五次会议，通过区人民政府相关人事任免事项。

决定免去：

韩大刚同志的区民政局局长职务。

决定任命：

孙军花同志为区民政局局长。

2024 年 1 月 18 日，区六届人大常委会第二十五次会议，通过区人民检察院相关人事任免事项。

任命：

杜小丽同志为区人民检察院检察委员会委员；

刘旭石同志为区人民检察院检察委员会委员；

段文斐同志为区人民检察院检察委员会委员；

耿占雄同志为区人民检察院检察员；

范小青同志为区人民检察院检察员；

闫博同志为区人民检察院检察员；

王燕同志为区人民检察院检察员。

2024 年 2 月 28 日，区六届人大常委会第二十六次会议，通过区人大常委会相关人事任免事项。

免去：

胡延宾同志的建通街道人大工作委员会主任职务；

王荣进同志的区监察委员会委员职务。

任命：

董文茂同志为裕翔街道人大工作委员会主任。

2024 年 2 月 28 日，区六届人大常委会第二十六次会议，通过区人民政府相关人事任免事项。

决定免去：

邢志国同志的区医疗保障局局长职务。

决定任命：

崔秋生同志为区人民政府副区长；

王荣进同志为区医疗保障局局长。

2024 年 5 月 8 日 ，区六届人大常委会第二十八次会议，通过区人大常委会相关人事任免事项。

免去：

杜领朝同志的裕东街道人大工作委员会主任职务。

任命：

袁云同志为裕东街道人大工作委员会主任；

梁英同志为区人大常委会法制工作委员会主任；

王岩同志为区人大常委会预算工作委员会主任；

赵永强同志为区人大常委会代表工作委员会主任。

2024 年 5 月 8 日 ，区六届人大常委会第二十八次会议，通过区人民政府相关人事任免事项。

决定免去：

于晓明同志的区退役军人事务局局长职务；

崔秋生同志的区发展和改革局局长职务；

高鹏同志的区卫生健康局局长职务；

古林华同志的区文化广电体育和旅游局局长职务；

边庆敏同志的区科学技术局局长职务。

决定任命：

于晓明同志为区发展和改革局局长；

于立华同志为区退役军人事务局局长；

孟江波同志为区卫生健康局局长；

张传随同志为区文化广电体育和旅游局局长；

白斌珂同志为区农业农村局局长；

边国乐同志为区数据和政务服务局局长；

李嘉同志为区科学技术局局长。

2024 年 5 月 8 日，区六届人大常委会第二十八次会议，通过区人民法院相关人事任免事项。

免去：

杨勇同志的区人民法院审判员职务；

陈慧同志的区人民法院审判员职务。

2024 年 5 月 8 日，区六届人大常委会第二十八次会议，通过区人民检察院相关人事任免事项。

免去：

杨志波同志的区人民检察院检察员职务。

2024 年 6 月 27 日，区六届人大常委会第二十九次会议，通过区监察委员会相关人事任免事项。

免去：

武小玲同志的区监察委员会委员职务。

任命：

王守卫同志为区监察委员会委员；

马红波同志为区监察委员会委员。

2024 年 6 月 27 日，区六届人大常委会第二十九次会议，通过区人民法院相关人事任免事项。

任命：

甄宇音同志为区人民法院审判员；

马丽萍、马慧、王一杰、王久亮、王亚婷、王会晓、王红、王泽瑜、王玲艳、王洪伟、王勇、王艳玲、王晓婷、王敏、王斌、王静、牛雅静、勾运潮、左辉、石力、卢春艳、白秀慎、白青清、白金鑫、白静一、宁云磊、巩伟、成立娜、朱彦欣、朱家凤、任雨桐、刘宏暖、刘佳、刘怡博、刘保军、刘振国、刘晓博、刘梦玮、刘梦颖、刘彩莲、刘锦辉、次祎铭、池东航、许鸿志、孙小燕、孙静姝、杜笑云、李从欣、李会欣、李志伟、李杏格、李昂、李泽宇、李晖、李悦、李翔、李福军、杨永、杨迪、杨柳青、杨霞、吴佳恩、吴娜娜、谷培健、妥彦磊、邸立恒、宋莉荣、张子豪、张宇、张欢、张英、张宪、张涛、张海燕、张雪彤、张博、张新东、张璐、张璐（女）、陈文婧、陈金霞、陈建荣、范三军、范丽娟、林苇熹、林强、罗晓蕾、罗筱恰、底泉、郑建周、赵荣、姜雪、姚非、秦玉、袁桂缺、贾志广、柴国俊、倪昱煌、徐二飞、高嵩、郭胜、常红梅、崔新娜、梁耀云、葛帅帅、董学明、董晋奇、韩丁一、韩艳坤、韩琳娜、程惠莎、鲁佳、谢建兵、靳丛然、赵永琦、裴文博、翟俊文、熊丽冉、霍素芳、鞠广有120名同志为区人民陪审员；

万午、马川、马贺平、马超、王亚坤、王兆、王红、王志京、王岩岩、王宝辉、王冠帅、王振翔、王朝阳、王婷、王翠敏、尹建芳、孔伟洲、艾剑、代桂春、白瑞兰、边昱竹、成晓丽、吕英超、朱立华、任晓亮、刘子路、刘金环、刘净利、刘学强、刘思佳、刘思琦、刘秋欢、刘菲、安兴娟、阮建东、纪静宣、杜军梅、杜普达、李志宁、李彦广、李楠、杨小灵、杨吉彬、杨建锋、杨康、何佳、宋秋锋、宋琛、张杰、张佳丽、张思思、张海彪、周思超、孟月星、赵改焕、赵彦肖、赵楠楠、郝建波、侯会彦、姜蕾、高珊、郭凯旋、唐祥玉、黄阶纲、曹晓崭、崔倩、韩巧燕、韩永杰、童红福、魏娜娜70名同志为石家庄高新技术产业开发区人民陪审员。

2024年6月27日，区六届人大常委会第二十九次会议，通过了区人民检察院相关人事任免事项。

免去：

杜红岩同志的区人民检察院检察员职务。

2024年8月29日，区六届人大常委会第三十次会议，通过了区人大常委会相关人事任免事项。

免去：

梁英同志的区人大常委会法制工作委员会主任职务；

李彦芳同志的区人大常委会信访办公室主任职务。

任命：

李彦芳同志为区人大常委会法制工作委员会主任；

李彦芳同志为区第六届人民代表大会法制委员会副主任委员；

李彦芳同志为区第六届人民代表大会城乡建设和环境保护委员会副主任委员。

第五节　监督工作

一、听取和审议专项工作报告与计划预算报告

区六届人大常委会会议听取和审议区“一府两院”专项工作报告65项、财政预算执行情况报告28项。

表36　　石家庄市裕华区第六届人大常委会听取和审议报告一览表

时间		常委会会议	报告内容
2021年	8月30日	第一次	区人民政府关于四项联动监督相关领域自查自纠情况和“6+1”联动监督整改落实情况的报告；区人民政府关于2021年上半年国民经济和社会发展计划执行情况的报告；区人民政府关于2021年上半年预算执行情况的报告；区人民政府关于2020年决算的报告，审查2020年决算；区人民政府关于2020年预算执行及其他财政财务收支情况的审计工作报告；区人民政府关于2021年预算调整的报告；区人民政府关于2021年重点项目运行情况的报告
	11月16日	第二次	区人民政府关于“6+1”联动监督“回头看”和四项联动监督工作情况的报告；区人民政府关于对《区人大常委会关于深入学习宣传和贯彻实施〈中华人民共和国民法典〉的决定》落实情况的报告；区人民法院关于民事执行工作情况的报告
	12月30日	第三次	区人民政府关于六届人大一次会议代表建议办理情况的报告；区人民政府关于2021年10件民生实事完成情况的报告；区人民政府关于2021年度预算调整方案（草案）的报告；区人民政府关于2022年度预算编制部门绩效目标管理工作情况的报告；区人民政府关于《2020年度预算执行和其他财政财务收支情况的审计工作报告》中所列问题整改情况的报告；区人民政府关于落实《关于全面禁止非法野生动物交易、革除滥食野生动物陋习、切实保障人民群众生命健康安全的决定》的报告

续表 36

时　间		常委会会议	报告内容
2022 年	4 月 22 日	第六次	区人民政府关于 2021 年度环境状况和环境保护目标完成情况的报告；区人民政府关于裕华区养老机构运行状况及养老工作开展情况的报告；区人民政府关于疫情之下全区就业工作开展情况的报告
	5 月 26 日	第七次	区人民政府关于重点项目建设情况的报告；区人民政府关于优化营商环境情况的报告；区人民政府关于地下水超采综合治理情况的报告；区人民政府关于城市生活垃圾分类管理情况的报告；区人民政府关于“八五”普法规划编制情况的报告；区监察委员会关于开展整治群众反映强烈问题工作情况的报告
	6 月 30 日	第八次	区人民政府关于对区重点项目建设工作审议意见办理情况的报告；区人民政府关于对优化营商环境工作审议意见办理情况的报告；区人民政府关于对地下水超采综合治理工作审议意见办理情况的报告；区人民政府关于对城市生活垃圾分类管理工作审议意见办理情况的报告；区人民政府关于五项联动监督工作整改情况的报告；区人民政府关于“6+1”联动监督“回头看”的情况报告；区人民政府关于 2021 年度国有资产管理情况的报告；区人民政府关于中小学生课后服务工作开展情况的报告
	9 月 28 日	第十次	区人民政府关于 2022 年上半年国民经济和社会发展计划执行情况的报告；区人民政府关于 2022 年上半年预算执行情况的报告；区人民政府关于 2021 年决算情况的报告；区人民政府关于政府债务管理情况的报告；区人民政府关于 2022 年预算调整方案（草案）的报告；区人民政府关于 2021 年度预算执行和其他财政财务收支情况的审计工作报告；区人民政府关于深化巩固“扫黑除恶”专项斗争工作进展情况的报告；区人民政府关于 2022 年 10 件民生实事进展情况的报告
	10 月 26 日	第十一次	区人民法院关于执行工作情况的报告
	12 月 29 日	第十二次	区人民政府关于《2021 年度预算执行和其他财政收支情况的审计工作报告》中有关问题整改情况的报告；区人民政府关于 2023 年度预算编制部门绩效目标管理工作情况的报告；区人民政府关于 2022 年预算调整方案（草案）的报告；区人民政府关于办理代表建议、批评和意见情况的报告；区人民政府关于 2022 年 10 件民生实事完成情况的报告；区人民政府关于常态化疫情防控工作的报告
2023 年	3 月 7 日	第十六次	区人民政府关于 2022 年度环境状况和环境保护目标完成情况的报告
	4 月 24 日	第十七次	区人民政府关于创建国家级慢性病综合防控示范区工作情况的报告；区人民检察院关于开展公益诉讼检察工作情况的报告；区人民政府关于全区安全生产工作情况的报告

续表 36

时　间		常委会会议	报告内容
2023 年	6 月 28 日	第十八次	区人民政府关于四项联动监督工作情况的报告；区人民政府关于2022 年度国有资产管理情况的报告；区人民政府关于 2023 年预算调整方案（草案）的报告；区人民政府关于 2023 年重大项目事前绩效评估情况报告；区人民政府关于 2023 年重点项目运行情况的报告；区人民法院多元解纷机制运行情况报告
	8 月 24 日	第二十次	区人民政府关于 2023 年上半年国民经济和社会发展计划执行情况的报告；区人民政府关于 2023 年上半年预算执行情况的报告；区人民政府关于 2022 年决算的报告；区人民政府关于 2023 年预算调整方案（草案）的报告；区人民政府关于 2022 年度预算执行及其他财政财务收支情况的审计工作报告；区人民政府关于 2023 年10 件民生实事进展情况的报告
	10 月 26 日	第二十二次	区人民政府关于三项联动监督工作情况的报告；区人民政府关于城市园林绿化工作情况的报告；区人民政府关于义务教育优质均衡发展工作开展情况的报告；区人民政府关于大学毕业生和退役军人就业情况的报告
	12 月 27 日	第二十四次	区人民政府关于《2022 年度预算执行和其他财政财务收支情况的审计工作报告》中所列问题整改情况的报告；区人民政府关于2023 年预算调整方案（草案）的报告；区人民政府关于 2023 年度预算绩效管理工作情况的报告；区人民政府关于办理代表建议、批评和意见情况的报告；区人民政府关于 2023 年 10 件民生实事完成情况的报告；区人民政府关于对区四项联动监督工作审议意见办理情况的报告；区人民政府关于对区三项联动监督工作审议意见办理情况的报告
2024 年	1 月 18 日	第二十五次	区人民政府关于“十四五”规划实施中期评估情况的报告
	2 月 28 日	第二十六次	区人民政府关于 2023 年度预算绩效管理工作情况报告审议意见落实情况的报告
	5 月 8 日	第二十八次	区人民政府关于 2023 年度环境状况和环境保护目标完成情况的报告；区人民政府关于全区养老服务工作开展情况的报告；区人民政府关于《中华人民共和国社区矫正法》实施情况的报告
	6 月 27 日	第二十九次	区人民政府关于 2023 年度国有资产管理情况的报告；区人民政府关于三领域联动监督工作情况的报告；区人民政府关于食品安全工作情况的报告

续表 36

时间		常委会会议	报告内容
2024 年	8 月 29 日	第三十次	区人民政府关于贯彻落实《河北省防汛避险人员转移条例》的情况报告；区人民政府关于 2024 年上半年国民经济和社会发展计划执行情况的报告；区人民政府关于 2024 年上半年预算执行情况的报告；区人民政府关于 2023 年决算的报告；区人民政府关于 2024 年预算调整方案（草案）的报告；区人民政府关于 2023 年预算执行及其他财政收支情况的审计工作报告；区人民政府关于“八五”普法工作情况的报告；区人民政府关于 2024 年 10 件民生实事进展情况的报告；区人民政府关于对绿色建筑领域联动监督工作情况报告；区人民政府关于残疾人保障领域联动监督工作情况报告；区人民政府关于食品安全工作情况报告的审议意见办理情况的报告

二、专题询问

区六届人大常委会共组织开展专题询问 2 次。

表 37　　石家庄市裕华区第六届人大常委会专题询问一览表

时间		常委会会议	专题询问名称	问题数量
2022 年	5 月 26 日	第七次	关于优化营商环境工作情况	7 个
2023 年	6 月 28 日	第十八次	关于科技创新及科技成果转化工作情况	6 个
2024 年	6 月 29 日	第二十九次	关于食品安全工作情况	7 个

三、视察调查

区六届人大常委会共组织开展视察调查活动 28 次。

表 38　　石家庄市裕华区第六届人大常委会视察调查一览表

时间		视察内容	牵头单位
2021 年	8 月	关于 2021 年上半年国民经济和社会发展计划执行情况	财经工委
		关于 2021 年上半年预算执行情况	财经工委
		关于 2020 年决算情况	财经工委
		关于 2021 年预算调整情况	财经工委
	9 月	关于优化营商环境工作情况	财经工委
		关于地下水超采综合治理情况	财经工委
	9 月	关于公共医疗卫生服务工作情况	教科文卫工委

续表 38

时　间		视察内容	牵头单位
2021 年	10 月	关于深入学习和贯彻实施《民法典》落实情况	政法工委
		关于对区人民法院民事执行工作情况	政法工委
2022 年	4 月	关于重点项目建设情况	重点项目工作专班
		关于优化营商环境工作情况	财经工委
		关于地下水超采综合治理情况和宣传贯彻《河北省节约用水条例》情况	财经工委
		关于城市生活垃圾分类管理工作情况	教科文卫工委
	9 月	关于 2022 年上半年国民经济和社会发展计划执行情况	财经工委
		关于 2021 年决算情况、2022 年上半年预算执行情况以及 2021 年度预算执行和其他财政财务收支情况的审计工作情况	财经工委
		关于深化和巩固“扫黑除恶”专项斗争工作进展情况	政法工委
2023 年	4 月	关于国家级慢性病综合防控示范区创建工作情况	教科文卫工委
		关于区人民检察院公益诉讼工作情况	政法工委
	5 月	关于全区科技创新及科技成果转化工作情况	教科文卫工委
	6 月	关于全区优化营商环境工作情况	财经工委
		关于全区旅游发展工作情况	教科文卫工委
	8 月	关于 2023 年上半年国民经济和社会发展计划执行情况	财经工委
		关于 2022 年决算情况、2023 年上半年预算执行情况以及 2022 年度预算执行和其他财政财务收支情况的审计工作情况	财经工委
	9 月	关于全区现代商贸物流产业进展情况	财经工委
		关于区房地产遗留问题解决情况	政法工委
		关于区电动车综合治理工作情况	教科文卫工委
		关于推进义务教育优质均衡发展工作情况	教科文卫工委
	10 月	关于区园林绿化工作情况	政法工委
2024 年	4 月	关于《社区矫正法》实施情况	人大常委会法制工委
	5 月	关于养老服务工作情况	人大常委会视察调研组
	6 月	关于对绿色建筑发展情况	人大常委会法制工委
		关于对残疾人保障工作情况	人大常委会教科文卫工委
		关于食品安全工作情况	人大常委会教科文卫工委
	8 月	关于《河北省防汛避险人员转移条例》贯彻落实情况	人大常委会监督小组
		关于法制宣传教育第八个五年规划落实情况	人大常委会法制委员会

第七篇

镇（乡）人大

第一章　方村镇人大

第一节　方村镇第一届人民代表大会

一、会议概况

第一届第一次会议，2002 年 6 月 20 日至 21 日，在方村镇人民政府召开。出席代表 57 人（应到 62 人）。会议听取和审议了镇长李玉明作的政府工作报告；审查方村镇 2001 年财政预算执行情况的报告和 2002 年财政预算草案；听取审议了镇人大主席刘顺增作的镇人大主席团工作报告。会议通过了相应决议。会议选举刘顺增为镇第一届人大主席团主席，选举次志才为副主席；选举李玉明为镇人民政府镇长，选举郭玉奎、王春山、牛连瑞为副镇长。会议选举产生镇人大主席团成员 9 名。

第一届第二次会议，2003 年 4 月 19 日至 20 日，在方村镇人民政府召开。出席代表 60 人（应到 62 人）。会议听取和审议了镇长李玉明作的政府工作报告；审查方村镇 2002 年财政预算执行情况的报告和 2003 年财政预算草案；听取审议了镇人大主席刘顺增作的镇人大主席团工作报告。会议通过了相应决议。会议选举郝玉良为副镇长。

第一届第三次会议，2004 年 7 月 9 日至 10 日，在方村镇人民政府召开。出席代表 58 人（应到 62 人）。会议听取和审议了代镇长焦红光作的政府工作报告；审查方村镇 2003 年财政预算执行情况的报告和 2004 年财政预算草案；听取审议了镇人大主席刘顺增作的镇人大主席团工作报告。会议通过了相应决议。会议选举焦红光为镇长。

第一届第四次会议，2006 年 6 月 18 日至 19 日，在方村镇人民政府召开。出席代表 57 人（应到 62 人）。会议听取和审议了镇长焦红光作的政府工作报告；审查了方村镇 2005 年财政预算执行情况的报告和 2006 年财政预算草案；听取审议了镇人大主席刘顺增作的镇人大主席团工作报告。会议通过相应决议。会议选举焦红光为镇长，张利刚、李军辉、武英奎为副镇长。

二、会议组织

镇一届人大一次会议

（一）大会临时党支部

书　记：范景林

副书记：李玉明

委　员：

刘顺增	次志才	孙　堂	王新玉
郝志兴			

（二）大会主席团和秘书长

主席团：

范景林	李玉明	刘顺增	次志才
孙　堂	王新玉	郝志兴	张彦国
耿连深			

秘书长：次志才

（三）大会财政预决算审查委员会

主 任 委 员：李玉明

副主任委员：王春山

委　　　员：张彦国　李来福

（四）大会议案审查委员会

主 任 委 员：次志才

副主任委员：刘景潮

委　　　员：李瑞芝　翟双录

镇一届人大二次会议

（一）大会临时党支部

书　记：范景林

副书记：李玉明

委　员：

刘顺增	次志才	孙　堂	王新玉
郝志兴			

（二）大会主席团和秘书长

主席团：

范景林	李玉明	刘顺增	次志才
孙　堂	王新玉	郝志兴	张彦国
耿连深			

秘书长：次志才

（三）大会财政预决算审查委员会

主 任 委 员：李玉明

副主任委员：王春山

委　　　员：张彦国　李来福

（四）大会议案审查委员会

主 任 委 员：次志才

副主任委员：刘景潮

委　　　员：李瑞芝　翟双录

镇一届人大三次会议

（一）大会临时党支部

书　记：李玉明

副书记：焦红光

委　员：

刘顺增	次志才	孙　堂	王新玉
郝志兴			

（二）大会主席团和秘书长

主席团：

李玉明	刘顺增	次志才	孙　堂
王新玉	郝志兴	张彦国	耿连深

秘书长：次志才

（三）大会财政预决算审查委员会

主 任 委 员：李玉明

副主任委员：王春山

委　　　员：张彦国　李来福

（四）大会议案审查委员会

主 任 委 员：次志才

副主任委员：刘景潮

委　　　员：李瑞芝　翟双录

镇一届人大四次会议

（一）大会临时党支部

书　记：李玉明

副书记：焦红光

委　员：

刘顺增	次志才	孙　堂	王新玉

郝志兴

（二）大会主席团和秘书长

主席团：

李玉明　焦红光　刘顺增　次志才

孙　堂　王新玉　郝志兴　张彦国

耿连深

秘书长：次志才

（三）大会财政预决算审查委员会

主 任 委 员：焦红光

副主任委员：王春山

委　　　员：张彦国　李来福

（四）大会议案审查委员会

主 任 委 员：次志才

副主任委员：刘敬潮

委　　　员：李瑞芝　翟双录

三、会议选举

镇一届人大历次会议，共选举产生镇国家机关工作人员 11 人。

镇人大主席团

主　　席：刘顺增　2002 年 6 月—2006 年 6 月（镇一届人大一次会议选举）

副 主 席：次志才　2002 年 6 月—2006 年 6 月（镇一届人大一次会议选举）

镇人民政府

镇　　长：李玉明　2002 年 6 月—2004 年 7 月（镇一届人大一次会议选举）

焦红光　2004 年 7 月—2006 年 6 月（镇一届人大三次会议选举）

镇　　长：焦红光　2006 年 6 月—2007 年 3 月（镇一届人大四次会议选举）

副 镇 长：郭玉奎　2002 年 6 月—2004 年 7 月（镇一届人大一次会议选举）

王春山　2002 年 6 月—2006 年 3 月（镇一届人大一次会议选举）

牛连瑞　2002 年 6 月—2004 年 7 月（镇一届人大一次会议选举）

郝玉良　2003 年 4 月—2005 年 7 月（镇一届人大二次会议选举）

张利刚　2006 年 6 月—2007 年 3 月（镇一届人大四次会议选举）

李军辉　2006 年 6 月—2007 年 3 月（镇一届人大四次会议选举）

武英奎　2006 年 6 月—2007 年 3 月（镇一届人大四次会议选举）

第二节　方村镇第二届人民代表大会

一、会议概况

第二届第一次会议，2007年3月7—8日，在方村镇人民政府召开。出席代表54人（应到57人）。会议听取和审议了镇长郭玉奎作的政府工作报告；审查了方村镇2006年财政预算执行情况的报告和2007年财政预算草案；听取审议了镇人大主席刘顺增作的镇人大主席团工作报告。会议选举刘顺增为镇第二届人大主席团主席，选举冯兰香为副主席；选举郭玉奎为镇人民政府镇长，选举李军辉、张利刚为副镇长。会议选举产生了镇人大主席团成员8名。

第二届第二次会议，2008年4月12—13日，在方村镇人民政府召开。出席代表53人（应到57人）。会议听取和审议了镇长郭玉奎作的政府工作报告；审查了方村镇2007年财政预算执行情况的报告和2008年财政预算草案；听取审议了镇人大主席刘顺增作的镇人大主席团工作报告。会议选举赵雄伟、古林华、聂昕、张长青为副镇长。

第二届第三次会议，2009年3月26—27日，在方村镇人民政府召开。出席代表53人（应到57人）。会议听取和审议了镇长郭玉奎作的政府工作报告；审查了方村镇2008年财政预算执行情况的报告和2009年财政预算草案；听取审议了镇人大主席刘顺增作的镇人大主席团工作报告。

第二届第四次会议，2010年12月20—21日，在方村镇人民政府召开。出席代表54人（应到57人）。会议听取和审议了镇长李军辉作的政府工作报告；审查了方村镇2009年财政预算执行情况的报告和2010年财政预算草案；听取审议了镇人大主席刘顺增作的镇人大主席团工作报告。会议选举李军辉为镇人民政府镇长，选举冯永利为副镇长。

第二届第五次会议，2011年9月15—16日，在方村镇人民政府召开。出席代表56人（应到57人）。会议听取和审议了镇长李军辉作的政府工作报告；审查了方村镇2010年财政预算执行情况的报告和2011年财政预算草案；听取审议了镇人大主席刘顺增作的镇人大主席团工作报告。会议选举王梅素为副镇长。

二、会议组织

镇二届人大一次会议

（一）大会临时党支部

书　记：李玉明

副书记：郭玉奎

委　员：

刘顺增　　冯兰香　　张建科　　赵德胜

宁秀华

（二）大会主席团和秘书长

主席团：

李玉明　焦红光　刘顺增　冯兰香

张建科　赵德胜　宁秀华　孙根玉

王法合

秘书长：冯兰香

（三）大会财政预决算审查委员会

主 任 委 员：焦红光

副主任委员：张利刚

委　　　员：李拥军　张庆华

（四）大会议案审查委员会

主 任 委 员：冯兰香

副主任委员：牛志国

委　　　员：宁秀华　王建立

镇二届人大二次会议

（一）大会临时党支部

书　记：焦红光

副书记：郭玉奎

委　员：

刘顺增　冯兰香　张建科　赵德胜

宁秀华

（二）大会主席团和秘书长

主席团：

焦红光　郭玉奎　刘顺增　冯兰香

张建科　赵德胜　宁秀华　孙根玉

王法合

秘书长：冯兰香

（三）大会财政预决算审查委员会

主 任 委 员：郭玉奎

副主任委员：张利刚

委　　　员：李拥军　张庆华

（四）大会议案审查委员会

主 任 委 员：冯兰香

副主任委员：牛志国

委　　　员：宁秀华　王建立

镇二届人大三次会议

（一）大会临时党支部

书　记：焦红光

副书记：郭玉奎

委　员：

刘顺增	冯兰香	张建科	赵德胜
宁秀华			

（二）大会主席团和秘书长

主席团：

焦红光	郭玉奎	刘顺增	冯兰香
张建科	赵德胜	宁秀华	孙根玉
王法合			

秘书长：冯兰香

（三）大会财政预决算审查委员会

主 任 委 员：郭玉奎

副主任委员：张利刚

委　　　员：李拥军　张庆华

（四）大会议案审查委员会

主 任 委 员：冯兰香

副主任委员：牛志国

委　　　员：宁秀华　王建立

镇二届人大四次会议

（一）大会临时党支部

书　记：狄增建

副书记：李军辉

委　员：

刘顺增	冯兰香	张建科	赵德胜
宁秀华			

（二）大会主席团和秘书长

主席团：

狄增建	郭玉奎	刘顺增	冯兰香
张建科	赵德胜	宁秀华	孙根玉
王法合			

秘书长：冯兰香

（三）大会财政预决算审查委员会

主 任 委 员：郭玉奎

副主任委员：张利刚

委　　　员：李拥军　张庆华

（四）大会议案审查委员会

主 任 委 员：冯兰香

副主任委员：牛志国

委　　　员：宁秀华　王建立

镇二届人大五次会议

（一）大会临时党支部

书　记：郭玉奎

副书记：李军辉

委　员：

刘顺增	冯兰香	张建科	赵德胜
宁秀华			

（二）大会主席团和秘书长

主席团：

郭玉奎	李军辉	刘顺增	冯兰香
张建科	赵德胜	宁秀华	孙根玉
王法合			

秘书长：冯兰香

（三）大会财政预决算审查委员会

主 任 委 员：李军辉

副主任委员：张利刚

委　　　员：李拥军　张庆华

（四）大会议案审查委员会

主 任 委 员：冯兰香

副主任委员：牛志国

委　　　员：宁秀华　王建立

三、会议选举

镇二届人大历次会议，共选举产生镇国家机关工作人员 11 人。

镇人大主席团

主　席：刘顺增　　2007 年 3 月—2012 年 2 月（镇二届人大一次会议选举）

副主席：冯兰香　　2007 年 3 月—2012 年 2 月（镇二届人大一次会议选举）

镇人民政府

镇　长：郭玉奎　　2007 年 3 月—2010 年 12 月（镇二届人大一次会议选举）
　　　　李军辉　　2010 年 12 月—2012 年 2 月（镇二届人大四次会议选举）
副镇长：李军辉　　2007 年 3—12 月（镇二届人大一次会议选举）
　　　　张利刚　　2007 年 3 月—2008 年 4 月（镇二届人大一次会议选举）
　　　　赵雄伟　　2008 年 4 月—2010 年 9 月（镇二届人大二次会议选举）
　　　　古林华　　2008 年 4 月—2010 年 12 月（镇二届人大二次会议选举）
　　　　聂　昕　　2008 年 4 月—2011 年 9 月（镇二届人大二次会议选举）
　　　　张长青（挂职）2008 年 7 月—2011 年 9 月（镇二届人大二次会议选举）
　　　　冯永利　　2010 年 12 月—2012 年 2 月（镇二届人大四次会议选举）
　　　　王梅素　　2011 年 9 月—2012 年 2 月（镇二届人大五次会议选举）

第三节　方村镇第三届人民代表大会

一、会议概况

第三届第一次会议，2012 年 2 月 20—21 日，在方村镇人民政府召开。出席代表 53 人（应到 57 人）。会议听取和审议了镇长李军辉作的政府工作报告；审查了方村镇 2011 年财政预算执行情况的报告和 2012 年财政预算草案；听取审议了镇人大主席聂昕作的镇人大主席团工作报告。会议选举聂昕为镇第三届人大主席团主席，选举冯兰香为副主席；选举李军辉为镇人民政府镇长，选举王梅素、冯永利为副镇长。会议选举产生了镇人大主席团成员 10 名。

第三届第二次会议，2013 年 8 月 17—18 日，在方村镇人民政府召开。出席代表 52 人（应到 57 人）。会议听取和审议了代镇长张文强作的政府工作报告；审查了方村镇 2012 年财政预算执行情况的报告和 2013 年财政预算草案；听取审议了镇人大主席姚士勇作的镇人大主席团工作报告。会议选举姚士勇为镇第三届人大主席团主席；选举张文强为镇人民政府镇长。会议选举产生了镇人大主席团成员 10 名。

第三届第三次会议，2014 年 1 月 20—21 日，在方村镇人民政府召开。出席代表 55 人（应到 57 人）。会议听取和审议了镇长张文强作的政府工作报告；审查了方村镇 2013 年财政预算执行情况的报告和 2014 年财政预算草案；听取审议了镇人大主席姚士勇作的镇人大主席团工作报告。会议选举陈丽、袁云、王鹏为镇人民政府副镇长。会议选举产生了镇人大主席团成员 11 名。

第三届第四次会议，2015 年 12 月 10—11 日，在方村镇人民政府召开。出席代表 54 人

（应到 57 人）。会议听取和审议了镇长聂昕作的政府工作报告；审查了方村镇 2014 年财政预算执行情况的报告和 2015 年财政预算草案；听取审议了镇人大主席姚士勇作的镇人大主席团工作报告。会议选举聂昕为镇人民政府镇长。会议选举产生了镇人大主席团成员 9 名。

二、会议组织

镇三届人大一次会议

（一）大会临时党支部

书　记：郭玉奎

副书记：李军辉

委　员：

聂　昕	冯兰香	王梅素	冯永利
张吉强			

（二）大会主席团和秘书长

主席团：

郭玉奎	李军辉	聂　昕	冯兰香
王梅素	冯永利	张吉强	李建华
郝平均	王喜良	刘立冲	

秘书长：冯兰香

（三）大会财政预决算审查委员会

主 任 委 员：李军辉

副主任委员：冯永利

委　　　员：赵玉山　刘荣刚

（四）大会议案审查委员会

主 任 委 员：冯兰香

副主任委员：聂军涛

委　　　员：刘瑞生　郝平均

镇三届人大二次会议

（一）大会临时党支部

书　记：郭玉奎

副书记：张文强

委　员：

姚士勇	冯兰香	王梅素	冯永利
张吉强			

（二）大会主席团和秘书长

主席团：

郭玉奎	张文强	聂　昕	冯兰香
王梅素	冯永利	张吉强	李建华
郝平均	刘立冲	王喜良	

秘书长：冯兰香

（三）大会财政预决算审查委员会

主 任 委 员：张文强

副主任委员：冯永利

委　　　员：赵玉山　刘荣刚

（四）大会议案审查委员会

主 任 委 员：冯兰香

副主任委员：聂军涛

委　　　员：刘瑞生　郝平均

镇三届人大三次会议

（一）大会临时党支部

书　记：郭玉奎

副书记：张文强

委　员：

姚士勇	冯兰香	陈　丽	袁　云
王　鹏			

（二）大会主席团和秘书长

主席团：

郭玉奎	张文强	姚士勇	冯兰香
陈　丽	袁　云	王　鹏	张吉强
李建华	郝平均	王喜良	刘立冲

秘书长：冯兰香

（三）大会财政预决算审查委员会

主 任 委 员：张文强

副主任委员：冯永利

委　　　员：赵玉山　刘荣刚

（四）大会议案审查委员会

主 任 委 员：冯兰香

副主任委员：聂军涛

委　　　员：刘瑞生　郝平均

镇三届人大四次会议

（一）大会临时党支部

书　记：郭玉奎

副书记：聂　昕

委　员：

姚士勇	冯兰香	陈　丽	袁　云
王　鹏			

（二）大会主席团和秘书长

主席团：

郭玉奎	聂　昕	陈　丽	袁　云
王　鹏	张吉强	李建华	郝平均
王喜良	刘立冲		

秘书长：冯兰香

（三）大会财政预决算审查委员会

主任委员：聂　昕

副主任委员：冯永利

委　　员：赵玉山　刘荣刚

（四）大会议案审查委员会

主任委员：冯兰香

副主任委员：聂军涛

委　　员：刘瑞生　郝平均

三、会议选举

镇三届人大历次会议，共选举产生镇国家机关工作人员 11 人。

镇人大主席团

主　席：	聂　昕	2012 年 2 月—2013 年 4 月（镇三届人大一次会议选举）
	缺　职	2013 年 4—8 月（镇三届人大二次会议选举）
	姚士勇	2013 年 8 月—2015 年 1 月（镇三届人大二次会议选举）
	缺　职	2015 年 1 月—2017 年 1 月（镇三届人大二次会议选举）
副主席：	冯兰香	2012 年 2 月—2015 年 1 月（镇三届人大一次会议选举）
	缺　职	2015 年 1 月—2017 年 1 月（镇三届人大二次会议选举）

镇人民政府

镇　长：	李军辉	2012 年 2 月—2013 年 8 月（镇三届人大一次会议选举）

张文强　　　　2013 年 8 月—2015 年 12 月（镇三届人大二次会议选举）
聂　昕　　　　2015 年 12 月—2017 年 1 月（镇三届人大四次会议选举）
副镇长：王梅素　　2012 年 2 月—2013 年 9 月（镇三届人大一次会议选举）
冯永利　　　　2012 年 2 月—2014 年 2 月（镇三届人大一次会议选举）
陈　丽（挂职）2014 年 1 月—2015 年 5 月（镇三届人大三次会议选举）
袁　云　　　　2014 年 2 月—2017 年 1 月（镇三届人大三次会议选举）
王　鹏　　　　2014 年 4 月—2017 年 1 月（镇三届人大三次会议选举）

第四节　方村镇第四届人民代表大会

一、会议概况

第四届第一次会议，2017 年 1 月 20—21 日，在方村镇人民政府召开。出席代表 51 人（应到 54 人）。会议听取和审议了代镇长杨立川作的政府工作报告；审查了方村镇 2016 年财政预算执行情况的报告和 2017 年财政预算草案；听取审议了镇人大主席王梅素作的镇人大主席团工作报告。会议选举王梅素为镇第四届人大主席团主席，选举张慧为副主席；选举杨立川为镇人民政府镇长，选举袁云、王胜昔、苗建波为副镇长。会议选举产生了镇人大主席团成员 11 名。

第四届第二次会议，2017 年 8 月 3—4 日，在方村镇人民政府召开。出席代表 50 人（应到 54 人）。会议听取和审议了镇长杨立川作的半年政府工作报告；审查了方村镇 2017 年上半年财政预算执行情况的报告和 2017 年下半年财政预算草案；听取审议了镇人大主席王梅素作的镇人大主席团半年工作报告。会议选举产生了镇人大主席团成员 11 名。

第四届第三次会议，2018 年 3 月 13—14 日，在方村镇人民政府召开。出席代表 53 人（应到 54 人）。会议听取和审议了镇长何会丰作的政府工作报告；审查了方村镇 2017 年财政预算执行情况的报告和 2018 年财政预算草案；听取审议了镇人大主席王梅素作的镇人大主席团工作报告。会议选举何会丰为镇人民政府镇长。会议选举产生了镇人大主席团成员 11 名。

第四届第四次会议，2018 年 12 月 20—21 日，在方村镇人民政府召开。出席代表 50 人（应到 53 人）。会议听取和审议了镇长何会丰作的政府工作报告；审查了方村镇 2018 年财政预算执行情况的报告和 2019 年财政预算草案；听取审议了镇人大主席王梅素作的镇人大主席团工作报告。会议选举产生了镇人大主席团成员 11 名。

第四届第五次会议，2019 年 2 月 21—22 日，在方村镇人民政府召开。出席代表 49 人（应到 53 人）。会议选举高鹏为镇人民政府镇长。会议选举产生了镇人大主席团成员 11 名。

第四届第六次会议，2019 年 12 月 28—29 日，在方村镇人民政府召开。出席代表 46 人（应到 50 人）。会议听取和审议了镇长高鹏作的政府工作报告；审查了方村镇 2019 年财政预算执行情况的报告和2020年财政预算草案；听取审议了镇人大主席王梅素作的镇人大主席团工作报告。会议选举产生了镇人大主席团成员11名。

第四届第七次会议，2020年9月29—30日，在方村镇人民政府召开。出席代表46人（应到49人）。会议听取和审议了镇长高鹏作的政府工作报告；审查了方村镇2020年上半年财政预算执行情况的报告和2020年下半年财政预算草案；听取审议了镇人大主席王梅素作的镇人大主席团半年工作报告。会议选举贾朝军为镇人民政府副镇长。会议选举产生了镇人大主席团成员10名。

第四届第八次会议，2020年12月17—18日，在方村镇人民政府召开。出席代表47人（应到49人）。会议听取和审议了镇长高鹏作的政府工作报告；审查了方村镇2020年财政预算执行情况的报告和2021年财政预算草案；听取审议了镇人大主席王梅素作的镇人大主席团工作报告。会议选举产生了镇人大主席团成员11名。

二、会议组织

镇四届人大一次会议

（一）大会临时党支部

书　记：聂　昕

副书记：杨立川

委　员：

王梅素	张　慧	刘维娜	王喜良
刘立冲			

（二）大会主席团和秘书长

主席团：

王梅素	王喜良	刘立冲	刘建广
刘维娜	张　慧	张建科	杨立川
陈月中	赵振平	聂　昕	

秘书长：张　慧

（三）大会财政预决算审查委员会

主 任 委 员：刘维娜

副主任委员：孟江波

委　　　员：郝平均　王新玉　张　军

（四）大会议案审查委员会

主 任 委 员：张　慧

副主任委员：苑晓亚

委　　　员：高志恩　张秀深　刘敬潮

镇四届人大二次会议

（一）大会临时党支部

书　记：聂　昕

副书记：杨立川

委　员：

王梅素	张　慧	刘维娜	王喜良
刘立冲			

（二）大会主席团和秘书长

主席团：

王梅素	王喜良	刘立冲	刘建广
刘维娜	张　慧	张建科	杨立川
陈月中	赵振平	聂　昕	

秘书长：张　慧

（三）大会财政预决算审查委员会

主 任 委 员：刘维娜

副主任委员：孟江波

委　　　员：郝平均　王新玉　张　军

（四）大会议案审查委员会

主 任 委 员：张　慧

副主任委员：苑晓亚

委　　　员：高志恩　张秀深　刘敬潮

镇四届人大三次会议

（一）大会临时党支部

书　记：张兵印

副书记：何会丰

委　员：

王梅素	张　慧	刘维娜	王喜良
刘立冲			

（二）大会主席团和秘书长

主席团：

王梅素	王喜良	刘立冲	刘建广
刘维娜	张　慧	张兵印	张建科
何会丰	陈月中	赵振平	

秘书长：刘维娜

（三）大会财政预决算审查委员会

主 任 委 员：刘维娜

副主任委员：孟江波

委　　　员：郝平均　王新玉　张　军

（四）大会议案审查委员会

主 任 委 员：杜海强

副主任委员：苑晓亚

委　　　员：高志恩　张秀深　刘敬潮

镇四届人大四次会议

（一）大会临时党支部

书　记：张兵印

副书记：何会丰

委　员：

王梅素	张　慧	刘维娜	王喜良
刘立冲			

（二）大会主席团和秘书长

主席团：

王梅素	王喜良	刘立冲	刘建广
刘维娜	张兵印	张建科	何会丰
陈月中	赵振平	曾　强	

秘书长：刘维娜

（三）大会财政预决算审查委员会

主 任 委 员：刘维娜

副主任委员：孟江波

委　　　员：刘建广　王新玉　张　军

（四）大会议案审查委员会

主 任 委 员：杜海强

副主任委员：韩新敏

委　　　员：高志恩　张　凯　刘敬潮

镇四届人大五次会议

（一）大会临时党支部

书　记：张兵印

副书记：高　鹏

委　员：

王梅素	张　慧	刘维娜	王喜良

刘立冲

（二）大会主席团和秘书长

主席团：

王梅素	王喜良	刘立冲	刘建广
刘维娜	张兵印	张建科	陈月中
赵振平	高　鹏	曾　强	

秘书长：刘维娜

（三）大会财政预决算审查委员会

主 任 委 员：刘维娜

副主任委员：孟江波

委　　员：刘建广　王新玉　张　军

（四）大会议案审查委员会

主 任 委 员：杜海强

副主任委员：韩新敏

委　　员：高志恩　张　凯　刘敬潮

镇四届人大六次会议

（一）大会临时党支部

书　记：牛兰柱

副书记：高　鹏

委　员：

王梅素	张　慧	刘维娜	王喜良
刘立冲			

（二）大会主席团和秘书长

主席团：

王梅素	王喜良	牛兰柱	刘立冲
刘建广	刘维娜	张秀深	张建科
陈月中	高　鹏	曾　强	

秘书长：刘维娜

（三）大会财政预决算审查委员会

主 任 委 员：刘维娜

副主任委员：孟江波

委　　员：刘建广　王新玉　张　军

（四）大会议案审查委员会

主 任 委 员：杜海强

副主任委员：韩新敏

委　　员：高志恩　张　凯　刘敬潮

镇四届人大七次会议

（一）大会临时党支部

书　记：牛兰柱

副书记：高　鹏

委　员：

王梅素　　张　慧　　刘维娜　　王喜良

刘立冲

（二）大会主席团和秘书长

主席团：

王梅素　　王喜良　　牛兰柱　　刘立冲

刘建广　　刘维娜　　张秀深　　张建科

陈月中　　高　鹏

秘书长：刘维娜

（三）大会财政预决算审查委员会

主 任 委 员：刘维娜

副主任委员：王新玉

委　　员：刘建广　王立新　张　军

（四）大会议案审查委员会

主 任 委 员：杜海强

副主任委员：韩新敏

委　　员：高志恩　张　凯　刘敬潮

镇四届人大八次会议

（一）大会临时党支部

书　记：牛兰柱

副书记：高　鹏

委　员：

王梅素　张慧　刘维娜　王喜良

刘立冲

（二）大会主席团和秘书长

主席团：

王梅素　　王喜良　　牛兰柱　　刘立冲

刘建广　　刘维娜　　任禹凝　　张秀深

张建科　　陈月中　　高　鹏

秘书长：刘维娜

（三）大会财政预决算审查委员会

主 任 委 员：刘维娜

副主任委员：王新玉

委　　　员：刘建广　王立新　张军

（四）大会议案审查委员会

主 任 委 员：杜海强

副主任委员：张建科

委　　　员：高志恩　张　凯　刘敬潮

三、会议选举

镇四届人大历次会议，共选举产生镇国家机关工作人员 9 人。

镇人大主席团

主　席：王梅素　2017 年 1—2 月（镇四届人大一次会议选举）

副主席：张　慧　2017 年 1—2 月（镇四届人大一次会议选举）

镇人民政府

镇　长：杨立川　2017 年 1—2 月（镇四届人大一次会议选举）

何会丰　2018 年 3 月—2019 年 3 月（镇四届人大三次会议选举）

高　鹏　2019 年 3 月—2021 年 5 月（镇四届人大四次会议选举）

副镇长：袁　云　2017 年 1 月—2020 年 11 月（镇四届人大一次会议选举）.

王胜昔　2017 年 1 月—2021 年 5 月（镇四届人大一次会议选举）

苗建波　2017 年 1 月—2021 年 5 月（镇四届人大一次会议选举）

贾朝军　2020 年 9 月—2022 年 1 月（镇四届人大七次会议选举）

第五节　方村镇第五届人民代表大会

一、会议概况

第五届第一次会议，2021 年 6 月 26—27 日，在方村镇人民政府召开。出席代表 74 人（应到 84 人）。会议听取和审议了代镇长刘维娜作的政府工作报告；审查了方村镇 2021 年上半年财政预算执行情况的报告和 2021 年下半年财政预算草案；听取审议了镇人大主席王梅素作的镇人大主席团半年工作报告。会议选举王梅素为镇第四届人大主席团主席，选举魏向前为副主席；选举刘维娜为镇人民政府镇长，选举常委、牛爽为副镇长。会议选举产生了镇人大主席团成员 13 名。

第五届第二次会议，2022 年 1 月 20—21 日，在方村镇人民政府召开。出席代表 69 人（应到 78 人）。会议听取和审议了镇长刘维娜作的政府工作报告；审查了方村镇 2021 年财政预算执行情况的报告和 2021 年财政预算草案；听取审议了镇人大主席王梅素作的镇人大主席团工作报告。会议选举黄进义为镇人民政府副镇长。会议选举产生了镇人大主席团成员 13 名。

第五届第三次会议，2022 年 3 月 9—10 日，在方村镇人民政府召开。出席代表 67 人（应到 78 人）。会议选举苏丽伟为镇人民政府镇长。会议选举产生了镇人大主席团成员 13 名。

第五届第四次会议，2023 年 1 月 10—11 日，在方村镇人民政府召开。出席代表 67 人（应到 78 人）。会议听取和审议了镇长苏丽伟作的政府工作报告；审查了方村镇 2022 年财政预算执行情况的报告和 2023 年财政预算草案；听取审议了镇人大主席韩利涛作的镇人大主席团工作报告。会议选举韩利涛为镇第五届人大主席团主席。会议选举产生了镇人大主席团成员 13 名。

第五届第五次会议，2023 年 6 月 20—21 日，在方村镇人民政府召开。出席代表 71 人（应到 78 人）。会议听取和审议了镇长苏丽伟作的半年政府工作报告；审查了方村镇 2023 年上半年财政预算执行情况的报告和 2023 年下半年财政预算草案；听取审议了镇人大主席韩利涛作的镇人大主席团半年工作报告。会议选举产生了镇人大主席团成员 13 名。

第五届第六次会议，2024 年 1 月 30—31 日，在方村镇人民政府召开。出席代表 63 人（应到 78 人）。会议听取和审议了镇长苏丽伟作的政府工作报告；审查了方村镇 2023 年财政预算执行情况的报告和 2024 年财政预算草案；听取审议了镇人大主席韩利涛作的镇人大主席团工作报告。会议选举宋士昭为镇第四届人大主席团副主席，会议选举魏向前为镇人民政府副镇长。会议选举产生了镇人大主席团成员 13 名。

二、会议组织

镇五届人大一次会议

（一）大会临时党支部

书　记：于立华

副书记：刘维娜

委　员：

王梅素	魏向前	苏丽伟	李孝录
张　军			

（二）大会主席团和秘书长

主席团：

于立华	王梅素	王喜良	刘建光
刘维娜	苏丽伟	李孝录	张　军
张凤志	张洪伟	陈艳云	赵素更

魏向前

秘书长：魏向前

（三）大会财政预决算审查委员会

主 任 委 员：苏丽伟

副主任委员：王博晗

委　　　员：张　磊　王　峰　刘文勇

（四）大会议案审查委员会

主 任 委 员：魏向前

副主任委员：张　军

委　　　员：翟永新　刘建光　王立新

镇五届人大二次会议

（一）大会临时党支部

书　记：于立华

副书记：刘维娜

委　员：

王梅素	魏向前	苏丽伟	李孝录
张　军			

（二）大会主席团和秘书长

主席团：

于立华	王梅素	王喜良	刘建光
刘维娜	苏丽伟	李孝录	张　军
张凤志	张洪伟	陈艳云	赵素更
魏向前			

秘书长：魏向前

（三）大会财政预决算审查委员会

主 任 委 员：苏丽伟

副主任委员：王博晗

委　　　员：张　磊　王　峰　刘文勇

（四）大会议案审查委员会

主 任 委 员：魏向前

副主任委员：张　军

委　　　员：翟永新　刘建光　王立新

镇五届人大三次会议

（一）大会临时党支部

书　记：张世清

副书记：苏丽伟

委　员：

王梅素	魏向前	聂军涛	李孝录
张　军			

（二）大会主席团和秘书长

主席团：

王梅素	王喜良	刘建光	苏丽伟
李孝录	张　军	张凤志	张世清
张洪伟	陈艳云	赵素更	聂军涛
魏向前			

秘书长：魏向前

（三）大会财政预决算审查委员会

主任委员：苏丽伟

副主任委员：王博晗

委　　员：张　磊　王　峰　刘文勇

（四）大会议案审查委员会

主任委员：魏向前

副主任委员：张　军

委　　员：翟永新　刘建光　王立新

镇五届人大四次会议

（一）大会临时党支部

书　记：雍建波

副书记：苏丽伟

委　员：

韩利涛	魏向前	聂军涛	李孝录
张　军			

（二）大会主席团和秘书长

主席团：

王喜良	刘建光	苏丽伟	李玉龙
李孝录	张　军	张凤志	张洪伟
赵素更	聂军涛	韩利涛	雍建波
魏向前			

秘书长：魏向前

（三）大会财政预决算审查委员会

主任委员：聂军涛

副主任委员：牛　爽

委　　　员：张　磊　王　峰　刘文勇

（四）大会议案审查委员会

主 任 委 员：魏向前

副主任委员：张　军

委　　　员：翟永新　刘建光　王立新

镇五届人大五次会议

（一）大会临时党支部

书　记：雍建波

副书记：苏丽伟

委　员：

韩利涛	魏向前	聂军涛	李孝录
张　军			

（二）大会主席团和秘书长

主席团：

王喜良	刘建光	苏丽伟	李玉龙
李孝录	张　军	张凤志	张洪伟
赵素更	聂军涛	韩利涛	雍建波
魏向前			

秘书长：魏向前

（三）大会财政预决算审查委员会

主 任 委 员：聂军涛

副主任委员：牛　爽

委　　　员：张　磊　王　峰　刘文勇

（四）大会议案审查委员会

主 任 委 员：魏向前

副主任委员：张　军

委　　　员：翟永新　刘建光　王立新

镇五届人大六次会议

（一）大会临时党支部

书　记：聂惠峰

副书记：苏丽伟

委　员：

韩利涛	宋士昭	董建辉	刘红霞
刘建光			

（二）大会主席团和秘书长

主席团：

王喜良	刘红霞	刘建光	苏丽伟
李玉龙	宋士昭	张　军	张凤志
张洪伟	赵素更	董建辉	聂惠峰
韩利涛			

秘书长：宋士昭

（三）大会财政预决算审查委员会

主 任 委 员：董建辉

副主任委员：牛　爽

委　　　员：张　磊　王　峰　刘文勇

（四）大会议案审查委员会

主 任 委 员：宋士昭

副主任委员：张　军

委　　　员：翟永新　刘建光　王立新

三、会议选举

镇五届人大历次会议，共选举产生镇国家机关工作人员 9 人。

镇人大主席团

主　席：王梅素　2021 年 6 月—2023 年 1 月（镇五届人大一次会议选举）
　　　　韩利涛　2023 年 1 月至今（镇五届人大四次会议选举）
副主席：魏向前　2021 年 6 月—2024 年 1 月（镇五届人大一次会议选举）
　　　　宋士昭　2024 年 1 月至今（镇五届人大六次会议选举）

镇人民政府

镇　长：刘维娜　2021 年 6 月—2022 年 3 月（镇五届人大一次会议选举）
　　　　苏丽伟　2022 年 3 月至今（镇五届人大三次会议选举）
副镇长：常　委　2021 年 6 月—2024 年 1 月（镇五届人大一次会议选举）.
　　　　牛　爽　2021 年 6 月至今（镇五届人大一次会议选举）
　　　　黄进义　2022 年 1—12 月（镇五届人大二次会议选举）
　　　　魏向前　2024 年 1 月至今（镇五届人大六次会议选举）

第二章　宋营镇人大

第一节 宋营镇第一届人民代表大会

一、会议概况

第一届第一次会议，2002 年 6 月 7 日在宋营镇政府召开。会议听取审议了隋玉林所作的政府工作报告；会议听取审议了《关于 2001 年财政收支情况报告》；听取了人大主席李正所作的人大主席团工作报告。会议选举李正为镇人大主席，冯卫东、董荣志为人大副主席，选举隋玉林为宋营镇人民政府镇长，马金社、董俊重、王建华、周振川为副镇长。会议选举产生镇人大主席团成员 11 名。

第一届第二次会议，2004 年 3 月 18 日在宋营镇政府召开。会议听取审议了隋玉林所作的政府工作报告；会议听取审议了财政所长王双全所作的《关于 2003 年财政总决算和 2004 年财政总预算（草案）的报告》；听取人大主席李正所作的人大主席团工作报告。会议选举产生镇人大主席团成员 11 名。

二、会议组织

镇一届人大第一次会议

（一）大会临时党支部

书　记：边庆敏

副书记：李　正　隋玉林

委　员：

郝秀斌	祁新明	郎振久	张物件
任计兵	王书臣	李志川	尹树栋
李　伟			

（二）大会主席团和秘书长

主席团：

王书臣	边庆敏	冯卫东	任计兵
任芝俊	李　正	李　伟	张物件

郝秀斌　隋玉林　董荣志

秘书长：冯卫东

（三）大会财政预决算审查委员会

主任委员：高庆顺

委　　员：左书信　郎建英

（四）大会议案审查委员会

主任委员：李　伟

委　　员：祁新明　郎振久

镇一届人大第二次会议

（一）大会临时党支部

书　记：边庆敏

副书记：李　正　隋玉林

委　员：

郝秀斌　祁新明　郎振久　张物件

任计兵　王书臣　李志川　尹树栋

李　伟

（二）大会主席团和秘书长

主席团：

王书臣　边庆敏　冯卫东　任计兵

任芝俊　李　正　李　伟　张物件

郝秀斌　隋玉林　董荣志

秘书长：冯卫东

（三）大会财政预决算审查委员会

主任委员：高庆顺

委　　员：左书信　郎建英

（四）大会议案审查委员会

主任委员：李　伟

委　　员：祁新明　郎振久

三、会议选举

镇一届人大历次会议，共选举产生镇国家机关工作人员 8 人。

主　席：李　正　2002 年 6 月—2003 年 4 月（镇一届一次会议选举）

副主席：冯卫东　董荣志

镇　长：隋玉林　2002 年 6 月—2003 年 4 月（镇一届一次会议选举）

副镇长：马金社　2002 年 6 月—2003 年 4 月（镇一届一次会议选举）

董俊重　2002 年 6 月—2003 年 4 月（镇一届一次会议选举）
王建华　2002 年 6 月—2003 年 4 月（镇一届一次会议选举）
周振川　2002 年 6 月—2003 年 4 月（镇一届一次会议选举）

第二节　宋营镇第二届人民代表大会

一、会议概况

第二届第一次会议，2007 年 3 月 23 日在宋营镇政府召开，出席代表 59 人。会议听取审议了镇长苏秀恒作的政府工作报告；会议听取审议了财政所长王向辉作的《宋营镇 2006 年财政收入、支出情况和 2007 年财政总预算（草案）的报告》；听取了镇人大主席张书胤作的人大主席团工作报告。会议选举张书胤为镇人大主席，王玉文为人大副主席，选举苏秀恒为宋营镇人民政府镇长，姚士勇、秦吉辉为副镇长。会议选举产生了人大主席团成员 11 名。

第二届第二次会议，2008 年 4 月 29—30 日在宋营镇政府召开，出席代表 58 人。会议听取审议了镇长苏秀恒作的政府工作报告；会议听取审议了财政所长王向辉作的《宋营镇 2007 年财政收入、支出情况和 2008 年财政总预算报告》；听取了镇人大副主席王玉文作的人大主席团工作报告。会议将《关于加快集体经济发展提高村集体收入的议案》列入议程，并通过相应决议。会议选举许平涛为人大主席。会议选举产生了镇人大主席团成员 11 名。

第二届第三次会议，2009 年 7 月 9—10 日在宋营镇政府召开，出席代表 56 人。会议听取审议了代镇长王爱良作的政府工作报告；会议听取审议了财政所长王向辉作的《宋营镇 2008 年财政收入、支出情况和 2009 年财政总预算报告》；听取了镇人大副主席赵迪作的人大主席团工作报告。会议选举赵迪为镇人大副主席，选举王爱良为镇长，安清、王俊杰、徐世杰为副镇长。会议选举产生了镇人大主席团成员 9 名。

二、会议组织

镇二届人大第一次会议

（一）大会临时党支部

书　记：边庆敏

副书记：王建华　张书胤　苦秀恒

委　员：

任计兵	韩彦岭	郭新勇	尹树栋
郭素景			

（二）大会主席团和秘书长

主席团：

边庆敏	任计兵	李　伟	张物件

张书胤	王玉文	苏秀恒	郝秀彬
王建华	赵法来	郎志力	

秘书长：王建华

（三）大会财政预决算审查委员会

主任委员：秦吉辉

委　　员：张计刚　李志川

（四）大会议案审查委员会

主任委员：李　伟

委　　员：李增聚　高志学

镇二届人大第二次会议

（一）大会临时党支部

书　记：杨文斌

副书记：苏秀恒　秦吉辉　许平涛

委　员：

王玉文	任计兵	韩彦岭	郭新勇
尹树栋	郭素景	祁进福	

（二）大会主席团和秘书长

主席团：

杨文斌	苏秀恒	许平涛	王玉文
秦吉辉	任计兵	李　伟	张物件
郝秀彬	郎志力	赵法来	

秘书长：秦吉辉

（三）大会财政预决算审查委员会

主任委员：秦吉辉

委　　员：张计刚　李志川

（四）大会议案审查委员会

主任委员：李　伟

委　　员：李增聚　高志学

镇二届人大第三次会议

（一）大会临时党支部

书　记：杨文斌

副书记：王爱良　许平涛　秦吉辉

委　员：

赵　迪	任计兵	韩彦岭	郭素景
祁进福			

（二）大会主席团和秘书长

主席团：

杨文斌	王爱良	许平涛	赵 迪
任计兵	郝秀彬	郎志力	李立召
双幸元			

秘书长：赵 迪

（三）大会财政预决算审查委员会

主任委员：秦吉辉

委 员：张计刚 李志川

（四）大会议案审查委员会

主任委员：郎志力

委 员：李增聚 李立召

三、会议选举

镇二届人大历次会议，共选举产生镇国家机关工作人员11人。

主 席：张书胤 2007年3月—2008年4月（镇二届一次会议选举）

许平涛 2008年4月—2012年2月（镇二届二次会议选举）

副主席：王玉文 2007年3月—2009年7月（镇二届一次会议选举）

赵 迪 2009年7月—2012年2月（镇二届三次会议选举）

镇 长：苏秀恒 2007年3月—2009年7月（镇二届一次会议选举）

王爱良 2009年7月—2012年2月（镇二届三次会议选举）

副镇长：姚士勇 2007年3月—2009年7月（镇二届一次会议选举）

秦吉辉 2007年3月—2009年7月（镇二届一次会议选举）

安 清 2009年7月—2012年2月（镇二届三次会议选举）

王俊杰 2009年7月—2012年2月（镇二届三次会议选举）

徐世杰 2009年7月—2012年2月（镇二届三次会议选举）

第三节 宋营镇第三届人民代表大会

一、会议概况

第三届第一次会议，2012年2月14日在宋营镇政府召开，出席代表62人。会议听取审议了镇长王爱良作的政府工作报告；会议听取审议了财政所长王向辉作的《宋营镇2011年财政收入、支出情况和2012年财政总预算报告》；听取了镇人大副主席田宁作的人大主席团工作报告。会议选举许平涛为镇人大主席，副主席田宁；选举王爱良为镇长，王双全、王向辉、焦建涛为副镇长。会议选举产生镇人大主席团成员 9 名。

第三届第二次会议，2015 年 6 月 5—6 日在宋营镇政府召开，出席代表 55 人（应到 59 人）。会议听取审议了镇长刘晓辉作的政府工作报告；会议听取审议了财政所长曹丽欣作的《宋营镇 2014 年财政收入、支出情况和 2015 年财政总预算报告》；听取了人大副主席田宁作的人大主席团工作报告。会议补选刘晓辉为镇长，李文亚为副镇长。会议选举产生人大主席团成员 9 名。

二、会议组织

镇三届人大第一次会议

（一）大会临时党支部

书　记：杨文斌

副书记：王爱良　许平涛

委　员：

田　宁	李淑华	任计兵	左新路
祁红申	赵秋梅		

（二）大会主席团和秘书长

主席团：

杨文斌	王爱良	许平涛	田　宁
李淑华	任计兵	左新路	祁红申
赵秋梅			

秘 书 长：田　宁

（三）大会财政预决算审查委员会

主任委员：任计兵

委　　员：张计刚　郭素景

（四）大会议案审查委员会

主任委员：李淑华

委　　员：李增聚　郎彦朴

镇三届人大第二次会议

（一）大会临时党支部

书　记：张振华

副书记：刘晓辉　许平涛

委　员：

田　宁	李淑华	任计兵	左新路
祁红申	赵秋梅		

（二）大会主席团和秘书长

主席团：

张振华	许平涛	田　宁	左新路
任计兵	李淑华	祁红申	郎志力
赵秋梅			

秘书长：田　宁

（三）大会财政预决算审查委员会

主任委员：任计兵

委　　员：张计刚　郭素景

（四）大会议案审查委员会

主任委员：李淑华

委　　员：李增聚　郎彦朴

三、会议选举

镇三届人大历次会议，共选举产生镇国家机关工作人员 8 人。

主　席：许平涛　2012 年 2 月—2017 年 1 月（镇三届一次会议选举）

副主席：田　宁　2012 年 3 月—2017 年 1 月（镇三届一次会议选举）

镇　长：王爱良　2012 年 2 月—2015 年 6 月（镇三届一次会议选举）

刘晓辉　2015 年 6 月—2017 年 1 月（镇三届二次会议选举）

副镇长：王双全　2012 年 2 月—2017 年 1 月（镇三届一次会议选举）

王向辉　2012 年 2 月—2017 年 1 月（镇三届一次会议选举）

焦建涛　2012 年 2 月—2017 年 1 月（镇三届一次会议选举）

李文亚　2015 年 6 月—2017 年 1 月（镇三届二次会议选举）

第四节　宋营镇第四届人民代表大会

一、会议概况

第四届第一次会议，2017 年 1 月 22—23 日在宋营镇召开，出席代表 78 人。会议听取审议了镇长刘晓辉作的政府工作报告；会议听取审议了财政所长曹丽欣作的《宋营镇 2016 年财政预算收支报告》；听取了人大副主席王萍作的人大主席团工作报告。会议选举李文亚为镇人大主席，王萍为镇人大副主席；选举刘晓辉为镇长，王双全、焦永申、甄建华为副镇长。会议选举产生人大主席团成员 9 名。

第四届第二次会议，2020 年 12 月 29—30 日在宋营镇召开，出席代表 47 人（应到 59 人）。会议听取审议了镇长王书峰作的政府工作报告；听取了人大副主席王萍作的人大主席团工作报告。会议选举任国志为镇人大主席；选举王书峰为镇长，宋德民为副镇长。会议选举产生人大主席团成员 9 名。

二、会议组织

镇四届人大第一次会议

（一）大会临时党支部

大会书记：张振华

副 书 记：刘晓辉　李文亚

委　　员：

王　萍	刘　勇	李树华	张建刚
赵秋梅	郎志力		

（二）大会主席团和秘书长

主席团：

张振华	刘晓辉	李文亚	王　萍
刘　勇	李树华	张建刚	赵秋梅
郎志力			

秘书长：王　萍

（三）大会财政预决算审查委员会

主任委员：张建刚

委　　员：李　芳　李珊珊

（四）大会议案审查委员会

主任委员：李树华

委　　员：双春宁　郎彦朴

镇四届人大第二次会议

（一）大会临时党支部

大会书记：刘晓辉

副 书 记：王书峰　任国志

委　　员：

王　萍	刘　勇	李树华	张建刚
赵秋梅	郎志力		

（二）大会主席团和秘书长

主席团：

刘晓辉	王书峰	任国志	王　萍
刘　勇	李树华	张建刚	赵秋梅
郎志力			

秘 书 长：王　萍

（三）大会财政预决算审查委员会

主任委员：张建刚

委　　员：李　芳　李珊珊

（四）大会议案审查委员会

主任委员：李树华

委　　员：双春宁　郎彦朴

三、会议选举

镇四届人大历次会议，共选举产生镇国家机关工作人员 9 人。

主　席：李文亚　2017 年 1 月—2020 年 12 月（镇四届一次会议选举）

任国志　2020 年 12 月—2021 年 6 月（镇四届二次会议选举）

副主席：王　萍　2017 年 1 月—2021 年 6 月（镇四届一次会议选举）

镇　长：刘晓辉　2017 年 1 月—2020 年 12 月（镇四届一次会议选举）

王书峰　2020 年 12 月—2021 年 6 月（镇四届二次会议选举）

副镇长：王双全　2017 年 1 月—2021 年 6 月（镇四届一次会议选举）

焦永申　2017 年 1 月—2021 年 6 月（镇四届一次会议选举）

甄建华　2017 年 1 月—2021 年 6 月（镇四届一次会议选举）

宋德民　2020 年 12 月—2021 年 6 月（镇四届二次会议选举）

第五节　宋营镇第五届人民代表大会

一、会议概况

第五届第一次会议，2021 年 6 月 17—18 日在宋营镇召开，出席代表 96 人。会议听取审议了镇长郭潇飞作的政府工作报告；听取审议了财政所长尚建人作的《2020 年财政预算收支报告》；听取了人大主席任国志作的人大主席团工作报告。会议选举任国志为镇人大主席，刘威、贾海挺为人大副主席；选举郭潇飞为镇长，闫牧天、李丽军、宋德民为副镇长。会议选举产生主席团成员 9 名。

第五届第二次会议，2024 年 1 月 15—16 日在宋营镇宋营村二楼大会议室召开，出席代表 92 人。会议听取审议了镇长卢迪作的政府工作报告；听取审议了财政所长尚建人作的《2023 年财政预算收支报告》；听取了人大主席任国志作的人大主席团工作报告。会议选举卢迪为镇长。会议选举产生主席团成员 7 名。

二、会议组织

镇五届人大第一次会议

（一）大会临时党支部

书　记：刘晓辉

副书记：郭潇飞　任国志

委　员：

贾海挺	刘　威	李树华	赵中辉
张魏冉	双　雪		

（二）大会主席团和秘书长

主席团：

刘晓辉	郭潇飞	任国志	刘　威
贾海挺	李树华	赵中辉	双　雪
张魏冉			

秘书长：刘　威

（三）大会财政预决算审查委员会

主任委员：李振龙

委　　员：双春宁　何丽娟

（四）大会议案审查委员会

主任委员：赵中辉

委　　员：刘洪叶　郎彦朴

镇五届人大第二次会议

（一）大会临时党支部

临时书记：刘晓辉

副 书 记：任国志

委　　员：

刘　威	李树华	赵中辉	双　雪
张魏冉			

（二）大会主席团和秘书长

主席团：

刘晓辉	任国志	刘　威	李树华
赵中辉	双　雪	张魏冉	

秘书长：刘　威

（三）大会财政预决算审查委员会

主任委员：李振龙

委　　员：双春宁　何丽娟

（四）大会议案审查委员会

主任委员：赵中辉

委　　员：刘洪叶　郎彦朴

三、会议选举

镇五届人大历次会议，共选举产生镇国家机关工作人员 8 人。

主　席：任国志　2021 年 6 月—　（镇五届一次会议选举）

副主席：刘　威　2021 年 6 月—　（镇五届一次会议选举）

贾海挺　2021 年 6 月—2024 年 1 月（镇五届一次会议选举）

镇　长：郭潇飞　2021 年 6 月—2024 年 1 月（镇五届一次会议选举）

卢　迪　2024 年 1 月—　（镇五届二次会议选举）

副镇长：闫牧天　2021 年 6 月—　（镇五届一次会议选举）

李丽军　2021 年 6 月—　（镇五届一次会议选举）

宋德民　2021 年 6 月—2023 年 8 月（镇五届一次会议选举）

附　　录

附录一

原郊区各届人民代表会议和人民代表大会概况

一、第五、六、七、八区（郊区前身）第一届各界人民代表会议

第一次会议 1950年5月14日至24日，各区先后召开首届人民代表会议。会议听取和审议了各区的1949年政府工作报告和1950年的工作方针计划，并选举产生了区人民政府委员会和区长。五区人民政府委员会由14名委员组成，推选佟乐夫任区长；六区人民政府委员会由19名委员组成，推选宋公玉任区长；七区人民政府委员会由13名委员组成，推选韩哲五任区长，牛金瑞任副区长；八区人民政府委员会由15名委员组成，推选张集云任区长。

第二次会议 1950年7月4日至5日，五、六区先后召开首届人民代表会议第二次会议，五区出席代表70人、六区出席代表67人，会议传达了市首届人民代表大会第四次会议决议，讨论安排了农征和生产工作。

二、第五、六区（郊区前身）第二届各界人民代表会议

第一次会议 1951年3月，五、六区分别召开第二届人民代表会议第一次会议。会议均审查了1950年的工作，听取并讨论了区长关于1951年的工作方针与任务和四、五、六3个月工作的具体计划。五区选出佟乐夫为区长，张集云为副区长，人民政府委员17名。六区选出宋公玉为区长，牛金瑞为副区长，人民政府委员17名。

第二次会议 1951年6月24日，六区召开第二届人民代表会议第二次会议。会议继续贯彻了深入开展抗美援朝、镇压反革命和生产大竞赛三大中心任务，并通过了六、七、八3个月的工作计划。

第三次会议 1951年8月23日，五区召开第二届人民代表会议第三次会议。会议期间，根据市人民法院要求，就一起杀害革命干部案、一起劫道绑架破坏革命秩序案进行了讨论，提出了建议。1951年9月上旬，六区召开第二届人民代表会议第三次会议。会议期间，根据市人民法院要求，对一批反革命案件进行了讨论，提出了建议。

第四次会议 1951年11月，五、六两区分别召开第二届人民代表会议第四次会议，会上学习了民主建设问题，确定了冬季开展副业生产，动员售棉、储棉，宣传婚姻法等工作。

第五次会议 1952年4月，五区召开了第二届人民代表会议第五次会议。会议期间，代表们一致抗议美帝国主义散布细菌的滔天罪行，决定以加强生产的实际行动，支援中国人

民志愿军。

第六次会议 1952 年 8 月 13 日，六区召开第二届人民代表会议第六次会议，会议指出，四个月来，合作化有很大发展，现有农业生产合作社 5 个，互助组 1298 个，有 5640 户参加，占全区农户总数 68%。

第七次会议 1952 年 11 月 10 日至 14 日，五、六区分别召开第二届人民代表会议第七次会议，各出席代表 70 人。会议报告了中朝人民打击美帝国主义侵略者的战况，学习了苏联建设社会主义的经验，着重讨论研究了开展农业生产合作互助工作的改进措施，审议通过了政府工作报告及今后工作计划。

第八次会议 （资料缺失）

第九次会议 1953 年 5 月 14 日，五区召开第二届人民代表会议第九次会议，出席代表 60 人。会议讨论通过了划乡方案。

郊区（振头区）（东、西郊区）人民代表大会

根据《中央人民政府委员会关于召开全国人民代表大会及地方各级人民代表大会的决议》和《中华人民共和国全国人民代表大会及地方各级人民代表大会选举法》的规定，1954 年 3 月，召开郊区人民代表大会第一次会议。自此开始，郊区人民代表大会届次重新编序。1954 年 3 月至 2001 年 3 月，郊区人民代表大会共 12 届。

一、郊区第一届人民代表大会

第一次会议 1954 年 3 月 31 日至 4 月 2 日召开。会议选举李岩为区长，张集云、宋公玉、冉令珍为副区长，人民政府委员 15 名。会议审查处理提案 154 件。会议选举产生郊区出席石家庄市第一届人民代表大会代表 48 名。

第二次会议 1955 年 3 月 26 日召开。会议听取和审议了《郊区自第一次人民代表大会以来主要工作的总结报告和今后的工作计划报告》，并作出了相应决议。会议通过了“积极推动合作互助的发展，种足种好 4.7 万亩棉花”“推广落实‘定业、定产、定购、定销’，调动粮农积极性，提高单位面积产量”“整顿现有的农业生产合作社，大力发展互助组”三项决议。会议决定将本届区、乡（镇）人民政府委员会改称为区、乡（镇）人民委员会。会议审查处理提案 82 件。

1955 年 7 月郊区改称为振头区。

二、振头区第二届人民代表大会

第一次会议 1956 年 11 月 19 日至 22 日召开，出席代表 101 人。会议听取和审议了区长王正忠作的《振头区人委十个月的主要工作总结报告和今冬明春的主要工作意见》，并作出了相应决议。会议审查处理提案 119 件。会议选举王正忠为区长，冉令珍、黄绍华、李相

卿、何文凤为副区长，人民委员会委员19名。会议选举产生振头区出席石家庄市第二届人民代表大会代表50名。

第二次会议 1957年7月17日至21日召开，出席代表83人。会议听取和审议了《政府工作报告》《政府上半年工作总结和下半年工作计划的报告》，以及人民委员会其他5项主要工作报告，并作出了相应决议。会议审查处理提案83件。

三、振头区第三届人民代表大会

第一次会议 1958年5月13日至16日召开，出席代表124人。会议听取和审议了副区长何文凤作的《振头区人委1957年工作总结的报告》、副区长史际昌作的《振头区1958年到1962年农业发展五年规划（草案）》和《振头区人委1958年生产跃进计划（草案）》，并作出了相应决议。会议听取了区委书记作的《关于鼓足干劲力争上游，为完成1958年生产跃进计划而奋斗的报告》。会议审查处理提案34件。会议选举韩哲五为区长，史际昌、黄绍华、何文凤为副区长，人民委员会委员19名。选举周济真为区人民法院院长。会议选举产生振头区出席石家庄市第三届人民代表大会代表57名。

1958年9月，振头区撤销。1962年1月，成立东郊区、西郊区。两区经过筹备，于1963年5月分别召开第四届人民代表大会第一次会议。

四、郊区（东、西郊区）第四届人民代表大会

第一次会议 1963年5月7日至9日，东郊区召开第四届人民代表大会第一次会议，出席代表122人（应到143人）。会议听取和审议了代区长王琳作的《东郊区人民政府工作报告》、代副区长郭振斌作的《东郊区1962年财政决算和1963年财政预算的报告》，并作出了相应决议。会议审查处理提案253件。会议选举王琳为区长，郭振斌、安志贤、谷忠义为副区长，人民委员会委员17名。会议选举产生东郊区出席石家庄市第四届人民代表大会代表61名。

1963年5月6日至9日，西郊区召开第四届人民代表大会第一次会议，出席代表人101人（应到119人）。会议听取和审议了《西郊区关于1962年工作情况和1963年工作任务的报告》《西郊区1962年财政决算和1963年财政预算的报告》，并作出了相应决议。会议审查处理提案137件。会议选举张星润为区长，刘晴、任士杰、何文凤为副区长，人民委员会委员15名。会议选举产生西郊区出席石家庄市第四届人民代表大会代表34名。

第二次会议 1964年5月12日至14日，东郊区召开第四届人民代表大会第二次会议，出席代表111人。会议听取和审议了《东郊区人民政府工作报告》《东郊区1963年财政决算和1964年财政预算的报告》，并作出了相应决议。会议审查处理提案34件。

1964年5月15日至16日，西郊区召开第四届人民代表大会第二次会议。会议听取和审议了《西郊区人民政府工作报告》《西郊区1963年财政决算和1964年财政预算的报告》，并作出了相应决议。会议选举王九贞为副区长。

1965年1月，东、西郊区合并为石家庄市郊区。

第三次会议 1965年3月31日至4月1日，郊区第四届人民代表大会第三次会议召开，出席会议代表155人（应到169人）。会议听取和审议了区长张星润作的《郊区人民政府工作报告》、副区长郭振斌作的《关于郊区1964年财政决算和1965年财政预算的报告》，并作出了相应决议。会议审查处理提案20件。

五、郊区第五届人民代表大会

第一次会议 1965年12月12日至14日召开，出席代表164人（应到165人）。会议听取和审议了区长张星润作的《郊区人民政府工作报告》，并作出了相应决议。会议选举张星润为区长，任士杰、李银忙、张双喜、何文凤、李景珍为副区长，人民委员会委员19名。会议选举产生郊区出席石家庄市第五届人民代表大会代表67名。

六、郊区第六届人民代表大会

未召开人民代表大会会议。

七、郊区第七届人民代表大会

第一次会议 1981年5月10日至15日召开，出席代表183人（应到187人）。会议听取和审议了区革命委员会主任何济海作的《郊区革命委员会工作报告》、区人民法院院长刘培基作的《郊区人民法院工作报告》、区人民检察院检察长姜荣连作的《郊区人民检察院工作报告》，并作出了相应决议。根据《宪法》《地方组织法》有关规定，县级以上地方各级人民代表大会设立常务委员会。会议选举产生了区第七届人大常委会组成人员，武国顺为主任，孔令为、刘雪凌、安志贤、何如意、李银忙为副主任，11人为委员。选举何济海为区人民政府区长，李绍堂、王涛、刘彦新、李景珍、张志仁为副区长。选举刘培基为区人民法院院长，姜荣连为区人民检察院检察长。

第二次会议 1982年1月5日至7日召开，出席代表154人（应到187人）。会议选举产生郊区出席石家庄市第六届人民代表大会代表58名。

第三次会议 1982年8月23日至25日召开，出席代表165人（应到183人）。会议听取和审议了区长何济海作的《政府工作报告》、区人大常委会副主任安志贤作的《郊区人大常委会工作报告》、区人民法院院长刘培基作的《郊区人民法院工作报告》、区人民检察院检察长姜荣连作的《郊区人民检察院工作报告》，并作出了相应决议。会议审查处理提案101件。

第四次会议 1983年2月19日至21日召开，出席代表135人（应到183人）。会议听取和审议了副区长王涛作的《关于郊区"六五"规划和1983年计划的报告》、区人大常委会副主任安志贤作的《郊区人大常委会工作报告》、区人民法院院长刘培基作的《郊区人民法院工作报告》、区人民检察院副检察长李兆玉作的《郊区人民检察院工作报告》，并作出了相应决议。会议审查处理提案 36 件。

第五次会议 1984 年 2 月 10 日至 12 日召开，出席代表 132 人（应到 187 人）。会议听取和审议了副区长王全德作的《政府工作报告》、区人大常委会副主任安志贤所作的《郊区人大常委会工作报告》、区人民法院院长刘培基作的《郊区人民法院工作报告》、区人民检察院副检察长李兆玉所作《郊区人民检察院工作报告》，并作出了相应决议。会议通过了《关于接受区人大常委会 4 名副主任辞职请求的决定》和《关于免去区人民政府区长、6 名副区长、法院院长、检察院检察长职务的决定》。会议选举刘培基、张二元为区人大常委会副主任。选举谷振强为区人民政府区长，段林、崔永生为副区长。选举聂富珍为区人民法院院长，李怀湘为区人民检察院检察长。

自本届开始，设立区人民代表大会常务委员会。郊区第七届人大常委会共召开会议 23 次。

八、郊区第八届人民代表大会

第一次会议 1984 年 5 月 10 日至 14 日召开，出席代表 173 人（应到 201 人）。会议听取和审议了区长谷振强作的《政府工作报告》、区人大常委会副主任安志贤作的《郊区人大常委会工作报告》、区人民法院院长聂富珍作的《郊区人民法院工作报告》、区人民检察院检察长李怀湘作的《郊区人民检察院工作报告》，并作出了相应决议。会议选举产生了区第八届人大常委会组成人员，武国顺为主任，安志贤、刘培基、张二元、唐云燕为副主任，10 人为委员。选举谷振强为区人民政府区长，段林、崔永生、刘彦新为副区长。选举聂富珍为区人民法院院长，李怀湘为区人民检察院检察长。

第二次会议 1985 年 2 月 7 日至 8 日召开，出席代表 197 人（应到 201 人）。会议听取和审议了区长谷振强作的《政府工作报告》、区人大常委会副主任安志贤作的《郊区人大常委会工作报告》、区人民法院院长聂富珍作的《郊区人民法院工作报告》、区人民检察院检察长李怀湘作的《郊区人民检察院工作报告》，并作出了相应决议。会议审查处理提案 47 件。

第三次会议 1986 年 4 月 25 日至 28 日召开，出席代表 150 人（应到 197 人）。会议听取和审议了区长谷振强所作的《发扬愚公精神，致力改革创新，把我区“两个文明”建设提高到一个新阶段》的政府工作报告、《关于石家庄市郊区“七五”期间经济和社会发展规划的报告》，区财政局局长杜永明作的《关于郊区 1985 年财政预算执行情况和 1986 年财政预算（草案）的报告》，区人大常委会主任武国顺作的《郊区人大常委会工作报告》，区人民法院院长聂富珍作的《郊区人民法院工作报告》，区人民检察院检察长李怀湘作的《郊区人民检察院工作报告》，并作出了相应决议。会议审查处理提案 55 件。会议决定接受武国顺辞去区人大常委会主任职务的请求。会议选举高香魁为区人大常委会主任。

郊区第八届人大常委会共召开会议 19 次。

九、郊区第九届人民代表大会

第一次会议 1987年5月12日至16日召开，出席代表143人（应到143人）。会议听取和审议了区长谷振强作的《政府工作报告》、区财政局局长杜永明作的《关于郊区1986年财政预算执行情况和1987年财政预算（草案）的报告》、区人大常委会主任高香魁作的《郊区人大常委会工作报告》、区人民法院院长聂富珍作的《郊区人民法院工作报告》、区人民检察院检察长李怀湘作的《郊区人民检察院工作报告》，并作出了相应决议。会议选举产生了区第九届人大常委会组成人员，高香魁为主任，刘培基、霍祥吾、韩天文、戎富金、唐云燕为副主任，10人为委员。选举谷振强为区人民政府区长，崔永生、孙明奎、刘彦新、严占国为副区长。选举聂富珍为区人民法院院长，李怀湘为区人民检察院检察长。

第二次会议 1988年3月22日至25日召开，出席代表126人（应到142人）。会议听取和审议了区长谷振强作的《政府工作报告》、副区长崔永生作的《石家庄市郊区攀登经济发展第二个新台阶战略规划的报告》、财政局局长杜永明作的《关于郊区1987年财政预算执行情况的报告》、区人大常委会副主任刘培基作的《郊区人大常委会工作报告》、区人民法院院长聂富珍作的《郊区人民法院工作报告》、区人民检察院检察长李怀湘作的《郊区人民检察院工作报告》，并作出了相应决议。会议选举产生郊区出席石家庄市七届人民代表大会代表35名。

第三次会议 1989年2月23日至25日召开，出席代表128人（应到141人）。会议听取和审议了代区长杨新世所作的《政府工作报告》、区财政局局长杜永明作的《关于郊区1988年财政预算执行情况和1989年财政预算（草案）的报告》、区人大常委会副主任霍祥吾作的《郊区人大常委会工作报告》、区人民法院院长聂富珍作的《郊区人民法院工作报告》、区人民检察院检察长李怀湘作的《郊区人民检察院工作报告》，并作出了相应决议。会议审议了代表联名提出的《滹沱河滩地开发利用案》《恢复三支渠延伸工程案》，并作出了决议。会议决定接受谷振强辞去区长职务、崔永生辞去副区长职务的请求。会议选举杨新世为区人民政府区长。

郊区第九届人大常委会共召开会议21次。

十、郊区第十届人民代表大会

第一次会议 1990年4月10日至14日召开，出席代表180人（应到180人）。会议听取和审议了区长杨新世作的《政府工作报告》、区计划委员会主任吴大平作的《关于郊区1990年国民经济和社会发展计划（草案）的报告》、区财政局局长杜永明作的《关于郊区1989年财政预算执行情况和1990年财政预算（草案）的报告》、区人大常委会主任高香魁作的《郊区人大常委会工作报告》、区人民法院院长聂富珍作的《郊区人民法院工作报告》、区人民检察院检察长李怀湘作的《郊区人民检察院工作报告》，并作出了相应决议。会议审议了代表联名提出的《关于加强依法行政案》《关于加强我区粮菜种子工作案》，并作出了决议。会议选举产生了区第十届人大常委会组成人员，高香魁为主任，刘彦新、韩天文、戎富金、康保生、季兰英为副主任，10人为委员。选举杨新世为区人民政府区长，崔永生、孙名奎、吴振江、陈秀娥、张增保、张楷、薛川文为副区长。选举聂富珍为区人民法院院长，尹安华为区人民检察院检察长。

第二次会议　1991年3月19日至22日召开，出席代表158人（应到178人）。会议听取和审议了区长杨新世作的《政府工作报告》、区计划委员会主任吴大平作的《关于郊区1990年国民经济和社会发展计划执行情况和1991年国民经济和社会发展计划（草案）的报告》、区财政局局长杜永明作的《关于郊区1990年财政预算执行情况和1991年财政预算（草案）的报告》、区人大常委会主任高香魁作的《郊区人大常委会工作报告》、区人民法院院长聂富珍作的《郊区人民法院工作报告》、区人民检察院检察长尹安华作的《郊区人民检察院工作报告》，并作出了相应决议。会议审议了代表联名提出的《修复杜北桥至杜北乡政府道路案》《关于完善乡镇财政管理体制案》，并作出了决议。

第三次会议　1992年3月3日至6日召开，出席代表140人（应到162人）。会议听取和审议了区长杨新世作的《政府工作报告》、副区长吴振江所作的《郊区国民经济和社会发展十年规划和第八个五年计划（草案）的报告》、区财政局局长李建坤作的《关于郊区1991年财政预算执行情况和1992年财政预算（草案）的报告》、区人大常委会主任高香魁作的《郊区人大常委会工作报告》、区人民法院院长聂富珍作的《郊区人民法院工作报告》、区人民检察院检察长尹安华作的《郊区人民检察院工作报告》，并作出了相应决议。会议审议了区人民政府提出的《关于加强区乡两级预算外资金管理案》，并作出了决议。

郊区第十届人大常委会共召开会议12次。

十一、郊区第十一届人民代表大会

第一次会议　1993年2月15日至19日召开，出席代表173人（应到189人）。会议听取和审议了代区长戴留金作的《政府工作报告》、区计划委员会主任吴大平作的《关于调整郊区“八五”计划目标，保证经济上新台阶的意见》、区财政局局长李建坤作的《关于郊区1992年财政预算执行情况和1993年财政预算案的报告》、区人大常委会主任高香魁作的《郊区人大常委会工作报告》、区人民法院院长聂富珍作的《郊区人民法院工作报告》、区人民检察院检察长尹安华作的《郊区人民检察院工作报告》，并作出了相应决议。会议审议了代表联名提出的《关于修建于底村南市场街道路案》，并作出了决议。会议选举产生了区第十一届人大常委会组成人员，李华荣为主任，刘彦新、康保生、季兰英、吴大平、王风聚、白文武为副主任，11人为委员。选举戴留金为区人民政府区长，吴振江、陈小凤、张增保、张楷、高英林、薛川文、毕晨光、聂怀玉为副区长。选举闫泉茂为区人民法院院长，尹安华为区人民检察院检察长。会议选举产生郊区出席石家庄市第八届人民代表大会代表33名。

第二次会议　1993年8月23日至24日召开，出席代表169人（应到189人）。会议选举产生郊区出席石家庄市第九届人民代表大会代表23名。

第三次会议 1994年3月22日至25日召开，出席代表161人（应到189人）。会议听取和审议了区长戴留金作的《政府工作报告》、区经济计划委员会主任杜东宏作的《关于郊区1993年国民经济与社会发展计划执行情况和1994年国民经济与社会发展计划案的报告》、区财政局局长李建坤作的《关于郊区1993年财政预算执行情况和1994年财政预算（草案）的报告》、区人大常委会主任李华荣作的《郊区人大常委会工作报告》、区人民法院院长闫泉茂作的《郊区人民法院工作报告》、区人民检察院检察长尹安华作的《郊区人民检察院工作报告》。并作出了相应决议。会议审议了代表联名提出的《关于修复迎宾大街案》，并作出了决议。

第四次会议 1995年3月8日至11日召开，出席代表153人（应到171人）。会议听取和审议了区长戴留金作的《政府工作报告》、副区长李谦作的《石家庄市郊区关于加快小康建设步伐，实现“三化”强区规划纲要》、区经济计划委员会主任杜东宏作的《关于郊区1994年国民经济与社会发展计划执行情况和1995年国民经济与社会发展计划（草案）的报告》、区财政局局长王华平作的《关于郊区1994年财政预算执行情况和1995年区本级财政预算和总预算（草案）的报告》、区人大常委会主任李华荣作的《郊区人大常委会工作报告》、区人民法院副院长刘宝林作的《郊区人民法院工作报告》、区人民检察院检察长尹安华作的《郊区人民检察院工作报告》，并作出了相应决议。会议审议了代表联名提出的《关于建设大安舍工业区污水管道工程案》，并作出了决议。

第五次会议 1996年3月26日至29日召开，出席代表149人（应到171人）。会议听取和审议了区长戴留金作的《关于郊区国民经济和社会发展“九五”计划和2010年远景目标纲要的报告》、区经济计划委员会主任杜东宏作的《关于郊区1995年国民经济与社会发展计划执行情况和1996年国民经济与社会发展计划（草案）的报告》、区财政局局长王华平作的《关于郊区1995年财政预算执行情况和1996财政预算（草案）的报告》、区人大常委会主任李华荣作的《郊区人大常委会工作报告》、区人民法院副院长刘宝林作的《郊区人民法院工作报告》、区人民检察院检察长尹安华作的《郊区人民检察院工作报告》，并作出了相应决议。会议审议了代表联名提出的《关于修复南高营镇御城路案》，并作出了决议。

第六次会议 1997年2月21日至24日召开，出席代表171人（应到189人）。会议听取和审议了代区长李谦作的《政府工作报告》、区计划局局长韩俊杰作的《关于郊区1996年国民经济与社会发展计划执行情况和1997年国民经济与社会发展计划案的报告》、区财政局局长王华平作的《关于郊区1996年区本级预算及区总预算执行情况和1997年区本级预算及区总预算（草案）的报告》、区人大常委会主任李华荣作的《郊区人大常委会工作报告》、区人民法院代院长郭晓作的《郊区人民法院工作报告》、区人民检察院代检察长梁瑞琴作的《郊区人民检察院工作报告》，并作出了相应决议。会议选举李谦为区人民政府区长，选举白文武为区人大常委会副主任，选举郭晓为区人民法院院长，选举梁瑞琴为区人民检察院检察长。

郊区第十一届人大常委会共召开会议37次。

十二、郊区第十二届人民代表大会

第一次会议 1998年2月16日至20日召开，出席代表156人（应到165人）。会议听取和审议了代区长赵拴文作的《政府工作报告》、副区长王普增作的《关于郊区1997年国民经济和社会发展计划执行情况与1998年国民经济和社会发展计划（草案）的报告》、区财政局局长王华平作的《关于郊区1997年区本级预算及区总预算执行情况和1998年区本级预算及区总预算（草案）的报告》、区人大常委会主任李华荣作的《郊区人大常委会工作报告》、区人民法院院长郭晓作的《郊区人民法院工作报告》、区人民检察院检察长梁瑞琴作的《郊区人民检察院工作报告》，并作出了相应决议。会议审议了代表联名提出的《关于长兴街工程道路建设案》，并作出了决议。会议选举产生了区第十二届人大常委会组成人员，吴振江为主任，聂怀玉、于振滦、白文武、白梅芳为副主任，12人为委员。选举赵拴文为区人民政府区长，王普增、周亦兵、毕晨光、杜东红、张大龙、王石佩、韩志芳、武义芳为副区长。选举郭晓为区人民法院院长，梁瑞琴为区人民检察院检察长。会议选举产生郊区出席石家庄市第十届人民代表大会代表18名。

第二次会议 1999年3月9日至11日召开，出席代表153人（应到170人）。会议听取和审议了副区长王普增作的《政府工作报告》、区计划局局长卞纪文作《关于郊区1998年国民经济和社会发展计划执行情况与1999年国民经济和社会发展计划（草案）的报告》、区财政局局长王华平作的《关于郊区1998年区本级预算及区总预算执行情况和1999年区本级预算及区总预算（草案）的报告》、区人大常委会副主任聂怀玉作的《郊区人大常委会工作报告》、区人民法院院长郭晓作的《郊区人民法院工作报告》、区人民检察院检察长梁瑞琴作的《郊区人民检察院工作报告》，并作出了相应决议。会议审议了代表联名提出的《关于拓宽、修建、延伸长兴街案》，并作出了决议。

第三次会议 2000年7月20日至21日召开，出席代表147人（应到169人）。会议听取和审议了区长赵拴文作的《政府工作报告》、区计划局局长卞纪文作的《关于郊区1999年国民经济和社会发展计划执行情况与2000年国民经济和社会发展计划（草案）的报告》、区财政局局长王华平作的《关于郊区1999年区本级预算及区总预算执行情况和2000年区本级预算及区总预算（草案）的报告》、区人大常委会主任吴振江作的《郊区人大常委会工作报告》、区人民法院院长郭晓作的《郊区人民法院工作报告》、区人民检察院检察长梁瑞琴作的《郊区人民检察院工作报告》，并作出了相应决议。

郊区第十二届人大常委会共召开会议17次。

附录二

石家庄市裕华区代表之家（站）简介
裕华区人大代表之家简介

裕东街道人大代表之家

裕东街道人大代表之家位于石家庄市裕华区金马路69号，现有人大代表34名，其中市人大代表6名、区人大代表28名。裕东街道人大代表之家建成后，成为汇聚民智，解决民忧的场所，极大促进了代表履职作用的发挥。“家”成为街道代表学习培训的课堂、联系选民的桥梁、履行职能的平台、服务群众的窗口、民主法治建设的阵地、创新社会治理的抓手、推动街道经济社会发展作出了积极贡献。

负责人：袁　云

槐底街道人大代表之家

槐底街道人大代表之家位于石家庄市裕华区槐中路306号，现有人大代表37名，其中全国人大代表1名、省人大代表1名、市人大代表4名、区人大代表31名。在各级领导的悉心关怀和裕华区人大常委会的领导下，街道始终坚持把“人大代表之家”建设作为增强代表履职能力、充分发挥代表作用的重要抓手，坚持硬件设施标准化、软件建设制度化、代表活动常态化，努力将其打造成为代表学习培训的课堂、联系选民的桥梁、履行职责的平台和服务群众的窗口。“人大代表之家”成立以来，充分发挥功能，通过组织代表学习、安排视察调研密切联系群众、交流履职经验，进一步提高代表履职能力，发挥代表主体作用，为推进基层民主法治建设，推动街道经济社会发展作出了积极贡献。

负责人：牛永振

裕华路街道人大代表之家

裕华路人大代表之家位于石家庄市裕华区槐安东路95号，现有人大代表31名，其中市人大代表4名、区人大代表27名。在各级领导的关心指导和裕华区人大常委会的领导下，街道始终坚持把“人大代表之家”建设作为增强代表履职能力、充分发挥代表作用的重要载体，街道人大工委积极联系“家”“站”周边社区、整合资源，为代表与选民之间搭建桥梁，通过开展讲座、文体活动等志愿服务，拉近选民与代表距离；邀请代表参加街道、社区、驻区单位各种活动、会议，拓展代表履职渠道。为推动街道经济社会发展作出了积极贡献。

负责人：刘　江

裕强街道人大代表之家

裕强街道人大代表之家位于石家庄市裕华区塔北路109号，于2014年12月建成，现有人大代表36名，其中市人大代表4名、区人大代表32名。人大代表之家成立以来，以充分发挥代表作用，切实增强代表在闭会期间的履职实效为目标，每年认真制订年度活动计划并抓好落实，围绕开展学习培训、视察调研、走访接待群众、交流履职经验等活动，激发代表履职热情，提升代表履职水平，使“人大代表之家”真正成为代表学习培训的课堂、联系选民的桥梁、履职监督的平台、服务群众的窗口、开展活动的阵地，促进代表闭会期间的履职活动更加富有成效，推动人大工作再上新台阶。

负责人：陈 新

裕兴街道人大代表之家

裕兴街道人大代表之家位于石家庄市裕华区东岗路58号，现有人大代表26名，其中全国人大代表1名、省人大代表1名、市人大代表3名、区人大代表21名。在各级领导的悉心关怀和裕华区人大常委会的领导下，街道始终坚持把“人大代表之家”建设作为增强代表履职能力、充分发挥代表作用的重要抓手，坚持硬件设施标准化、软件建设制度化、代表活动常态化，努力将其打造成为代表学习培训的课堂，联系选民的桥梁，履行职责的平台，服务群众的窗口。“人大代表之家”成立以来，充分发挥其功能，通过组织代表学习、安排视察调研、密切联系群众、交流履职经验，进一步提高代表履职能力，发挥代表主体作用，为推进基层民主法治建设，推动街道经济发展作出了积极贡献。

负责人：郭录芳

建通街道人大代表之家

建通街道人大代表之家位于石家庄市裕华区建通街9号，现有人大代表25名，其中省人大代表2名、市人大代表4名、区人大代表19名。建通街道人大代表之家建成以来，按照区人大的统一安排和部署，始终以“人大代表之家”“人大代表联络站”为抓手，努力为代表履职创造条件，开展代表工作。充分利用代表之家这个阵地，积极发挥代表的主体作用，努力使“代表之家”活动的开展做到经常性、多样性，确保代表活动的实效性，努力使“代表之家”成为人大代表学习、交流、履职的重要平台。

负责人：董文彬

东苑街道人大代表之家

东苑街道人大代表之家位于石家庄市槐中路297号，现有人大代表37名，其中省人大代表2名、市人大代表3名、区人大代表33名。在各级领导的悉心关怀和裕华区人大常委会的领导下，东苑街道始终密切关注人大代表与人民群众的联系，充分发挥人大代表的主体作用，促进人大代表活动的制度化、规范化、经常化，积极组织协助人大代表收集和反映社情民意、切实维护群众利益，自觉接受选民监督，充分发挥人大代表的主体作用。“人大代表之家”成立以来，充分发挥功能，通过组织代表学习、安排视察调研、密切联系群众、交流履职经验，进一步提高代表履职能力，发挥代表主体作用，为推进基层民主法治建设，推动街道经济社会发展作出了积极贡献。

负责人：张福军

建华南街道人大代表之家

建华南街道人大代表之家位于石家庄市裕华区建华南街道212号，现有人大代表21名，其中市人大代表3名、区人大代表18名。建华南街道人大代表之家成立以来始终坚持结合辖区工作特点，扎实推进“人大代表之家”建设，努力在重实效、见成效上下功夫。坚持多措并举，强化措施，着力构建起了组织代表、联系选民、服务群众、和谐发展“四位一体”的代表工作新格局，走出了发挥代表主体作用、提升代表履职水平的新路子。经过不断的探索实践，“人大代表之家”不仅成为代表们学习培训的课堂、联系选民的桥梁、履行职能的平台和服务群众的窗口，还成为基层民主法治建设的“新阵地”和创新社会治理的“新抓手”，在促进辖区和谐稳定和经济社会发展中发挥了积极作用。

负责人：米彦巧

裕翔街道人大代表之家

裕翔街道人大代表之家位于石家庄市裕华区体育南大街356号，现有人大代表21名，其中省人大代表3名、市人大代表3名、区人大代表15名。按照《石家庄市人大常委会关于在全市开展创建“人大代表之家”活动的实施意见》和《石家庄市裕华区人大常委会关于在各街道、镇建立“人大代表之家”的实施方案》要求，裕翔街道积极谋划，高标准成立了“人大代表之家”。本着“树立精品意识，打造优质活动平台”的工作理念，裕翔街道“人大代表之家”成立后，极大促进了代表履职作用的发挥。“家”成为街道“代表学习培训的课堂、联系选民的桥梁、履行职能的平台、服务群众的窗口、民主法治建设的阵地、创新社会治理的抓手”，为促进全区及街道的经济发展和社会稳定起到了很好的推进作用。

负责人：董文茂

方村镇人大代表之家

方村镇人大代表之家位于石家庄市裕华区方郄路168号，现有人大代表94名，其中市人大代表4名、区人大代表17名、镇人大代表73名。在各级领导的悉心关怀和裕华区人大常委会的领导下，方村镇始终坚持把“人大代表之家”建设作为增强代表履职能力、充分发挥代表作用的重要抓手，坚持硬件设施标准化、软件建设制度化、代表活动常态化，努力将其打造成为代表学习培训的课堂，联系选民的桥梁，履行职责的平台，服务群众的窗口。

"人大代表之家"成立以来，充分发挥功能，通过组织代表学习、安排视察调研、密切联系群众、交流履职经验，进一步提高代表履职能力，发挥代表主体作用，为推进基层民主法治建设，推动街道经济社会发展作出了积极贡献。

负责人：韩利涛

宋营镇人大代表之家

宋营镇人大代表之家位于石家庄市高新区学苑路86号，现有人大代表109名，其中市人大代表1名、区人大代表17名、镇人大代表91名。宋营镇"人大代表之家"建成以来，积极开展创先争优活动，充分发挥人大代表自身职能和依法履职作用，通过代表之家开展学习交流、监督检查、接待选民等活动，进一步提高了人大代表自身素质和参政议政能力，为乡镇的经济社会又快又好发展起到了积极推进作用。

负责人：任国志

太行街道人大代表之家

太行街道人大代表之家位于石家庄市高新区珠江大道313号，现有人大代表11名，其中省人大代表4名、市人大代表2名、区人大代表5名。在各级领导的悉心关怀和裕华区人大常委会的领导下，街道始终坚持把"人大代表之家"建设作为增强代表履职能力、充分发挥代表作用的重要抓手，坚持硬件设施标准化、软件建设制度化、代表活动常态化，努力将其打造成为代表学习培训的课堂，联系选民的桥梁，履行职责的平台，服务群众的窗口。"人大代表之家"成立以来，充分发挥功能，通过组织代表学习、安排视察调研、密切联系群众、交流履职经验，进一步提高代表履职能力，发挥代表主体作用，为推进基层民主法治建设，推动街道经济社会发展作出了积极贡献。

负责人：王晓昆

长江街道人大代表之家

长江街道人大代表之家位于石家庄高新区淮河道191号，现有人大代表17名，其中全国人大代表1名、省人大代表4名、市人大代表2名、区人大代表12名。在裕华区人大常委会的精心指导、长江街道党工委的正确领导及各级领导的悉心关怀下，街道始终坚持把"人大代表之家"建设作为增强代表履职能力、充分发挥代表作用的重要抓手，坚持硬件设施标准化、软件建设制度化、代表活动常态化，努力将其打造成为代表学习培训的课堂，联系选民的桥梁，履行职责的平台，服务群众的窗口。"人大代表之家"成立以来，充分发挥功能，通过组织代表学习、安排视察调研、密切联系群众、交流履职经验，进一步提高代表履职能力，发挥代表主体作用，为推进基层民主法治建设，推动街道经济社会发展作出了积极贡献。

负责人：罗 凯

裕华区人大代表联络站简介

石家庄外国语教育集团人大代表联络站

石家庄外国语教育集团人大代表联络站，是河北省首个中学校园内的人大代表联络站，站内代表都是石外集团的教师和学生家长，共有全国、省、市、区四级人大代表40名。石外集团代表联络站既是对学生进行人民代表大会制度教育的新阵地，又是人大代表履职的新平台。站内代表指导七年级学生开展“我爱石家庄”社会实践活动，全程参与选题论证、实地调研、问卷调查、数据收集分析、结论建议、形成社会实践成果报告等过程，并将报告成果转化为人大代表建议，提交各级人民代表大会。在站内开展社会实践活动，对青少年树立“四个自信”，感悟人民代表大会制度优越性，提升社会责任感具有积极作用，为提升石家庄社会治理能力水平，建设现代化国际化美丽省会城市积极贡献力量。

站　长：裴红霞

欢乐汇人大代表联络站

欢乐汇人大代表联络站位于体育南大街与仓裕路交叉口东南角欢乐汇四楼。目前进站代表6名，站内代表围绕商圈特色、强化商圈经营品牌、优化商圈营商环境等方面建言献策，并及时收集商家、群众反映的意见建议，为裕华区经济腾飞贡献人大力量。

站　长：陈肖怡

东苑社区卫生服务中心人大代表联络站

东苑社区卫生服务中心人大代表联络站位于石家庄市体育南大街187号。共有人大代表13名，其中市级人大代表1名、区级人大代表12名。联络站结合社区卫生服务中心医疗卫生特色，制订年度工作计划、联系和宣传群众制度、人大代表接待选民群众受理范围及程序、人大代表向选民述职制度、人大代表履职学习制度、人大代表联络站活动制度，在区人大和东苑街道人大工委领导下开展特色活动，实现规范化管理。

站　长：张建梅

美苑社区人大代表联络站

美苑社区人大代表联络站于2017年9月正式成立。联络站现有市级、区级人大代表共6名，其中市人大代表1名、区人大代表5名。联络站以人大代表为工作主体，以联系人民群众、听取和反映社情民意、推动解决基层实际问题为工作内容，依法开展代表工作。为完善人大代表社区联络站的服务功能，全面提高人大代表社区联络站工作水平，美苑社区人大代表联络站结合开展代表活动月、代表议事会“代表在身边”等活动，进一步丰富代表活动的形式和内容，更好地联系群众、倾听民声。

站　长：李彦彩

天然城社区人大代表联络站

天然城社区人大代表联络站位于宋营镇天然城社区，于2021年11月成立，现有人大代表8名。人大代表联络站建成以来，积极开展学习交流、监督检查、接待选民等活动，进站活动的区、镇人大代表本着“人民选我当代表，我当代表为人民”的宗旨，深入联系人民群众，广泛征求意见建议，充分发挥人大代表作用，为社区的经济社会又快又好发展起到了积极推进作用。

站　长：祁红亚

河北省老年病医院人大代表联络站

河北省老年病医院联络站位于石家庄市青园街241号，现有市区两级人大代表7名，其中市人大代表1名、区人大代表6名。

联络站自成立以来，充分发挥功能，做好设施和制度的建设与完善，保持代表活动常态化，努力将其打造成为代表履行职责和联系选民服务选民的重要阵地。通过组织代表学习、安排视察调研、密切联系群众、交流履职经验，进一步提高代表履职能力，发挥代表主体作用，为推进基层民主法治建设，推动街道经济社会发展作出了积极贡献。

站　长：康素娴

誉天下社区人大代表联络站

誉天下社区人大代表联络站位于裕华区塔北路85号誉天下社区居委会三楼，现有市区两级人大代表8名，其中市人大代表1名、区人大代表7名。站内设置选民接待室、国学讲堂、会议室等，设施完备、台账资料完善。站内代表本着“人民选我当代表，我当代表为人民”的宗旨，充分发挥人大代表自身职能和依法履职作用，密切联系群众，依法行使职权，为社区发展起到了积极推进作用。

站　长：底伟哲

东明人大代表联络站

东明人大代表联络站成立于2014年，位于石家庄市东二环南路39号东明家具公司总部，现有市人大代表1名、区人大代表11名。人大代表联络站自成立以来，始终立足实际，发挥自身优势，突出自身特色，坚持建好站、管好站、用好站；打造学习培训的课堂、联系选民的桥梁、履行职能的平台、服务群众的窗口，推动代表履职的经常性、多样性、实效性。通过夯实四个支撑、提升四项服务，促使代表履职的凝聚力、向心力、推动力得以明显提升。

站　长：石朋霄

河北建筑设计研究院人大代表联络站

河北建筑设计研究院有限责任公司“人大代表联络站”位于石家庄市建设南大街 83 号，现有市区两级人大代表 9 名，其中市人大代表 1 名、区人大代表 8 名。联络站自建成以来，在各级领导的悉心关怀和裕华区人大常委会的领导下，始终坚持把“人大代表联络站”建设作为增强代表履职能力、充分发挥代表作用的重要抓手。通过开展学习交流、视察调研、监督检查、接待选民等活动，9 名人大代表聚焦市委、裕华区委中心工作和人民群众所思所盼，认真做好立法、监督各项工作，广泛凝聚人大代表力量，在服务发展大局中依法高效履职，为裕华路街道的经济社会又快又好发展起到了积极推进作用。

站　长：郭卫兵

卓达物业服务有限公司人大代表联络站

卓达物业“人大代表联络站”位于石家庄市裕华区翟营南大街 389 号卓达书香园一区内，现有区人大代表 11 名。联络站在裕华区人大及裕强街道人大工委的大力指导及帮助下，充分依托卓达物业服务社区规模大，人民群众数量多的优势，在全市设置 60 余处民情联系点，广泛搜集民情民意。同时，充分发挥“人大代表联络站”平台作用，积极组织代表开展学习交流、监督检查、接待选民等活动，深入社区、写字楼等区域，倾听人民群众意见和建议，为政府相关部门建言献策，切实履行“人民选我当代表，我当代表为人民”的光荣职责，为进一步提高代表履职能力，推进基层民主法治建设，推动街道经济社会发展贡献出应有的一份力量。

站　长：徐青山

尖领小区社区人大代表联络站

尖岭小区社区人大代表联络站位于石家庄市建华南大街 126 号。现有市人大代表 1 名、区人大代表 10 名。尖岭小区社区人大代表联络站建成以来，积极开展创先争优活动，充分发挥人大代表自身职能和依法履职作用，通过代表之家开展学习交流、监督检查、接待选民等活动，进一步提高了人大代表自身素质和参政议政能力，为街道的经济社会又快又好发展起到了积极推进作用。

站　长：张　赛

河北化工医药职业技术学院人大代表联络站

河北化工医药职业技术学院人大代表联络站位于石家庄市裕华区方兴路 88 号，现有区人大代表 2 名、镇人大代表 1 名。在各级领导的领导和关怀下，始终坚持以习近平总书记关于坚持和完善人民代表大会制度的重要思想为指导，以人大代表作为活动主体，适应新时代人大代表联络站接待工作的需要，加强政治理论和业务知识学习，切实提高应对处置、沟通协调群众工作能力，把选民诉求作为工作重点，力争成为宣传政策好平台、了解民情好渠道。人大代表联络站成立以来，发挥代表主体作用，为推进学校高质量发展作出了积极贡献。

站　长：张炳烛

虹发太极拳研究院人大代表联络站

虹发太极拳研究院人大代表联络站位于塔南路与南茵西街交口保利东区虹发太极拳研究院，以“弘扬传统文化”为主题打造人大代表密切联系群众的重要阵地。共有9名市、区人大代表进站开展活动。联络站结合太极拳传授点设置民情民意联系点50余个。虹发太极拳研究院联络站按照“八有”要求高标准建设，作为增强代表履职能力，充分发挥代表作用的平台，坚持硬件设施标准化、软件设施制度化、代表活动常态化，成为代表学习培训、联系选民、开展活动、履行职责的重要阵地。人大代表紧紧依托联络站这个载体，结合“弘扬传统文化”主题，围绕宣传群众、联系群众、服务群众等方面，积极开展活动，广泛征集意见建议，积极建言献策，为推动基层民主法治建设，促进裕华区经济社会发展、弘扬传统文化作出应有的贡献。

站　长：杨合发

石家庄市第四十四中学人大代表联络站

石家庄市第四十四中学人大代表联络站位于石家庄市裕华区绿洲路44号，共有人大代表9名，其中市级人大代表4名、区级人大代表5名。石家庄市第四十四中学人大代表联络站作为设立在学校的站点，旨在打造教育战线中践行全过程人民民主的重要阵地，发挥代表特长，服务教育民生，成为基层教育管理的“桥头堡”，成为人大代表与基层教育之间的“连心桥”，构建学校—家庭—社会三位一体教育体系，使联络站真正做到“聚民智，解民忧”，助推教育高质量跃升。联络站设置代表活动区、民情倾听席、代表图书阅览区等，包含联络站简介、工作制度、联络站联系点分布图、工作站相关台账档案等，相关资料完善。

站　长：张　锋

东海岸酒店人大代表联络站

东海岸酒店人大代表联络站位于东岗路与雅清街交口东海岸酒店二楼，是省会首家以退役军人为特色的人大代表联络站。联络站现有人大代表11人。设立了民情倾听席、民情联络专线和专人值守的退役军人服务席，并建立了各项工作台账。人大代表联络站充分发挥自身特有优势，大力开展各种活动，广泛联络以退役军人为主体的社区选民，深入选区倾听意见，召开座谈收集建议，积极反映社情民意，竭尽全力为群众办实事，做退役军人的贴心人，努力做到依法履职，“民有所呼，我有所应”，推动群众关注的热点难点问题有效解决。

站　长：吴雪梅

久陆唐艺术学校人大代表联络站

久陆唐艺术培训学校人大代表联络站位于裕华区建通街168号，现有市、区代表17名。联络站作为增强代表履职能力、充分发挥代表作用的重要平台，坚持硬件设施标准化、软件设施制度化、代表活动常态化，努力把联络站打造成为代表学习培训、联系选民、开展活动、履行职责的重要阵地。在建设过程中，按照有场所、有牌子、有制度、有台账、有资料、有公示、有工作人员、有办公设备等“八有”标准，为代表学习、交流、履职提供了温馨舒适的环境。进站活动的人大代表紧紧依托这个载体，围绕宣传群众、联系群众、为群众办实事等方面，积极开展活动，广泛征集建议意见，认真参政议政，积极建言献策，为推动基层民主法治建设，促进全区经济社会文化发展贡献作出努力。

站　长：徐建章

众美城社区卫生服务站人大代表联络站

众美城社区卫生服务站人大代表联络站位于石家庄市裕华区方村镇翟营南大街外方环路99号众美城社区卫生服务站二楼，共有人大代表11名，其中区人大代表6名、镇人大代表5名。人大代表联络站作为一个具有医疗卫生特色的站点，将充分发挥代表特长，关注民生、服务群众，将联络站打造成人大代表与基层群众之间的“连心桥”，努力做到“聚民智，解民忧”。联络站内设置代表活动区、民情倾听席、代表图书阅览区等区域，站内明亮整洁、设施完备、网络畅通，达到“八有”标准。结合社区卫生服务站医疗卫生特色，制定人大代表联络站联系和宣传群众制度、人大代表联络站服务群众制度等，实现规范化管理。

站　长：未俊玲

附录三

石家庄市裕华区人民代表大会及其常务委员会工作制度

石家庄市裕华区人民代表大会议事规则

（2024 年 1 月 24 日区六届人大四次会议通过）

第一章　总　则

第一条　为保障区人民代表大会依法行使职权，提高议事质量和效率，根据《中华人民共和国宪法》《中华人民共和国地方各级人民代表大会和地方各级人民政府组织法》《中华人民共和国全国人民代表大会和地方各级人民代表大会选举法》和《中华人民共和国全国人民代表大会和地方各级人民代表大会代表法》等有关法律规定，结合我区实际，制定本规则。

第二条　区人民代表大会坚持和完善人民代表大会制度，坚持以人民为中心，践行全过程人民民主，实行民主集中制的原则。大会审议议案、讨论决定事项、进行选举应当充分发扬民主，严格依法办事，集体行使宪法和法律赋予的职权。

第三条　区人民代表大会代表是地方国家权力机关组成人员，应当代表人民的利益和意志，依法执行代表职务，参加行使国家权力。

第二章　会议的准备

第四条　区人民代表大会会议举行前，可由区人民代表大会常务委员会主任召集区人民政府区长、监察委员会主任、人民法院院长、人民检察院检察长联席会议，商定区人民代表大会会议有关的筹备工作。

第五条　区人民代表大会会议举行前，由区人民代表大会常务委员会代表资格审查委员会对当选的区人民代表大会代表资格进行审查，审查结果的报告经区人民代表大会常务委员会会议通过后，印发区人民代表大会会议。

每届区人民代表大会第一次会议举行前，由上届区人民代表大会常务委员会代表资格审查委员会，对当选的本届区人民代表大会代表的资格进行审查，并由上届区人民代表大会常务委员会会议通过和发布公告。

第六条　区人民代表大会会议举行前，区人民代表大会常务委员会应当举行会议，作出举行区人民代表大会会议的决定；提出关于会议议程、主席团和秘书长名单的建议；提出区人民代表大会常务委员会工作报告；决定列席人员名单以及会议的其他准备事项。

第七条 区人民代表大会会议举行前一个月，区人民代表大会专门委员会或者区人民代表大会常务委员会的有关工作部门，应当听取区人民政府关于区国民经济和社会发展规划、计划及计划执行情况、预算和预算执行情况的汇报，并进行初步审查。

第八条 区人民代表大会会议举行前两周左右，区人民代表大会常务委员会应当将会议召开时间和建议会议审议的主要事项通知代表，并将拟提请会议审议的区人民代表大会常务委员会、人民政府、人民法院、人民检察院工作报告征求意见稿提前发给区人民代表大会代表征询意见。

第九条 临时召开的区人民代表大会会议不适用第七条、第八条规定。

第十条 区人民代表大会会议举行前，代表按照街道、镇组成代表团。代表团全体会议推选代表团团长、副团长。团长召集并主持代表团全体会议，组织和处理代表团有关事项；副团长协助团长工作。

代表团可以划分若干代表小组，代表小组会议推定小组组长、副组长。

第十一条 区人民代表大会举行预备会议前，各代表团审议区人民代表大会常务委员会提出的会议建议议程、主席团和秘书长建议名单及其他有关事项。

区人民代表大会常务委员会根据各代表团提出的意见，可以对会议建议议程、主席团和秘书长建议名单及其他事项提出调整意见，提请预备会议表决。

第十二条 区人民代表大会会议举行前，应当召开预备会议。预备会议由区人民代表大会常务委员会主持。每届区人民代表大会第一次会议的预备会议由上届区人民代表大会常务委员会主持。

区人民代表大会预备会议通过会议议程，选举主席团和秘书长，决定会议的其他准备事项。每届区人民代表大会第一次会议的预备会议，应当通过计划预算审查委员会、议案审查委员会名单。

第十三条 区人民代表大会预备会议选举主席团后举行主席团第一次会议。会议推选主席团常务主席若干人；通过会议日程、选举办法草案、表决办法草案、票决办法草案；决定大会副秘书长人选和代表提出议案截止时间、议案表决方式以及其他需要决定的事项。

第十四条 区人民代表大会会议设立秘书处，由秘书长和副秘书长若干人组成。秘书长主持秘书处工作，副秘书长协助秘书长工作。

秘书处设立若干工作组，在秘书长领导下，办理主席团交付的事项，处理会议的日常事务工作。

第三章　会议的举行

第十五条 区人民代表大会会议每年至少举行一次。

区人民代表大会常务委员会认为有必要，或者有五分之一以上的区人民代表大会代表提议，可以临时召开区人民代表大会会议。

第十六条 区人民代表大会会议由区人民代表大会常务委员会召集。

每届区人民代表大会第一次会议，须在本届区人民代表大会代表选举完成后的两个月内，由上届区人民代表大会常务委员会召集。

第十七条 区人民代表大会会议必须有三分之二以上的代表出席，始得举行。

第十八条 区人民代表大会代表应当出席区人民代表大会会议。因病或者其他特殊原因不能出席的，必须直接或者通过各街道人大工作委员会、镇人大主席团，向区人民代表大会常务委员会请假。会议期间因病或者其他特殊原因确需请假的，应当由代表团报告大会秘书处。

未经批准两次不出席区人民代表大会会议的，依法终止其代表资格。

第十九条 主席团主持区人民代表大会会议，领导大会秘书处和区人民代表大会各专门委员会或者计划预算审查委员会、议案审查委员会的工作，向会议提出议案和各项决议、决定草案，组织审议列入会议议程的议案和有关报告，依法提出候选人名单，主持会议选举，提出选举办法草案和确定选举结果，决定议案、质询案、罢免案的审议程序和处理意见，发布公告等。

主席团决定事项，由主席团全体成员的过半数通过。

第二十条 主席团常务主席召集并主持主席团会议，对属于主席团职权范围内的事项向主席团提出建议，根据会议进展情况对会议日程安排作必要的调整；召开各代表团团长会议，就议案和有关报告的重大问题听取各代表团的审议意见，并向主席团报告，根据主席团的授权，处理主席团职责范围内的其他事项。

第二十一条 区人民代表大会会议期间，各专门委员会研究、审议和拟订有关议案；对属于区人民代表大会职权范围内同本委员会有关的问题进行审议，提出建议，向主席团报告。

第二十二条 区人民代表大会举行会议时，可以召开全体会议、专门委员会会议、代表团会议、分组会议和专题审议会议。

第二十三条 经区人民代表大会常务委员会决定，区人民政府组成人员，监察委员会、人民法院和人民检察院负责人列席区人民代表大会会议；区其他有关机关、团体负责人列席区人民代表大会会议；由本区选举产生的市人民代表大会代表，也可以列席区人民代表大会会议。

列席会议的人员有发言权，没有表决权。

列席会议的人员因病或其他特殊原因不能列席的，应当向区人民代表大会常务委员会书面请假，会议期间应当向大会秘书处请假。

第二十四条 区人民代表大会会议公开举行。

区人民代表大会全体会议可以根据情况设立公民旁听席。

第二十五条 会议通过的决议、决定和选举结果等，应当及时公布。

第二十六条 区人民代表大会在必要的时候，可以举行秘密会议。举行秘密会议，须经主席团征求各代表团的意见后，由主席团会议决定。

第四章 议案的提出和审议

第二十七条 区人民代表大会举行会议时，主席团、常务委员会、各专门委员会、区人民政府可以向区人民代表大会提出属于区人民代表大会职权范围内的议案，由主席团决定提交区人民代表大会会议审议，或者交有关的专门委员会或议案审查委员会审议后提出报告，再由主席团决定提交大会表决。

区人民代表大会代表十人以上联名，可以向区人民代表大会提出属于区人民代表大会职权范围内的议案，由主席团决定是否列入会议议程，或者先交有关的专门委员会或议案审查委员会审议，提出是否列入大会议程的意见，再由主席团决定是否列入会议议程。对提请大会审议条件尚不成熟的议案，由主席团交有关专门委员会在区人民代表大会闭会后进一步调查论证，提出意见，再由区人民代表大会常务委员会审议决定。

区人民代表大会代表十人以上联名提出议案，可以在区人民代表大会会议期间提出，也可以在区人民代表大会会议举行前提出。超过提出议案截止时间的，作为建议、批评和意见处理。

区人民代表大会代表联名提出的议案，内容不具备区人民代表大会会议议案条件的，由主席团作为代表建议、批评和意见处理。

主席团通过的关于议案处理意见的报告应当印发会议。

第二十八条 向区人民代表大会提出的议案，应当写明案由、案据和方案，一般还应当附有相应的决议或决定草案。

第二十九条 列入会议议程的议案，提案人应当向会议提出议案的说明并提供相关资料。

第三十条 列入会议议程的议案，由各代表团进行审议。主席团可以交有关专门委员会或议案审查委员会进行审议后提出报告，由主席团决定提交大会全体会议表决。

第三十一条 区人民代表大会专门委员会或议案审查委员会审议议案，涉及专门性问题时，可以邀请有关方面的代表和专门人员列席会议，发表意见。

第三十二条 列入会议议程的议案在交付表决前，提案人要求撤回的，经主席团同意，会议对该议案的审议即行终止；主席团不同意的，会议仍需对该议案进行审议；代表联名提出的议案，部分提议人要求撤回、联名人数仍多于十人的，该议案仍然有效。

第三十三条 列入会议议程的议案，在审议中有重大问题需要进一步研究的，由主席团提出，经大会全体会议决定，可以交下次人民代表大会会议审议或者授权区人民代表大会常务委员会在大会闭会后审议决定，并报区人民代表大会下次会议备案。

第五章 审议工作报告

第三十四条 区人民代表大会举行会议时，区人民代表大会常务委员会、人民政府、人民法院、人民检察院应当向会议提出工作报告。

会议认为必要时，区人民代表大会常务委员会、人民政府、人民法院、人民检察院应当向会议提出有关的专项报告。

第三十五条　区人民代表大会全体会议听取区人民代表大会常务委员会、人民政府、人民法院、人民检察院的工作报告或专项报告后，由各代表团进行审议。

会议审议工作报告，可以组织代表专题审议组对有关问题进行审议。区人民政府以及有关部门、人民法院、人民检察院的负责人应当分别到各代表专题审议组听取审议意见。

对于代表意见比较集中的问题，报告机关和有关部门的负责人应当在大会全体会议上予以答复。

第三十六条　区人民代表大会代表审议情况由各代表团团长或者副团长向主席团汇报。专题审议情况由大会秘书处汇总后向主席团汇报。

第三十七条　根据各代表团和代表专题审议组对各项工作报告的审议意见，大会秘书处综合整理后向主席团提出工作报告的修改意见和相应的决议草案。经主席团决定，责成报告机关对工作报告进行修改，并将各项决议草案印发各代表团审议，主席团根据审议意见进行修改通过后，提交大会全体会议表决。

第六章　审查计划和预算

第三十八条　区人民代表大会举行会议时，区人民政府应当向会议提出关于区国民经济和社会发展规划、计划及计划执行情况的报告、关于区预算和预算执行情况的报告，并将区国民经济和社会发展规划、计划主要指标草案和预算草案一并印发会议，由各代表团进行审查。

第三十九条　审议区国民经济和社会发展规划、计划及计划执行情况的报告和区预算及预算执行情况的报告时，代表十人以上联名，可以提出对区国民经济和社会发展规划、计划草案和区预算草案的修正案，由区人民代表大会财政经济委员会或计划预算审查委员会进行审查、提出报告，再由主席团决定是否提交大会全体会议表决。提交大会全体会议表决的修正案通过后，有关报告机关要按照修正案的要求对报告进行修改，并将修改后的报告印发各代表团。

第四十条　区人民代表大会财政经济委员会或计划预算审查委员会根据各代表团的审查意见，对区国民经济和社会发展规划、计划及计划执行情况的报告和区预算及预算执行情况的报告进行审查，向主席团提出审查结果的报告，经主席团审议通过后印发会议。

第四十一条　大会秘书处根据各代表团和有关专门委员会或计划预算审查委员会的审查意见，对区国民经济和社会发展规划、计划及计划执行情况的报告和区预算及预算执行情况的报告，提出相应的决议草案，经主席团审议通过并交各代表团审议后，提交大会全体会议表决。

第四十二条　区人民代表大会可以改变或者撤销区人民代表大会常务委员会关于区国民

经济和社会发展规划、计划、预算、决算的不适当的决议、决定；撤销区人民政府关于区国民经济和社会发展规划、计划、预算、决算的不适当的决定和命令。

第七章　选举、辞职和罢免

第四十三条　区人民代表大会常务委员会主任、副主任、委员，人民政府区长、副区长，监察委员会主任，人民法院院长和人民检察院检察长的人选，由主席团或者代表十人以上书面联合提名；本区选举的市人民代表大会代表的人选，可以由各政党、各人民团体联合或者单独推荐，也可以由区人民代表大会代表十人以上联名推荐。由主席团决定提交各代表团审议。

区人民代表大会代表书面联合提名候选人，提名人应当签名。

区人民代表大会各专门委员会主任委员、副主任委员、委员的人选，由主席团在代表中提名，大会全体会议通过。

主席团提名的候选人人数、每一名代表与其他代表联名推荐的候选人人数，均不得超过应选名额。

区人民代表大会代表联合提名的各职候选人不限于本代表团代表。

候选人的提名人或者推荐者应当以口头或者书面形式如实介绍候选人的基本情况，并对代表提出的问题作必要说明。根据代表的要求，主席团可以组织候选人同代表见面。

换届选举区级国家机关领导人员和选举市人民代表大会代表时，提名、酝酿候选人的时间不得少于两天。

第四十四条　区人民代表大会常务委员会主任、人民政府区长、监察委员会主任、人民法院院长、人民检察院检察长的候选人数可以多一人，进行差额选举；如果提名的候选人只有一人，也可以等额选举。

区人民代表大会常务委员会副主任、人民政府副区长的候选人数应比应选人数多一人至三人；区人民代表大会常务委员会委员的候选人数应比应选人数多十分之一至五分之一，由区人民代表大会根据应选人数在本次区人民代表大会选举办法中规定具体差额数，进行差额选举。如果提名的候选人数符合选举办法中规定的差额数，由主席团提交代表酝酿、讨论后，进行选举。如果提名的候选人数超过选举办法中规定的差额数，由主席团将候选人名单提交代表酝酿、讨论后，进行预选。根据在预选时得票多少的顺序，按照本次区人民代表大会选举办法规定的具体差额数，确定正式候选人名单。

选举市人民代表大会代表时，代表候选人的名额应多于应选代表名额的五分之一至二分之一。如果所提候选人数超过法定最高差额比例，进行预选。根据预选时得票多少的顺序，按照本次区人民代表大会选举办法确定的具体差额比例，确定正式代表候选人名单。

第四十五条　区人民代表大会补选常务委员会主任、副主任、委员，人民政府区长、副区长，监察委员会主任，人民法院院长，人民检察院检察长和出缺的市人民代表大会代表时，候选人数可以多于应选人数，也可以同应选人数相等。

第四十六条 区人民代表大会进行选举，采用无记名投票方式。候选人得票数获得全体代表过半数的，始得当选。获得过半数选票的候选人人数超过应选名额时，以得票多的当选。如果票数相等，不能确定当选人时，应当就票数相等的人再次投票，以得票多的当选。获得过半数选票的当选人数少于应选名额时，不足的名额另行选举。另行选举时，可以根据在第一次投票时得票多少的顺序确定候选人，也可以按本规则的规定另行提名、确定候选人。经区人民代表大会决定，不足名额的另行选举可以在本次会议上进行，也可以在下次会议上进行。另行选举区人民代表大会常务委员会副主任和委员、人民政府副区长时，仍按本规则的规定，确定差额数，进行差额选举。

第四十七条 区人民代表大会会议选举或者补选的办法，由大会秘书处提出草案，经主席团决定印发各代表团审议后，提交大会全体会议通过。

第四十八条 区人民代表大会会议期间，区人民代表大会常务委员会组成人员，人民政府区长、副区长，监察委员会主任，人民法院院长，人民检察院检察长提出辞职的，主席团将其辞职请求交各代表团审议后，由大会全体会议决定是否接受辞职。大会闭会期间提出辞职的，由区人民代表大会常务委员会审议决定，决定接受辞职后，报区人民代表大会下次会议备案。

区人民代表大会常务委员会组成人员、专门委员会成员辞去代表职务的请求被接受的，其常务委员会、专门委员会的职务相应终止。

第四十九条 区人民代表大会举行会议时，主席团、常务委员会或者十分之一以上代表联名，可以提出对区人民代表大会常务委员会组成人员、人民政府组成人员、监察委员会主任、人民法院院长、人民检察院检察长和本区选举的市人民代表大会代表的罢免案，由主席团交各代表团审议，同时通知被提出罢免的人员。各代表团审议后，提请大会全体会议以无记名投票方式表决。或者依照本规则第十章的规定，由主席团提议，经大会全体会议决定，组织特定问题的调查委员会进行调查，根据特定问题的调查委员会的报告，由区人民代表大会本次会议或者下次会议审议决定。

罢免案应当写明罢免的理由，并提供有关的材料，由主席团印发会议。

罢免案提请大会全体会议表决前，被提出罢免的人员有权在主席团会议或者大会全体会议上提出申辩意见，或者书面提出申辩意见，由主席团印发会议。

第五十条 大会全体会议进行选举和表决罢免案时，应当为代表提供秘密写票处。

选举或者表决结果经主席团确认有效后，由会议主持人宣布。

第五十一条 区人民检察院检察长的选举、辞职和罢免，须报经市人民检察院检察长提请市人民代表大会常务委员会批准。

第五十二条 罢免本区选举的市人民代表大会代表职务，须报市人民代表大会常务委员会备案。

第八章　询问和质询

第五十三条　各代表团审议议案和各项报告时，代表可以向有关部门就有关具体问题、单项问题和需要进一步说明的问题提出询问。有关部门负责人应当到会，听取意见，回答询问。

主席团审议议案和听取各代表团关于审议报告情况汇报及各专门委员会或计划预算审查委员会、议案审查委员会对议案和有关报告进行审议时，区有关国家机关负责人应当到会，听取意见，回答询问，并可以对议案或者有关报告作补充说明。

第五十四条　区人民代表大会举行会议期间，代表十人以上联名，可以就违反宪法、法律、法规、行政规章和国家方针政策的问题，违反上级和本级人民代表大会决议、决定的问题，行政管理工作决策不当或者工作失误造成严重后果的问题，国家机关工作人员失职、渎职和徇私枉法行为以及人民群众反映强烈要求解决的问题等，书面提出对区人民政府和它所属各工作部门以及监察委员会、人民法院、人民检察院的质询案。

区人民代表大会代表提出质询案应当一事一案，必须写明质询对象、质询的问题和内容。

第五十五条　区人民代表大会会议期间，质询案由主席团决定交由受质询机关在主席团会议、大会全体会议或者有关的专门委员会会议上口头答复，或者由受质询机关书面答复。在主席团会议或者专门委员会会议上答复的，提质询案的代表有权列席会议，发表意见。

质询案以口头答复的，应当由受质询机关的负责人到会答复；质询案以书面答复的，应当由受质询机关的负责人签署，由主席团印发会议或者印发提质询案的代表。

主席团可以决定将答复质询案的情况报告印发会议。

第五十六条　提出质询案的代表半数以上对受质询机关的答复不满意的，可以提出要求，由主席团决定交受质询机关再作答复。提出质询案的代表半数以上对再次答复仍不满意的，主席团可以作出相应的决定。

第五十七条　质询案涉及问题比较复杂的，经受质询机关提出要求，征得提质询案的代表同意，由主席团决定，可以在区人民代表大会闭会后两个月内，在常务委员会会议或者有关的专门委员会会议上作出答复。提质询案的代表有权列席会议，发表意见。

第五十八条　在主席团对质询案作出处理决定前，提案人要求撤回的，对该质询案的审议即行终止；部分提案人要求撤回、联名人数仍多于十人的，质询案仍然有效。

第九章　建议、批评和意见的办理

第五十九条　区人民代表大会会议期间，区人民代表大会代表可以对本区各方面的工作提出建议、批评和意见。代表提出建议、批评和意见可以一人提出，也可以数人联名提出。

第六十条　区人民代表大会代表在会议期间提出的建议、批评和意见，由大会秘书处交有关机关和组织研究办理。能够在会议期间办理的，应当在会议期间办理，并负责答复代表；不能在会议期间办理的，会后由区人民代表大会常务委员会相关工作部门交有关机关和组织继续研究、办理和答复，并进行督促检查。

承办机关和组织在收到区人民代表大会代表的建议、批评和意见后，应当明确负责人和指定专人办理。一般在三个月内，最迟不超过六个月全部办结，并负责答复代表。不能如期办结的，应当在要求限期内向代表说明情况。

临时召开的区人民代表大会会议期间提出的建议、批评和意见，须在会后抓紧办理，并负责答复代表。

第六十一条 区人民代表大会代表对建议、批评和意见办理情况答复不满意的，可以提出意见，由区人民代表大会常务委员会相关工作部门交有关机关和组织重新办理或者补充办理，并在一个月内再次答复代表。

第六十二条 有关机关和组织对代表提出的建议、批评和意见办理完毕后，应当将办理情况向区人民代表大会常务委员会作出报告，并印发下次区人民代表大会会议。

第十章 特定问题的调查委员会

第六十三条 区人民代表大会认为必要的时候，可以组织关于特定问题的调查委员会，对重大事项进行调查。

第六十四条 主席团或者十分之一以上的区人民代表大会代表书面联名，可以向区人民代表大会提议组织关于特定问题的调查委员会，由主席团提交大会全体会议决定。

调查委员会由主任委员、副主任委员和委员组成，由主席团在区人民代表大会代表中提名，提交大会全体会议通过。调查委员会可以聘请不是区人民代表大会代表的专门人员参加调查工作。

第六十五条 调查委员会进行调查的时候，本行政区域内的有关国家机关、社会团体、企业事业单位和公民都有义务如实提供材料。对材料来源要求保密的，调查委员会应当予以保密。

调查委员会在调查过程中，可以不公布调查的情况和材料。

区人民代表大会或者区人民代表大会常务委员会认为必要时，可以决定向社会公布调查结果。

第六十六条 调查委员会向区人民代表大会负责，在调查结束后，应当向区人民代表大会提出调查报告。区人民代表大会根据调查委员会的报告，可以作出相应的决议。

区人民代表大会可以授权区人大常委会在区人民代表大会闭会期间，听取特定问题的调查委员会的调查报告，区人大常委会可以作出相应的决议，报区人民代表大会下次会议备案。

第十一章 发言和表决

第六十七条 区人民代表大会代表在区人民代表大会各种会议上的发言和表决，不受法律追究。

第六十八条 区人民代表大会代表要求在大会全体会议上发言的，应当在会前向大会秘书处报名。代表发言应当简明扼要，有实际内容。

第六十九条 大会全体会议表决议案和决议、决定，以全体代表的过半数通过。

区人民代表大会代表参加表决，可以投赞成票，可以投反对票，也可以弃权。

区人民代表大会代表在审议中对议案和决议、决定草案，有重要不同意见的，经主席团提出，出席会议的代表过半数同意，可以暂不交付表决。

表决结果由会议主持人宣布。

第七十条 会议表决的方式由主席团决定。可以采用无记名投票方式、举手方式或者其他方式。

第十二章 附 则

第七十一条 本规则在区人民代表大会会议期间由区人民代表大会主席团负责解释。在区人民代表大会闭会期间由区人民代表大会常务委员会负责解释。

第七十二条 本规则自通过之日起施行。

石家庄市裕华区人民代表大会
代表守则

（2024年1月24日区六届人大四次会议通过）

第一条 为保证和促进区人民代表大会代表（以下简称区人大代表）依法行使代表职权，认真履行代表义务，充分发挥代表作用，根据《中华人民共和国全国人民代表大会和地方各级人民代表大会代表法》及有关法律法规要求，结合我区实际，制定本守则。

第二条 旗帜鲜明讲政治，坚持中国共产党领导，认真贯彻落实习近平新时代中国特色社会主义思想和党的路线、方针、政策以及上级和区人民代表大会及其常务委员会通过的决议、决定。坚持和完善人民代表大会制度，坚持以人民为中心，践行全过程人民民主，模范遵守宪法和法律，维护宪法法律尊严和国家利益，在自己参加的生产工作和社会活动中，协助宪法和法律的实施。严守国家秘密，遵守社会公德。

第三条 努力学习习近平新时代中国特色社会主义思想；学习宪法、法律、法规和党的方针政策；学习依法行使职权所必备的人大工作业务知识和科学文化知识，增强社会主义民主法治观念，不断提高政治思想素质、道德素质、业务素质和依法履职的水平。

积极参加区人大常委会组织的代表培训活动。

第四条 始终保持高度的责任心和使命感，认真履行代表职责，按时参加区人民代表大会会议期间的工作和闭会期间的活动，应邀列席区人大常委会会议。积极提出议案及建议、批评和意见，每年至少应单独或与其他代表联名提出一件建议、批评和意见。

第五条 按要求出席区人民代表大会会议，一般不得请假。代表因病或者其他特殊原因不能出席会议的，应履行书面请假手续，报大会秘书处，经秘书长同意后，呈区人大常委会主任批准。

在闭会期间积极参加代表活动，因病或者其他特殊原因不能参加活动的，应当向组织活动的召集人请假。

未经批准，届内两次缺席区人民代表大会的，代表资格依法终止；未经批准，缺席区人大常委会安排的会议或活动的，应向区人大常委会作出书面说明。

第六条 参加会议期间的工作和闭会期间的活动，应当遵循法律要求和有关程序性的规定，实事求是反映问题，不得弄虚作假和谋求个人及小团体利益。

第七条 在参加会议和活动前，要围绕会议议题和活动内容进行调查研究，听取人民群众的意见。在参加会议和活动时，应认真思考分析，充分发表意见。

第八条 按照规定参加区人大常委会组织的视察、专题调研、执法检查和其他代表活动，可以向有关单位提出建议、批评和意见，但不直接处理问题。

第九条 按照区人大常委会的安排，可以参加与代表职责有关的社会活动，应邀担任与代表职责有关的社会职务。未经区人大常委会安排，区人大代表应邀担任与代表职责有关的社会职务的，应告知区人大常委会选举任免代表工作委员会。

第十条 珍惜代表职务，保持公正廉洁的代表形象，不得以代表身份从事与履行代表职务无关的活动，不得以代表名义谋取不当利益。

第十一条 全心全意为人民服务，通过走访、座谈等多种形式密切联系人民群众，及时听取和反映人民群众的意见和要求，切实维护人民群众的根本利益。

第十二条 自觉接受人民群众的监督，定期就履行代表职务情况向原选区选民述职并接受评议。

第十三条 及时将履职情况进行登记，每年年底由各街道人大工作委员会、镇人大主席团整理汇总，纳入代表个人履职档案。

第十四条 不能依法履行代表职务时，应申请辞去代表职务。

第十五条 本守则自通过之日起施行。以往守则与本守则不一致的，以本守则为准。

石家庄市裕华区人大常委会
议事规则

（2023 年 12 月 27 日区六届人大常委会第二十四次会议通过）

第一章 总 则

第一条 根据《中华人民共和国宪法》《中华人民共和国地方各级人民代表大会和地方各级人民政府组织法》《中华人民共和国全国人民代表大会和地方各级人民代表大会选举法》

《中华人民共和国各级人民代表大会常务委员会监督法》和《中华人民共和国监察法》等法律法规的规定，结合我区实际，制定本规则。

第二条　区人民代表大会常务委员会（以下简称区人大常委会）由主任、副主任和委员组成，是区人民代表大会的常设机构，对区人民代表大会负责并报告工作。

第三条　区人大常委会会议以马列主义、毛泽东思想、邓小平理论、“三个代表”重要思想、科学发展观、习近平新时代中国特色社会主义思想为指导，坚持和完善人民代表大会制度，坚持党的领导、人民当家作主和依法治国有机统一，坚持以人民为中心，践行全过程人民民主，围绕中心服务大局，充分履行宪法和法律赋予的职责。

第四条　区人大常委会会议审议议案、工作报告和讨论决定重大事项，应当充分发扬民主，实行民主集中制，依法集体行使职权。

第二章　议事内容

第五条　区人大常委会行使宪法和法律赋予的职权。本行政区内的下列事项应当提交区人大常委会会议审议、决定：

（一）宪法、法律、法规、上级和本级人大及其常委会决议、决定的遵守和执行情况；

（二）全区政治、经济、教育、科学、文化、卫生、生态环境保护、自然资源、城乡建设、民政、社会保障、民族等工作的重大事项，以及人民群众普遍关注和迫切要求解决的重大问题；

（三）区人民政府对区国民经济和社会发展计划、预算的调整方案和决算；

（四）区人民政府、监察委员会、人民法院和人民检察院的专项工作报告。对区人民政府、监察委员会、人民法院、人民检察院的监督；对人民代表大会选举和区人大常委会任命的国家机关工作人员的监督；

（五）对区人民政府、监察委员会、人民法院和人民检察院规范性文件以及镇人民代表大会决议、决定的备案审查情况；

（六）撤销区人民政府不适当的决定、命令、规章和镇人民代表大会不适当的决议或决定；

（七）任免、决定任免或者决定撤销应当由区人大常委会任免、决定任免或者决定撤销的国家机关工作人员职务和接受辞职的事项；决定区长、监察委员会主任、人民法院院长、人民检察院检察长的代理人选；

（八）属于区人大常委会职权范围内的议案，区人民代表大会主席团交付有关专门委员会审议的代表议案审议结果的报告；

（九）区人民检察院报请的检察长在重大问题上不同意检察委员会多数人的决定的报告；

（十）补充任命或免去区人民代表大会专门委员会的个别副主任委员和部分委员；

（十一）决定是否接受市人民代表大会代表的辞职，补选市人民代表大会出缺的代表和罢免个别代表；

（十二）涉及保障区人民代表大会代表执行职务的事项；

（十三）区人民代表大会代表的选举和有关的选举事项，设立区人大常委会代表资格审查委员会并确认代表资格；

（十四）区人民代表大会会议的召集和大会授权事项的受理；

（十五）法律规定应当审议、决定的其他事项。

第三章　会议的召开

第六条　区人大常委会会议每两个月至少举行一次。遇特殊需要时，可以临时召集会议。会议由区人大常委会主任召集并主持，主任可以委托副主任召集并主持会议。

第七条　区人大常委会举行会议时，区人大常委会组成人员应出席会议，因故不能出席会议时，向会议召集人请假。

区人大常委会会议必须有区人大常委会全体组成人员的过半数出席，方能举行。

第八条　区人大常委会听取和审议区人民政府、监察委员会、人民法院、人民检察院专项工作报告、计划预算和审计工作报告等年度会议议题，由区人大常委会主任会议建议和区人大常委会主任与人民政府区长、监察委员会主任、人民法院院长、人民检察院检察长联席会议研究商定，印发区人大常委会组成人员并向社会公布。

区人大常委会会议议程草案，由主任会议提请区人大常委会全体会议通过。会议期间需要临时调整议程，由主任会议提请区人大常委会全体会议决定。

第九条　区人大常委会会议举行的七日前，由区人大常委会办公室将开会日期、地点、建议会议议程等事项，通知区人大常委会组成人员和列席人员，并将有关会议材料印发区人大常委会组成人员。临时召集的会议临时通知。

第十条　受区人大常委会主任会议委托，区人民代表大会专门委员会和区人大常委会工作部门可以组织区人大常委会组成人员或代表在会前围绕有关议题进行专题视察或调查研究。区人大常委会组成人员也可以结合本职工作，针对有关议题开展调查研究。

第十一条　区人大常委会举行会议时，下列人员列席会议：

（一）区人民政府、监察委员会、人民法院、人民检察院的负责人；

（二）区人大常委会各工作部门负责人，区人民政府有关部门负责人；

（三）各街道人大工作委员会主任、镇人大主席团主席；

（四）邀请的区人民代表大会有关专门委员会成员和市、区人民代表大会代表；

（五）区人大常委会主任会议决定的其他有关人员。

公民旁听会议按照《石家庄市裕华区公民旁听区人大常委会会议的规定》执行。

第十二条　区人大常委会举行会议时，可以召开全体会议、分组会议，必要时召开联组会议。

第十三条　区人大常委会会议审议议案和有关报告时，区人民政府及其有关部门、监察委员会、人民法院和人民检察院的有关负责人应当到会，听取意见，回答询问。

第十四条 区人大常委会会议通过的决议、决定、人事任免事项，由区人大常委会办公室及时向社会公布，通知有关部门执行。

第四章 议案的提出和审议

第十五条 区人大常委会主任会议可以向区人大常委会提出属于区人大常委会职权范围内的议案，由区人大常委会会议审议。

区人民政府、区人民代表大会各专门委员会可以向区人大常委会提出属于区人大常委会职权范围内的议案，由区人大常委会主任会议决定提请区人大常委会会议审议。

区监察委员会、人民法院、人民检察院可以向区人大常委会提出属于区人大常委会职权范围内的人事任免议案，由区人大常委会主任会议决定提请区人大常委会会议审议，或者先交有关的专门委员会审议、提出报告，再提请区人大常委会会议审议。

区人大常委会组成人员三人以上联名，可以向区人大常委会提出属于区人大常委会职权范围内的议案，由区人大常委会主任会议决定是否提请区人大常委会会议审议，或者先交区人民代表大会有关专门委员会审议、提出报告，再决定是否提请区人大常委会会议审议。不提请审议的，应当向提案人说明理由，并向区人大常委会会议报告。

第十六条 区人大常委会的工作部门受区人大常委会主任会议委托，可以代区人大常委会拟订议案草案并向区人大常委会会议作说明。

第十七条 向区人大常委会会议提出议案必须以书面形式提出，并写明案由、案据和具体方案。一般应在区人大常委会会议举行的十日前报送区人大常委会。

第十八条 列入区人大常委会会议议程的议案，由提出议案的机关或提议案人向区人大常委会全体会议作说明，并提交有关的资料。必要时，可以在联组会议或分组会议上对议案作补充说明。

对任免、撤职案，提请任免、撤职的机关应介绍被任免、撤职人员的基本情况和理由，有关负责人应到会回答询问。被提出撤职的人员有权在主任会议或者区人大常委会会议上提出申辩意见，或者书面提出申辩意见，由区人大常委会主任会议决定印发区人大常委会会议。

第十九条 区人大常委会审议议案，依照相关法律法规的规定程序进行。列入区人大常委会会议议程的议案，在审议中如认为需要进一步研究的，经区人大常委会主任或区人大常委会主任会议提出，全体会议同意，可以暂不付表决，交由区人民代表大会有关专门委员会或区人大常委会有关工作部门作进一步调查研究，并提出报告，由区人大常委会主任会议决定提请下次或以后的区人大常委会会议审议。

第二十条 列入区人大常委会会议议程的议案，在交付表决前，提议案机关或提议案人要求撤回的，经区人大常委会主任会议同意，对该议案的审议即行终止。区人大常委会组成人员联名提出的议案，部分提议案人要求撤回的，联名人数仍多于三人，议案仍然有效。

第二十一条 区人大常委会根据区人大常委会主任会议或者五分之一以上的区人大常委

会组成人员书面联名提议，经全体会议决定，可以组织关于特定问题的调查委员会。调查委员会应向区人大常委会提出调查报告。区人大常委会根据调查委员会的报告，可以作出相应的决议或决定。

第五章 听取和审议有关工作报告

第二十二条 区人大常委会根据执法检查中发现的问题，代表建议、批评和意见集中反映的问题，区人大常委会组成人员提出的比较集中的问题，人民代表大会专门委员会、区人大常委会工作部门在调查研究中发现的突出问题，人民群众来信、来访、来电中集中反映的问题，社会普遍关注的其他问题，每年选择若干关系改革发展稳定和群众切身利益、社会普遍关注的重大问题，有计划地安排听取和审议区人民政府、监察委员会、人民法院、人民检察院的专项工作报告。

区人民政府、监察委员会、人民法院、人民检察院可以向区人大常委会要求报告专项工作。根据需要，区人大常委会主任会议可以适时安排听取和审议年度计划之外的专项工作报告。

第二十三条 区人大常委会应当在每年六月至九月期间，安排听取和审议区人民政府关于上半年国民经济和社会发展计划、预算执行情况的报告，听取和审议区人民政府关于上一年度预算执行和其他财政收支审计工作报告，审查和批准上一年度区级决算的报告。

国民经济和社会发展计划、预算在执行过程中需要作部分调整的，区人民政府应当将调整方案提请区人大常委会审查和批准。区人民政府有关部门应当在区人大常委会会议审查和批准预算调整方案的一个月前，将预算调整初步方案送交区人民代表大会专门委员会或区人大常委会工作部门征求意见。

国民经济和社会发展五年规划在实施的中期阶段，区人民政府应当将规划实施情况的中期评估报告提请区人大常委会审议。规划经中期评估需要调整的，区人民政府应当将调整方案提请区人大常委会审查和批准。

第二十四条 区人大常委会每年有计划地对有关法律、法规实施情况组织执法检查，由区人民代表大会专门委员会或区人大常委会工作部门具体组织实施。执法检查结束后，应当及时提出执法检查报告，由主任会议决定提请区人大常委会审议。

第二十五条 区人大常委会听取和审议专项工作报告一个月前，区人大常委会有关工作部门应当将各方面对该项工作的意见汇总，交由区人民政府、监察委员会、人民法院、人民检察院研究并在专项工作报告中作出回应。

第二十六条 专项工作报告、国民经济和社会发展规划评估报告及计划执行情况报告、预算执行情况报告和审计工作报告，由区人民政府、监察委员会、人民法院、人民检察院的负责人向区人大常委会全体会议报告。

区人民政府属于重大事项或重要情况的专项工作报告，由区长或副区长到会报告；属于某一方面的专项工作报告，区人民政府可以委托其有关部门的主要负责人（正职）向区人大

对区人大常委会组成人员审议意见的研究处理情况。

第四十一条 区人大常委会会议作出的决议、决定的贯彻执行情况，以及区人大常委会组成人员审议意见的研究处理情况，由区人民代表大会有关专门委员会和区人大常委会有关工作部门进行督促检查，据实提出评估意见，必要时可以建议区人大常委会再次听取有关情况的报告。

第九章 附 则

第四十二条 本规则自通过之日起施行。以往规则与本规则不一致的，以本规则为准。

石家庄市裕华区人大常委会组成人员守则

（2023年12月27日区六届人大常委会第二十四次会议通过）

第一条 为切实加强区人民代表大会常务委员会（以下简称区人大常委会）自身建设，保证区人大常委会组成人员更好地依法履行职责，根据宪法、有关法律及《石家庄市裕华区人大常委会议事规则》的规定，结合区人大常委会工作实际，制定本守则。

第二条 必须坚持中国共产党的领导，坚持以马列主义、毛泽东思想、邓小平理论、“三个代表”重要思想、科学发展观、习近平新时代中国特色社会主义思想为指导，依照宪法和法律规定履行职责、开展工作。

旗帜鲜明讲政治，深刻领会“两个确立”的决定性意义，增强“四个意识”，坚定“四个自信”，做到“两个维护”，自觉在思想上政治上行动上同以习近平同志为核心的党中央保持高度一致，把党的领导贯彻落实到人大工作各方面全过程。

第三条 坚持和完善人民代表大会制度，坚持以人民为中心，践行全过程人民民主，模范遵守宪法和法律，全心全意为人民服务，自觉接受人大代表和人民群众的监督。

第四条 加强学习，深入学习习近平新时代中国特色社会主义思想，学习宪法和法律，学习人大议事规则和工作程序，准确把握人大工作的特点和要求，增强政治把握能力、调查研究能力、联系群众能力、依法履职能力。

第五条 切实履行宪法、法律赋予的职责，服从区人大常委会工作安排，优先履行区人大常委会组成人员职责。

第六条 按时出席常委会会议，除以下情形之一可以请假外，不得缺席常委会会议：

（一）参加国家、省、市重要会议或重大活动的；

（二）参加区委、区人民政府主要领导召集的会议，并需本人发言或汇报的；

（三）参加抢险救灾或受命处置重大突发事件的；

（四）参加已安排的重要外事活动或因公出国出境访问的；

（五）生病住院或确需休息康复的。

按时出席区人大常委会会议，一般不得请假或中途退席。需要请假的，应向区人大常委会主任请假；不能出席区人大常委会分组会议的，应向区人大常委会办公室主任请假。

两年内出席会议次数不足会议次数一半的，或者有其他原因不能履行职责的，应当辞去所担任的区人大常委会组成人员的职务。一年内一次无故不出席区人大常委会会议，须向下次区人大常委会会议作出书面检查；一年内两次无故不出席区人大常委会会议，责令辞去区人大常委会组成人员职务。

区人大常委会组成人员每次出席、缺席会议情况，由区人大常委会办公室在区人大常委会会议纪要上记录，每年底通报区人大常委会组成人员在本年度出席会议情况。

第七条 认真执行区人大常委会议事规则和其他有关程序性的规定，服从会议安排，遵守会风会纪。

第八条 在区人大常委会会议举行前，认真审阅会议有关文件和资料，切实做好会前准备工作。

在区人大常委会会议上的发言，要围绕会议议题进行。遇有重大情况和问题，要及时向区人大常委会反映。

第九条 认真行使表决权，遵守和服从依法表决的结果。

第十条 按照规定和区人大常委会的统一安排，积极参加视察、检查、调研等活动。视察时不直接处理问题，严格落实有关规定，外出活动要轻车简从，厉行节约。

第十一条 同区人大代表和人民群众保持密切联系，每年安排一定时间开展调研走访、参加“双联双评”和“人大代表之家（站）”活动，听取区人大代表和人民群众的意见和要求，并积极向区人大常委会反映情况、提出建议。

第十二条 自觉遵守廉洁自律准则，严格贯彻落实中央八项规定精神，反对和抵制各种不正之风。

第十三条 坚持民主集中制原则，充分发扬民主，集体行使职权。要互相信任，互相支持，齐心协力，团结共事，努力增强区人大常委会工作的整体合力。

第十四条 严守国家秘密。凡属规定不应公开的内容，不得以任何方式传播。

第十五条 自觉遵守本守则，违反本守则要求和规定的，要向区人大常委会主任会议或区人大常委会会议作出说明或检查。

第十六条 本守则自通过之日起施行。以往守则与本守则不一致的，以本守则为准。

石家庄市裕华区人大常委会
主任会议议事规则

（2023 年 12 月 27 日区六届人大常委会第二十四次会议通过）

第一条 为推进区人民代表大会常务委员会主任会议（以下简称主任会议）议事的科学化、规范化和制度化，根据《中华人民共和国地方各级人民代表大会和地方各级人民政府组织法》《中华人民共和国全国人民代表大会和地方各级人民代表大会选举法》和《中华人民共和国各级人民代表大会常务委员会监督法》等法律法规的规定，参照省、市人民代表大会常务委员会有关做法，并结合我区工作实际，制定本规则。

第二条 主任会议由区人大常委会主任、副主任组成，对区人大常委会负责。

第三条 主任会议由区人大常委会主任召集并主持。主任可以委托副主任召集并主持会议。

第四条 主任会议实行民主集中制原则，充分发扬民主，严格依法办事，讨论决定的事项由全体组成人员的过半数通过。

第五条 主任会议处理区人大常委会的重要日常工作：

（一）决定区人大常委会会议议程草案、日程安排意见、召开时间、地点和列席人员；

（二）研究提出区人大常委会年度工作要点，提请区人大常委会会议审议，研究提出区人大常委会听取区人民政府、监察委员会、人民法院、人民检察院专项工作报告和计划预算及审计工作报告计划、执法检查计划等年度会议议题，交由区人大常委会主任与区人民政府区长、监察委员会主任、人民法院院长、人民检察院检察长联席会议商定；

（三）研究提出属于区人大常委会职权范围内的议案。对区人民政府、区人大各专门委员会和区人大常委会组成人员三人以上向区人大常委会提出的议案，依法决定是否提请区人大常委会会议审议。会议可以决定是否同意提案人要求撤回已列入区人大常委会会议议题的议案。不提请区人大常委会审议的议案，应当向提案人说明，并向区人大常委会报告；

（四）研究区有关部门执行区人大及其常委会决议、决定，以及代表议案及建议、批评和意见的办理情况；

（五）听取区人民政府及其组成部门、监察委员会、人民法院、人民检察院的有关工作汇报，讨论提出要求和建议；

（六）研究提请区人大常委会会议审议的重要报告、各项决议、决定及任免案等；

（七）研究区人大各专门委员会、区人大常委会各工作部门向区人大常委会会议提出的调查报告及审议意见；

（八）根据区人大常委会会议的决议、决定及工作计划，决定对区人民政府、监察委员会、人民法院、人民检察院的工作开展专题调查，组织区人大常委会组成人员、人大代表开展视察、检查和调研等重大活动；

（九）提名区人大常委会代表资格审查委员会主任委员、副主任委员和委员人选，提名补充任命专门委员会的个别副主任委员和部分委员人选，提请区人大常委会会议通过；

（十）提出对任命和决定任命人员的撤职案和市人民代表大会代表的罢免案。在区人大常委会会议期间，听取被提出撤职人员和罢免代表的口头或者书面申辩意见，决定印发区人大常委会会议，提请区人大常委会会议表决；

（十一）提出撤销区人民政府不适当的决定、命令、规章和区辖镇人民代表大会不适当的决议、决定的建议，提请区人大常委会会议审议；

（十二）在区人大常委会会议期间，对区人大常委会组成人员依法联名向区人大常委会提出的对区人民政府及其组成部门、监察委员会、人民法院、人民检察院的质询案，决定交由受质询机关在区人大常委会全体会议上或者有关的专门委员会会议上口头答复或书面答复。质询案以书面答复的，决定将答复质询案的情况报告印发区人大常委会会议或印发提质询案的区人大常委会组成人员；

（十三）向区人大常委会提议组织关于特定问题的调查委员会，并在区人大常委会组成人员和其他代表中提名调查委员会主任委员、副主任委员和委员，提请区人大常委会会议通过；

（十四）委托区人大常委会派出机构监督检查宪法、法律、法规、上级和本级人大及其常委会的决议、决定在本行政区域的执行情况；

（十五）讨论、拟定区人民代表大会会议筹备工作方案，拟定召开区人民代表大会的日期、议程、日程草案和其他事项；

（十六）研究决定区人大常委会各工作部门的重要工作事项和机关建设中的重要问题；

（十七）处理区人大常委会会议授权事项和需要研究决定的其他事项。

第六条　主任会议一般每月举行一次，必要时可以临时召开。主任会议必须有全体组成人员的过半数出席才能举行。

第七条　主任会议的议题、召开的时间、地点和列席人员，由区人大常委会办公室汇总提出，由区人大常委会主任或主任委托的副主任确定。

第八条　区人大常委会各工作部门负责人列席会议。根据需要，与主任会议议题有关的区人民政府及其组成部门、监察委员会、人民法院、人民检察院负责人列席会议，也可邀请区人大常委会委员、专门委员会委员和人大代表列席会议。

第九条　主任会议召开前两天，由区人大常委会办公室将会议议题、开会时间地点通知主任会议组成人员和列席人员。临时召集的会议临时通知。

第十条　主任会议组成人员和列席人员应按时参加会议。因故不能参加会议时，应向会议召集人请假。

第十一条　主任会议议定的事项，由承办议题的区人大常委会相关工作部门负责落实，区人大常委会办公室负责协调和督办工作。重大事项的办理情况，应及时向主任会议报告。

第十二条　本规则自通过之日起施行。以往规则与本规则不一致的，以本规则为准。

石家庄市裕华区人民代表大会
法制委员会工作规则

（2023 年 12 月 27 日区六届人大常委会第二十四次会议通过）

第一条　为加强区人民代表大会法制委员会（以下简称法制委员会）建设，充分发挥其职能作用，根据《中华人民共和国地方各级人民代表大会和地方各级人民政府组织法》《中华人民共和国各级人民代表大会常务委员会监督法》和区人民代表大会及其常务委员会有关规定，结合我区实际情况，制定本规则。

第二条 法制委员会是区人民代表大会的组成部分，是区人民代表大会在法制工作方面的常设专门机构，受区人民代表大会领导；在区人民代表大会闭会期间，受区人大常委会领导。

第三条 法制委员会要高举中国特色社会主义伟大旗帜，坚持以马列主义、毛泽东思想、邓小平理论、“三个代表”重要思想、科学发展观、习近平新时代中国特色社会主义思想为指导，严格执行党的路线、方针、政策，模范遵守宪法、法律和法规，践行全过程人民民主，密切联系区人大代表和人民群众，深入调查研究，依法开展工作，为区人民代表大会及其常务委员会行使职权服务。

第四条 法制委员会实行民主集中制原则，充分发扬民主，集体审议通过事项。

第五条 法制委员会的主要工作职责是：

（一）审议区人民代表大会及其常务委员会交付的有关法制工作方面的议案、质询案，并提出处理意见或审议、审查报告；

（二）向区人民代表大会及其常务委员会提出属于区人民代表大会及其常委会职权范围内的法制工作方面的议案；

（三）认真做好上级人大常委会交付的有关法律、法规草案征求意见工作；

（四）参与区人大常委会对全区贯彻落实法律、法规情况进行的检查；参与市人大常委会委托区人大常委会对本行政区域内有关法律、法规执行情况进行的检查；参与对区人民代表大会及其常务委员会有关行政执法和司法方面的决议、决定的贯彻实施情况进行的检查；参与区人大常委会组织的视察或专题调研；

（五）对议案和代表重点建议办理情况进行检查，督促承办单位认真解决落实议案和代表重点建议中提出的问题，并向区人大常委会会议或主任会议提交督办情况报告；

（六）对属于区人大常委会职权范围内的与本委员会有关的重大问题，进行调查研究，提出建议；

（七）承办区人民代表大会及其常务委员会、主任会议交办的其他事项。

第六条 法制委员会会议制度：

（一）法制委员会会议，由主任委员或由主任委员委托副主任委员召集，一般每两月召开一次，遇有特殊情况可以提前或延期召开；

法制委员会举行会议，必要时可邀请有关区人大代表、专家列席会议。

（二）举行会议需提前向委员会成员发出通知，除临时举行的会议外，应随通知提供相关材料；

（三）会议必须由全体成员过半数出席方可举行。委员会成员不得无故或未经允许不出席会议，确因有特殊情况不能出席会议，应事前向主任委员或副主任委员请假；

（四）会议主要审议和讨论本委员会职权范围内的重大事项；

（五）会议决定事项，须由委员会全体成员过半数同意，始得通过。

第七条 法制委员会审议议案：

（一）区人民代表大会会议期间，对大会主席团交付本委员会审议的议案进行审议，提出处理意见；

（二）区人民代表大会主席团交付区人大常委会决定的属于法制方面的议案，委员会进行审议，提出是否列入区人大常委会会议议程的意见。

第八条 拟定、提出有关议案的程序：

（一）法制委员会成员提出以委员会名义拟定议案的建议，由委员会研究决定；

（二）提出议案建议的委员会成员根据委员会会议的决定拟出议案草稿，征求有关方面的意见后，由委员会审定，向区人民代表大会及其常务委员会提出，并作出说明。

第九条 法制委员会应加强同区人大各专门委员会、省市人大常委会法制委员会、监察和司法委员会的联系，加强同对口联系单位的联系，互通情况，交流信息，协调工作。

第十条 法制委员会成员应当加强同人大代表和人民群众的联系，注意听取他们对相关工作的意见和建议。

第十一条 本规则经区人大法制委员会全体会议通过后施行。

石家庄市裕华区人民代表大会
城乡建设和环境保护委员会工作规则

（2023 年 12 月 27 日区六届人大常委会第二十四次会议通过）

第一条 石家庄市裕华区人民代表大会城乡建设和环境保护委员会（以下简称城建环保委员会），是区人民代表大会在城乡建设和环境保护工作方面的专门机构，受区人民代表大会的领导；在大会闭会期间，受区人民代表大会常务委员会的领导。为加强城建环保委员会的建设，依法履行职责，根据《中华人民共和国地方各级人民代表大会和地方各级人民政府组织法》和区人大常委会有关规定，结合工作实际，制定本规则。

第二条 城建环保委员会是区人民代表大会的组成部分，是区人民代表大会在城建环保工作方面的常设专门机构，受区人民代表大会领导；在区人民代表大会闭会期间，受区人大常委会领导。

第三条 城建环保委员会要高举中国特色社会主义伟大旗帜，坚持以马列主义、毛泽东思想、邓小平理论、“三个代表”重要思想、科学发展观、习近平新时代中国特色社会主义思想为指导，严格执行党的路线、方针、政策，模范遵守宪法、法律和法规，践行全过程人民民主，密切联系区人大代表和人民群众，深入调查研究，依法开展工作，为区人民代表大会及其常务委员会行使职权服务。

第四条 城建环保委员会实行民主集中制原则，充分发扬民主，集体审议通过事项。

第五条 城建环保委员会的主要工作职责是：

（七）承办区人民代表大会及其常务委员会交办的其他事项。

第七条 财经委员会会议：

（一）财经委员会会议由主任委员或受主任委员委托的副主任委员召集并主持。闭会期间，财经委员会日常工作，由主任委员或副主任委员主持；

（二）财经委员会会议必须有半数以上委员出席才能举行。会议讨论决定事项，应充分听取委员的意见，以全体组成人员的过半数赞成为通过；

（三）财经委员会举行会议需提前向委员发出通知，提供相关材料；

（四）财经委员会会议主要审议和讨论职权范围内的重大事项；

（五）根据需要，可邀请有关部门负责人、区人大代表和有关专家、学者等列席会议。

第八条 财经委员会审议财政经济议案：

（一）区人民代表大会召开期间，财经委员会受理大会主席团交付审议的财政经济方面的议案，提出处理意见或说明；

（二）区人民代表大会主席团、区人大常委会交付审议的议案，财经委员会要认真组织调查论证，按时向大会主席团、常委会会议提出是否立案的审议意见；

（三）对议案办理情况，要进行检查督办，及时听取和审议承办单位办理情况报告，督促有关部门认真解决和落实提出的问题，并向区人大常委会主任会议或常委会会议提出督办情况报告；

（四）对于督办过程中有重大争议的议案，财经委员会应及时向区人大常委会会议提出报告。

第九条 财经委员会审查计（规）划、预算、决算和审计报告：

（一）区人民代表大会举行前，财经委员会应提前介入，对国民经济和社会发展计（规）划（草案）、预算（草案）以及上年度执行情况进行调研初审，提出初审报告；

（二）区人民代表大会召开期间，财经委员会根据人大代表的意见，对国民经济和社会发展计（规）划（草案）、预算（草案）以及上年度执行情况进行审查，向大会主席团提出审查报告（草案）；

（三）区人民代表大会闭会期间，负责对区人民代表大会通过的国民经济和社会发展计（规）划、预算执行情况的监督，提请常委会会议听取区人民政府上半年国民经济和社会发展计（规）划、预算执行情况的报告；

（四）区财政决算编出后，应对区人民政府提交的财政决算、审计部门关于上一年度预算执行和其他财政收支的审计报告进行初审，并提请常委会会议审议；

（五）国民经济和社会发展计（规）划、预算在执行中需要部分变更时，应对区人民政府提交的变更方案进行初审，并提请常委会会议审议。

第十条 财经委员会应加强与区人大其他专门委员会、有关机关和组织的联系，加强同省、市人大常委会财经工作委员会的联系，沟通情况，协调工作。

第十一条 财经委员会成员要加强自身学习，深入调查研究，坚持廉洁自律，树立良好形象。

第十二条 财经委员会组成人员要按时参加有关会议、执法检查、工作视察和调查研究等活动。因病或其他特殊原因不能参加的，应当履行请假手续，由主任委员批准。无故不参加活动超过两次或一年不参加活动的，可按照有关规定劝其辞职或提请免职。

第十三条 根据区人大常委会的部署，制订本委员会的工作计划。

第十四条 财经委员会成员应当加强同人大代表和人民群众的联系，注意听取他们对相关工作的意见和建议。

第十五条 本规则经区人大财经委员会全体会议通过后施行。

石家庄市裕华区人民代表大会
教育科技文化卫生委员会工作规则

（2023 年 12 月 27 日区六届人大常委会第二十四次会议通过）

第一条 为正确有效行使专门委员会职权，根据《中华人民共和国地方各级人民代表大会和地方各级人民政府组织法》和区人民代表大会及其常务委员会的有关规定，制定本工作规则。

第二条 区人民代表大会教育科技文化卫生委员会（以下简称教科文卫委员会）是区人民代表大会的组成部分和常设的专门机构，受区人民代表大会领导；区人民代表大会闭会期间，受区人大常委会领导。

第三条 教科文卫委员会坚持以马列主义、毛泽东思想、邓小平理论、“三个代表”重要思想、科学发展观、习近平新时代中国特色社会主义思想为指导，坚持党的领导、人民当家作主和依法治国有机统一，践行全过程人民民主，紧紧围绕区人民代表大会及其常务委员会的中心工作，充分履行宪法和法律赋予的职责。

第四条 教科文卫委员会由主任委员、副主任委员、委员组成。主任委员主持全面工作，副主任委员协助主任委员工作。主任委员因特殊情况不能主持工作时，应指定一名副主任委员代理其工作。

第五条 教科文卫委员会实行民主集中制原则，充分发扬全过程人民民主，依法集体行使职权。

第六条 教科文卫委员会的主要任务和职责：

（一）对区人民政府提交区人民代表大会及其常务委员会审议的政府工作报告、国民经济和社会发展计划报告草案、财政预算报告草案中与教科文卫委员会有关的内容进行初步审查，并向区人民代表大会及其常务委员会提出初审意见和建议；

（二）审议区人民代表大会及其常务委员会交付的与教科文卫委员会有关的议案、质询案，并提出处理意见或审议、审查报告；

（三）向区人民代表大会及其常务委员会提出属于区人民代表大会及其常务委员会职权

范围内的教科文卫方面的有关议案，并作出说明；

（四）对与教科文卫委员会有关的法律、法规的执行情况和全国、省、市、区人民代表大会及其常务委员会的决议、决定执行情况，进行视察和检查，依法进行监督；

（五）对属于区人民代表大会及其常务委员会职权范围内的与教科文卫委员会有关的重大问题进行调查研究，协助区人大常委会行使监督权，组织开展执法检查、视察、专题调研、专题询问等监督工作，并提出意见和建议；

（六）承办区人民代表大会及其常务委员会交办的其他事项。

第七条 教科文卫委员会会议：

（一）教科文卫委员会会议由主任委员或受主任委员委托的副主任委员召集并主持。闭会期间，教科文卫委员会日常工作，由主任委员或副主任委员主持；

（二）教科文卫委员会会议必须有半数以上委员出席才能举行。会议讨论决定事项，应充分听取委员的意见，以全体组成人员的过半数赞成为通过；

（三）教科文卫委员会举行会议需提前向委员发出通知，提供相关材料；

（四）教科文卫委员会会议主要审议和讨论本委员会职权范围内的重大事项；

（五）根据需要，可邀请有关部门负责人、区人大代表和有关专家、学者等列席会议。

第八条 研究、审议区人民代表大会主席团或常务委员会交付审议的与教科文卫委员会有关议案的工作程序：

（一）区人民代表大会召开期间，教科文卫委员会受理大会主席团交付审议的与教科文卫委员会有关议案，并负责向大会主席团提出是否立案的建议；

（二）区人民代表大会决定立案和区人民代表大会交付教科文卫委员会会后审议、由区人大常委会决定立案的议案，教科文卫委员会要及时向有关部门交办，提出办理要求；

（三）对议案办理情况，教科文卫委员会要进行检查监督，督促有关部门认真解决和落实议案中提出的问题；

（四）对于办理过程中有重大争议的议案，教科文卫委员会应及时向区人大常委会提出报告。

第九条 拟定、提出有关议案的工作程序：

（一）教科文卫委员会组成人员提出以本委员会名义拟定议案的建议，由教科文卫委员会会议研究决定；

（二）提出议案建议的成员根据教科文卫委员会会议的决定拟出议案草稿，征求有关方面的意见后，由教科文卫委员会会议审定，向区人民代表大会及其常务委员会提出，并作说明。

第十条 教科文卫委员会应加强与区人大其他专门委员会、有关机关和组织的联系，加强同省、市人大常委会教科文卫工作委员会的联系，沟通情况，协调工作。

第十一条 教科文卫委员会组成人员要加强自身学习，深入调查研究，坚持廉洁自律，树立良好形象。

第十二条 教科文卫委员会组成人员要按时参加有关会议、执法检查、工作视察和调查研究等活动。因病或其他特殊原因不能参加的，应当履行请假手续，由主任委员批准。无故不参加活动超过两次或一年不参加活动的，可按照有关规定劝其辞职或提请免职。

第十三条 根据区人大常委会的部署，制订教科文卫委员会的工作计划。

第十四条 教科文卫委员会成员应当加强同人大代表和人民群众的联系，注意听取他们对相关工作的意见和建议。

第十五条 本规则经区人大教科文卫委员会全体会议通过后施行。

石家庄市裕华区人民代表大会
社会建设委员会工作规则

（2023 年 12 月 27 日区六届人大常委会第二十四次会议通过）

第一条 为正确有效行使专门委员会职权，根据《中华人民共和国地方各级人民代表大会和地方各级人民政府组织法》和区人民代表大会及其常务委员会的有关规定，制定本工作规则。

第二条 区人民代表大会社会建设委员会（以下简称社会建设委员会）是区人民代表大会的组成部分和常设的专门机构，受区人民代表大会领导；区人民代表大会闭会期间，受区人大常委会领导。

第三条 社会建设委员会坚持以马列主义、毛泽东思想、邓小平理论、“三个代表”重要思想、科学发展观、习近平新时代中国特色社会主义思想为指导，坚持党的领导、人民当家作主和依法治国有机统一，践行全过程人民民主，紧紧围绕区人民代表大会及其常务委员会的中心工作，充分履行宪法和法律赋予的职责。

第四条 社会建设委员会由主任委员、副主任委员、委员组成。主任委员主持全面工作，副主任委员协助主任委员工作。主任委员因特殊情况不能主持工作时，应指定一名副主任委员代理其工作。

第五条 社会建设委员会实行民主集中制原则，充分发扬全过程人民民主，依法集体行使职权。

第六条 社会建设委员会的主要任务和职责：

（一）对区人民政府提交区人民代表大会及其常务委员会审议的政府工作报告、国民经济和社会发展计划报告草案、财政预算报告草案中与社会建设委员会有关的内容进行初步审查，并向区人民代表大会及其常务委员会提出初审意见和建议；

（二）审议区人民代表大会及其常务委员会交付的与社会建设委员会有关的议案、质询案，并提出处理意见或审议、审查报告；

（三）向区人民代表大会及其常务委员会提出属于区人民代表大会及其常务委员会职权范围内的社会建设方面的有关议案，并作出说明；

（四）对与社会建设委员会有关的法律、法规的执行情况和全国、省、市、区人民代表大会及其常务委员会的决议、决定执行情况，进行视察和检查，依法进行监督；

（五）对属于区人民代表大会及其常务委员会职权范围内的与社会建设委员会有关的重大问题进行调查研究，协助区人大常委会行使监督权，组织开展执法检查、视察、专题调研、专题询问等监督工作，并提出意见和建议；

（六）承办区人民代表大会及其常务委员会交办的其他事项。

第七条 社会建设委员会会议：

（一）社会建设委员会会议由主任委员或受主任委员委托的副主任委员召集并主持。闭会期间，社会建设委员会日常工作，由主任委员或副主任委员主持；

（二）社会建设委员会会议必须有半数以上委员出席才能举行。会议讨论决定事项，应充分听取委员的意见，以全体组成人员的过半数赞成为通过；

（三）社会建设委员会举行会议需提前向委员发出通知，提供相关材料；

（四）社会建设委员会会议主要审议和讨论本委员会职权范围内的重大事项；

（五）根据需要，可邀请有关部门负责人、区人大代表和有关专家、学者等列席会议。

第八条 研究、审议区人民代表大会主席团或常务委员会交付审议的与社会建设委员会有关议案的工作程序：

（一）区人民代表大会召开期间，社会建设委员会受理大会主席团交付审议的与社会建设委员会有关议案，并负责向大会主席团提出是否立案的建议；

（二）区人民代表大会决定立案和区人民代表大会交付社会建设委员会会后审议、由区人大常委会决定立案的议案，社会建设委员会要及时向有关部门交办，提出办理要求；

（三）对议案办理情况，社会建设委员会要进行检查监督，督促有关部门认真解决和落实议案中提出的问题；

（四）对于办理过程中有重大争议的议案，社会建设委员会应及时向区人大常委会提出报告。

第九条 拟定、提出有关议案的工作程序：

（一）社会建设委员会组成人员提出以本委员会名义拟定议案的建议，由社会建设委员会会议研究决定；

（二）提出议案建议的成员根据社会建设委员会会议的决定拟出议案草稿，征求有关方面的意见后，由社会建设委员会会议审定，向区人民代表大会及其常务委员会提出，并作说明。

第十条 社会建设委员会应加强与区人大其他专门委员会、有关机关和组织的联系，加强同省、市人大常委会社会建设工作委员会的联系，沟通情况，协调工作。

第十一条 社会建设委员会组成人员要加强自身学习，深入调查研究，坚持廉洁自律，树立良好形象。

第十二条 社会建设委员会组成人员要按时参加有关会议、执法检查、工作视察和调查研究等活动。因病或其他特殊原因不能参加的，应当履行请假手续，由主任委员批准。无故不参加活动超过两次或一年不参加活动的，可按照有关规定劝其辞职或提请免职。

第十三条　根据区人大常委会的部署，制订社会建设委员会的工作计划。

第十四条　社会建设委员会成员应当加强同人大代表和人民群众的联系，注意听取他们对相关工作的意见和建议。

第十五条　本规则经区人大社会建设委员会全体会议通过后施行。

石家庄市裕华区人大常委会关于听取和审议区人民政府、监察委员会、人民法院和人民检察院的专项工作报告的规定

（2023 年 12 月 27 日区六届人大常委会第二十四次会议通过）

第一条　为进一步加强和规范区人民代表大会常务委员会（以下简称区人大常委会）听取和审议区人民政府、监察委员会、人民法院和人民检察院专项工作报告的工作，提高监督工作实效，促进区人民政府、监察委员会、人民法院和人民检察院依法履行职责，根据《中华人民共和国全国各级人民代表大会常务委员会监督法》的有关规定，结合我区工作实际，制定本规定。

第二条　区人大常委会每年选择若干关系全区改革发展稳定大局和群众切身利益、社会普遍关注的重大问题，有计划地安排听取和审议区人民政府、监察委员会、人民法院、人民检察院的专项工作报告。

听取和审议区人民政府、监察委员会、人民法院、人民检察院专项工作报告的工作，在区人大常委会主任会议领导下进行。

第三条　区人大常委会听取和审议区人民政府、监察委员会、人民法院、人民检察院的专项工作报告的议题，根据下列途径反映的问题确定：

（一）区人大常委会在执法检查中发现的突出问题；

（二）人大代表对有关机关工作提出的建议、批评和意见集中反映的问题；

（三）区人大常委会组成人员提出的比较集中的问题；

（四）区人大专门委员会和区人大常委会各工作部门在调查研究中发现的突出问题；

（五）人民来信、来电、来访集中反映的问题；

（六）社会普遍关注的其他问题；

（七）区人民政府、监察委员会、人民法院和人民检察院可以向区人大常委会要求报告专项工作。

第四条　区人大常委会听取和审议区人民政府、监察委员会、人民法院、人民检察院专项工作报告的议题，由区人大专门委员会和区人大常委会各工作部门收集整理，提出议题建

议，交区人大常委会办公室汇总并提出年度计划方案。

根据工作需要，经区人大常委会主任会议决定，区人大各专门委员会和区人大常委会各工作部门可以通过问卷调查、民意测评和视察调研等方式，向社会公开征集议题建议。

年度计划方案于每年第一季度由主任会议或区人大常委会会议讨论通过，印发区人大常委会组成人员和区人民政府、监察委员会、人民法院、人民检察院，并向社会公布。

第五条 区人大常委会主任会议可以根据实际情况，对未列入听取和审议专项工作报告年度计划的新增项目，决定是否列入区人大常委会会议议程。

第六条 区人大常委会听取和审议专项工作报告前，经区人大常委会主任会议确定，可以组织成立视察或者专题调研组，对专项工作报告涉及的有关工作进行视察或者专题调研。视察或专题调研组组长，一般由区人大常委会主任或分管副主任担任，成员由部分区人大常委会委员、有关专门委员会成员和区人大代表组成。

视察或者专题调研组应根据实际情况，制定视察或者专题调研活动的具体方案。具体方案应包括视察或者专题调研的对象、内容、范围、方式、程序等。视察或者专题调研组可以采取多种有效形式，深入基层，深入群众，了解和掌握专项工作的真实情况。

区人民政府、监察委员会、人民法院、人民检察院应按照主任会议要求，做好视察或者专题调研的相关准备工作，介绍有关情况、回答相关问题。

第七条 视察或者专题调研结束后，应当及时形成视察或者调研报告。视察或者调研报告要情况准确、分析中肯、建议可行，由区人大常委会主任会议决定是否提请区人大常委会会议审议，印发区人大常委会会议。

第八条 区人民政府、监察委员会、人民法院、人民检察院向区人大常委会提交的专项工作报告，应经政府常务会议或者区长办公会议、监委委务会议、审判委员会会议或者院长办公会、检察委员会会议或检察长办公会集体研究后提出。

第九条 区人大常委会听取和审议专项工作报告前，区人大常委会有关工作部门应当将视察、调查中发现的问题和各方面对该项工作的意见汇总，交由区人民政府、监察委员会、人民法院、人民检察院研究并在专项报告中作出回应。

第十条 区人民政府、监察委员会、人民法院、人民检察院应当在区人大常委会举行会议的二十日前，将专项工作报告稿送区人大常委会有关工作部门征求意见，区人大常委会有关工作部门应当在五个工作日内将意见进行回复。区人民政府、监察委员会、人民法院、人民检察院将专项工作报告修改后，在区人大常委会举行会议的十日前送交区人大常委会办公室。

区人大常委会临时举行会议听取和审议专项工作报告的，不适用上述时限规定。

第十一条 专项工作报告由区人民政府、监察委员会、人民法院、人民检察院的负责人向区人大常委会全体会议报告。区人民政府属于重大事项或重要情况的专项工作报告，由区长或副区长到会报告；属于某一方面的专项工作报告，经区人大常委会主任会议批准，区人民政府可以委托其有关部门的主要负责人到会报告。区监察委员会、人民法院、人民检察院的专项工作报告，分别由主任、院长、检察长到会报告；主任、院长、检察长因故不能到会报告时，可以委托副主任、副院长、副检察长到会报告。

报告人需要变更的，报告机关应当于区人大常委会会议举行三日之前报告常委会。

区人大常委会会议审议专项工作报告时，有关机关或部门的负责人应当到会，听取审议意见和建议，回答询问。

第十二条　区人大常委会听取和审议专项工作报告时，可以对专项工作报告进行表决，根据区人大常委会主任会议的意见，也可以对专项工作报告进行满意度测评，表决或测评结果当场宣布。区人大常委会全体组成人员半数以上对专项工作报告不同意或不满意的，区人民政府、监察委员会、人民法院、人民检察院应当整改，并向区人大常委会会议重新报告。重新报告时间，由区人大常委会主任会议决定。

同一专项工作报告连续两次未获得通过的，区人大常委会可决定对报告机关负责人进行诫勉谈话直至依法启动罢免程序。

第十三条　区人大常委会认为必要时，可以对专项工作报告作出决议。区人民政府、监察委员会、人民法院、人民检察院应当在决议规定的期限内，将执行决议的情况向区人大常委会报告。

第十四条　区人大常委会审议专项工作报告后，区人大常委会有关的工作部门应当按照专题及时整理，形成《区人大常委会组成人员审议意见》。区人大常委会对专项工作报告进行表决或满意度测评的，表决或测评结果应写入审议意见。

审议意见由区人大常委会分管副主任审定，重要的审议意见应当经区人大常委会主任会议讨论通过。审议意见经审定或讨论通过后，由区人大常委会相关工作部门在五个工作日内，交区人民政府、监察委员会、人民法院、人民检察院研究处理。对垂直管理部门专项工作报告的审议意见，同时抄报其上级机关。

第十五条　区人大常委会主任会议通过的对区人民政府专项工作报告的审议意见，应当由政府常务会议或者由区长办公会议研究处理；主任会议通过的对监察委员会专项工作报告的审议意见，应当由监委委务会议研究处理；主任会议通过的对区人民法院、人民检察院专项工作报告的审议意见，应当由审判委员会会议或者院长办公会、检察委员会会议或者检察长办公会研究处理。

区人民政府、监察委员会、人民法院、人民检察院应当在两个月内，将审议意见研究处理情况送区人大常委会相关工作部门征求意见后，书面报告区人大常委会。

第十六条　区人民政府、监察委员会、人民法院、人民检察院关于审议意见的研究处理情况或者执行决议情况的报告，由区人大常委会有关工作部门提出意见，由区人大常委会主任会议决定是否列入区人大常委会会议议程。不列入区人大常委会会议议程的，由区人大常委会办公室将研究处理情况或者执行决议情况的报告发给区人大常务委员会组成人员。区人大常委会主任会议认为必要时，可以对审议意见办理情况进行专题视察或满意度测评，视察或测评结果由区人大常委会有关工作部门向区人民政府、监察委员会、人民法院、人民检察院反馈。

第十七条 区人大常委会听取的专项工作报告及审议意见，区人民政府、监察委员会、人民法院、人民检察院对审议意见研究处理情况或者执行决议情况的报告，由区人大常委会选举任免代表工作委员会向人大代表通报，由区人大常委会办公室适时向社会公布。

第十八条 本规定自通过之日起施行。以往规定与本规定不一致的，以本规定为准。

石家庄市裕华区人大常委会
关于对区人民政府、监察委员会、人民法院、人民检察院
专项工作报告进行满意度测评的办法

（2023 年 12 月 27 日区六届人大常委会第二十四次会议通过）

第一条 为进一步提升区人民代表大会常务委员会（以下简称区人大常委会）对区人民政府、监察委员会、人民法院、人民检察院工作的监督实效，根据《中华人民共和国各级人民代表大会常务委员会监督法》和《河北省实施〈中华人民共和国各级人民代表大会常务委员会监督法〉办法》等法律法规的规定，制定本办法。

第二条 区人大常委会每年选择关系全区改革发展稳定大局和人民群众切身利益、社会普遍关注的若干重大问题，有计划地安排听取和审议区人民政府、监察委员会、人民法院、人民检察院的专项工作报告并进行满意度测评，是区人大常委会实施有关法律、法规的有效形式，也是依法行使监督职权的进一步深化。

第三条 区人大常委会听取和审议区人民政府、监察委员会、人民法院、人民检察院专项工作报告并进行满意度测评的议题，主要根据执法检查中发现的突出问题，人大代表对区人民政府、监察委员会、人民法院、人民检察院工作提出的建议、批评和意见集中反映的问题，区人大常委会组成人员提出的比较集中的问题，区人民代表大会各专门委员会和区人大常委会各工作委员会在调查研究中发现的突出问题，人民群众来信、来电、来访集中反映的问题，社会普遍关注的其他问题等提出。

第四条 区人大常委会听取和审议区人民政府、监察委员会、人民法院、人民检察院的专项工作报告，可以进行满意度测评。对有关专项工作报告进行满意度测评的意见，由区人大常委会主任会议研究决定。

第五条 区人大常委会听取和审议专项工作报告并进行满意度测评前，可以组织区人大常委会组成人员和人大代表开展视察或专题调研活动，并提出视察或调研报告。

第六条 召开区人大常委会会议期间，区人大常委会组成人员在听取和审议区人民政府、监察委员会、人民法院、人民检察院专项工作报告的基础上，对有关专项工作报告采取无记名投票的方式进行满意度测评。区人大常委会可以安排参加视察或专题调研的人大代表列席会议，并提出意见。

第七条 满意度测评票分为“满意”“基本满意”和“不满意”三个档次，并设“意见

和建议”栏。

第八条 满意度测评票的制发、统计和汇总等工作，由区人大常委会办公室会同有关工作部门负责。满意度测评结果当场向区人大常委会组成人员宣布，并通过会议纪要公布。

第九条 区人大常委会全体组成人员半数以上（含半数）对专项工作报告不满意的，区人民政府、监察委员会、人民法院、人民检察院应当整改，并向区人大常委会重新报告。重新报告的时间，由区人大常委会主任会议决定。

第十条 区人大常委会对专项工作报告进行满意度测评后，相关的区人大常委会工作部门应当将测评情况进行归纳整理，写入审议意见，并按照有关规定程序交由区人民政府、监察委员会、人民法院、人民检察院和有关部门研究处理。

第十一条 本办法自通过之日起施行。以往办法与本办法不一致的，以本办法为准。

石家庄市裕华区人大常委会关于区人民政府、人民法院、人民检察院报告重大事项、通报重要情况的规定

（2023 年 12 月 27 日区六届人大常委会第二十四次会议通过）

为保证区人民代表大会常务委员会（以下简称区人大常委会）依法有序地讨论、决定全区的重大事项，加强对区人民政府、人民法院、人民检察院的工作监督和法律监督，根据《中华人民共和国地方各级人民代表大会和地方各级人民政府组织法》《中华人民共和国各级人民代表大会常务委员会监督法》等有关法律法规，结合我区实际，对区人民政府、人民法院、人民检察院向区人大常委会报告重大事项、通报重要情况作出如下规定。

一、区人民政府、人民法院、人民检察院向区人大常委会报告的重大事项

（一）贯彻实施宪法、法律、法规和区人民代表大会及其常务委员会决议、决定的情况；

（二）国民经济与社会发展年度计划主要指标调整方案和国民经济与社会发展中长期规划调整方案；

（三）年度决算和预算执行情况及预算变更、调整方案；

（四）财政性资金投入重大项目工程预算及决算情况；

（五）经济社会发展的重大改革方案；

（六）社会主义民主法治建设的重大举措；

（七）办理区人大代表提出的重大建议、批评和意见的情况；

（八）受理、办理有重大影响的行政、刑事案件及人民群众密切关注的案件情况；

（九）在区人民代表大会闭会期间，对区人大代表采取逮捕、刑事审判或者法律规定的其他限制人身自由的措施；

（十）法律规定由区人大常委会讨论决定的其他事项。

二、区人民政府、人民法院、人民检察院向区人大常委会通报的重要情况

（一）“一府两院”改革、变更其组成部门的方案；“一府两院”派出机构及行政区域的设立、撤销、合并、更名的方案；

（二）重大突发性、群体性、灾害性事件及处理情况；

（三）国有资产管理情况；

（四）预算和其他财政收支的审计情况；

（五）区人大常委会决定任命的区人民政府组成人员离任经济审计情况；

（六）“一府两院”及所属部门给国家、集体和人民生命财产造成严重损失或造成恶劣政治影响的重大事件的处理情况；对严重违法违纪的，由区人民代表大会选举、区人大常委会任命和决定任命人员的处理情况；

（七）公、检、法机关出现有重大影响的错案、司法赔偿案件办理情况；

（八）区人大常委会会议和区人大常委会主任会议重要审议意见的落实情况以及区人大常委会主任会议认为应当通报的其他重要情况。

三、有关要求

（一）“一府两院”向区人大常委会报告的材料，应经区人民政府常务会议或区长办公会议、审判委员会会议或院长办公会、检察委员会会议或者检察长办公会研究讨论通过后报送。

（二）“一府两院”向区人大常委会通报的重要情况，应由区人民政府区长、人民法院院长、人民检察院检察长签署。

（三）对应当向区人大常委会报告、通报而未报告、通报的，区人大常委会应当责令其改正。拒不执行的，按有关法律、法规追究主要负责人的责任。

四、本规定自通过之日起施行。以往规定与本规定不一致的，以本规定为准。

石家庄市裕华区人大常委会
关于区人民政府、人民法院和人民检察院
向区人大代表通报重要工作和重大事项的规定

（2023 年 12 月 27 日区六届人大常委会第二十四次会议通过）

第一条 为使区人大代表更好地知情知政，充分发挥人大代表在管理我区国家事务中的重要作用，就区人民政府、人民法院、人民检察院向区人大代表通报重要工作和重大事项情况，制定本规定。

第二条 区人民政府、人民法院、人民检察院向区人大代表通报重要工作和重大事项的

主要内容包括：

（一）区人民政府、人民法院、人民检察院贯彻落实当年区人民代表大会会议决议的情况；

（二）区人民政府颁布和实施的重要规定、规则、决定等情况；

（三）区人民政府当年或近期安排的重点工程项目建设的情况；

（四）区人民政府作出的有关改革的重要方案；

（五）区人民政府出台的与全区人民生产生活切身利益密切相关的重要举措；

（六）区人民法院、人民检察院开展某项专项斗争的情况以及受理的有重大影响、人民群众普遍关注案件的审理情况；

（七）区人民政府、人民法院、人民检察院办理落实区人大代表提出的议案及建议、批评和意见的情况；

（八）其他需要向区人大代表通报的事项。

第三条 区人民政府、人民法院、人民检察院一般应在每年的七月底前向全体区人大代表通报上半年的工作情况。遇有重大事项应及时进行通报。区人大常委会听取区人民政府、人民法院、人民检察院专项工作报告后，有关国家机关应按照《中华人民共和国各级人民代表大会常务委员会监督法》的规定，向代表通报有关工作。

第四条 区人民政府、人民法院、人民检察院通报重要工作和重大事项，可以通过召开全体区人大代表会、区人大代表小组长会、“人大代表之家（站）”负责人会进行通报，也可以采取向区人大代表印发相关资料等形式进行通报。

第五条 区人民政府、人民法院、人民检察院向代表通报的内容、时间及方式，由通报机关提出意见，区人大常委会协助安排进行，具体组织工作可由区人民政府办公室、区人民法院办公室、区人民检察院办公室与区人大常委会办公室或选举任免代表工作委员会共同承担。

第六条 本规定自通过之日起施行。以往规定与本规定不一致的，以本规定为准。

石家庄市裕华区人大常委会
与区人民政府、监察委员会、人民法院、
人民检察院工作联系办法

（2023 年 12 月 27 日区六届人大常委会第二十四次会议通过）

第一条 为进一步加强区人民代表大会常务委员会（以下简称区人大常委会）同区人民政府、监察委员会、人民法院、人民检察院的工作联系与协调，更好地履行法律赋予的各项职权，根据《中华人民共和国宪法》《中华人民共和国地方各级人民代表大会和地方各级人民政府组织法》的有关规定，制定本办法。

第二条 实行区人大常委会和区人民政府、监察委员会、人民法院、人民检察院负责人

联席会议制度，就重大事项和工作安排互通情况，交换意见。联席会议一般在年初、年中各召开一次。遇重大情况，也可临时召集。

联席会议由区人大常委会主任或委托副主任召集，区人民政府、监察委员会、人民法院、人民检察院主要负责人参加，区人大常委会办公室主任和区人民政府办公室主任列席会议。

第三条 区人大常委会举行会议，应根据会议议题，通知区人民政府及有关部门、监察委员会、人民法院、人民检察院负责人列席；举行区人大常委会主任会议，可请区人民政府及有关部门、监察委员会、人民法院、人民检察院负责人列席会议。区人民政府及有关部门、监察委员会、人民法院、人民检察院召开重要会议，组织重大活动，应邀请区人大常委会及其工作部门负责人参加。

第四条 区人民政府及有关部门、监察委员会、人民法院、人民检察院提请区人大常委会审议的报告材料和人事任免事项，依照《石家庄市裕华区人大常委会议事规则》的要求，按时送交区人大常委会相关工作部门。

第五条 区人大常委会认为必要时，可约请区人民政府及有关部门、监察委员会、人民法院、人民检察院负责人了解情况，商讨工作。

第六条 区人大常委会组织视察、检查和调查研究活动，可请区人民政府及有关部门、监察委员会、人民法院、人民检察院负责人参加。对在视察、专题调研、执法检查中提出的问题，区人民政府及有关部门、监察委员会、人民法院、人民检察院应认真研究落实，并将整改意见和处理情况及时报告区人大常委会。

第七条 区人大常委会及其办公室印发的文件、材料和上级人大的文件，凡与区人民政府、监察委员会、人民法院、人民检察院工作有关的，区人大常委会办公室应及时送发、转发。

第八条 区人民政府及有关部门、监察委员会、人民法院、人民检察院向全区发出布告、通令以及改革性、规范性文件等，应送区人大常委会审议或备案。

第九条 人大代表提出的议案及建议、批评和意见，凡需要由区人民政府、监察委员会、人民法院、人民检察院办理答复的，各承办单位应及时办理，书面答复代表，并抄送区人大常委会。

第十条 区人大常委会通过的决议、决定，区人民政府、监察委员会、人民法院、人民检察院应认真组织实施，并主动报告执行情况。区人大常委会应加强检查、督促，确保决议、决定的贯彻落实。

第十一条 本办法自通过之日起施行。以往办法与本办法不一致的，以本办法为准。

石家庄市裕华区人大常委会关于初审预算草案，审查和批准决算，听取和审议国民经济和社会发展规划、计划、预算执行情况、审计工作报告的规定

（2023年12月27日区六届人大常委会第二十四次会议通过）

第一章 总 则

第一条 为加强和规范区人民代表大会常务委员会（以下简称区人大常委会）对区财政经济工作的审查监督，根据《中华人民共和国预算法》《中华人民共和国各级人民代表大会常务委员会监督法》《河北省实施〈中华人民共和国各级人民代表大会常务委员会监督法〉办法》《河北省各级人民代表大会常务委员会预算审查监督条例》和有关法律、行政法规的规定，结合我区实际，制定本规定。

第二条 区人大常委会财政经济工作委员会（以下简称财经工委）协助区人民代表大会财政经济委员会（以下简称财经委员会）依法进行财政经济的审查监督，或者经区人大常委会授权负责财政经济监督的具体工作。

第二章 初审预算草案

第三条 预算应当遵循统筹兼顾、勤俭节约、量力而行、讲求绩效和收支平衡的原则。

第四条 区人民政府应当在区人民代表大会会议举行的三十日前，将预算草案（含部门预算草案）的初步方案以及关于预算草案和执行情况报告的主要内容提交财经委员会、财经工委进行初步审查。

预算草案初步方案应当包括一般公共预算、政府性基金预算、国有资本经营预算和社会保险基金预算的收入预算表、支出预算表和收支平衡表，并分别说明编制原则、政策要求、收入来源和支出依据。一般公共预算支出按其功能分类应当编列到项，按其经济性质分类应当编列到款；政府性基金预算、国有资本经营预算、社会保险基金预算支出按其功能分类应当编列到项。收入预算应当分项说明非税收入征收政策和测算标准，支出预算应当对机关运行经费、专项资金、对下转移支付等作出重点说明，重点支出和重大投资项目应当说明绩效目标和实现措施。

第五条 区人民代表大会会议召开前，区人大常委会应当对区人民政府提交的预算草案进行初审。

区人大常委会初审预算草案前，区人大常委会主任会议可责成财经工委审查预算草案，财经工委可协调区人大常委会有关工作部门共同审查，也可以邀请部分区人民代表大会代表及有关方面专家、学者和各界人士进行集中审查。

初审结束后，财经工委应当向主任会议提交初审意见，经主任会议研究通过后，印发区人大常委会会议审议。同时，初审意见交由财政部门研究处理。财政部门应当按照初审意见，对预算草案进行修改，并报告修改后的预算草案。如有不同意见，应在十日内向财经委员会、财经工委反馈。

第六条 对预算草案初审重点审查下列内容：

（一）预算编制程序是否符合预算法规定；

（二）预算安排是否贯彻国民经济和社会发展的方针政策，是否符合本行政区域经济和社会发展实际，收支政策是否切实可行；

（三）重点支出和重大投资项目的预算安排是否适当；

（四）预算的编制是否完整；

（五）与预算有关重要事项的说明是否清晰。

第七条 区人民代表大会召开期间，代表十人以上联名，可以按照收支平衡的原则依法提出修正区预算草案的议案，由大会主席团决定是否提交大会表决。修正案通过后，区人民政府应当调整预算，提交本次大会表决。

第八条 预算年度开始后，预算草案在区人民代表大会批准前，可以安排下列支出：

（一）上一年度结转的支出；

（二）参照上一年同期的预算支出数额安排必须支付的本年度部门基本支出、项目支出；

（三）法律规定必须履行支付义务的支出，以及用于自然灾害等突发事件处理的支出。

根据前款规定，安排的支出情况，应当在预算（草案）的报告中作出说明。

预算经区人民代表大会批准后，按照批准的预算执行。

第三章 审查和批准决算，听取审计工作报告

第九条 区人民政府应当在每年六月至九月期间，将上一年度的决算草案提请区人大常委会审查和批准。

决算草案应当按照区人民代表大会批准的预算报告形式，按照预算数、调整预算数、决算数分别列出，变化大的应当作出说明。

决算报告应当说明：预算执行结果及其绩效情况，实现或者未实现预算的主要原因以及存在的主要问题；对审计工作报告提出的问题作出的说明；区人民政府认为应当说明或者区人大常委会要求说明的其他事项。

第十条 区人民政府应当在区人大常委会举行会议审查和批准决算的三十日前，将上一年度的决算草案和决算草案报告提交财经委员会征求意见。

财经委员会根据组成人员的审议意见，草拟批准决算的决定草案，由区人大常委会主任会议决定提请区人大常委会会议表决。

第十一条 对决算草案重点审查下列内容：

（一）预算收入情况；

（二）支出政策实施情况和重点支出、重大投资项目资金的使用及绩效情况；
（三）结转资金的使用情况；
（四）资金结余情况；
（五）预算调整及执行情况；
（六）财政转移支付安排执行情况；
（七）预算周转金规模和使用情况；
（八）预备费使用情况；
（九）超收收入安排情况，预算稳定调节基金的规模和使用情况；
（十）本级人民代表大会批准的预算决议落实情况；
（十一）其他与决算有关的重要情况。

第十二条　区人大常委会在批准决算前，应当听取区人民政府提出的同期区预算执行及其他财政财务收支情况的审计工作报告。

第十三条　上级财政部门批复的本级预算资金结算报表，上级审计机关对本级决算审计后下达的审计报告和审计决定，区人民政府应当将其抄报区人大常委会。

第十四条　区人大常委会认为必要时，可以对审计工作报告中提出的问题和建议作出决议。区人民政府应当在区人大常委会相关决议规定的期限内或者交办相关审议意见后的四个月内，将审计工作报告中查出问题的整改情况和审议意见的处理结果向区人大常委会报告。

第十五条　决算草案未获得区人大常委会批准的，区人民政府应当重新编制决算草案，再次提请区人大常委会审查和批准。

第四章　听取和审议国民经济和社会发展规划、计划、预算执行情况的报告

第十六条　区人民政府应当在每年六月至九月期间，向区人大常委会报告本年度上一阶段国民经济和社会发展计划、预算的执行情况。

国民经济和社会发展计划执行情况的报告应当包括：
（一）国民经济和社会发展主要计划目标实现情况；
（二）对本行政区域经济社会发展有重大影响的事项或者重大建设项目的执行情况；
（三）区人民代表大会关于批准国民经济和社会发展计划的决议的执行情况。

预算执行情况报告应包括：
（一）执行区人民代表大会关于预算决议和落实区人民代表大会通过的预算修正案情况；
（二）财政部门批复预算和实现预算措施的落实情况；
（三）纳入国库和财政专户管理的预算收入依法征缴情况；
（四）预算支出执行情况；
（五）专项资金、预备费、预算周转金、预算稳定调节基金和结转资金使用情况；
（六）国库按照规定办理预算收入的收纳、划分、留解、退付和预算支出的拨付情况；
（七）政府及其所属部门有无违反规定为单位和个人提供财政担保和举借债务情况；

（八）其他重要事项。

第十七条 根据区人大常委会听取和审议国民经济和社会发展计划执行情况报告的需要，财经工委可以听取区人民政府有关部门关于国民经济运行情况的汇报，对经济形势进行分析研究。必要时，区人大常委会可听取部门预算执行情况的报告。

区人民政府有关部门应当提供经济运行情况的信息材料和相关说明，并派有关负责人到会听取意见，回答询问。

第十八条 区人大常委会可以根据需要，听取区人民政府重点专项资金使用情况的报告，也可以要求区人民政府责成审计部门进行专项审计，并适时向区人大常委会报告审计结果。

第十九条 财经委员会、财经工委应充分利用区级预算联网监督系统，与政府财政实现联网，完善系统查询、预警、分析、服务功能，实时查询预算收支执行信息，建立相关预算执行的分析制度。

第二十条 经区人民代表大会批准的国民经济和社会发展计划在执行过程中需要作部分调整的，区人民政府应当提出调整方案的议案，提请区人大常委会审查和批准。

第二十一条 区人民政府应当在国民经济和社会发展五年规划实施的中期阶段，对五年规划实施情况进行中期评估，并写出评估报告提请区人大常委会审议。经中期评估认为需要调整的，区人民政府应当提出调整方案的议案，提请区人大常委会审查和批准。

第二十二条 区人民政府应当在区人大常委会举行会议审查和批准国民经济和社会发展计划调整方案或者五年规划调整方案的三十日前，将调整方案及说明提交区人大常委会，区人大常委会主任会议可以责成财经工委进行初步审查，并由区人大常委会办公室在区人大常委会举行会议的七日前发给区人大常委会组成人员。

第二十三条 经区人民代表大会批准的预算在执行过程中有下列情况之一的，区人民政府应当提出调整方案的议案，提请区人大常委会审查和批准：

（一）因政策调整等需要增加或者减少预算总支出的；

（二）因上级增加一般性转移支付需要增加区预算总支出的；

（三）一般公共预算、政府性基金预算、国有资本经营预算出现短收，分别需要减少预算总支出的；

（四）需要调入预算稳定调节基金，用于安排一般公共预算支出的；

（五）因发生自然灾害等突发事件，预备费不足支出时，区人民政府先行安排的支出属于预算调整的；

（六）人民代表大会批准的预算决议中规定确保的重点支出项目需要调减支出的；

（七）其他按照法律、法规的规定应当进行预算调整的。

调整方案中应当包括调整预算的原因、项目、数额及有关说明。

第二十四条 区人民政府应当在区人大常委会举行会议审查和批准预算调整方案的三十日前，将预算调整方案及有关说明送交财经工委进行初步审查。

第二十五条 遇有严重自然灾害、事故灾难、公共卫生事件及其他造成或者可能造成严重社会危害，需要采取应急处置措施予以应对的突发事件，因预备费不足需要增加财政支出时，可以先由区人民政府决定执行，并向区人大常委会主任会议通报，然后报区人大常委会备案。

第二十六条 区人大常委会审议国民经济和社会发展计划执行情况报告、预算执行情况报告后，财经工委应当按照专题及时整理，形成审议意见。区人大常委会对工作报告进行表决或满意度测评的，表决或测评结果应写入审议意见。

审议意见由区人大常委会主管副主任审定或者经区人大常委会主任会议讨论通过。审议意见经审定或讨论通过后，由财经工委在五个工作日内，交区人民政府研究处理。

第二十七条 区人大常委会对国民经济和社会发展计划执行情况报告、预算执行情况报告的审议意见，应当由区人民政府常务会议或者由区人民政府办公会议研究处理。

区人民政府应当在两个月内，将审议意见研究处理情况送财经工委征求意见后，书面报告区人大常委会。

第二十八条 区人民政府关于审议意见的研究处理情况的报告，由财经工委提出意见，由区人大常委会主任会议决定是否列入区人大常委会会议议程。区人大常委会主任会议认为必要时，可以组织人大代表对审议意见办理情况进行专题视察或满意度测评，视察或测评结果由区人大常委会办公室向区人民政府反馈。

第二十九条 区人大常委会听取的国民经济和社会发展计划执行情况报告、预算执行情况报告，经批准的决算、计划调整方案、五年规划调整方案、预算调整方案以及审议意见和决议，区人民政府对审议意见的研究处理情况，由区人大常委会选举任免代表工作委员会向人大代表通报，由区人大常委会办公室向社会公布。

第三十条 区人民政府及其相关部门应当将项目进度、预算执行和统计信息等情况以及区人大常委会要求的其他内容，以文字或者报表形式，按照要求报送区人大常委会。财经工委认为必要时，可以建议区人大常委会主任会议就有关问题提请区人大常委会审议。

第三十一条 区人大常委会举行会议期间，区人大常委会组成人员三人以上联名，可以向区人大常委会按照收支平衡的原则提出修正预算调整方案的议案，由区人大常委会主任会议决定是否提请区人大常委会会议审议。

第五章 附 则

第三十二条 本规定自通过之日起施行。以往规定与本规定不一致的，以本规定为准。

石家庄市裕华区人大常委会关于加强对政府性重点项目资金和财政预算专项资金使用情况监督的暂行办法

（2023年12月27日区六届人大常委会第二十四次会议通过）

第一条 为加强对政府性重点项目资金和财政预算专项资金使用情况的监督，增强人大财政预算监督的针对性和实效性，充分发挥政府财政资金使用的经济效益和社会效益，确保资金运行使用依法规范和安全有效，按照《中华人民共和国预算法》《中华人民共和国各级人民代表大会常务委员会监督法》《河北省各级人民代表大会常务委员会预算审查监督条例》以及《中华人民共和国审计法实施条例》等法律法规的有关规定和要求，结合我区实际，制定本办法。

第二条 政府性重点项目资金是指：经区人民政府确定，纳入区预算安排或利用国债等开展的重大基本建设项目资金。财政预算专项资金是指：上级政府拨付本行政区域和本级政府安排的用于公共公益事业、社会管理、社会保障、经济建设以及政策补贴等方面，具有指定用途的资金。

第三条 区人大常委会实行从资金拨付开始到资金使用结束的全程监督。主要监督内容是：区人民政府及其相关部门保证资金正确使用的措施和办法是否合法、可行、有效；资金运行使用有关部门和单位是否依法依规专款专用资金，有无浪费、超支、截留、挪用和挤占等行为；资金使用是否达到相关规定的目标要求，是否取得预期的经济和社会效益等。

第四条 区人民政府及其相关部门，要按照区人大常委会财政经济工作委员会要求，适时上报政府性重点项目计划清单，连同政府财政预算专项资金项目计划清单，书面报告区人大常委会。区人大常委会据此制订年度监督工作计划，经区人大常委会主任与人民政府区长、监察委员会主任、人民法院院长、人民检察院检察长联席会议研究确定。

第五条 区人大常委会监督政府性重点项目资金和财政预算专项资金使用情况，主要采取组织开展专题视察或调研、听取和审议专项工作报告并进行满意度测评、组织有关专家参加的专题询问等方法。必要时，采取召开听证会、开展质询和组织特定问题调查委员会等形式进行。

第六条 区人大常委会要充分发挥审计、监察、财政等有关部门的作用，督促加强部门内部监督制约机制建设，不断加大专项审计监察工作力度，进一步增强监督的实际效果，提高资金的使用效益。区人大常委会在组织开展视察调研等具体监督工作时，可以吸收审计、监察、财政等有关部门的工作人员和相关方面的专家参加。

第七条 区人大常委会要充分发挥人大代表实施监督作用，组织视察调研活动、听取专项工作报告、开展专题询问等，都要吸收熟悉财经预算、工程建设及造价等具有专业知识的人大代表和有关方面专家参加。对区人大代表提出的有关意见和建议，区人民政府及其有关部门要认真办理答复。

第八条 区人大常委会要加强财经方面国家方针政策、相关法律、法规及专业知识的学习培训，提高人大常委会组成人员、专门委员会成员、人大代表及相关工作部门人员的履职能力和工作水平。

第九条 区人大常委会如在实施监督中发现两项资金使用中存在需要改进的问题，有关专门委员会要依法依规有针对性地提出监督工作建议书，及时转交区人民政府及其有关部门办理，并于三个月内听取区人民政府及有关部门整改工作情况报告；如发现较大问题或情节较重的，经区人大常委会主任会议决定，将交由审计部门专项审计或监察部门进行调查，视专项审计或调查情况，分别转交有关部门依纪依法处理；对区人大常委会依法任命或决定任命的干部，视情节轻重分别依法处理。

第十条 本办法自通过之日起施行。

石家庄市裕华区人大常委会
关于讨论决定重大事项的规定

（2023年12月27日区六届人大常委会第二十四次会议通过）

第一条 为规范和保证石家庄市裕华区人民代表大会常务委员会（以下简称区人大常委会）依法行使讨论、决定重大事项的职权，促进决策的民主化、科学化和有效实施，根据《中华人民共和国宪法》《中华人民共和国地方各级人民代表大会和地方各级人民政府组织法》和有关法律的规定，结合本区实际，制定本规定。

第二条 本规定所称重大事项，是指在本行政区域内政治、经济、文化和社会发展中带有全局性、根本性、长远性，以及事关人民群众切身利益、迫切需要解决，应当由区人大常委会讨论、决定的事项。

第三条 区人大常委会讨论、决定重大事项，应当坚持以习近平新时代中国特色社会主义思想为指导，坚持党的领导、人民当家作主、依法治国有机统一，坚持民主集中制原则，践行全过程人民民主，坚持围绕中心服务大局，聚焦党委重大决策部署，聚焦人民群众所思所盼所愿，从区情和实际出发，正确有效依法行使宪法和法律赋予的职权。

第四条 下列重大事项，应当由区人大常委会讨论，作出决议、决定：

（一）为保证宪法、法律、法规和上级人大及其常委会的决议、决定在本行政区域内的遵守和执行而采取的重大措施；

（二）坚持和完善人民代表大会制度，推进社会主义民主政治建设的重大措施；

（三）贯彻依法治国方略，加强本区社会主义民主和法治建设的重要举措；

（四）区委建议区人大常委会讨论决定的重大发展战略、重大事项；

（五）区国民经济和社会发展规划、计划在执行过程中的部分变更及主要指标的调整方案；

（六）区本级预算调整方案；

（七）区本级决算；

（八）撤销镇人民代表大会不适当的决议、决定；

（九）撤销区人民政府不适当的决定、命令；

（十）区人大常委会依法组织关于特定问题的调查委员会及其提出的调查报告；

（十一）区人大代表的选举和换届工作中的有关重大事项；

（十二）区人民代表大会授权区人大常委会讨论、决定的重大事项；

（十三）区人民检察院检察长因不同意检察委员会中大多数人的意见而报请区人大常委会决定的重大问题；

（十四）在区人民代表大会闭会期间，对区人大代表采取逮捕、刑事审判或者法律规定的其他限制人身自由的措施；

（十五）依法应当由区人大常委会讨论、审议、决定的其他重大事项。

第五条 下列重大事项，应当向区人大常委会报告，必要时区人大常委会可以作出决议、决定：

（一）区人民政府关于国民经济和社会发展计划、预算的执行情况；

（二）国民经济和社会发展规划纲要实施情况的中期评估；

（三）区人民政府提出的年度预算执行和其他财政收支的审计情况以及查出问题整改情况；

（四）区人民政府投资的重大建设项目的实施情况；

（五）区人民政府对国有资产的管理情况；

（六）年度环境状况和环境保护目标完成情况；

（七）住房、养老、失业、医疗等社会保障制度的重大改革方案及相关基金的收支、管理及监督检查情况；

（八）国民经济和社会发展中涉及面广、投资量大，对本区经济发展、人民生活、环境和资源有深远影响的重大基础设施、城乡建设和民生工程等项目的立项和建设情况；

（九）对重大灾害、事故灾难、重大环境事件和公共卫生事件、重大社会安全事件等突发事件的应急处置情况；

（十）区人民代表大会选举或者区人大常委会任命和决定任命的人员违法、违纪造成重大影响的事件和处理意见；

（十一）区人大及其常委会通过的议案和区人大代表建议、批评和意见的办理情况；

（十二）区人民政府、监察委员会、人民法院、人民检察院贯彻执行区人民代表大会及其常务委员会决议、决定情况；

（十三）区人民法院、人民检察院对人民群众反映的重大案件和司法工作中突出问题的处理情况；

（十四）区人民政府、监察委员会、人民法院、人民检察院应当依法向区人大常委会报告的其他重大事项；

（十五）区人大常委会要求报告的属于区人大常委会职权范围内的其他事项。

第六条　区人大常委会主任会议、人民政府、人大各专门委员会可以向区人大常委会提出有关重大事项的议案或者报告。

区监察委员会、人民法院、人民检察院，可以向区人大常委会提出有关重大事项的报告。

区人大常委会组成人员三人以上联名，可以向区人大常委会提出有关重大事项的议案。

第七条　提请区人大常委会讨论、决定的重大事项，应当符合本行政区域的具体情况和实际需要，报告有关重大事项应当实事求是。

第八条　重大事项的议案应当包括下列主要内容：

（一）讨论、决定重大事项的必要性及可行性说明；

（二）重大事项的决策方案或者决议、决定的主要内容；

（三）与决定重大事项有关的法律、法规、政策依据；

（四）重大事项的议案征求各方面意见的情况；

（五）其他应当提供的材料。

第九条　区人大常委会主任会议提出的重大事项的议案或者报告，由区人大常委会会议审议。

区人民政府、区人大各专门委员会提出的重大事项的议案或者报告，区监察委员会、人民法院、人民检察院提出的重大事项的报告，由区人大常委会主任会议决定提请区人大常委会会议审议，或者先交由有关专门委员会审议，提出报告，再由区人大常委会主任会议决定提请区人大常委会会议审议。

区人大常委会组成人员联名提出的重大事项的议案，由区人大常委会主任会议决定是否提请区人大常委会会议审议，或者先交由有关专门委员会审议、提出报告，再由区人大常委会主任会议决定是否提请区人大常委会会议审议。

第十条　区人大常委会在接到提请讨论、决定有关重大事项的议案或者报告后，应当在三个月内进行审议，特殊情况可以由区人大常委会主任会议决定临时召集区人大常委会会议审议或者延期审议。

第十一条　区人大常委会会议讨论、决定重大事项之前，应当进行调查研究，广泛征求意见，可以采取多种形式听取相关区人大代表、区人大常委会组成人员和社会公众的意见。对专业性技术性较强的重大事项，可以组织相关专家、智库、专业机构进行深入论证和评估。对存在重大意见分歧或者涉及利益关系重大调整的事项，可以召开听证会听取各方面意见。对社会关注度高的重大事项，可以公开相关信息、进行解释说明，并可以根据需要向社会征求意见。

第十二条　区人大常委会认为提请讨论、决定的重大事项属于区人民代表大会职权范围的，应当依照法律规定的程序提请区人民代表大会讨论、决定。

第十三条 区人大常委会会议审议有关重大事项的议案或者报告时，提议案人或者报告人应当到会作出说明，听取审议，回答询问。

第十四条 区人大常委会关于重大事项的决议、决定，由区人大常委会全体组成人员的过半数通过。

区人大常委会关于重大事项的决议、决定，原则上一次审议通过；遇有重大事实不清或者争议较大的，可以再次审议后提请表决。

第十五条 有关重大事项的议案或者报告经审议后未作出决议、决定的，应当由区人大常委会主任会议责成有关办事机构将审议意见书面通知提议案人或者报告人。

区人大常委会会议审议的有关重大事项的议案或者报告表决未获得通过的，提议案人或者报告人认为确需作出决议、决定的，根据区人大常委会的审议意见进行修改后，可以重新提出议案或者报告，由区人大常委会主任会议决定是否列入区人大常委会会议议程。

第十六条 区人大常委会讨论通过有关重大事项的决议、决定后，应当及时予以公布。

第十七条 区人大常委会依法作出的有关重大事项的决议、决定，有关国家机关应当执行，并按照区人大常委会的要求及时报告贯彻执行决议、决定的情况。

第十八条 区人大常委会应当依照法定形式加强对重大事项的决议、决定贯彻执行情况的监督检查，保证决议、决定的贯彻执行。

第十九条 违反本规定，有下列情形之一的，区人大常委会应当依法进行监督，责成其限期改正或者依法撤销，对相关责任人员，区人大常委会按照相关程序督促有关机关依法予以处理：

（一）应当由区人大常委会讨论决定的事项，不及时向区人大常委会提出的；

（二）应当向区人大常委会报告的事项而不报告的；

（三）应当由区人大常委会讨论决定的事项而擅自作出决定的；

（四）对区人大常委会作出的决议、决定不执行的；

（五）对区人大常委会提出的审议意见不研究处理的；

（六）对区人大常委会作出的决议、决定，未在规定期限内报告贯彻实施情况的；

（七）对区人大常委会决议、决定的执行情况，或者提出的审议意见的研究处理情况，区人大常委会会议经审议，组成人员过半数不满意的。

第二十条 本规定自通过之日起施行。以往规定与本规定不一致的，以本规定为准。

石家庄市裕华区人大常委会视察调研工作办法

（2023 年 12 月 27 日区六届人大常委会第二十四次会议通过）

第一条 为规范区人民代表大会常务委员会（以下简称区人大常委会）视察调研工作，进一步提高监督实效，根据《中华人民共和国各级人民代表大会常务委员会监督法》《河北省实施〈中华人民共和国各级人民代表大会常务委员会监督法〉办法》等法律法规，结合我区实际，制定本办法。

第二条 视察调研应坚持“围绕中心、突出重点、注重实效”的原则，每年选择若干议题组织开展。同时，配合做好上级人大常委会安排的视察调研工作。区人大常委会每年的视察调研议题根据下列内容确定：

（一）区委部署的中心工作；

（二）关系全区改革、发展、稳定大局和涉及群众切身利益、社会普遍关注的重大问题；

（三）全区经济社会发展中的重大问题；

（四）区人民代表大会确定的各项重点工作；

（五）区人大代表对“一府一委两院”工作提出的建议、批评和意见中反映的突出问题；

（六）区人大常委会组成人员联系代表、代表联系选民活动中反映的突出问题。

第三条 每年年初，在充分征求区人大各专门委员会、区人大常委会各工作部门、区人民政府及其组成部门、监察委员会、人民法院、人民检察院和各街道、镇人大及区人大常委会组成人员意见的基础上，由区人大常委会办公室草拟本年度视察调研议题计划，由区人大常委会主任会议提请区人大常委会会议审议通过，印发区人大常委会组成人员、人民政府及其组成部门、监察委员会、人民法院、人民检察院。

年度议题安排在实施过程中，确需调整的，经区人大常委会主任会议讨论通过后进行调整。

第四条 视察调研工作根据议题内容，由区人大常委会分管副主任牵头领导，相关工作部门组织实施。

第五条 开展视察调研，应当制定工作方案，并按照务实、高效、精干的原则成立视察调研组。

视察调研组由区人大常委会组成人员和区人大代表组成，也可邀请驻区的上级人大代表参加。必要时，邀请相关方面专家参加。

第六条 区人民政府及其组成部门、监察委员会、人民法院、人民检察院应主动配合区人大常委会有关工作部门制定视察调研工作方案，并按要求进行自查，在组织调研视察五日前将自查情况书面报送区人大常委会有关工作部门。

第七条 区人大常委会在组织视察调研时，所涉及的区人民政府及其组成部门、监察委员会、人民法院、人民检察院负责人应陪同参加，听取视察调研中提出的意见和建议，解答视察调研中提出的问题。

第八条 视察调研主要采取听取汇报、座谈交流、调阅资料、个别访问、现场查看、实地考察等方法进行。

第九条 区人民政府及其组成部门、监察委员会、人民法院、人民检察院应按照视察调研要求做好各项准备工作，如实介绍有关情况、回答相关问题。

第十条 区人大常委会视察调研组成员应根据视察调研内容提前做好准备，按时参加视察调研活动。

第十一条 视察调研结束后，区人大常委会有关工作部门应形成视察调研报告，并向区人大常委会主任会议和区人大常委会会议报告，交区人民政府及其组成部门、监察委员会、人民法院、人民检察院研究处理。

第十二条 对于视察调研中发现的属于区人大常委会职权范围内的事项，需要做出决议、决定的，由区人大常委会主任会议提请区人大常委会会议作出相应的决议、决定。

第十三条 区人民政府及其有关部门、监察委员会、人民法院、人民检察院对视察调研中反映出的问题和意见、建议，应制定措施，积极整改，并及时向区人大常委会书面反馈整改结果或在区人大常委会会议期间汇报整改情况。

第十四条 本办法自通过之日起施行。以往办法与本办法不一致的，以本办法为准。

石家庄市裕华区人大常委会
询问和质询办法

（2023 年 12 月 27 日区六届人大常委会第二十四次会议通过）

第一章　总　则

第一条 为保障区人民代表大会常务委员会（以下简称区人大常委会）组成人员依法行使询问和质询职权，根据《中华人民共和国地方各级人民代表大会和地方各级人民政府组织法》《中华人民共和国各级人民代表大会常务委员会监督法》等法律的有关规定，结合我区实际，制定本办法。

第二条 询问和质询应坚持实事求是、客观公正、民主公开、依法办事的原则。

第二章　询　问

第三条 区人大常委会举行会议时，区人民政府及其有关部门、监察委员会、人民法院、人民检察院负责人应当到会，听取意见，回答询问。有关负责人员应当参加区人大常委会分组讨论会议，听取意见，回答询问。

第四条 区人大常委会组成人员在审议议案和有关报告时，对议案和有关报告及相关工作中不了解或者不理解的问题，可以向区人民政府、监察委员会、人民法院、人民检察院提出询问。

列席区人大常委会会议的人大代表，区人大各专门委员会、区人大常委会各工作部门及街道人大工作委员会、镇人大主席团负责人，也可以对有关问题提出询问。

第五条 询问可以由一个人提出，也可以由多人联合提出，可以口头提出，也可以书面提出。

第六条 提出询问的内容，应当与正在审议的议案和报告有关。

第七条 区人民政府、监察委员会、人民法院、人民检察院负责人应当当场口头答复询问。不能当场答复的，应当说明原因，在取得询问人同意后，在会后或者下一次区人大常委会会议上口头答复或者书面答复。

书面答复件应当由受询问机关负责人签署。对重大问题的询问和答复，应当如实记录和整理，必要时印发区人大常委会会议。

第八条 区人大常委会主任会议认为必要时，可以在区人大常委会会议期间，结合审议议题，就区人大常委会组成人员普遍关心的问题组织开展专题询问，由所涉及的区人民政府及其相关部门、监察委员会、人民法院、人民检察院负责人到会听取意见，回答询问。专题询问由区人大常委会有关工作部门组织。

第九条 专题询问议题经区人大常委会主任会议确定后，由区人大常委会办公室在区人大常委会会议举行一个月前告知区人民政府、监察委员会、人民法院、人民检察院。

根据区人大常委会主任会议确定的专题询问议题，区人大常委会组成人员拟提出询问的，应当在会议举行三日前将拟询问问题交由区人大常委会办公室汇总并转交受询问机关。

第十条 专题询问采取专题询问会的方式进行，并列入区人大常委会会议日程。

专题询问会由区人大常委会主任或副主任主持，相关机关负责人应当参加会议，回答询问。

第十一条 专题询问，采取一问一答的方式进行。区人大常委会组成人员在专题询问会上提出询问，有关国家机关负责人回答询问，应当经主持人准许。

第十二条 询问人在听取回答后，就同一问题可以补充询问一次。其他区人大常委会组成人员也可就同一问题补充询问一次，但问题已经作出明确回答的，不得再次询问。

第三章 质 询

第十三条 区人大常委会组成人员三人以上联名，可以向区人大常委会提出对区人民政府及其组成部门、监察委员会、人民法院、人民检察院的质询案。

第十四条 区人大常委会组成人员认为区人民政府及其组成部门、监察委员会、人民法院、人民检察院有下列情形之一的，可以依法联名提出质询案：

（一）违反宪法、法律、法规的；

（二）行政管理工作决策不当或者工作失误造成严重后果的；

（三）不认真执行或者拒不执行上级和区人民代表大会及其常务委员会的决议、决定的；

（四）不认真办理或者拒绝办理区人大常委会审议意见与议案及建议、批评和意见的；

（五）工作中有重大失职或渎职的；

（六）其他需要质询的重大问题。

下列事项不属于质询范围：

（一）属于个人利益的问题；

（二）进入诉讼程序的具体案件。

第十五条 质询案应当以书面形式提出，一事一案，并写明质询对象、质询的问题和内容。一件质询案只能质询一个对象，如果质询的事项涉及两个或者两个以上的机关，应当对不同对象分别提出质询案，或者对承担主要职责的机关提出质询案。

第十六条 质询案由区人大常委会办公室或相关工作部门接收，提请区人大常委会主任会议决定交由受质询机关在区人大常委会会议或者有关专门委员会会议上口头答复，或者由受质询机关书面答复。

在区人大常委会会议期间答复的，受质询机关应当在本次区人大常委会会议期间答复。不能在本次区人大常委会会议期间答复的，经征求质询人的意见，并经区人大常委会主任会议决定，可以在下次区人大常委会会议期间答复。

在专门委员会会议上答复的，提质询案的区人大常委会组成人员有权列席会议，发表意见。

第十七条 受质询机关以口头答复质询案的，应当由受质询机关的负责人到会答复。提质询案的区人大常委会组成人员可以就答复中不够明确的问题进一步提问，发表意见。质询案以书面答复的，应当由受质询机关的负责人签署，印发区人大常委会组成人员。

第十八条 提质询案的区人大常委会组成人员的过半数对受质询机关的答复不满意的，可以提出要求，经区人大常委会主任会议决定，由受质询机关再作答复。

对再次答复仍不满意的，经区人大常委会主任会议决定，可以将质询案提请区人大常委会会议审议，必要时区人大常委会可以作出相应的决议、决定，可以组织特定问题的调查委员会进行调查。

第十九条 区人大常委会组成人员提出的质询案中涉及待处理的具体事项，区人大常委会主任会议可以交由区人大常委会有关工作部门督办，并由督办机构向下次区人大常委会会议报告。受质询机关应当将处理结果书面答复提质询案的区人大常委会组成人员，并报送督办机构。

第二十条 受质询机关答复前，提出质询案的区人大常委会组成人员书面要求撤回质询案的，应当说明理由，经区人大常委会主任会议同意，该质询案即行终止。

提出质询案的部分区人大常委会组成人员要求撤回质询案后，仍然符合提出质询案的法定人数的，该质询案仍然有效。

第四章　附　则

第二十一条　区人大常委会组成人员提出询问、质询案，要求有关机关提供相关材料的，有关机关应当按时如实提供。

询问、质询要求提供的材料，如涉及国家秘密的，受询问、质询机关应当作出说明，可以不予回答或不予提供。

第二十二条　本办法自通过之日起施行。以往办法与本办法不一致的，以本办法为准。

石家庄市裕华区人大常委会
审议意见交办督办办法

（2023 年 12 月 27 日区六届人大常委会第二十四次会议通过）

第一条　为健全监督机制，增强监督实效，促进区人民政府、监察委员会、人民法院、人民检察院（以下简称“一府一委两院”）依法行政、公正司法，根据《中华人民共和国各级人民代表大会常务委员会监督法》《河北省实施〈中华人民共和国各级人民代表大会常务委员会监督法〉办法》等法律法规和《石家庄市裕华区人大常委会议事规则》的有关规定，按照务实、简明、规范的原则，结合我区实际，制定本办法。

第二条　本办法所称审议意见，是指区人民代表大会常务委员会（以下简称区人大常委会）在听取和审议“一府一委两院”专项工作报告、执法检查组检查法律、法规实施情况报告等后形成的，不需要做出决议、决定，而要求“一府一委两院”办理或答复的意见和建议。

第三条　审议意见主要应包括以下内容：区人大常委会组成人员经过调查研究，形成的提交会议的书面发言材料；区人大常委会组成人员在会议审议过程中发表的意见、建议；区人大各专门委员会、区人大常委会有关工作部门围绕区人大常委会会议议题开展调查研究，形成的供区人大常委会会议审议时参考的调研报告或初审报告；经分组会议认可的列席人员的发言或书面材料。

第四条　分组会议审议情况由分组会议组长向区人大常委会会议作出汇报。议题涉及的区人大常委会相关工作委员会应根据初审报告、调研报告，结合会议审议情况，对所提意见和建议进行汇总整理，起草审议意见初稿。

起草审议意见，应坚持一题（议题）一件（审议意见件）的原则，提出指导性、具体性意见，力求真实简练、操作性强。区人大常委会对工作报告进行表决或满意度测评的，表决或测评结果应写入审议意见。

第五条　审议意见初稿交由区人大常委会分管副主任审定，重要的审议意见应当经区人大常委会主任会议讨论通过。审议意见经审定或讨论通过后，由区人大常委会相关工作委员会在五个工作日内，交“一府一委两院”研究处理。对垂直管理部门的审议意见，同时抄报其上级机关。

区人大常委会组成人员审议意见，由区人大常委会主任签发，或由常委会主任委托分管副主任签发。

审议意见应根据会议审议情况，提出明确的意见或建议，并注明承办单位，提出办理时限和有关要求。原则性、指导性的意见可以不提出办理时限和要求。

会议审议的区人大常委会执法检查报告、调研报告、视察报告，由区人大常委会相关工作部门根据会议审议情况对报告进行修改后，以附件形式全文转交办理。

第六条 审议意见的交办、督办工作由区人大常委会分管副主任负责，相关工作委员会具体办理。

第七条 对区人民政府的审议意见，应当由政府常务会议或者政府办公会议研究处理；对区监察委员会、人民法院、人民检察院的审议意见，应当由监委委务会、审判委员会或者院长办公会、检察委员会或者检察长办公会研究处理。

第八条 “一府一委两院”应当在两个月内，将审议意见研究处理情况送区人大常委会相关工作部门征求意见后，由“一府一委两院”及其相关部门负责人向区人大常委会主任会议进行汇报。

第九条 因特殊原因在规定时限内难以处理的，“一府一委两院”的办事机构应当在规定的时限内向区人大常委会相关工作委员会说明原因，经区人大常委会分管副主任报区人大常委会主任会议研究决定，可适当推迟报告时间。

第十条 “一府一委两院”关于审议意见的研究处理情况的报告，应写明采取的措施、取得的效果及其他有关问题，并由“一府一委两院”的负责人签署。

第十一条 “一府一委两院”关于审议意见的研究处理情况的报告，由区人大常委会相关工作委员会提出评估意见，由区人大常委会主任会议决定是否列入区人大常委会会议议程。不列入区人大常委会会议议程的，由区人大常委会办公室将研究处理情况的报告印发区人大常委会组成人员。区人大常委会主任会议认为必要时，可以组织人大代表对审议意见办理情况进行专题视察或满意度测评，视察或测评结果由区人大常委会相关工作委员会向“一府一委两院”反馈。对审议意见办理不力的，可以依法提出询问或质询，也可以提请区人大常委会会议作出相关决议。

第十二条 区人大常委会听取的专项工作报告、执法检查报告及审议意见，“一府一委两院”对审议意见研究处理情况的报告，由区人大常委会选举任免代表工作委员会向人大代表通报，由区人大常委会办公室向社会公布。

第十三条 本规定自通过之日起施行。以往规定与本规定不一致的，以本规定为准。

石家庄市裕华区人大常委会
人事任免和监督办法

（2023 年 12 月 27 日区六届人大常委会第二十四次会议通过）

第一章　总　则

第一条　为保障区人民代表大会常务委员会（以下简称区人大常委会）依法行使人事任免权，加强对被任命和决定任命人员的监督，根据《中华人民共和国宪法》《中华人民共和国地方各级人民代表大会和地方各级人民政府组织法》《中华人民共和国各级人民代表大会常务委员会监督法》《中华人民共和国监察法》《中华人民共和国人民法院组织法》《中华人民共和国人民检察院组织法》《中华人民共和国法官法》《中华人民共和国检察官法》《河北省实施〈中华人民共和国各级人民代表大会常务委员会监督法〉办法》的有关规定，结合我区实际，制定本办法。

第二条　本办法适用于区人大常委会任免、决定任免、接受辞职、撤销职务和对区人民代表大会及其常务委员会选举、任命、决定任命的国家机关工作人员进行监督等事项。

第三条　区人大常委会任命、决定任命国家机关工作人员和对区人民代表大会及其常务委员会选举、任命、决定任命的国家机关工作人员实施监督，应充分发扬民主，严格依法进行。

第四条　区人大常委会选举任免代表工作委员会负责有关人事任免和人事监督的初审和具体工作。

第二章　任免范围

第五条　本区国家权力机关中的下列人员由区人大常委会任免：

（一）根据区人大常委会主任提名，任免区人大常委会各工作部门主任、副主任，各街道人大工作委员会主任；

（二）在区人民代表大会闭会期间，根据区人大常委会主任会议提名，任免区人大专门委员会的个别副主任委员、部分委员；

（三）根据区人大常委会主任提名，任免区人大常委会代表资格审查委员会的主任委员、副主任委员和委员。

第六条　本区国家行政机关中的下列人员由区人大常委会决定任免：

（一）在区人民代表大会闭会期间，根据区长提名，决定任免个别副区长；

（二）根据区长提名，决定任免区人民政府各局（办）局长（主任）。

第七条　本区国家监察机关中的下列人员由区人大常委会任免：

根据区监察委员会主任提名，任免区监察委员会副主任、委员。

第八条 本区国家审判机关中的下列人员由区人大常委会任免：

根据区人民法院院长提名，任免区人民法院副院长、审判委员会委员、庭长、副庭长、审判员和人民陪审员。

第九条 本区国家检察机关中的下列人员由区人大常委会任免：

根据区人民检察院检察长提名，任免区人民检察院副检察长、检察委员会委员、检察员。

第十条 区人民代表大会闭会期间，区人民政府区长、监察委员会主任、人民法院院长、人民检察院检察长因故不能担任职务时，区人大常委会根据区人大常委会主任会议提名，从区人民政府、监察委员会、人民法院、人民检察院副职领导人中决定代理区长、代理主任、代理院长、代理检察长；决定任命区人民政府副职领导人，任命监察委员会、人民法院、人民检察院副职领导人，并决定代理人选，可以在同一次区人大常委会会议上进行。决定的代理检察长，须由区人大常委会和区人民检察院分别报市人大常委会和市人民检察院备案。

第三章 任免程序

第十一条 提请区人大常委会任免、决定任免国家机关工作人员，提名人一般应在区人大常委会举行会议的十日前向区人大常委会书面提交人事任免案。

提请区人大常委会审议的人事任免案，须写出提请报告。提请任职的，需附被提名人的基本情况、简历、任职理由、表现及主要优缺点。提请免职的，附免职理由。

第十二条 区人大常委会选举任免代表工作委员会对提请的人事任免案进行初步审查后，向区人大常委会主任会议报告，由区人大常委会主任会议决定是否提交区人大常委会审议。

对提请个别任命的区人民法院庭长、副庭长、审判员，区人民检察院检察员，如有重大反映，经区人大常委会主任会议研究，认为有必要时，由提名人或受委托人向区人大常委会作出书面报告或口头说明，如果情况仍不清楚，可责成有关工作部门进行调查了解，调查结果向区人大常委会主任会议报告。

第十三条 区人大常委会在审议人事任免案时，提名人或受委托人须到会听取意见，回答询问。如果接到人民群众反映个别被提名人情况的材料，经区人大常委会主任会议研究，认为有必要时，由提名人或受委托人向区人大常委会作出书面报告或口头说明。

列入区人大常委会会议议程的人事任免案，在交付表决前，提名人要求撤回的，对该人事任免案的审议即行终止。

第十四条 区人大常委会审议人事任免案时，被决定任命的区人民政府组成人员，被任命的区人大常委会各工作部门主任、副主任、各街道人大工作委员会主任，区监察委员会副主任、委员，区人民法院副院长、审判委员会委员、庭长、副庭长、审判员，区人民检察院副检察长、检察委员会委员、检察员应到会同常委会组成人员见面。

第十五条 区人大常委会对任职人员的表决，一般采用无记名投票的方式进行；对人事免职案的表决，一般采用举手表决的方式进行。

由区人大常委会全体组成人员的过半数通过。

区人大常委会会议通过人事任免案后，被任命、决定任命的人员应进行宪法宣誓，可视情况作书面或口头表态发言。

第十六条 提请区人大常委会任命、决定任命的国家机关工作人员未获通过的，根据工作需要和本人条件，提名人可以再次向区人大常委会提名。连续两次提名未获通过，不得再提名为同一职务的人选。

第十七条 新的一届区人民政府领导人员依法选举产生后两个月内，区长应提请区人大常委会决定任命区人民政府各局（办）局长（主任）。由区人大常委会任命的其他国家机关工作人员，在区人民代表大会换届后继续担任原职务的可以不再提请重新任命。

第十八条 由区人大常委会任命、决定任命的人员，因工作机构变更，须提请区人大常委会重新任命。

第十九条 区人大常委会任命、决定任命的国家机关工作人员，由区人大常委会颁发任命书。任命书由区人大常委会主任署名。

决定的代理人员、决定任命的副区长和任命的专门委员会副主任委员、委员以及代表资格审查委员会主任委员、副主任委员和委员不颁发任命书。

区人民代表大会换届后，决定任命的新一届区人民政府组成人员由区人大常委会召开颁发任命书大会，区人大常委会主任颁发任命书。对个别任命、决定任命的国家机关工作人员，由区人大常委会主任或委托分管的副主任在区人大常委会会议上或其他场合颁发任命书。

第二十条 经区人大常委会任免、决定任免的国家机关工作人员，由区人大常委会予以公布，并书面通知提请机关。

第二十一条 由区人大常委会任免、决定任免、接受辞职和撤销职务人员的任职、离职时间，以区人大常委会会议通过的时间为准，不得提前到职、离职和对外公布。其中须报市人大常委会批准任免的人员，须在批准任免后到职、离职和对外公布。

第二十二条 由区人大常委会任命、决定任命的国家机关工作人员，在办理退休手续前，须提请区人大常委会免职。

第二十三条 由区人大常委会任命、决定任命的国家机关工作人员，因工作机构撤销的，或任职期间去世的，不办理免职手续，但应报区人大常委会备案。

第四章 辞职、撤职

第二十四条 区人民代表大会闭会期间，区人大常委会组成人员，区人民政府区长、副区长，监察委员会主任，人民法院院长，人民检察院检察长，可以向区人大常委会提出辞职，区人大常委会决定接受辞职后，报区人民代表大会备案。其中区人民检察院检察长的辞职，还须由区人民检察院报经市人民检察院检察长提请市人大常委会批准。

第二十五条 区人大常委会组成人员不得担任国家行政机关、监察机关、审判机关、检察机关的职务。如果担任上述职务，必须向区人大常委会辞去在区人大常委会所担任的职务。区人大常委会决定接受辞职后，报区人民代表大会备案。

第二十六条 区人大常委会主任会议或区人大常委会五分之一以上组成人员书面联名，可以向区人大常委会提出撤销由区人大常委会任命和决定任命的国家机关工作人员职务的议案。区人民政府区长、监察委员会主任、人民法院院长、人民检察院检察长可以分别向区人大常委会提出撤销由区人大常委会任命和决定任命的本机关工作人员职务的议案。

第二十七条 提请区人大常委会审议的撤销职务的议案，提名人应书面报告常委会，并附有撤销其职务的理由和主要问题。区人大常委会允许拟被撤销职务的人员到会或者书面陈述意见。

第二十八条 由区人大常委会主任会议提出撤销职务的议案，直接提请区人大常委会审议。其他撤销职务的议案，先由区人大常委会的工作部门进行初步审查，再由区人大常委会主任会议决定是否提请区人大常委会审议。

第二十九条 区人民政府、监察委员会、人民法院、人民检察院提出撤职案的，由其负责人在区人大常委会会议上作关于撤职案的说明。

区人大常委会主任会议提出撤职案的，由区人大常委会主任会议委托的人员在区人大常委会会议上作关于撤职案的说明。

区人大常委会组成人员联名提出的撤职案，由领衔人在区人大常委会会议上作关于撤职案的说明。

第三十条 撤职案的表决采用无记名投票方式，由区人大常委会全体组成人员的过半数通过。

第五章 监 督

第三十一条 区人民代表大会及其常务委员会选举、任命、决定任命的国家机关工作人员，应严格遵守宪法、法律、法规，执行区人民代表大会及其常务委员会作出的决议、决定，并接受其监督，勤政廉洁，全心全意为人民服务。

第三十二条 区人大常委会通过视察工作、听取专项工作报告、执法检查、履职评议、提出询问和质询等多种方式，对由区人民代表大会及其常务委员会选举、任命、决定任命的国家机关工作人员实施监督。

第三十三条 对由区人民代表大会及其常务委员会选举、任命、决定任命的国家机关工作人员的重大违法渎职事项，区人大常委会主任会议或区人大常委会五分之一以上的组成人员书面联名，可以向区人大常委会提议组织关于特定问题的调查委员会，由常委会全体会议决定。根据调查委员会提出的调查报告，区人大常委会可以作出相应的决议或决定。

第三十四条 区人大常委会受理人民群众和其他组织对由区人民代表大会及其常务委

员会选举、任命、决定任命的国家机关工作人员的检举、揭发和控告，并交有关部门调查处理，有关部门应将调查处理情况报告区人大常委会。

第三十五条 由区人民代表大会及其常务委员会选举、任命、决定任命的国家机关工作人员，凡受到行政处分或纪律处分的，处理机关应报区人大常委会备案。

第六章 附 则

第三十六条 本办法由石家庄市裕华区人大常委会负责解释。

第三十七条 本办法自通过之日起施行。以往办法与本办法不一致的，以本办法为准。

石家庄市裕华区人大常委会
关于对任命和决定任命人员开展履职评议的
办 法

（2023 年 12 月 27 日区六届人大常委会第二十四次会议通过）

第一条 为进一步加强对区人大常委会任命和决定任命人员的任后监督工作，根据《中华人民共和国宪法》《中华人民共和国地方各级人民代表大会和地方各级人民政府组织法》《中华人民共和国各级人民代表大会常务委员会监督法》等相关法律规定和上级工作要求，结合我区工作实际，制定本办法。

第二条 以习近平新时代中国特色社会主义思想为指导，坚持党的领导、人民当家作主、依法治国有机统一，践行全过程人民民主，依法行使人大监督职权，通过开展履职评议，进一步增强被任命和决定任命人员的国家意识、法律意识和公仆意识，促进其依法行政、公正司法。

第三条 履职评议工作应当坚持党的领导、依法办事、集体行使职权的原则，坚持实事求是、民主公开、客观公正、讲求实效的原则。

第四条 履职评议的内容为：

（一）政治业务学习和遵守执行宪法、法律、法规的情况；

（二）落实人大及其常委会决议、决定的情况；

（三）履行法定职责的情况；

（四）办理人大代表议案及建议、批评和意见的情况；

（五）自觉接受人大和社会监督的情况；

（六）其他需要报告的事项。

第五条 履职评议的对象为：区人大常委会决定任命的区人民政府工作部门负责人，区人大常委会任命的区人民法院副院长、审判委员会委员、庭长、副庭长、审判员及区人民检察院副检察长、检察委员会委员、检察员。

区人大常委会对决定任命的区人民政府工作部门负责人，每届应当进行一次履职评议。

区人大常委会每年选择一定数量法官、检察官开展履职评议，逐步有序推进。

第六条 每年度需要进行履职评议的人员可由区人大常委会各工作部门提出建议，也可以采取征求区人大常委会组成人员意见或区人大代表意见的方式提出建议。区人大常委会办公室负责对征求意见情况进行汇总，提出年度开展履职评议的对象、时间等初步建议，经区人大常委会主任会议研究确定。

第七条 履职评议的主要程序：

被评议人员在自查自评的基础上，向区人大常委会提交个人履职情况书面报告。

履职评议在区人大常委会会议上进行。主要程序为：

（一）被评议人员在区人大常委会全体会议上作履职报告；

（二）区人大常委会组成人员对履职报告进行审议；

（三）区人大常委会组成人员对被评议人员的履职情况进行满意度测评。测评的综合评价分为“满意”“基本满意”“不满意”三个档次，测评的分项内容评价分为“好”“较好”“一般”“较差”四个档次；

（四）公布测评计票结果。

第八条 履职评议结果向区委报告，并抄送区委组织部等相关部门，印发区人民政府、区人民法院、区人民检察院，作为被评议人员考核使用的重要依据。对于综合评价“不满意”票超过30%的，建议区人民政府、区人民法院、区人民检察院主要领导与其约谈，并要求其认真整改，适当时候再次向区人大常委会报告履职情况。

第九条 履职评议工作在区人大常委会主任会议领导下进行，由区人大常委会办公室和相关工作部门组织实施。

第十条 本办法自通过之日起施行。以往办法与本办法不一致的，以本办法为准。

石家庄市裕华区人民代表大会代表建议、批评和意见提出和办理的规定

（2023年12月27日区六届人大常委会第二十四次会议通过）

第一章 总 则

第一条 为使区人民代表大会代表（以下简称代表）建议、批评和意见的提出和办理工作制度化、规范化，保证代表依法行使职权、履行义务，根据《中华人民共和国宪法》《中华人民共和国地方各级人民代表大会和地方各级人民政府组织法》《中华人民共和国全国人民代表大会和地方各级人民代表大会代表法》的有关规定，结合工作实际，制定本规定。

第二条 代表建议、批评和意见办理工作坚持以习近平新时代中国特色社会主义思想为指导，坚持党的领导、人民当家作主、依法治国有机统一，坚持和发展全过程人民民主，充

分发挥人民代表大会制度优势，着力推动解决人民群众最关心最直接最现实的利益问题，既重视办理结果也重视办理过程，做到内容高质量、办理高质量。

第三条　代表对本区行政区域内各方面工作的建议、批评和意见的提出，有关机关和组织对代表建议、批评和意见的办理，以及对代表建议、批评和意见办理工作进行检查督促，适用本办法。

第四条　本规定所称的代表建议、批评和意见，包括：

（一）在区人民代表大会会议期间，代表书面向区人民代表大会提出的建议、批评和意见；

（二）在区人民代表大会会议期间，经人民代表大会主席团决定转为建议、批评和意见办理的代表议案，以及超过截止时间提出的代表议案；

（三）在区人民代表大会闭会期间，代表书面向区人民代表大会常务委员会（以下简称区人大常委会）提出的建议、批评和意见。

第五条　代表提出建议、批评和意见，是法律赋予的权利，也是代表执行代表职务的重要形式。代表应当认真履行职责，经常地向有关国家机关和组织反映人民群众的意见和要求，努力为人民服务。

第六条　区人大常委会应当为代表建议、批评和意见工作提供必要的条件，区人大常委会选举任免代表工作委员会和各街道人大工作委员会、镇人大主席团，应当为代表提出建议、批评和意见做好组织、协调和服务工作。代表所在单位应当依法为代表建议、批评和意见工作提供保障。

第七条　承办代表建议、批评和意见，是国家机关和有关组织依照法律应尽的职责，必须严肃对待，认真办理，并在规定的期限内作出负责的答复。区人大常委会、人民政府、监察委员会、人民法院、人民检察院以及其他机关、组织负责代表建议、批评和意见的承办工作。

第八条　代表建议、批评和意见涉及国家秘密的，在提出、交办、办理和答复过程中，代表和相关单位应当严格遵守相关法律和保密规定，做好保密工作。

第二章　建议、批评和意见的提出

第九条　代表应围绕全区改革发展稳定的大局，围绕政治、经济、文化和社会生活中的重大问题及人民群众普遍关心的问题，对区人民代表大会及其常务委员会、人民政府、监察委员会、人民法院、人民检察院和其他机关、组织的工作提出建议、批评和意见。

第十条　代表应同选区人民群众经常保持密切联系，通过视察、调查、座谈、走访等多种形式，深入实际，深入基层，随时注意了解人民群众的意见和要求，在此基础上，认真负责地对本区各方面工作提出建议、批评和意见。代表不直接处理问题。

第十一条　代表提出建议、批评和意见应属于区级国家机关和组织的管辖范围，应当坚持问题导向，一事一议，注重反映实际情况和问题。

第十二条 代表提出建议、批评和意见应当在调查研究的基础上，实事求是，简明扼要，做到事由明确，内容清楚，批评有据，建议具体。

第十三条 下列情形不应当作为代表建议、批评和意见提出：

（一）对列入本级人民代表大会会议议程的各项议案、报告的修改意见；

（二）涉及解决代表本人及其亲属个人问题的；

（三）涉及监察机关、审判机关、检察机关依法处理的具体案件的；

（四）代表本人的或者代转群众申诉、控告和检举类来信的；

（五）属于政策咨询、学术探讨、产品推介的；

（六）没有实际内容的；

（七）不属于本区有关机关、组织职权范围的；

（八）其他不应当作为代表建议、批评和意见的。

第十四条 代表建议、批评和意见可以由代表一人提出，也可以由代表联名提出。

联名提出的，领衔代表应当采取适当方式使参加联名的代表了解建议、批评和意见的内容。参加联名的代表应当确认建议、批评和意见的内容能够真实表达自己的意愿。

第十五条 代表建议、批评和意见应当使用统一印制的代表建议、批评和意见专用纸，并亲笔签名，同时附电子文档。

第十六条 代表可以撤回本人提出的建议、批评和意见。要求撤回的，由代表书面向大会秘书处或区人大常委会选举任免代表工作委员会提出，其办理工作即行终止。

第十七条 代表建议形成后，各街道人大工作委员会、镇人大主席团要在文字、格式、内容等方面进行会商，必要时也可请区人大常委会相关工作部门协助指导，充分发挥集体智慧。建议正式提交前，经街道人大工作委员会主任、镇人大主席或代表团团长进一步会商定稿。对于经商议不符合建议要求的代表建议，各街道人大工作委员会主任、镇人大主席要做好与代表的沟通联系，请代表撤回或进行修改补充，确保建议质量。

第十八条 区人大常委会选举任免代表工作委员会和各街道人大工作委员会、镇人大主席团应当会同有关方面加强代表履职学习工作，组织代表深入了解当地经济社会发展和社情民意。引导代表深入学习党的路线、方针、政策，认真学习宪法、地方组织法、代表法、监督法等法律法规以及经济社会管理等相关方面的知识，保障代表知情知政，使代表了解有关法律规定和提出建议、批评和意见的基本要求，在代表建议、批评和意见选题、酝酿、提出过程中，协助代表把好政治关、法律关和质量关。

第三章 建议、批评和意见的交办

第十九条 代表建议、批评和意见的收集、审理、编号、登记，在区人民代表大会会议期间，由大会秘书处负责；闭会期间，由区人大常委会选举任免代表工作委员会负责。

对内容相同或者相近的代表建议、批评和意见，可以合并处理，并告知提出建议、批评和意见的代表；对属于本办法第十三条所列情形的，不作为代表建议、批评和意见处理，向代表说明情况后予以退回，也可以视情况作为代表来信转送至有关单位或者由代表修改完善后再提出。

第二十条 代表提出的建议、批评和意见，由区人大常委会选举任免代表工作委员会根据代表建议、批评和意见涉及的内容，分别确定交区人民政府、监察委员会、人民法院、人民检察院、区人大常委会各工作部门以及区级有关组织研究办理。

第二十一条 区人大常委会选举任免代表工作委员会应根据代表建议、批评和意见的事项和内容，选取一定数量的属于涉及本区重大改革发展和稳定的、区人大常委会重点工作安排的、代表反映比较集中、涉及人民群众切身利益的，列为重点建议、批评和意见，经区人大常委会主任会议研究确定后，予以重点交办督查和反馈。

第二十二条 区人民政府、监察委员会、人民法院、人民检察院以及区级有关组织对区人大常委会交办的代表建议、批评和意见，可按其内容，交所属工作部门和单位办理。对涉及两个以上部门办理的，要明确主办部门和协办部门。

第二十三条 区人民代表大会会议期间的代表建议、批评和意见，大会闭幕后，由区人大常委会集中交办；区人民代表大会闭会期间的代表建议、批评和意见，由区人大常委会选举任免代表工作委员会自收到之日起五日内交办。

第二十四条 承办部门和单位在收到代表建议、批评和意见后，应当尽快研究，对确实不属于本部门或单位职责范围以及需变更主办单位、增减协办单位的，应当在收到代表建议五日内说明理由，退回交办机关。交办机关应当自收到退件之日起五日内另行确定承办部门或单位并重新交办。

第四章 建议、批评和意见的办理

第二十五条 承办部门和单位应根据国家法律、法规和政策，积极主动地办理代表建议、批评和意见，保证办理质量。合理的建议和意见要认真采纳，正确的批评要虚心接受。凡能够解决的问题，要采取有效措施，抓紧解决；因条件限制，短期内无法解决的问题，积极创造条件逐步解决；确实不能解决的问题，要实事求是地说明情由，解释清楚。

第二十六条 承办单位应建立和完善代表建议、批评和意见办理工作制度，建立健全承办工作机构，实行承办领导、部门与人员“三落实”的承办工作责任制，规范办理程序，努力提高代表建议、批评和意见办理工作的效率和质量。

对区人大常委会主任会议确定的重点建议、批评和意见，区人民政府、监察委员会、人民法院、人民检察院主要负责人要重点研究，承办部门主要负责人要直接办理。

第二十七条 承办单位在办理代表建议、批评和意见的过程中，要做到“五定、四把关、三不答复、两个确保”。“五定”即：定分管领导、定办理人员、定办理职责、定调查落实的具体内容、定办理的时限要求；“四把关”即：把好法律政策关、把好内容质量关、把好格式文字关、把好程序回复关；“三不答复”即：不经集体研究不答复、不经面商不答复、不经领导审签不答复；“两个确保”即：确保办理质量、确保代表满意。

承办单位办理代表建议、批评和意见，应实行公开办理，通过专题调查、现场勘查、召开座谈会、通报会等方式，广泛听取代表意见，扩大代表对办理工作的知情权和参与权，加大代表对办理结果的监督力度，努力提高办理质量。

第二十八条 承办单位应当区别不同情况，将办理代表建议、批评和意见的结果答复代表：

（一）所提问题已经解决或者所提建议和意见已经采纳、部分采纳的，应当将解决和采纳的情况答复代表；所提问题在本年度内能够基本解决的，应当明确答复代表并尽快解决；所提问题已有规定的，应当明确说明有关情况。

（二）所提问题已经列入近期工作计划，自交办之日起三年内能够基本解决的，应当将解决问题的方案明确答复代表；所提问题已经列入工作规划的，应当将解决问题的路线图和时间表明确答复代表。

（三）所提问题暂时难以解决，但是对加强和改进工作具有参考价值，拟在工作中研究参考的，应当将有关情况和理由答复代表；所提问题因法律和政策的规定或者目前条件不具备确实无法解决的，应当明确答复代表，并向代表说明原因，做好解释工作。

承办单位答复代表应当采用规范的公文格式，答复意见应当明确清晰，答复内容应当实事求是，不能弄虚作假或者隐瞒事实。

第二十九条 区人民政府所属工作部门承办的代表建议、批评和意见，其办理结果应先经区人民政府办公室审查同意，再答复代表；其他承办单位承办的代表建议、批评和意见，其办理结果要经主管领导审签同意后，再答复代表。答复代表的复文应突出收到建议后所做的主要工作，做到内容完整、文字精练、格式规范，由承办单位主要负责人签发并加盖承办单位公章。答复代表时，应附《石家庄市裕华区人大代表建议、批评和意见办理结果征询意见表》。

第三十条 代表在区人民代表大会会议期间提出的建议、批评和意见，应自交办之日起三个月内答复；涉及面广、处理难度大的建议、批评和意见，应当自交办之日起六个月内答复。代表在闭会期间提出的建议、批评和意见，要在收到交办件之日起三个月内答复代表。

第三十一条 属于两个以上部门承办的代表建议、批评和意见，由主办部门负责答复代表。协办部门应当积极配合，尽早将办理意见送主办部门。主办部门应在汇集协办部门意见后提出综合意见并答复代表。

第三十二条 代表联名提出的建议、批评和意见，应当分别答复每位代表，经领衔代表同意也可由领衔代表转复其他代表。

第三十三条 代表对答复不满意的，承办单位应主动同代表取得联系，需要重新办理或补充办理的要继续办理，于一个月内办结并再次向代表作出答复。

第三十四条 承办单位应加强同提出建议、批评和意见代表的联系，在办理前，主动与代表沟通，了解代表的具体要求；办理中，随时与代表保持联系，汇报办理过程和进度；办理后，邀请代表实地察看，征询意见，及时反馈办理、落实情况。

第三十五条 承办单位对代表建议、批评和意见的答复，应当同时抄送区人大常委会选举任免代表工作委员会。在承办的建议、批评和意见全部办结后，应当及时向区人大常委会选举任免代表工作委员会报告办理情况。

第五章　建议、批评和意见办理的督办检查

第三十六条　区人民政府、监察委员会、人民法院、人民检察院负责对所属各工作部门办理代表建议、批评和意见工作的组织领导、协调督办、检查落实，对代表在区人民代表大会会议期间提出的建议、批评和意见，在规定期限内办理结束后，将办理情况向区人大常委会作出书面报告。

第三十七条　区人大常委会每年定期听取和审议区人民政府、监察委员会、人民法院、人民检察院办理代表建议、批评和意见情况的报告；区人大常委会主任会议不定期地听取和审议承办单位办理重点建议、批评和意见情况的汇报；区人大常委会相关工作部门应对重点建议、批评和意见的办理情况进行跟踪督办，并向区人大常委会和主任会议反馈督办情况；区人大常委会选举任免代表工作委员会不定期地组织代表对区人民政府、监察委员会、人民法院、人民检察院办理代表建议、批评和意见的情况进行视察。

第三十八条　区人大常委会选举任免代表工作委员会应加强与承办单位和相关代表的联系，督促代表建议、批评和意见办理工作的落实。区人民政府办公室应加强对政府部门办理代表建议、批评和意见工作的督促检查，以及对重点建议、批评和意见的直接协调和督办。代表也可以直接到承办单位督促检查建议、批评和意见的办理情况，对承办部门敷衍塞责、相互推诿、延误不办或答复后不落实的，可以提出询问和批评，也可以向区人大常委会或该承办部门的上级进行反映。

第三十九条　对建议、批评和意见办理不认真、代表不满意，或对代表提出建议、批评和意见无理指责、打击报复的，区人大常委会可以对承办单位负责人提出询问或质询，情节严重的责成有关部门追究责任。

第四十条　区人大常委会每年组织代表对办理代表建议、批评和意见工作进行视察，听取承办单位办理代表建议、批评和意见工作汇报，并进行满意度测评，对办理工作成绩突出的单位予以表扬，对办理工作成绩差的单位予以批评。区人大常委会适时评选一定数量的优秀区人大代表建议、批评和意见，并予以表彰。

第六章　附　则

第四十一条　驻区全国、省、市人大代表，就我区各方面工作提出的建议、批评和意见的办理，适用本规定。

第四十二条　本规定自通过之日起施行。以往规定与本规定不一致的，以本规定为准。

石家庄市裕华区人民代表大会代表履职管理办法

（2023年12月27日区六届人大常委会第二十四次会议通过）

第一条 为促进区人大代表依法履行职责，充分发挥代表作用，根据《中华人民共和国全国人民代表大会和地方各级人民代表大会代表法》和省、市人大关于代表履职的相关规定，结合我区实际，制定本办法。

第二条 区人大代表的履职管理工作在区人大常委会领导下进行，区人大常委会选举任免代表工作委员会具体负责组织实施。

各街道人大工作委员会、镇人大主席团要建立代表履职档案。代表在区人民代表大会期间的履职情况，由各代表团进行登记。闭会期间履职情况由各街道人大工作委员会、镇人大主席团和“人大代表之家（站）”进行登记。每年年底对代表履职情况进行公开量化管理，结果上报区人大常委会选举任免代表工作委员会汇总后，向区人大常委会主任会议报告。

第三条 代表履职实行计分管理，总分100分（不含加分项）。代表履职管理结果分优秀、称职和不称职三类，原则上90分以上的为优秀，60分—90分的为称职，60分以下的为不称职。优秀比例不超过代表总数的15%，超过的，按分数高低取足名额。

第四条 代表履职管理的内容，包括会议期间和闭会期间两部分，总计100分（不含加分项），具体内容和分值如下。

代表在区人民代表大会会议期间的履职情况，基础分值30分。

（一）按时出席区人民代表大会会议，积极参加各次全体会议、代表团会议、分组会议，基础分值15分。

1. 按时参加人民代表大会全体会议，每缺席一次扣3分；

2. 按时参加代表团会议、分组会议，每缺席一次扣2分。

（二）认真审议各项工作报告和议案及其他议题，并发表意见，不少于一次，基础分值5分。

在代表团会议上积极发言的，计5分，不发言的不计分；

（三）提出议案及建议、批评和意见，单独、领衔或联名提出符合内容格式等质量要求的建议不少于一件，基础分值10分。

1. 代表提出建议未被采纳的，单独提出者或领衔人每件每人计2分，联名人每件每人计1分，联名人总分不超过3分，每名联名人不超过1分；

2. 代表提出建议被采纳的，单独提出者每人计10分，联名提出者领衔人计8分，联名人总分不超过10分，每名联名人不超过2分；

3. 代表提出建议两件及以上被采纳的，单独提出者或领衔人加5分，联名人每人加2分；

4. 代表提出建议被列为重点建议的，单独提出者或领衔人加 5 分，联名人每人加 2 分。

（四）代表因特殊情况不能参加区人民代表大会会议的，必须书面履行请假手续，经代表团团长签字，上报大会秘书长批准方为有效。未经批准不参加本级人民代表大会的，当年评为不称职，未经批准两次不参加本级人民代表大会的，劝其辞去代表职务。

代表在区人民代表大会闭会期间的履职情况，基础分值 70 分。

（一）认真参加学习培训，模范遵守宪法和法律，基础分值 10 分。

1. 积极参加市、区人大常委会组织的学习培训，计 5 分；

2. 积极参加街道人大工作委员会、镇人大主席团和“人大代表之家（站）”定期组织的学习培训，每季度不少于一次，共计 5 分。

（二）积极参加代表活动，充分发挥代表作用，基础分值 42 分。

1. 积极参加市、区人大常委会组织的会议、视察调研和执法检查等活动，计 6 分；

2. 积极参加街道人大工作委员会、镇人大主席团和“人大代表之家（站）”组织的集体活动并发挥作用，每年不少于 12 次，计 36 分，每次计 3 分；

3.“人大代表联络站”建设规范，运行正常，活动丰富，档案齐全的，站长加 5 分；

4. 代表对“人大代表之家（站）”建设、代表活动提供大力支持和帮助的，加 3 分；

5. 应邀参加市、区“一府一委两院”及有关部门组织的会议、活动，每次加 2 分，最多加 6 分。

（三）广泛联系选民，收集群众意见，基础分值 12 分。

定期联系选民和群众，听取和反映他们的意见，每年不少于 4 次，每次计 3 分。

（四）认真进行述职，公开接受评议，基础分值 6 分。

1. 代表应围绕参加会议、遵纪守法、视察调研、服务群众等内容，每年向街道人大工作委员会、镇人大主席团进行年度书面述职并接受评议，按要求届中向原选区选民进行一次当面述职并接受测评，书面述职评议等次以当面述职测评结果为依据。评议结果为“满意”的计 6 分，“基本满意”的计 3 分，“不满意”的不计分，“不满意”的需进行整改并报送整改报告，整改情况纳入代表履职档案；

2. 代表除按要求届中向原选区选民进行一次当面述职并接受测评外，每向选民增加一次当面述职且测评结果为“满意”的，加 3 分。

（五）人大系统相关加分项。

1. 代表履职事迹受主流媒体宣传报道、代表撰写的人大方面理论调研文章、人大工作新闻稿件在市级以上主流媒体发表情况。

国家级主流新闻媒体刊载或播发，每项计 10 分；省级主流新闻媒体刊载或播发，每项计 8 分；市级主流新闻媒体刊载或播发，每项计 5 分。

2. 代表履职被评为先进、授予荣誉称号、通报表扬等情况。

受到国家级通报表扬，每项计 10 分；受到省级通报表扬，每项计 8 分；受到市级通报表扬，每项计 5 分；受到区级通报表扬，每项计 3 分。

3. 代表履职工作中表现突出，受到区级以上主要领导批示肯定的情况。

受到国家级领导批示肯定的情况，每项计 10 分；受到省级主要领导批示肯定的情况，每项计 8 分；受到市级主要领导批示肯定的情况，每项计 5 分；受到区级主要领导批示肯定的情况，每项计 3 分。

同一事项获得奖励不重复加分，只取最高分。

（六）凡是发生违法违纪违规行为，造成重大不良影响被处分的，当年评为不称职。

第五条 代表履职管理结果的运用。

（一）每年履职管理结果为优秀等次的，在区人民代表大会会议上进行表彰；连续三年为优秀的，在换届时优先推荐为区人大代表连任人选。

（二）凡被评为不称职的代表，由区人大常委会对其批评教育；一届中两次被评为不称职的代表，劝其辞去人大代表职务。

第六条 代表当年履职情况在下一次区人民代表大会期间以适当方式公布。

第七条 本办法由裕华区人大常委会办公室负责解释。

第八条 本办法自通过之日起施行。以往办法与本办法不一致的，以本办法为准。

石家庄市裕华区人民代表大会代表视察办法

（2023 年 12 月 27 日区六届人大常委会第二十四次会议通过）

第一条 为保证区人民代表大会代表（以下简称代表）依法进行视察，增强视察实效，根据《中华人民共和国全国人民代表大会和地方各级人民代表大会代表法》《中华人民共和国各级人民代表大会常务委员会监督法》等有关法律法规的规定，结合我区实际，制定本办法。

第二条 代表在区人民代表大会闭会期间对我区各级国家机关和有关单位的工作进行视察，是依法执行代表职务的重要活动，是区人民代表大会常务委员会（以下简称区人大常委会）对国家机关工作进行监督的一项重要基础工作。区各级组织和个人应尊重代表的权利，支持代表依法进行视察。

第三条 视察的主要内容包括：

（一）本行政区域执行宪法、法律、法规的情况；

（二）本级和上级人民代表大会及其常务委员会的决议、决定实施情况；

（三）本区国民经济与社会发展规划纲要、计划和预算及其执行情况以及政治、经济、教育、科学、文化、卫生、生态环境保护、自然资源、城乡建设、民政、社会保障、民族等各方面的工作；

（四）区人民代表大会议案及代表建议、批评和意见办理情况；

（五）人民群众普遍关心的热点难点问题；

（六）区人大常委会会议或者主任会议认为需要视察的其他问题。

第四条　区人大常委会及其工作部门应根据区人大常委会的工作计划和要求组织代表进行视察，可根据需要邀请驻区的全国、省、市人大代表参加。

区人大常委会可以根据需要委托镇人大主席团组织代表进行视察。镇人大主席团组织代表进行视察一般应在所在行政区域内进行。

第五条　代表可以持代表证就地进行视察。区人大常委会根据代表的要求，联系安排代表持代表证就地进行视察。

第六条　视察应当制定视察方案，确定视察内容时应当听取代表和有关方面的意见。由常委会组织的集体视察，视察方案经区人大常委会主任会议同意后实施。

第七条　视察应当采取多种形式，兼顾不同类型单位，主要采取听取汇报、座谈交流、调阅资料、个别访问、现场查看、实地考察等方法进行，便于代表全面、真实地了解情况。

视察应当注重实效，俭朴节约。

第八条　代表应当积极参加视察。代表接到视察通知后因故不能参加时，应当请假。

代表参加视察，应当遵守法律、法规，学习和宣传与视察内容有关的法律、法规和国家的方针、政策，深入了解情况，听取人民群众以及有关方面的意见和要求。

第九条　代表视察中发现需要由区有关国家机关和组织研究处理的问题，可以按照《石家庄市裕华区人民代表大会代表建议、批评和意见提出和办理的规定》，书面提出建议、批评和意见，但不直接处理问题。

第十条　代表参加区人大常委会统一安排的视察，可以就视察中发现的重大问题，向区人大常委会有关工作部门书面提出约见本级或者下级有关国家机关负责人。

区人大常委会有关工作部门接到代表提出的约见要求后，应当及时同有关国家机关联系，并作出安排。

被约见的有关国家机关负责人或者其委托的负责人员应当听取代表的建议、批评和意见，给予必要的说明和回答。

第十一条　区各级国家机关和有关单位在接受代表视察时，应当提供相关材料，其负责人应当向代表如实汇报情况，认真听取代表意见，回答代表提出的问题。有关国家机关和组织接到代表书面提出的建议、批评和意见后，应当按照《石家庄市裕华区人民代表大会代表建议、批评和意见提出和办理的规定》认真办理，并答复代表。

第十二条　视察结束后，区人大常委会有关工作部门应当及时汇总代表提出的意见和建议，交有关国家机关和组织研究处理。对报告中提出的意见和建议的研究处理情况应当向代表反馈。

第十三条　代表所在单位应当支持代表参加视察，对代表参加视察的时间必须给予保障。

代表参加视察，按正常出勤对待，享受所在单位的工资和其他待遇。

第十四条　拒绝或者阻碍代表依法进行视察以及对提出批评或者反映问题的代表进行威

胁或者打击报复的，依照《中华人民共和国全国人民代表大会和地方各级人民代表大会代表法》的规定处理。

第十五条 本办法自通过之日起施行。以往办法与本办法不一致的，以本办法为准。

石家庄市裕华区人民代表大会代表学习培训工作办法

（2023年12月27日区六届人大常委会第二十四次会议通过）

第一条 为进一步提高人大代表依法履职的能力，更好地发挥人大代表主体作用，根据《中华人民共和国全国人民代表大会和地方各级人民代表大会代表法》（以下简称代表法）的有关规定，结合我区实际，制定本办法。

第二条 代表的学习培训分为初任培训、履职培训、专题培训三种方式。

第三条 代表初任培训应在新一届区人大代表当选后、第一次会议召开前开展，重点围绕坚持和完善人民代表大会制度、建设社会主义政治文明、加强全过程人民民主等方面，不断提高代表的政治理论素质。主要内容包括：

（一）学习习近平新时代中国特色社会主义思想和党的路线、方针、政策；

（二）学习宪法，牢固树立忠于宪法、遵守宪法、维护宪法的观念；

（三）学习代表法等有关法律，了解代表的地位和作用、权利和义务，树立人大意识、代表意识、选区意识；

（四）学习议事规则、会议的程序和要求，审议各项工作报告、审议我区国民经济与社会发展规划计划、预算及其执行情况的工作程序和基本内容；

（五）学习代表提出议案及建议、批评和意见的方法。

第四条 闭会期间的代表学习培训工作，应以代表履职所需要的基本知识为重点。主要内容包括：

（一）全区经济社会概况和发展目标；

（二）“一府一委两院”及其部门的职能和管理权限；

（三）开展法律监督、专题询问、视察调研的方式和内容；

（四）代表建议、批评和意见办理的方法和程序；

（五）接待选民、到原选区述职的方法。

第五条 区人大常委会各工作部门应结合调研视察和执法检查等方面工作，组织代表进行专题学习，充分发挥代表的专业特长，不断丰富代表的知识结构，努力提升代表参与管理国家事务的能力。

第六条 代表学习培训工作由区人大常委会选举任免代表工作委员会具体负责，会同常委会其他工作部门、各街道人大工作委员会、镇人大主席团共同完成。

第七条 区人大常委会选举任免代表工作委员会应在每年年初拟订代表学习培训年度计

划，提交主任会议研究通过。

第八条 组织代表学习培训的有关费用，从财政拨付的代表专项经费中列支。

第九条 代表所在单位对代表参加学习培训的时间，应按法律的有关规定予以保障。

第十条 本办法自通过之日起施行。以往办法与本办法不一致的，以本办法为准。

石家庄市裕华区人大常委会关于加强和规范区人民代表大会代表在闭会期间活动的规定

（2023 年 12 月 27 日区六届人大常委会第二十四次会议通过）

第一章 总 则

第一条 为保障区人民代表大会代表（以下简称代表）在闭会期间依法行使代表职权，履行代表义务，发挥代表作用，根据有关法律规定，结合本区实际，就加强和规范代表闭会期间的活动，制定本规定。

第二条 代表活动，是指在区人民代表大会闭会期间，代表依法执行代表职务的各项活动。代表活动既是执行代表职务，又是代表知情知政，掌握第一手资料，为出席区人民代表大会会议审议议案和报告，酝酿、起草、提出议案及建议、批评和意见作准备，也是代表联系选民、宣传法律和政策、倾听人民群众意见和要求的过程。

第三条 本行政区域内的一切机关、组织和个人都必须尊重代表的权利，支持代表依法执行代表职务。

第二章 代表活动的组织和方式

第四条 代表活动可以由区人民代表大会常务委员会（以下简称区人大常委会）组织，也可以安排代表所在选区的街道人大工作委员会或委托代表所在选区的镇人大主席团组织。区人大常委会选举任免代表工作委员会负责代表活动的总体安排和组织协调工作。

第五条 代表活动每月至少开展一次。区人大常委会选举任免代表工作委员会根据工作需要适时拟定专题活动安排意见，明确活动内容、活动方式、活动纪律等要求，报请区人大常委会分管领导审批。安排各街道人大工作委员会或委托镇人大主席团组织实施的区人大代表活动，应将专题活动安排意见印发各街道人大工作委员会、镇人大主席团，由各街道人大工作委员会、镇人大主席团制定实施方案。

第六条 代表活动主要依托“人大代表之家（站）”开展，代表活动以集体活动为主，以代表小组活动为基本形式。根据区人大常委会的安排，按照便于组织和开展活动的原则，以街道、镇为单位建立若干代表小组。每个代表小组应推选确定一名召集人、一名联络员，负责小组活动的召集和组织工作。

第七条 代表活动一般在代表所在选区的街道、镇行政区域内进行。根据需要，经区人大常委会选举任免代表工作委员会协调，可以跨区域进行活动，也可以邀请驻区的全国、省、市人大代表参加。

第八条 代表活动主要包括：

（一）参加区人大常委会、街道人大工作委员会、镇人大主席团组织的各项视察、专题调研和学习培训活动。

（二）应邀列席区人大常委会会议、选区所在镇的人民代表大会会议。

（三）应邀参加区人大常委会执法检查组对有关法律、法规实施情况进行的执法检查，应邀参加区人大常委会各工作委员会的工作调研。

（四）根据区人民代表大会及其常务委员会的决定，参加关于特定问题的调查委员会的工作。

（五）根据区人民代表大会及其常务委员会的安排，参加对区人民政府及其组成部门和监察委员会、人民法院、人民检察院（以下简称“一府一委两院”）的专题询问。

（六）应邀参加“一府一委两院”召开的有关会议、组织的活动。

（七）向区人大常委会和“一府一委两院”及其他有关机关、组织提出建议、批评和意见。

（八）定期参加“人大代表之家（站）”举办的活动。

（九）通过多种形式加强与选民的联系，开展向选民述职等活动。

第九条 镇人大主席团可以邀请辖区内的区人大代表参加镇人大代表活动。

第三章 代表活动的内容和要求

第十条 代表活动应紧紧围绕区委的重要部署，围绕全面推进经济建设、政治建设、文化建设、社会建设和生态文明建设的重大问题，围绕区人民代表大会及其常务委员会所作的决议、决定的贯彻执行情况，围绕人民群众普遍关心的热点、难点问题进行，可以综合运用多种形式，可以与专题调研、视察、执法检查等相结合，不断丰富活动内容，努力增强活动实效。

第十一条 街道人大工作委员会、镇人大主席团、“人大代表之家（站）”根据区人大常委会工作要点制订年度活动计划，并定期向区人大常委会上报活动计划实施情况。代表活动应做到有内容、有制度、有计划、有考勤、有记录、有总结。区人大常委会选举任免代表工作委员会对代表活动进行指导、督促、检查。

第十二条 组织开展代表活动前，一般应拟定代表活动方案，可以结合代表本职工作特点，充分考虑代表的行业、职业结构，积极探索简易化、多元化的活动方式，努力提高代表参加活动的积极性和参与率。

第十三条 代表活动方案确定后，应提前通知代表做好各项准备，按时参加活动；应协调相关方面给予支持配合，安排相关人员陪同参加，提供相关信息和资料，并做好服务保障工作。

第十四条　根据区人大常委会的安排，每次区人民代表大会会议前应开展集中视察，为审议各项报告，提出议案及建议、批评和意见做好准备。

第十五条　代表可以持代表证就地进行视察。区人大常委会选举任免代表工作委员会根据代表的要求，为代表持证视察做好协调服务工作。

第十六条　根据区人大常委会年度工作安排，代表应根据专长特长，积极参加专题调研等活动。

第十七条　“一府一委两院”可以邀请代表列席有关会议或参加有关活动，邀请单位向代表通报区情区政要实事求是，真诚坦率。征求代表意见，应注意提前向代表告知内容，事先与区人大常委会选举任免代表工作委员会联系沟通。

第十八条　代表应通过多种渠道保持与选民的联系，依托“人大代表之家（站）”，通过走访、座谈、电话联系等形式，广泛听取和反映人民群众的意见、要求。每位代表与人民群众的联系每年不少于两次。

第十九条　区人大常委会选举任免代表工作委员会应有计划地开展代表初任培训、履职培训和专题培训工作。街道人大工作委员会、镇人大主席团、“人大代表之家（站）”可以根据实际情况组织必要的培训。定期组织代表进行履职经验交流，不断提高实践能力和履职水平。

第二十条　坚持和完善代表列席区人大常委会会议制度，区人大常委会选举任免代表工作委员会应有计划地邀请议题内容相关领域的代表列席区人大常委会会议，力求大多数代表在届内列席一次会议。

第二十一条　代表活动结束后，应将相关材料整理归档，及时进行总结。开展视察调研的，应形成视察调研报告。代表提出的建议、批评和意见，由区人大常委会选举任免代表工作委员会交区级有关国家机关和组织研究处理。

第四章　代表活动的监督

第二十二条　代表参加区人民代表大会闭会期间的活动，必须模范遵守宪法和法律，依法履行职责，不得利用代表权力为本人或者亲属牟取不正当利益；不得借执行代表职务从事个人职业活动；不得对外泄露涉及国家秘密的事项。

第二十三条　代表对于人民群众递交的申诉、控告和检举等信件，可以交由区人大常委会信访办公室转有关机关、组织处理，并由有关机关、组织负责答复。代表个人不得干预具体案件的审理和执行，对涉及本人和亲属的具体案件应当回避。

第二十四条　代表参加闭会期间活动情况应及时记入履职档案，代表应自觉填写代表履职登记表，及时记录履职情况，街道人大工作委员会、镇人大主席团汇总后，交区人大常委会选举任免代表工作委员会按程序进行通报。代表履职情况可作为换届时代表连任的重要依据。

代表长期不参加代表活动，不能履行代表职责的，应提出辞去代表职务。

第二十五条 代表应主动接受原选区选民的监督，每年向所在选区选民述职，回答选区选民和群众的询问，并接受评议。

第五章 代表活动的保障

第二十六条 区人大常委会工作机构应及时向代表通报区人大常委会会议、区人大常委会重要工作安排和重要活动情况，定期向代表提供有关刊物和资料。“一府两院”应通过多种形式，定期向代表通报有关情况及重大事项，保障代表知情知政。区人民代表大会会议举行前，区人大常委会及区人民政府、人民法院、人民检察院应将工作报告征求意见稿印发代表，征求代表的意见。

第二十七条 坚持和完善区人大常委会组成人员联系代表制度，广泛听取代表的意见和要求，及时解决代表履行职责中的实际困难。

第二十八条 代表参加活动时，代表所在单位必须给予时间保障，提供必要的便利，按正常出勤对待。

第二十九条 代表活动经费，列入区财政预算，代表活动经费应当专款专用，严格管理，保证开展活动的需要。

第三十条 加强对代表活动的宣传，充分利用各种媒体平台，反映代表履职活动、树立代表形象。

第六章 附 则

第三十一条 本规定自通过之日起施行。以往规定与本规定不一致的，以本规定为准。

石家庄市裕华区人民代表大会代表
退出暂行办法

（2023 年 12 月 27 日区六届人大常委会第二十四次会议通过）

第一条 为促进石家庄市裕华区人民代表大会代表（以下简称代表）依法规范履职，落实从严管理代表队伍的要求，根据《中华人民共和国地方各级人民代表大会和地方各级人民政府组织法》（以下简称组织法）、《中华人民共和国全国人民代表大会和地方各级人民代表大会选举法》（以下简称选举法）、《中华人民共和国全国人民代表大会和地方各级人民代表大会代表法》（以下简称代表法）等相关规定，结合我区实际，制定本暂行办法。

第二条 人大代表是国家权力机关的组成人员，应当严格遵守政治纪律和政治规矩，牢固树立政治观念、法治观念、群众观念，忠诚履行宪法法律赋予的职责，忠实代表人民利益和意志，依法参加行使国家权力，从严要求自己，切实发挥在本职岗位中的带头作用，自觉弘扬和践行社会主义核心价值观。

第三条 本暂行办法所称退出，指代表因失去代表资格或条件、辞职被接受和被罢免的、不能履职或不称职的，经法定程序终止代表资格。代表退出，必须坚持党的领导、充分发扬民主、严格依法办事并保障代表的权利。

第四条 根据有关法律和制度规定，并结合我区工作实际，区人大代表应当退出的有关具体情形如下：

（一）法律规定方面：

1. 迁出或调离本行政区域的；

2. 辞职被接受的；

3. 未经批准两次不出席区人民代表大会会议的；

4. 被罢免的；

5. 丧失中华人民共和国国籍的；

6. 被剥夺政治权利的；

7. 丧失行为能力的。

上述情形均应依法终止其代表资格。

（二）违法违纪方面：

1. 涉嫌严重违纪违法已立案审查的，犯罪事实已经查清给予党纪政纪处分及追究刑事责任的，应罢免或责令其辞去代表职务；

2. 因涉嫌违法犯罪，被许可采取强制措施，需交由司法机关立案查处的，应责令其辞去代表职务。

（三）工作原因方面：

1. 以“工作需要”为提名理由，因工作岗位变动后不宜继续担任区人大代表职务的；

2. 因个人意愿或身体健康原因不愿意或不能正常履行代表职责的；

3. 未经批准一年内不参加闭会期间组织的视察、调研、检查活动的；

4. 代表向选区述职、接受评议时，连续两次“不满意”票超过30%的。

上述情形应建议其辞去代表职务。

（四）其他方面：

1. 代表失去联系一年以上的，应罢免其代表职务；

2. 存在与人大代表身份不相符的行为，经有关方面提醒仍不改正，造成不良影响的，应责令其辞去代表职务；

3. 代表因个人原因自愿辞去代表职务的，应当向区人大常委会书面提出辞职请求。

第五条 代表退出的有关程序及要求：

（一）终止代表资格的程序。对出现本暂行办法法律规定方面所列情形之一的代表，由代表所在街道、镇人大或代表本人及时报告并提供有关依据，经区人大常委会代表资格审查委员会审查并向区人大常委会报告，由区人大常委会予以公告。

（二）责令代表辞职和建议代表辞职的程序。对出现本暂行办法责令辞职情形的代表，由区人大常委会相关工作部门与区委组织部沟通后，责令其向区人大常委会书面提出辞职申请，对出现本暂行办法建议辞职情形的代表，建议其向区人大常委会书面提出辞职申请，由区人大常委会主任会议提请区人大常委会会议表决。区人大代表辞职被接受的，其代表资格终止，由区人大常委会予以公告。

责令辞职或者建议辞职的代表，本人拒不同意的，应当建议原选区选民依法启动罢免程序。

（三）依法罢免代表的程序。根据地方组织法、选举法的规定依法办理。

（四）代表自愿辞职的程序。根据代表提出的辞职请求，由区人大常委会主任会议研究后，提请区人大常委会会议表决。区人大代表辞职被接受的，其代表资格终止，由区人大常委会予以公告。

第六条 区人大代表辞去代表职务，应当写明辞职理由和请求事项，签署姓名和日期。

第七条 是否接受区人大代表辞职，由区人民代表大会常务委员会决定，须经区人大常委会组成人员的过半数通过。

第八条 镇级人大代表退出，参照本暂行办法执行。

第九条 本暂行办法由区人大常委会负责解释。

第十条 本暂行办法自通过之日起施行。

石家庄市裕华区国家机关
联系区人民代表大会代表办法

（2023 年 12 月 27 日区六届人大常委会第二十四次会议通过）

第一章 总 则

第一条 为加强国家机关同区人民代表大会代表（以下简称区人大代表）的联系，充分发挥代表的作用，根据《中华人民共和国宪法》《中华人民共和国地方各级人民代表大会和地方各级人民政府组织法》《中华人民共和国全国人民代表大会和地方各级人民代表大会代表法》的规定，结合本区实际，制定本办法。

第二条 本办法所指的国家机关，包括区人大常委会、区人民政府、区监察委员会、区人民法院、区人民检察院、街道人大工作委员会、镇人大主席团。

密切联系区人大代表是区人大常委会、人民政府、监察委员会、人民法院、人民检察院和街道人大工作委员会、镇人大主席团的重要职责。区人大常委会、人民政府、监察委员会、人民法院、人民检察院和街道人大工作委员会、镇人大主席团应当积极主动地联系代表。

第三条 区人大常委会、人民政府、监察委员会、人民法院、人民检察院、街道、镇应当以宪法和法律赋予代表的职责为依据，围绕区人民代表大会审议、讨论、决定的问题以及人民群众普遍关心的其他重大问题联系代表，听取代表意见，接受代表监督，为代表依法执行代表职务服务。

第二章　区人大常委会同代表的联系

第四条　区人大常委会和常委会各工作部门，应当加强同区人大代表的联系，依靠代表开展工作，为代表执行代表职务创造条件，搞好服务。

第五条　区人大常委会在举行会议时，可以邀请与议题相关的代表列席会议，听取代表的意见。

第六条　区人大常委会在审议议案和作出决议、决定之前，可以将草案印发有关代表征求意见。

第七条　区人大常委会通过的决议、决定以及印发的有关刊物、资料等，应当及时送发代表。

第八条　在每次区人民代表大会会议前，区人大常委会应当根据会议议题，安排代表开展视察、调查活动，初审提交大会审议的各项工作报告，了解各方面工作情况，为代表出席会议做好准备。

第九条　在区人民代表大会闭会期间，区人大常委会应当有计划地安排和组织代表进行视察调研和执法检查。

第十条　区人大常委会各工作部门在起草和审议决议、决定草案，以及研究、审议和拟订有关议案时，应当征求有关方面代表的意见。

第十一条　区人大常委会各工作部门在开展视察、调查和执法检查时，要吸收有关方面的代表参加。

第十二条　区人大常委会应当认真处理代表来信，接待代表来访，督促、检查有关机关和组织认真负责地办理代表建议、批评和意见。

第十三条　区人大常委会选举任免代表工作委员会负责联系代表的日常工作。

第三章　区人民政府、监察委员会、人民法院、人民检察院同代表的联系

第十四条　区人民政府、监察委员会、人民法院、人民检察院要结合各自的工作实际，加强同区人大代表的联系。

第十五条　区人民政府、监察委员会、人民法院、人民检察院应当支持代表依法开展工作，努力为代表执行代表职务创造条件，搞好服务。

第十六条　区人民政府、人民法院、人民检察院要按照区人大常委会的有关规定，定期向代表通报重要工作和重大事项；遇有需要通报的重大事项，应随时通报。

第十七条　区人民政府、监察委员会、人民法院、人民检察院的重要决策出台前，应当征求有关方面代表的意见。可以就某项重要工作或人民群众普遍关心的问题召开代表座谈会，直接听取代表的建议、批评和意见。

第十八条 区人民政府、监察委员会、人民法院、人民检察院应当认真接待区人大常委会统一安排的代表视察、调查和执法检查，接受代表对各方面工作的监督。参加上述活动的代表提出约见上述区级国家机关负责人时，被约见的国家机关负责人或者由其委托的负责人员应当向代表汇报有关情况，听取代表的建议、批评和意见。

第十九条 区人民政府、监察委员会、人民法院、人民检察院应当加强同本部门、本行业相关的人大代表的联系，通过走访代表，召开代表座谈会，邀请代表旁听重要案件庭审和参加重要事项听证会等多种形式，听取代表意见，接受代表监督。

第二十条 区人民政府、监察委员会、人民法院、人民检察院应当按照区人大常委会的有关规定，认真办理代表提出的建议、批评和意见。凡能够解决的问题，要采取有效措施，抓紧解决；因条件限制，短期内无法解决的问题，纳入规划，积极创造条件，逐步解决；确实不能解决的问题，要实事求是地说明理由，解释清楚。所有的代表建议、批评和意见的办理结果，应当在规定的期限内答复代表。

第二十一条 区人民政府、监察委员会、人民法院、人民检察院担任领导职务的代表，应当以普通代表身份，积极参加原选区代表活动，联系当地代表。

第二十二条 区人民政府、监察委员会、人民法院、人民检察院可以结合各自工作实际，制定联系代表的具体工作规则。

第四章 街道人大工作委员会、镇人大主席团同代表的联系

第二十三条 街道人大工作委员会、镇人大主席团应当采取多种方式同区人大代表保持联系，为代表执行代表职务创造必要条件。

第二十四条 镇人大召开会议时，可以根据会议内容，邀请本区域的有关区人大代表列席会议。

第二十五条 街道人大工作委员会、镇人大主席团应当根据区人大常委会的统一安排，组织本区域的区人大代表开展视察调研、执法检查等闭会期间的代表活动。

第二十六条 街道人大工作委员会、镇人大主席团根据区人大代表的要求，联系安排代表持代表证就地进行视察。

第二十七条 街道人大工作委员会、镇人大主席团组织区人大代表开展区人大常委会统一安排的视察，代表提出约见区人民政府、监察委员会、人民法院、人民检察院和镇人民政府负责人时，应当及时联系安排。

第二十八条 街道人大工作委员会应当受理并认真督办区人大代表对本区域行政部门提出的建议、批评和意见；镇人大主席团应当受理并认真督办区人大代表对本级国家机关和组织提出的建议、批评和意见。

第二十九条 街道人大工作委员会、镇人大主席团要对本区域选出的区人大代表执行代表职务情况进行登记，定期向本区域的全体代表通报。

第三十条 街道人大工作委员会、镇人大主席团每年应安排本区域选出的区人大代表向

选民述职，有计划地对本区域的区人大代表进行述职评议，监督代表执行代表职务的情况。

第五章 附 则

第三十一条 本办法自通过之日起施行。以往办法与本办法不一致的，以本办法为准。

石家庄市裕华区人大常委会宣传工作办法

（2023 年 12 月 27 日区六届人大常委会第二十四次会议通过）

第一条 为进一步加强对人民代表大会制度和我区人大工作的宣传，及时反映人大工作中的新举措、新经验、新情况，推动全区民主法制建设进程，制定本办法。

第二条 人大宣传工作坚持以马列主义、毛泽东思想、邓小平理论、“三个代表”重要思想、科学发展观、习近平新时代中国特色社会主义思想为指导，践行全过程人民民主，以宪法和法律法规为依据，与地方国家权力机关的性质、地位、作用相适应，讲求真实性、政策性、指导性、时效性，有利于推动我区经济社会各项事业的发展。

第三条 人大宣传工作的主要内容：

（一）人民代表大会会议、常委会会议、主任会议情况；

（二）常委会视察调研、执法检查等重要活动情况；

（三）人大代表依法履职、为民办事、提出建议等情况；

（四）人大换届选举工作情况；

（五）工作实践创新、理论研究和自身建设情况；

（六）“一府一委两院”接受监督、执行决议和办理建议等情况；

（七）其他有关工作内容。

第四条 人大宣传工作应以省、市人大刊物、区委工作信息和人大常委会宣传平台为主要渠道，并积极向中央、省、市新闻媒体拓展。

第五条 按照工作职责和业务范围，宣传材料由区人大常委会各工作部门、各街道人大工作委员会、镇人大主席团对口负责。

第六条 宣传材料实行上报审查制。一般宣传材料由区人大常委会各工作部门、各街道人大工作委员会、镇人大主席团负责人审核。重要的宣传材料经审核后，送区人大常委会办公室主任复核，再报区人大常委会分管副主任或主任审查。

第七条 区人大常委会各工作部门、各街道人大工作委员会、镇人大主席团应明确一名宣传工作人员。区人大常委会通过多种形式，对宣传工作人员进行培训和指导。

第八条 区人大常委会办公室定期通报各单位信息报送及采用情况。区人大常委会每年根据稿件采用的数量和质量，评选人大宣传工作先进集体和先进个人。

第九条 人大宣传工作的协调联系和登记备案，由区人大常委会办公室负责。人民代表大会期间的宣传工作，由大会秘书处宣传组负责。

第十条 本办法自通过之日起施行。以往办法与本办法不一致的，以本办法为准。

石家庄市裕华区人大常委会
对有关法律法规实施情况检查监督办法

（2023年12月27日区六届人大常委会第二十四次会议通过）

第一条 为依法履行区人民代表大会常务委员会（以下简称区人大常委会）的监督职责，规范对法律法规实施情况的检查监督（简称执法检查）工作，增强执法检查实效，根据《中华人民共和国各级人民代表大会常务委员会监督法》及有关法律的规定，结合我区实际，制定本办法。

第二条 本办法所称的执法检查，是指区人大常委会检查区人民政府及其行政执法部门、监察委员会、人民法院、人民检察院以及其他负有执法责任的组织和单位（以下统称法律法规实施主管机关）贯彻执行法律、法规情况，督促其及时解决和纠正贯彻实施中存在问题的监督活动。

第三条 执法检查坚持依法办事、实事求是和讲求实效的原则。

第四条 区人大常委会每年应选择若干关系全区改革发展稳定大局和人民群众切身利益及社会普遍关注的重大问题，有计划地对有关法律、法规实施情况组织执法检查。

第五条 区人大常委会年度执法检查计划的制定，由区人大常委会各工作委员会提出建议，交区人大常委会办公室汇总形成计划草案，于每年第一季度由区人大常委会主任会议或区人大常委会会议讨论通过，印发区人大常委会组成人员和区人民政府、监察委员会、人民法院、人民检察院，并向社会公布。

区人大常委会的执法检查计划如需调整，应当由区人大常委会相关工作委员会提出建议，由区人大常委会主任会议讨论通过。

第六条 执法检查工作由区人大常委会有关工作委员会具体组织实施，应当根据年度执法检查计划制定具体实施方案，提交区人大常委会主任会议审定。实施方案应包括执法检查的指导思想、组织形式、重点内容、重点区域、方法步骤和具体要求等内容。

第七条 区人大常委会应当按照精干、效能的原则，组织执法检查组。执法检查组的组成人员从区人大常委会组成人员和区人大专门委员会组成人员中确定，并根据需要邀请本级人大代表参加。

第八条 执法检查前，执法检查组的组成人员应熟悉和掌握有关法律、法规，收集有关法律、法规实施情况的资料。

执法检查前，主任会议可根据执法检查内容组织专题法制讲座。

第九条 执法检查可以采取听取汇报、召开座谈会、实地考察、随机检查、个别走访、调阅案卷、网络调查等方式进行，并可以通过问卷调查、抽样调查、设立专线电话等途径收集情况。

区人大常委会实施执法检查时，法律法规实施机关应当配合执法检查组的工作，提供有关的情况和必要的协助。

第十条　执法检查活动可以同代表视察、专题调研、会议审议等活动结合进行。

第十一条　执法检查结束后，执法检查组应当撰写执法检查报告。

执法检查报告必须客观真实地反映情况，不回避矛盾。一般应包括下列内容：对所检查的法律、法规实施情况进行评价；提出执法中存在的问题；对改进执法工作的建议；对有关法律、法规提出修改完善的建议。

第十二条　执法检查报告由区人大常委会主任会议决定提请区人大常委会会议审议。区人大常委会会议审议执法检查组的执法检查报告，可以同时审议法律法规实施主管机关关于贯彻实施情况的报告。执法检查报告与专项工作报告有关联的，可以列为同一次区人大常委会议题一并审议。

第十三条　执法检查中发现的重大典型违法问题，经主任会议决定，交有关机关调查处理，并报告调查处理结果；必要时可以将处理结果提请区人大常委会审议。对特别重大典型违法问题，可以依法组织特定问题的调查委员会开展。

区人大常委会不直接处理案件，案件应按有关规定转由法律法规实施主管机关依照法律、法规规定的程序办理。

第十四条　法律法规实施主管机关应按照执法检查的要求自查自纠，报告有关法律、法规贯彻实施情况，接受并配合执法检查工作。区人大常委会会议听取和审议执法检查报告时，法律法规实施主管机关及有关单位的负责人应到会听取意见，回答询问。

第十五条　执法检查报告及审议意见应当一并交由区人民政府、监察委员会、人民法院、人民检察院研究处理。区人民政府、监察委员会、人民法院、人民检察院应当在两个月内将研究处理情况由其办事机构送交区人大常委会相关工作委员会征求意见后，向区人大常委会提出报告。必要时，由区人大常委会主任会议决定提请区人大常委会审议，或者由区人大常委会委派相关工作委员会组织跟踪检查。

第十六条　区人大常委会的执法检查报告及区人大常委会组成人员审议意见，区人民政府、监察委员会、人民法院、人民检察院对其研究处理情况的报告，由区人大常委会选举任免代表工作委员会向人大代表通报，由区人大常委会办公室向社会公布。

第十七条　本办法自通过之日起施行。以往办法与本办法不一致的，以本办法为准。

石家庄市裕华区人大常委会
规范性文件备案审查办法

（2023 年 12 月 27 日区六届人大常委会第二十四次会议通过）

第一条　为加强规范性文件的备案审查工作，维护国家法治统一，根据《中华人民共和国地方各级人民代表大会和地方各级人民政府组织法》《中华人民共和国各级人民代表大会常务委员会监督法》等有关法律法规，结合我区实际，制定本办法。

第二条 本办法所称规范性文件，是指本行政区域内有关国家机关依照法定权限和程序制定并公开发布涉及公民、法人和其他组织权利、义务，具有普遍约束力，在一定时期内反复适用的文件。

第三条 规范性文件的备案范围包括：

（一）区人民政府制定的规范性文件；

（二）区人民政府或者以其办公室名义制定的规范性文件；

（三）区监察委员会制定或者由其会同有关国家机关制定的规范性文件；

（四）区人民法院、人民检察院制定或者由其会同有关国家机关制定的规范性文件；

（五）镇人民代表大会依法定程序作出的决议、决定。

区人民政府、监察委员会、人民法院、人民检察院以及镇人民代表大会制定的内部工作制度、人事任免决定，以及对具体事项作出的处理决定或向上级机关的请示和报告等，不属于规范性文件的备案审查范围。

第四条 区人民政府、监察委员会、人民法院、人民检察院、镇人民代表大会制定的规范性文件应当自公布之日起三十日内报送区人大常委会备案。

第五条 规范性文件备案材料包括下列内容：

（一）备案报告；

（二）规范性文件文本及相应的说明；

（三）其他有关材料。

规范性文件备案，应当报送备案材料纸质文本一式五份，同时报送电子文本。

第六条 报送区人大常委会备案的规范性文件材料，由区人大常委会办公室进行接收、登记，并在收到报送备案的规范性文件后七日内，按照职责分工分送区人大常委会相关工作委员会进行审查。规范性文件的内容涉及两个以上区人大常委会工作委员会职责范围的，应当同时分送相关的工作委员会。

未按规定报送规范性文件备案材料的，由区人大常委会政治法律工作委员会书面通知制定机关的办事机构限期报送。

第七条 对规范性文件主要审查是否存在下列情形：

（一）超越法定权限；

（二）违反法律程序；

（三）同法律、行政法规或者地方性法规相抵触；

（四）同上级或本级人民代表大会及其常务委员会的决议、决定相抵触；

（五）其他不适当的情形。

第八条 区人民政府、监察委员会、人民法院、人民检察院以及镇人民代表大会认为备案审查的规范性文件不适当的，可以向区人大常委会书面提出审查要求。其他国家机关、社会团体、企业事业单位以及公民认为备案审查的规范性文件不适当的，可以向区人大常委会书面提出审查建议。

第九条 区人大常委会政治法律工作委员会承担规范性文件审查的工作，并与区人大常委会相关工作委员会共同对规范性文件进行审查。

区人大常委会政治法律工作委员会和相关工作委员会在对规范性文件的审查过程中，可以要求制定机关补充相关材料，说明有关情况。

第十条 区人大常委会政治法律工作委员会和相关工作委员会在审查中认为报送备案的规范性文件需要修改或者废止的，在征求有关方面意见的基础上，经主任会议同意，向制定机关提出书面审查意见。

制定机关应当在两个月内研究提出是否修改或者废止的意见，并向区人大常委会有关工作委员会反馈。

第十一条 区人大常委会对区人民政府报送备案的规范性文件审查意见与市人民政府意见不一致时，依程序报请市人大常委会依法审查处理。

第十二条 规范性文件应当修改或者废止而制定机关不予修改或者废止的，区人大常委会政治法律工作委员会可以向主任会议提出予以撤销的建议，由区人大常委会主任会议决定提请区人大常委会会议审议。

第十三条 区人大常委会政治法律工作委员会应当在规范性文件审查工作结束后十日内，书面告知审查要求或者审查建议的提出人。

第十四条 区人大常委会政治法律工作委员会应当于每年底向主任会议汇报该年度的规范性文件备案审查情况，并向区人大常委会会议提交书面报告。区人大常委会应当每年向区人民代表大会会议报告上一年度规范性文件备案审查工作情况，并向社会公开。

第十五条 规范性文件审查工作结束后，区人大常委会政治法律工作委员会和相关工作委员会应当将报送备案的规范性材料、有关单位或个人提出的审查要求或建议、审查意见书及备案审查处理情况等有关审查处理的材料移交区人大常委会办公室归档保存。

第十六条 本办法自通过之日起施行。以往办法与本办法不一致的，以本办法为准。

石家庄市裕华区人大常委会
预算联网监督系统管理办法（试行）

（2023 年 12 月 27 日区六届人大常委会第二十四次会议通过）

第一章 预算联网监督系统管理

第一条 预算联网监督系统与区财政局预算管理信息系统通过专线连接，采取定期推送和实时查询等方式，实现数据的传送、查询和分析等功能。预算联网监督系统不得接入互联网。

第二条 区人大常委会财政经济工作委员会（以下简称财经工委）负责预算联网查询室的日常管理工作，包括软件管理、数据管理和分析、预算等工作。

第三条 区人大常委会办公室负责系统硬件设备维护，及时解决设备及网络故障，定期对设备进行例行保养和预防性检修。

区财政局按照省、市、区的统一要求负责维护升级系统。

第四条 区人民政府财政等部门负责保障系统终端网络连接畅通，数据传输及时、完整、准确。

第二章 预算联网监督系统访问管理

第五条 区人大常委会组成人员、专门委员会组成人员、工作部门负责人根据工作需要，可以访问系统。需要访问系统的，由财经工委安排。

第六条 区人大代表需要访问系统的，应当提前与财经工委联系，经区人大常委会主管副主任同意，由财经工委安排时间，持代表证访问系统。

第七条 访问人员使用系统期间，财经工委应派人陪同，做好访问情况的登记备案，告知访问人员保密要求，并为访问人员使用系统提供必要的帮助。

第三章 预算联网监督系统应用

第八条 区人大财政经济委员会组成人员初步审查预决算草案、预算调整方案、部门预决算草案时，可利用系统提供的数据进行综合分析，以提高审查质量。

加强对预算执行的即时监测，发现问题及时责成有关部门改进，提高预算执行的效率和质量。

第九条 财经工委根据《中华人民共和国预算法》《中华人民共和国各级人民代表大会常务委员会监督法》等法律法规，围绕区委决策部署和区人大常委会工作报告、有关决议，开展常规性查询、统计和分析工作。主要内容包括：

（一）政府全口径预算执行进度情况；

（二）财政转移支付资金分配、下达和执行情况；

（三）专项资金申报、审批、分配程序和方式，尤其是重点支出、重大投资项目资金安排和执行情况；

（四）部门预算资金安排和预算执行情况。

第十条 预算联网查询室围绕区人大常委会监督工作重点，开展专项工作。主要内容包括：

（一）区级预算安排的重点民生项目、重大基建项目；

（二）区人大常委会审查批准的财政预算调整方案的报告、决算草案及其报告重点关注的项目；

（三）区人大常委会审议的审计工作报告、审计查出问题整改情况报告、上半年预算执行情况报告重点关注的项目；

（四）区人大常委会工作计划中的其他重点监督项目。

第十一条　区人大常委会组成人员、专门委员会组成人员、区人大常委会工作部门负责人和区人大代表运用系统查询数据时，应当确保用于人大监督工作需要，并遵守相关保密规定。

第四章　预算联网监督系统发现的问题处理

第十二条　对访问人通过系统发现的问题，预算联网查询室应当及时汇总整理，交财经工委研究处理。

对于涉及预算收支平衡、重点支出安排、重大项目资金使用绩效、重大政策落实、政府债务、人大及其常委会关于预决算决议执行情况等方面存在的重大问题，财经工委应当及时向区人大常委会主管副主任或主任会议汇报。根据区人大常委会主管副主任或主任会议的审议意见，可组织专题调查，由主任会议根据调查情况采取相应的措施。

第十三条　区人民政府有关部门收到财经工委提出的问题后，应当按照法律、法规及政策规定及时处理，处理意见经部门主要负责人审定后，回复财经工委。

能够及时处理纠正的问题，应当在10个工作日内处理纠正，并将有关情况回复财经工委。

短期内难以处理和纠正的问题，应当详细说明原因和办理期限，办理完结后答复财经工委。

第十四条　财经工委收到有关部门的处理意见，在认真审核分析后，报经区人大常委会主管副主任或主任会议同意，方可视为办结，办理结果在预算联网查询室备案。

问题未得到妥善处理的，应当提出进一步处理的意见，经区人大常委会主管副主任或主任会议同意，转有关部门作进一步处理。有关部门应当在收到进一步处理的意见后30日内，对问题进行处理，并函复财经工委。

财经工委应将部门的处理结果，经区人大常委会主管副主任审核同意，转送有关访问人。

第十五条　财经工委应当加强与财政、审计等有关部门的联系，督促区人民政府及有关部门及时认真处理有关问题，建立问题核销台账（包括单位、发生的问题、是否得到处理、处理意见等内容）。财经工委定期对有关问题及其处理情况进行汇总，按照区人大常委会主管副主任或主任会议的要求，安排是否向区人民政府及其有关部门通报。

第五章　预算联网监督系统保密管理

第十六条　预算联网查询室工作人员不得将用户名和密码告知其他无关人员。防止外来人员浏览计算机内文件。对预决算审查监督文件资料的电子存储，实行单机专人管理，并做好资料的登记。预算联网查询室工作人员还应该做到：

（一）不在外事活动和私人活动场合中涉及预算联网监督的资料数据内容；

（二）不在不是预算联网查询室的其他地方存放属于预算联网监督文件资料；

（三）不携带属于预算联网监督的文件、资料浏览参观、探亲访友和进入公共场所。

第十七条 访问人员使用系统所取得的各种信息，仅限于预算审查监督工作使用。未经区人大常委会主管副主任同意，不得提供给其他任何单位或个人。所有访问人员和工作人员通过访问平台获取相关信息后，应当依法履行信息保密责任，承担因泄密、失密或泄露、发布信息引起的法律责任和后果。

第十八条 违反本办法和保密规定，未经批准将登录用户名和密码告诉访问主体以外的人员，造成泄密的，依照有关法律、法规追究有关人员的责任。预算联网查询室的工作人员应妥善保管用户名和密码，防止遗失或被盗用。发现问题应及时通知网络公司和区财政局处理。

违反本办法规定，未经区人大常委会主管副主任批准，擅自将系统数据提供给实施预算审查监督工作无关人员的，追究有关人员的相应责任。

第十九条 预算联网查询室的电脑实行专人专责管理。严禁非预算联网查询室的人员操纵或使用预算联网系统电脑；严禁随意装卸联网监督系统；严禁装载其他系统或软件；严禁接入互联网。由此引起监督系统警告或关闭系统的以及发生其他违反工作纪律和保密规定的行为，追究有关人员的相应责任。

第二十条 未认真履行日常保养、维护责任，造成网络连接不畅或系统运行不稳定，影响系统正常使用的，追究有关人员的相应责任。

第二十一条 本办法自通过之日起施行。

石家庄市裕华区人大常委会
各工作部门与“一府一委两院”工作部门
联系办法

（2023年12月27日区六届人大常委会第二十四次会议通过）

第一条 为切实加强区人民代表大会常务委员会（以下简称区人大常委会）的监督工作，充分发挥区人大常委会各工作委员会和办公室、信访室（以下简称区人大常委会各工作部门）的职能作用，促进对口联系工作的制度化、规范化，根据《中华人民共和国各级人民代表大会常务委员会监督法》（以下简称《监督法》）、《中华人民共和国地方各级人民代表大会和地方各级人民政府组织法》和《河北省实施〈中华人民共和国各级人民代表大会常务委员会监督法〉办法》（以下简称《办法》）的有关规定，制定本办法。

第二条 区人大常委会各工作部门受区人大常委会领导，在区人大常委会主任会议指导下开展工作，并根据各自工作职能和业务范围，分别联系区人民政府、监察委员会、人民法院、人民检察院各工作部门（以下简称对口联系部门）。

第三条　区人大常委会各工作部门对口联系的工作要求：

（一）加强与对口联系部门的沟通和联系，及时通报区人大常委会的重要活动和工作安排；

（二）研究对口联系部门业务方面的有关政策、法律、法规，督促检查对口部门法律、法规的贯彻执行情况以及区人大常委会作出的决定决议、提出的审议意见和开展视察调研、执法检查后提出的意见建议的办理情况，并及时反馈；

（三）确定听取和审议专项工作报告、执法检查和视察调研的议题时，应提前与对口联系部门沟通联系、征询意见；

（四）认真做好区人大常委会会议、主任会议审议议题的调研和专项工作报告的初审工作，及时向对口联系部门反馈意见，督促对口联系部门认真修改和完善工作报告；

（五）对人大代表和人民群众反映的涉及对口联系部门工作人员及工作情况的意见、建议，应与对口联系部门交换意见，督促办理落实。发现对口联系部门工作中存在的问题和不足，及时指出，督促整改；

（六）区人大常委会各工作部门召开会议、讨论问题，可通知对口联系部门负责人列席，听取意见；

（七）及时向区人大常委会分管主任或主任会议反馈和报告对口联系部门工作中的困难、意见和要求，积极支持有关部门依法行使职权，根据需要帮助协调解决有关问题，推动相关工作开展。

第四条　对口联系部门的主要任务：

（一）认真学习和贯彻《监督法》和《办法》，自觉接受人大监督；

（二）加强与区人大常委会对口工作部门的交流和联系，及时通报工作情况，有关部门召开的全区性工作会议、重要的专业性会议或举办的重要活动，应通知区人大常委会对口工作部门；

（三）支持和配合区人大常委会对口工作部门组织的视察调研、执法检查等活动，主动提供有关信息和资料，并对提出的意见建议认真研究办理，及时报告办理结果；

（四）区人大常委会各工作部门提出或转交的人大代表议案、建议、批评和意见以及人民群众的来信来访案件，有关部门应认真办理，按时复告。

第五条　为保证对口联系办法的认真实施，区人大常委会各工作部门和各对口部门的主要负责人为联系责任人，根据工作需要，可通过召开联席会议、座谈研讨、经验交流等形式，保持联系，沟通情况，研究讨论工作。

第六条　本办法自通过之日起施行。以往办法与本办法不一致的，以本办法为准。

石家庄市裕华区人大常委会
街道人大工作委员会工作制度

（2023年12月27日区六届人大常委会第二十四次会议通过）

第一条 为加强和规范区人民代表大会常务委员会街道人大工作委员会（以下简称街道工委）的工作，坚持和完善人民代表大会制度，推进基层民主法治建设，保障和促进我区经济和社会发展，根据《中华人民共和国地方各级人民代表大会和地方各级人民政府组织法》《中华人民共和国全国人民代表大会和地方各级人民代表大会代表法》以及有关法律法规的规定，结合我区实际，制定本制度。

第二条 街道工委是区人民代表大会常务委员会（以下简称区人大常委会）在街道设立的工作机构，对区人大常委会负责并报告工作，同时受所在街道党工委领导。

街道工委按照本制度的规定和区人大常委会的安排，对街道办事处及其工作部门进行监督。

第三条 街道工委设主任一人，配备相应工作人员。主任人选由区人大常委会主任提名，区人大常委会会议任免。

第四条 街道工委履行以下职责：

（一）按照区人民代表大会及其常务委员会的工作计划和部署，结合街道实际，制定街道工委工作计划，并组织实施；

（二）宣传贯彻宪法、法律、法规和人民代表大会及其常务委员会的决议、决定，协助区人大常委会保证宪法、法律、法规和人民代表大会及其常务委员会的决议、决定在本辖区内的遵守和执行，推进辖区基层民主法治建设；

（三）组织辖区内的人大代表对街道办事处以及上一级国家机关派驻街道的工作机构进行依法监督，听取和审议辖区经济建设、社会事业发展等重要工作情况的报告以及专项工作情况报告，提出建议、批评和意见；

（四）联系辖区内各级人大代表，建立代表联系网络，接待和受理代表的来信、来访，听取和反映代表的意见和建议，督促街道办事处及有关单位认真办理代表提出的建议、批评和意见；

（五）组织指导代表小组开展活动，定期对辖区内经济社会发展、基层民主法治建设和关系人民群众切身利益、社会普遍关注的问题，开展视察和调研活动，形成相关报告，及时向区人大常委会和有关部门反映情况；

（六）服务和组织代表联系选民，听取和反映人民群众的意见和要求。按照区人大常委会的部署，开展代表向选民述职活动，接受选民监督和评议。加强人大代表履职服务平台建设，为人大代表执行职务提供服务；

（七）在区人大常委会和选举委员会的领导下，组织区人大代表的选举、罢免和补选等有关工作；

（八）为区人大代表出席人民代表大会会议、参加闭会期间活动提供服务保障，协助代表提出议案及建议、批评和意见；

（九）承办区人大常委会及主任会议交办的有关事项；

（十）法律、法规规定的其他工作。

第五条　街道工委主任负责街道工委全面工作，召集并主持街道工委会议；组织实施街道工委会议议定的有关事项。

第六条　街道工委应定期组织人大代表参加履职学习，做好代表履职登记工作。做好“人大代表之家（站）”等代表履职服务平台建设和管理运行工作，发挥好平台的功能作用。

第七条　街道工委应当加强制度建设，建立健全议事规则、联系人大代表和群众、工作调研、学习培训等工作制度。

第八条　街道工委根据区人大常委会安排，组织人大代表参加民生实事项目征集、确定、实施、监督和评估。

第九条　街道工委每月至少组织本辖区各级人大代表开展一次“进家（站）”活动。活动时，根据工作需要，通知街道办事处及有关部门负责人列席。

第十条　街道工委应与街道办事处以及上一级国家机关派驻街道的工作机构建立必要的、简便易行的工作联系制度，互相通报重要工作情况，讨论研究重大问题，协同推动相关工作。

第十一条　街道工委的工作经费，列入街道开支计划。

第十二条　本制度自通过之日起施行。以往制度与本制度不一致的，以本制度为准。

石家庄市裕华区人大常委会
加强与街道人大工作委员会、镇人大主席团
工作联系指导办法

（2023 年 12 月 27 日区六届人大常委会第二十四次会议通过）

第一条　为加强与街道人大工作委员会、镇人大主席团（以下简称街道、镇人大）的工作联系指导，探索街道、镇人大工作的特点和规律，充分发挥街道、镇人大在加强基层民主政治建设中的重要作用，根据有关法律规定，结合我区实际，制定本办法。

第二条　区人大常委会联系指导街道、镇人大，实行区人大常委会主任、副主任联系分包工作责任制，区人大常委会主任对联系分包街道、镇人大工作负总责，各位副主任固定联系分包若干街道、镇。区人大常委会各工作部门按照对口业务进行工作指导。

第三条　区人大常委会联系指导街道、镇人大，主要内容是按照《中华人民共和国全国各级人民代表大会和地方各级人民政府组织法》《石家庄市裕华区人大常委会街道人大工作委员会工作制度》明确的街道人大工作委员会、镇人大主席团工作职责，督导检查工作开展

情况，帮助协调解决困难问题。

第四条 区人大常委会联系指导街道、镇人大应采取听取汇报、实地督导、参加活动、进选区进“家（站）”征求意见等方式进行，每月不少于两次。

第五条 区人大常委会工作报告、年度工作计划等涉及街道、镇人大工作的重要事项，应提前征求街道人大工作委员会、镇人大主席团的意见。

第六条 区人大常委会举行会议时，邀请各街道人大工作委员会主任、镇人大主席列席。区人大常委会组织执法检查、专题视察、调查研究、工作评议或其他重要活动时，根据需要邀请街道人大工作委员会主任、镇人大主席参加。

第七条 区人大常委会定期采取多种形式，组织街道人大工作委员会主任、镇人大主席和工作人员进行业务和法律知识培训。

第八条 区人大常委会每季度组织召开一次全区人大系统工作例会，通报有关情况、交流工作经验、研讨工作措施，推动工作高质量发展。

第九条 区人大常委会工作要点、决议决定、会议纪要、规章制度等有关文件和材料，应及时下发街道人大工作委员会、镇人大主席团，为街道、镇人大开展工作、行使职权提供依据。

第十条 各街道人大工作委员会、镇人大主席团应积极接受区人大常委会的工作指导，定期汇报各项工作开展情况，主动邀请联系分包的区人大常委会副主任和相关工作部门负责人参加街道、镇人大组织的各类活动。支持配合区人大常委会做好视察调研、执法检查等活动。

第十一条 本办法自通过之日起施行。以往办法与本办法不一致的，以本办法为准。

石家庄市裕华区人大常委会
关于建立全区人大系统工作例会制度的意见

（2023年12月27日区六届人大常委会第二十四次会议通过）

第一条 为进一步促进全区人大系统相互学习，相互交流，形成工作合力，提升全区人大工作整体水平，制定本意见。

第二条 每季度组织一次全区人大系统工作例会，一般在每季度最后一个月的中下旬召开。

第三条 全区人大系统工作例会主要内容：

（一）传达学习近期重大会议部署、重要文件精神和重点工作要求，研究部署具体落实意见；

（二）学习相关的法律、法规和业务知识；

（三）各街道（镇）汇报本季度工作完成情况和下季度工作安排，交流特色、亮点做法，分析困难和问题，提出意见和建议；

（四）区人大常委会领导对各街道（镇）工作进行点评，安排部署下步重点工作；

（五）研究探讨做好新形势下人大工作的新途径、新方法；

（六）其他工作。

第四条　全区人大系统工作例会参加人员：

区人大常委会领导班子成员；区人大常委会各工作部门负责人；各街道人大工委主任，镇人大主席、副主席。根据工作需要，可邀请各代表联络站站长和有关人员参加。

第五条　全区人大系统工作例会具体要求：

（一）工作例会的议题以及具体召开时间、地点由区人大常委会主任会议研究确定；

（二）区人大常委会办公室负责牵头组织，其他工作部门做好配合。要根据会议议题做好各项准备工作，并负责收集整理工作例会上提出的建议和意见，督导会议精神的落实；

（三）各街道（镇）人大要及时将工作例会会议精神向街道（镇）党（工）委进行汇报，并组织辖区人大代表进行学习传达，抓好贯彻落实。

第六条　本意见自通过之日起施行。以往意见与本意见不一致时，以本意见为准。

石家庄市裕华区人大常委会
“人大代表之家（站）”制度

（2023 年 12 月 27 日区六届人大常委会第二十四次会议通过）

（一）人大代表活动制度

一、“人大代表之家”和“人大代表联络站”是各级人大代表在闭会期间开展活动的场所。参加活动的代表以辖区内的市、区、镇三级人大代表为主体。

二、区人大常委会负责确定进家入站参加活动的代表人选，由家站公示代表的相关资料。

三、每个家站推选出召集人和工作人员负责组织活动。原则上每个月至少活动 1 次，全年不少于 12 次。

四、活动内容包括组织代表学习、开展调研视察、联系人民群众、交流履职经验等。通过开展活动，加强与群众的联系，听取群众的意见和建议，宣传党的方针政策，做好群众的“代言人”和政策的“宣传员”。

五、家站组织活动时，可根据实际需要，邀请本辖区内的全国和省人大代表及有关单位负责人参加。

六、代表活动时要统一佩戴标识牌，并做好记录。每次活动结束后，及时将有关情况向区人大常委会书面汇报。

（二）人大代表学习制度

一、学习组织：由召集人或负责人组织。

二、学习内容：（1）党的路线、方针、政策；（2）《宪法》《地方组织法》《代表法》《选举法》《监督法》等法律、法规；（3）人民代表大会制度基本知识；（4）人大常委会决议、决定；（5）人大及其常委会的立法、监督、决定重大事项等方面内容；（6）人大代表执行代表职务基本知识；（7）代表议案及建议、批评和意见的提出和处理办法；（8）参加视察、执法检查、调研等所需专业知识；（9）各项工作报告的审议、计划和预算的审查；（10）政治、经济、文化、科技、管理、历史等方面的知识；（11）视察、调研、执法检查时的规定要求和相关纪律。

三、学习要求：每次开展活动时，都应安排相关学习内容，每年至少组织一次学习心得交流活动，做到理论联系实际，提升学习效果。

（三）人大代表宣传、联系、服务选民群众制度

一、人大代表要采取多种方式，主动向人民群众宣传党的路线、方针、政策和国家的法律、法规，宣传人民代表大会制度，宣传各级党委的决策部署和发展思路，积极引导群众增强主人翁意识和民主法治意识。

二、代表联系选民群众时，要携带代表证，可在一定范围内发放联系群众卡，可以在代表之家（站）定期接待来访，也可以进村入户、进社区、进企业、进机关、进学校深入了解情况，主动听取群众反映的问题和意见，了解社情民意，为群众释疑解惑。

三、代表对于选民群众反映的问题和意见，需要解释和说明的，应当耐心细致地做好解释说明工作，属于人大代表职权范围内的事项，要认真归纳整理，通过提出建议、批评和意见的形式，交市或区人大常委会按程序办理，并督促解决问题。

四、人大代表要积极服务群众，要从与人民群众生产生活息息相关的最基础、最直接、最现实的具体事情抓起，要结合自身优势和专业特长，主动为群众提供有效帮助。人大代表要积极为群众送政策、送法律、送科技、送信息、送温暖、送健康，当好群众贴心人，真正架起党同人民群众的“连心桥”。

（四）人大代表视察调研制度

一、视察调研活动是代表履行职务的一项重要工作，各级代表应积极参加，认真履行职责。

二、代表视察调研按同级人大年度视察调研计划进行，也可根据上级人大安排和工作需要，开展视察调研活动。

三、代表视察调研要提前通知有关单位做好准备工作。

四、代表视察调研主要围绕法律、法规的实施，党委的重大决策部署，区人大及其常

委会决议、决定的贯彻执行，本辖区经济社会发展以及群众普遍关心的热点、难点问题等进行。

五、代表视察时，可以向被视察单位提出建议、批评和意见，但不直接处理问题。

六、通过代表视察调研活动，既要督促“一府一委两院”解决好人民群众普遍关心的热点、难点问题，又要支持其推进相关工作的开展。

（五）人大代表向选民述职制度

一、代表述职按选区进行，每位代表在本届任期内应向原选区的选民至少述职一次。

二、代表述职的主要内容：

（一）学习宣传和贯彻执行宪法、法律、法规，国家方针、政策，本级人大及其常委会决议、决定的情况；

（二）人代会期间审议议案和各项工作报告，以及提出代表议案及建议、批评和意见等情况；

（三）参加闭会期间各项代表活动的情况；

（四）联系群众，走访选民，听取和反映群众的意见和要求，为选民办好事、实事的情况。

三、代表述职应当按照述职内容的要求，认真总结履职情况，撰写好述职报告。

四、代表向所在选区选民述职时，由选区选民或选民代表对代表述职情况进行评议和民主测评。选民评议意见和测评结果应汇总后书面反馈代表本人及所在单位。

五、代表的述职报告、选民评议意见和测评结果等材料应及时汇总归档，并报区人大常委会代表工作部门备案。

石家庄市裕华区人大常委会
受理人民群众申诉和意见的规定

（2023 年 12 月 27 日区六届人大常委会第二十四次会议通过）

第一章　总　则

第一条　为保障区人大常委会依法行使监督职权，密切地方国家权力机关同人民群众的联系，维护人民群众的合法权益，确保信访工作依法有序进行。根据《中华人民共和国宪法》《中华人民共和国地方各级人民代表大会和地方各级人民政府组织法》《中华人民共和国各级人民代表大会常务委员会监督法》和国务院《信访工作条例》《河北省信访条例》等法律法规，结合我区实际，制定本规定。

第二条　区人大常委会监督区人民政府、监察委员会、人民法院、人民检察院的工作；受理人民群众对区级国家机关及其工作人员的申诉、控告或者检举。

第三条 人民群众通过来信、来访或来电，向地方国家权力机关及其工作人员反映情况、表达意愿、提出申诉和意见，是法律赋予的民主权利，任何组织和个人不得压制和干涉。

第四条 区人大常委会信访办公室是受理人民群众申诉和意见的综合工作部门，代表本级国家权力机关受理来信，接待来访，协调处理信访事项。

第五条 区人大常委会信访办公室或有关工作部门应按照地方国家权力机关的职责范围，认真处理人民群众的来信、来访或来电，倾听人民群众的建议、批评和意见，接受人民的监督，努力为人民服务。

第六条 区人大常委会领导应接待重要来访、阅批重要来信，坚持区人大常委会领导接待群众来访制度，采取约访下访等方式，协调处理重要信访事项。

第七条 受理人民群众申诉和意见，应坚持分级负责、归口办理、实事求是、依法办事的原则，坚持处理问题与思想疏导、法治宣传相结合。

第八条 区人大常委会信访办公室应建立完善区人大信访工作网络，加强与区人民政府、监察委员会、人民法院、人民检察院，与上级人大常委会信访部门以及街道、镇人大的信访工作联系，畅通信访渠道，协调处理重要信访事项。对重大、复杂和疑难信访案件的处理，区人大常委会可以召集区人民政府及相关部门、监察委员会、人民法院、人民检察院有关负责人，举行信访联席会议进行研究。

第二章　受理范围

第九条 区人大常委会受理下列信访事项：

（一）对区人民代表大会及其常务委员会的工作及通过的决议、决定的批评和建议，以及对镇人大通过的决议、决定方面的批评和建议；

（二）对区人民政府、监察委员会、人民法院、人民检察院遵守执行宪法、法律、法规和区人民代表大会及其常务委员会的决议、决定的批评、建议和申诉；

（三）对本行政区域内的经济、文化、社会事务等行政工作的批评和建议；

（四）对区人大代表、区人大常委会组成人员及国家机关工作人员、本区选举的市人大代表的批评和建议，以及对上述人员违法失职行为的控告或者检举；

（五）上级人大及其常委会转办、交办的信访事项；

（六）接受信访人法律、法规询问；

（七）应由区人民代表大会及其常务委员会处理的其他信访事项。

第三章　办理规程

第十条 对区人民代表大会及其常务委员会通过的决议、决定方面的意见或建议，由区人大常委会信访办公室或有关工作部门按照有关程序办理。

第十一条 对区人民政府、监察委员会、人民法院、人民检察院和镇人大规范性文件方面的意见或建议，由区人大常委会信访办公室分别转交有关的工作部门或镇人大主席团办理。

第十二条　对区级国家机关工作方面的意见或建议，一般由区人大常委会信访办公室分别转交直接责任归属机关或部门办理。

第十三条　人民群众个人或集体反映的动态性、苗头性和倾向性方面的问题，重要违法案件，重要申诉、控告和检举案件，由区人大常委会信访办公室提出处理意见，经区人大常委会领导批示，交由有关机关或部门依法办理。

第十四条　人民群众反映的区行政机关、监察机关、审判机关或检察机关违反宪法、法律和上级、本级人大及其常委会决议决定的重大事件，有重大影响的冤案、错案，由区人大常委会信访办或有关工作部门提出处理意见，报区人大常委会主任会议决定，依照有关法律、法规的规定调查处理。

第十五条　控告、检举区人民代表大会及其常务委员会选举、任命和决定任命人员的问题，按其问题性质，由区人大常委会信访办公室转交有关机关或部门处理；对控告、检举其他地方国家机关工作人员的问题，按干部管理权限，分别转交有关机关或部门调查处理。

第十六条　控告、检举区人大代表和本区选举产生的市人大代表的问题，由区人大常委会信访办公室转交区人大常委会选举任免代表工作委员会处理。

第十七条　上级人大常委会转办、交办的信访事项，由区人大常委会信访办公室交有关机关和部门依法办理。

第十八条　对可能造成社会影响的重大、紧急信访事项，区人大常委会信访办公室应采取应急措施，经领导批准后，及时向有关单位通报情况，提请有关单位及时处置，并将办理及处置情况报告区人大常委会主任、有关副主任。

第十九条　区人大常委会领导接待和阅批的重要信访事项，由区人大常委会信访办公室负责组织协调、交办督办、跟踪落实，报告办理结果。

第二十条　不属于区人大常委会职权范围的人民群众的申诉和意见，转有关部门处理或告知当事人向有关部门反映。

第四章　办理要求

第二十一条　各地方国家机关及其工作人员，必须以事实为依据，以法律为准绳，正确执行国家的方针和政策，及时承办人民群众的申诉和意见，秉公处理。

第二十二条　区人大常委会信访办公室转交的一般案件或事项，承办机关或部门在受理之日起30日内办理完毕；情况比较复杂的，可以适当延长，但不得超过90日，并在规定的时限内报告办理情况。

第二十三条　区人大常委会信访办公室要求报结果的重要案件或事项，承办机关或部门在受理之日起90日内书面报告办理结果；不能按期办理完毕的，应向交办部门说明原因，报告办理进度，提出报告时间。

第二十四条 涉及两个和两个以上机关或部门处理意见不一致的案件和事项，由区人大常委会信访办公室召集有关机关和部门协商处理。

第二十五条 区人大常委会信访办公室应对各项办理结果的报告进行审查，事实不清或处理不当的，应责成承办机关或部门重新报告；承办机关或部门最迟在60日内重新报告。

第二十六条 严重违宪违法、社会广泛关注、群众反映强烈、事实清楚而久拖不决的问题，可以依照有关法律或规定采取听取汇报、召开联席会、协调会等形式督办，必要时可以建议区人大常委会听取有关部门的专项汇报或进行执法检查。

第二十七条 任何组织和个人不得对申诉、控告、检举人进行威胁、压制、打击报复；不得将控告、检举材料转交、泄露给被控告、被检举人或其亲属；不得隐匿、伪造或擅自销毁控告、检举材料。违者由其所在机关和部门视情节轻重，分别给予通报批评、责令检查或行政处分；触犯法律的，由司法机关依法处理。

第二十八条 任何组织和个人都要自觉遵纪守法，如实反映情况，不得损害国家、社会、集体利益和其他公民的合法权利；不得捏造事实，诽谤、诬告、陷害他人；不得危害公务活动和社会秩序。违者由有关部门或所在机关和部门视情节轻重，分别给予批评教育或纪律处分；触犯法律的，由司法机关依法处理。

第二十九条 对区人大常委会交办的案件和事项应当受理而不受理的，对重要案件和事项处理不力，造成严重后果的，由区人大常委会根据情节对承办部门及其责任人依法追究责任；非区人大常委会任命和决定任命的人员，建议任免机关实施问责；触犯法律的，由司法机关依法处理。

第五章 附 则

第三十条 本规定自通过之日起施行。以往规定与本规定不一致的，以本规定为准。

石家庄市裕华区人大常委会
关于接待人民群众来访的工作程序

（2023年12月27日区六届人大常委会第二十四次会议通过）

为维护来访群众合法权益，规范接待来访工作，提高工作效率和质量，根据《信访工作条例》等法规文件，并结合我区实际，制定本工作程序。

一、登记

（一）查验信访人证明身份的有效证件，代理人要持有委托书；

（二）信访人填写登记表；

（三）审查登记表，对不属于人大办理的信访事项告知信访人；

（四）对集体访，查清人数，并向主管领导报告。

二、接谈

接谈人员要认真阅看信访人递交的有关材料，耐心听取信访人的陈述，详细询问有关情况，具体做到：

（一）询问信访人的姓名、年龄、民族、职业、单位、户籍及住址、联系方式等基本情况；

（二）询问信访人反映问题的主要情况、诉求及理由；

（三）询问信访人何时、到何单位反映过问题，所提出的行政信访事项是否经过司法机关按有关法律程序办案终结；

（四）询问信访人提出的行政信访事项是否经过行政机关处理、复查、复核三级办理，涉法信访是否经过司法机关按有关法律程序办案终结。

三、处理

（一）介绍到有关机关

1. 政府及下属单位职权范围内的信访事项；

2. 正在依法通过诉讼、仲裁、行政复议等法定途径解决的信访事项。属于以上情况的，向信访人出具《信访事项介绍信》，并告知有关机关（单位）名称和接待地点、联系电话等。

（二）不予受理

1. 信访事项已经受理或正在办理，信访人在《信访工作条例》规定期限内又来访提出同一问题的不予受理；

2. 信访事项，经过处理、复查、复核，信访人对复核意见不服，仍以原事实和理由提出投诉请求的，一律不再受理。

（三）材料转办

根据需要可以将信访人递交的有关材料转有关机关（单位）办理。

（四）发函交办

对以下信访事项向有权处理的机关（单位）发函交办：

1. 上级机关（单位）和领导交办的信访事项；

2. 重大、紧急的信访事项；

3. 其他需要交办的信访事项。

四、对多人来访的接谈和处理

（一）组织推举接谈代表。由信访人推举不超过 5 人的代表参加接谈。

（二）确定参加接谈人员。一般由信访办主持接谈。问题复杂的，由主管副主任主持接谈，另安排信访办干部参加接谈并做好记录。

（三）协助有关机关（单位）将信访人带离。

（四）对紧急、重大的信访事项，及时向机关值班室和有关领导报告。

五、特殊来访的处理

对身患疾病、需要救助的信访人及精神病人，由区人大常委会主任批准后作相应的处理，并通知有关机关（单位）派人将信访人接回。

石家庄市裕华区人大常委会
关于宪法宣誓工作实施办法

（2023 年 12 月 27 日区六届人大常委会第二十四次会议通过）

第一条 为做好宪法宣誓工作，按照《全国人民代表大会常务委员会关于实行宪法宣誓制度的决定》《河北省实施宪法宣誓制度办法》和《石家庄市人大常委会关于宪法宣誓工作实施办法（试行）》的规定，结合我区实际，制定本办法。

第二条 区人民代表大会及其常务委员会选举、任命、决定任命的国家工作人员，在就职时应当公开进行宪法宣誓。

第三条 宣誓誓词如下：

我宣誓：忠于《中华人民共和国宪法》，维护宪法权威，履行法定职责，忠于祖国、忠于人民，恪尽职守、廉洁奉公，接受人民监督，为建设富强民主文明和谐美丽的社会主义现代化强国努力奋斗！

第四条 区人民代表大会选举的区人大常委会主任、副主任、委员，区人民政府区长、副区长，区监察委员会主任，区人民法院院长，以及表决通过的区人民代表大会专门委员会主任委员、副主任委员、委员等，在依照法定程序产生后，进行宪法宣誓，宣誓仪式由区人民代表大会主席团组织。

区人民代表大会选举的区人民检察院检察长，在依照法定程序报经市人民检察院检察长提请市人大常委会批准后，进行宪法宣誓。宣誓仪式由区人大常委会组织。

区人民代表大会主席团组织的宣誓仪式，应当在区人民代表大会全体会议上当选结果公布之后举行。宣誓仪式由区人民代表大会当次全体会议的主持人主持。

根据会议实际，采取单独宣誓或集体宣誓形式进行。

领誓人由大会秘书处从选举产生和表决通过的国家工作人员中确定。

第五条 在区人民代表大会闭会期间，区人大常委会任命和决定任命的区人民代表大会专门委员会副主任委员、委员，区人大常委会代表资格审查委员会的主任委员、副主任委员和委员，各工作部门主任、副主任，各街道人大工作委员会主任，区人民政府副区长、局长、主任，区监察委员会副主任、委员，区人民法院副院长、审判委员会委员、庭长、副庭长、审判员，区人民检察院副检察长、检察委员会委员、检察员等，在依照法定程序产生后，进行宪法宣誓，由区人大常委会主任会议组织。

区人大常委会主任会议组织的宣誓仪式，应当在区人大常委会全体会议上当场颁发任命书之后举行。宣誓仪式由区人大常委会当次会议的主持人主持。

根据会议实际，采取单独宣誓或集体宣誓形式进行。

领誓人从任命或决定任命的人员中确定。

第六条　区人民政府、监察委员会、人民法院、人民检察院任命的国家工作人员，要公开进行宪法宣誓，宣誓仪式由任命机关具体组织。要严格按照省、市实施宪法宣誓有关规定，参照区人大常委会宪法宣誓的做法，结合实际制定具体操作程序。

第七条　在同一次会议上，一个人依法产生两种以上职务的，原则上宣誓一次。

第八条　宣誓场所应庄重、严肃，悬挂中华人民共和国国旗或者国徽。宣誓时，会场要保持肃静。

第九条　宣誓人员应着正装或职业制式服装，精神饱满，表情庄重，用普通话宣誓。需要进行宪法宣誓的国家人员不得缺席宣誓仪式。

第十条　宣誓仪式的主要程序

单独宣誓程序：

（1）宣布仪式开始；

（2）奏唱国歌；

（3）宣誓人诵读誓词；

（4）宣誓人报告姓名。

集体宣誓程序：

（1）宣布仪式开始；

（2）奏唱国歌；

（3）宣布宣誓人和领誓人名单；

（4）领誓人诵读誓词，跟誓人跟诵誓词；

（5）领誓人、宣誓人依次报告姓名。

第十一条　镇人民代表大会选举的国家工作人员，在依照法定程序产生后，参照本办法进行宪法宣誓。

第十二条　本办法由石家庄市裕华区人大常委会负责解释。

第十三条　本办法自通过之日起施行。

石家庄市裕华区人大常委会
关于人大代表列席区人大常委会
会议的规定

（2023 年 12 月 27 日区六届人大常委会第二十四次会议通过）

第一条　为增强区人大常委会依法行使职权和依法审议、决定重大事项的透明度，充分发挥人大代表闭会期间的作用，让人大代表更好地知情知政，更多地了解“一府一委两院”工作情况，根据《中华人民共和国全国人民代表大会和地方各级人民代表大会代表法》等有关法律法规，结合工作实际，制定本规定。

第二条 区人大常委会会议召开前，根据会议内容确定列席会议的代表人数，原则上邀请 2 ～ 4 名区人大代表列席。根据需要，可邀请驻区的市人大代表列席区人大常委会会议。

第三条 人大代表列席区人大常委会会议，由各街道人大工作委员会、镇人大主席团根据会议议题，结合代表的工作领域和专业特长，有针对性地提出列席代表名单，报区人大常委会选举任免代表工作委员会审定后，通知代表列席会议。

第四条 人大代表本人可以向区人大常委会选举任免代表工作委员会提出列席区人大常委会会议的书面申请，区人大常委会选举任免代表工作委员会根据会议议题确定是否列席会议并通知提出申请的代表。

第五条 区人大常委会办公室对列席会议的人大代表同参会人员共同进行分组，同时将会议有关材料提前送达列席会议的人大代表。

第六条 人大代表接到列席区人大常委会会议通知后，应及时根据会议议题，开展调查研究，做好审议发言准备。

第七条 列席区人大常委会会议的人大代表，在参加分组讨论时，应围绕会议议题，积极主动发言，提出意见和建议，工作人员做好记录，并将发言记录送区人大常委会办公室，供区人大常委会有关工作部门整理区人大常委会审议意见时参考。列席区人大常委会会议的人大代表，有发言权，没有表决权。

第八条 列席区人大常委会会议的人大代表，应按要求准时列席区人大常委会会议，不得无故缺席，因病或其他特殊原因不能到会时，必须履行请假手续；应遵守区人大常委会议事规则，严格遵守会议保密纪律，在区人大常委会未作正式表决前，不得以任何方式对会议内容进行传播。

第九条 列席区人大常委会会议的人大代表，在会议结束后，要把会议的主要精神，及时向选区选民进行转述，切实履行好代表的职责。

第十条 区人大常委会选举任免代表工作委员会要将人大代表列席区人大常委会会议情况记录在案，作为代表履职考核的重要依据。

第十一条 本规定自通过之日起施行。以往规定与本规定不一致的，以本规定为准。

石家庄市裕华区
公民旁听区人大常委会会议的规定

（2023 年 12 月 27 日区六届人大常委会第二十四次会议通过）

第一条 为进一步加强区人民代表大会常务委员会（以下简称区人大常委会）与人民群众的联系，便于公民了解地方国家权力机关的工作情况和全区政治、经济、社会生活中的重

大事项及其关注的重要问题，根据《石家庄市裕华区人大常委会议事规则》的有关规定，制定本规定。

第二条　凡年满十八周岁，具有完全民事行为能力的公民，持有石家庄市裕华区居民身份证或居住证（在本区居住两年以上者），都可以旁听区人大常委会会议。但是依法被限制人身自由或者被剥夺政治权利者除外。原则上区人大常委会会议的旁听公民数量为2至4名。

第三条　旁听会议的公民由区人大常委会委托有关机关、团体、企业事业单位等推荐，推荐要按照确定的旁听会议公民名额，并填报《推荐旁听裕华区人大常委会会议公民登记表》。

第四条　旁听会议的公民名单经区人大常委会选举任免代表工作委员会审核确定后，由推荐单位负责通知公民旁听会议的有关事项。

第五条　旁听会议的公民在接到旁听区人大常委会会议通知后，应持本人身份证或居住证按时到会签到，领取会议有关文件，并在指定的席位就座。

第六条　旁听会议的公民可以旁听区人大常委会会议的全体会议和分组会议。

第七条　旁听会议的公民不在区人大常委会会议的全体会议和分组会议上发言。旁听会议的公民如对会议审议的事项有意见，可以书面形式或通过原选区的区人大代表向区人大常委会办公室反映。

第八条　旁听会议的公民应遵守有关法律、法规和会场纪律，自觉维护会议秩序。违者责令其离开会场或取消旁听会议的资格。

第九条　本规定自通过之日起施行。以往规定与本规定不一致的，以本规定为准。

石家庄市裕华区人大常委会
关于加强国有资产管理情况监督的决定

（2023年12月27日区六届人大常委会第二十四次会议通过）

为进一步加强国有资产管理情况监督，促进国有资产治理体系和治理能力现代化，更好地发挥国有资产在服务经济社会发展、保障和改善民生、保护生态环境、保障国家机关和事业单位节约高效履职等方面的作用，根据《中华人民共和国各级人民代表大会常务委员会监督法》等法律、行政法规，参照《全国人民代表大会常务委员会关于加强国有资产管理情况监督的决定》《河北省人民代表大会常务委员会关于加强国有资产管理情况监督的决定》《石家庄市人大常委会关于加强国有资产管理情况监督的决定》，结合我区实际，作如下决定：

一、区人大常委会围绕党中央关于国有资产管理和治理决策部署，按照市委、区委关于加强人大国有资产监督的要求，坚持依法监督、正确监督，坚持全口径、全覆盖，坚持目标导向、问题导向，依法、全面、有效履行国有资产监督职责。

区人大常委会以每年听取和审议区人民政府关于国有资产管理情况的报告作为履行人大

国有资产监督职责的基本方式，并综合运用执法检查、询问、质询、特定问题调查等法定监督方式，加强国有资产管理情况监督工作。

二、本决定适用于区人大常委会监督区人民政府国有资产管理情况。

本决定所称国有资产，是指由区人民政府代表国家履行出资人职责、所有者职责和管理监督职责的全部国有资产。

三、区人民政府应当于每年第二季度向区人大常委会报告上年度国有资产管理情况，主要内容包括：

（一）贯彻落实国有资产管理相关法律、法规、决策部署，以及区人大常委会有关决议决定、意见建议情况；

（二）全区分类统计的年末国有资产总量、结构、变动、负债、授权、收益等基本情况；

（三）改革和完善国有资产管理体制情况；

（四）加强和改进国有资产管理的具体措施和效果情况；

（五）履行出资人和监管职责情况；

（六）国有资产管理中违法违规行为查处、审计发现问题整改情况；

（七）国有资产管理中存在的主要问题，加强和改进国有资产管理的工作措施；

（八）其他应当报告的国有资产管理事项。

四、区人民政府完善各类国有资产报表体系，作为报告的重要组成部分。根据国有资产性质和特点，从价值和实物等方面，反映国有资产的规模、结构、分布等存量情况和配置、使用、处置、收益等变动情况。

按照国家统一的会计制度规范国有资产会计处理，落实国家相关统计调查制度。

五、区人民政府建立健全反映不同类别国有资产管理特点的评价指标体系，全面、客观、精准反映管理情况和管理成效。

六、区人民政府审计部门要深入推进国有资产审计全覆盖，按照真实、合法、效益原则，依据法定职责，加大对国有资产的审计力度，将国有资产管理情况纳入审计计划，形成审计情况专项报告，作为区人民政府向区人大常委会提交的年度区级预算执行和其他财政收支情况的审计工作报告的子报告，并作为审议国有资产管理情况报告的重要依据。

区人大常委会对发现的国有资产管理中存在的重大问题，可以要求区人民政府安排审计部门对相关单位实施专项审计，并对专项审计报告进行审议。

七、区人大常委会审议报告前，组织开展专题调研，可以邀请区人大代表参与。专题调研情况向区人大常委会报告。

围绕各类国有资产管理目标和区人大常委会审议重点，建立健全人大国有资产监督评价指标体系，突出贯彻落实党中央和省委、市委、区委决策部署情况、依法管理国有资产情况，兼顾经济效益与社会效益、价值管理与实物管理，运用有关评价指标开展国有资产管理绩效评价，并探索建立第三方评估机制，充分发挥高等院校、科研院所、中介机构、专家学者等社会力量的作用，有针对性地开展国有资产管理专项绩效评估。

区人大财政经济委员会承担对区人民政府国有资产管理情况报告的初步审议职责。在区人大常委会会议举行二十日前，由财政经济委员会开展初步审议，提出初步审议意见。区人民政府根据初步审议意见对报告修改完善后，在区人大常委会会议举行十日前提交区人大常委会。

区人大常委会财政经济工作委员会承担人大国有资产监督的具体工作，协助财政经济委员会承担初步审议相关工作。在区人大常委会会议举行三十日前，财政经济工作委员会组织听取区人大代表的意见建议，听取区人民政府有关部门介绍报告的主要内容并提出分析意见。

八、区人大常委会审议国有资产管理情况报告，开展国有资产监督，应当重点关注下列内容：

（一）贯彻落实党中央和省委、市委、区委关于国有资产管理和国有企业改革发展方针政策和重大决策部署情况；

（二）实施有关法律、法规情况；

（三）落实区人大常委会有关审议意见和决定、决议情况；

（四）改革完善各类国有资产管理体制情况；

（五）合理配置行政事业性国有资产，保障国家机关和事业单位节约高效履职，增强基本公共服务的可及性和公平性，推进管理标准化、信息化；创新管理运营机制，盘活存量资产，推动共享共用、高效利用，加强绩效管理等情况；

（六）保证国有资本保值增值，加强收益管理，防止国有资产流失及建立和完善相关制度等情况；

（七）人大监督、审计监督等发现的突出问题及整改落实和问责情况；

（八）依法依规向社会公布国有资产状况、国有资产监督管理工作情况和接受社会公众监督情况；

（九）其他与国有资产管理有关的重要情况。

区人大常委会审议报告时，区人民政府相关部门负责人应当到会听取意见、回答询问。区人大常委会针对国有资产管理存在的问题，可以依法进行询问、质询和特定问题调查，可以根据审议和监督情况依法作出决议。

九、区人民政府应当建立健全整改与问责机制。根据审议意见、专题调研报告、审计报告等提出整改与问责清单，分类推进问题整改，依法对违法违规行为追责问责。在收到审议意见六个月内，将落实审议意见、问题整改与问责情况一并向区人大常委会报告。区人大常委会可以听取报告并进行审议。对审计查出问题的整改和报告按照有关法律规定进行。

建立健全整改与问责情况跟踪监督机制。区人大常委会对突出问题、典型案件建立督办清单制度，由财政经济工作委员会等开展跟踪监督具体工作，督促整改落实。建立人大国有资产监督与监察监督相衔接的有效机制，加强相关信息共享和工作联系，推动整改问责。

十、监督过程中产生的国有资产监督工作计划、国有资产管理情况报告及审议意见、专题调研报告和财政经济委员会初步审议意见、区人民政府及其相关部门对审议意见研究处理情况及整改与问责情况等，区人大常委会办事机构应依法及时向区人大代表通报并向社会公布。区人民政府及其相关部门应当按照规定及时公开区人民政府、部门、单位的国有资产报表。依法不予公开的除外。

十一、区人民政府有关部门应当统一方法、统一要求，建立全口径国有资产台账和数据库，及时录入、更新国有资产管理信息，并通过人大国有资产联网监督系统定期向财政经济工作委员会报送相关国有资产数据和信息。根据监督工作需要，及时提供联网数据信息之外的其他国有资产管理等信息资料。经区人民政府批准的涉及国有资产管理的重要文件，应当在文件发布之后二十日内报送财政经济工作委员会。

财政经济工作委员会应当健全与区人民政府有关部门之间的工作联系机制，加强督促协调，及时汇总相关信息向财政经济委员会通报、向区人大常委会报告。

财政经济工作委员会根据区人大常委会监督发现、社会普遍反映的典型问题和案例提出建议，经区人大常委会主任会议批准，可以对相关部门、单位国有资产管理情况进行调查，区人民政府和有关部门、单位应当积极协助、配合。

十二、本决定自通过之日起施行。

后 记

2024年初，裕华区人大常委会启动了《石家庄市裕华区人大志（2001—2024）》编纂筹备工作。中共裕华区人大常委会党组专题向区委进行了汇报，经区委批准，2024年4月编纂工作正式启动。常委会办公室借鉴外地经验，参照《石家庄人大志》的体例，起草《石家庄市裕华区人大志》大纲。

4月9日，常委会主要领导召开会议，专题研究志书的编纂工作，成立编纂委员会，建立工作专班。在中共裕华区人大常委会党组领导下，常委会各委办分工负责，人人参与。全体编纂工作人员以主人翁的责任感和使命感，主动扛起责任，制订详细计划，各司其职、密切配合、协同作战，精神饱满、全力以赴地投入编纂工作。区人大常委会领导亲自挂帅上阵，各编纂组严格按照时间节点倒排工期，广泛搜集档案史料、仔细斟酌考证、精心编纂撰写、反复推敲打磨，紧张有序地推进工作开展。

8月10日，编辑部将志书初稿提交编纂委员会审查，并征求常委会历任领导意见。在根据意见建议进行修改的同时，又先后组织全体编纂人员进行了多次统修。

经过几个月的共同努力，终于付梓成书。在此，对所有给予我们工作指导、支持、帮助的领导和同志们表示衷心的感谢！

编辑本志的过程也是学习的过程。大家从修志工作中继承了光荣传统，汲取了智慧和力量，在“寻根”中储备了知识、收获了成长、锻造了品质，对在新征程上坚持好、完善好、运行好人民代表大会制度，发展全过程人民民主，有了更加深刻的理解和认识。

由于初次修志，经验不足，水平有限，加之某些资料缺失，书中或有疏漏和不妥之处，敬请广大读者谅解和批评指正。

编者

2024年10月